KB259983

"목소리를 크게 내기 위해 IBM은 소셜 미디어를 '받아들였다'. 이제 당신도 받아들여야 할 때라고 생각하지 않는가? 바로 이 책이 소셜 미디어를 시작할 수 있게 해주는 책이다."

— 가이 가와사키, 《마법의 힘: 마음과 정신, 그리고 행동을 바꾸는 비법(Enchantment: The Art of Changing Hearts, Mines, and Actions)》의 저자

"샌디 카터는 이 책의 저자일 뿐 아니라 새로운 기준을 세운 인물이며, 이 책은 옵션이 아니라 반드시 읽어야 하는 책이다. 이 책을 받아들이고 공부하고 실행하라."

— 제프리 지토머, 《소셜 붐(Social Boom)》과 《판매를 위한 리틀레드북(The Little Red Book of Selling)》의 저자

"조직 운영에서 독보적인 혁신과 개선을 원하는가? 샌디 카터는 이 책에서 강력한 협업 도구를 이용해 당신의 사업을 역동적인 소셜 비즈니스로 바꿀 수 있는 방법을 설명한다."

— 마샤 코너, 소셜 비즈니스 산업 분석가 겸 《더 뉴 소셜 러닝(The New Social Leanring)》의 공동 저자

"샌디는 알고 있다. 이 책은 지금 세계를 변화시키는 원동력인 소셜 비즈니스와 소셜 미디어에 대한 책이다. 그녀가 이 책에서 든 사례는 세계 어디에서나 적용 가능하고 유용하다!"

— 루아크 르 뫼르, 유럽 최대의 소셜 미디어 콘퍼런스 르웹의 창립자

"정말 탁월한 책이다! 여성 기술인 명예의 전당에 든 샌디 카터는 당신이 '이해할 수 있는' 방식으로 소셜 비즈니스에 관해 썼다. 샌디는 매우 유능한 소셜 미디어 전문가이며 기술의 비즈니스적인 측면을 진정으로 이해하는 사람이다."

— 캐롤린 레이턴, 여성 기술인들의 모임(WITI, Women in Technology International)의 창립자이자 회장

"이 책은 소셜 미디어를 묘사하는 유행어로 가득한 흔한 책이 아니다. 이 책은 소셜 미디어를 이용해 구체적인 성과를 낼 수 있도록 하는 전략에 대한 명확한 청사진을 제공한다. 소셜 기업을 세우고 싶다면 이 책은 필독서다!"

— 토니 오드리스콜, 듀크 대학교 푸쿠아 경영대학원 테크놀로지 엔터테인먼트 미디어 센터 최고 책임자

"샌디 카터의 말이 맞다. IBM은 수년 전부터 소셜 네트워크가 재미있는 동물 그림을 공유하는 것 이상의 의미를 지닌다는 사실을 알고 있었다. 샌디 카터는 CEO답게 진지한 언어로 이 책을 썼지만 현대에 소셜 네트워크가 지니는 중요성을 열정을 갖고 확실하게 보여주었다."

— 크리스 브로건, 휴먼 비즈니스 웍스 사장

"이 책은 마케팅 담당자들에게 실제 사례와 ROI(return on investment, 투자수익률)에 중요한 전략을 갖추고 소셜 미디어를 사용하여 전체 조직을 고객 중심으로 만드는 길을 제시한다. 무엇보다 중요한 점은 이 책이 조직 내 전 부서가 한 배를 타도록 해 길을 잃지 않도록 상사를 설득하는 데 필요한 논거를 제공한다는 것이다."

— 로이 영, 마케팅 프로프 사장 겸 《마케팅 챔피언(Marketing Champions)》 공동 저자

"수년간 많은 기업은 소셜 네트워크가 점점 인기를 얻는 모습을 보고 자신들이 관심을 두어야 하는 분야인지 궁금해하고 있다. 샌디 카터는 이 책에서 기업들이 소셜 미디어를 이용해 조직 내 지적 자본으로 전례 없는 혁신을 준비하고 새로운 형태의 소셜 비즈니스를 시작해야 한다고 충고한다. 이 책은 그녀가 IBM이 세계적인 수준의 소셜 비즈니스로 성장할 수 있도록 돕고 전 세계 고객들과 다른 기업을 도와 소셜 비즈니스를 시작하도록 했던 경험에 바탕을 두고 있다. 샌디는 독자들이 오늘 당장 시작할 수 있도록 행동 중심의 소셜 비즈니스 계획을 제시한다."

— 어빙 블라다프키 버거, IBM과 시티그룹 전략 고문 겸 MIT와 임페리얼 칼리지 객원교수

"현재 우리는 커뮤니케이션 부분에서 인류 역사상 가장 큰 변화에 직면해 있다. 역사상 최초로 기업들은 전에는 절대로 불가능했던 방식으로 고객과 소통할 수 있게 되었다. 더 많이 연결되고 더 많이 참여하는 방식의 비즈니스인 소셜 비즈니스는 기업의 경영 방식을 변화시킬 것이다. 샌디 카터는 이 책에서 세계 유수의 기업들이 성공적인 소셜 비즈니스를 위해 사업을 어떻게 변화시키고 있는지 보여준다. IBM의 소셜 비즈니스 부분의 중요 파트너로서 우리는 이 책을 반드시 읽으라고 권하고 싶다!"

— 제프 다치스, "소셜 비즈니스"라는 표현의 창시자인 다치스 그룹 CEO

GET BOLD
겟볼드

GET BOLD
겟 볼드

샌디카터(IBM부사장) 지음 l 최선영 옮김

대담한 나의 가족들에게.

사실 남편 토드와 천사 같은 내 두 딸 캐시,

그리고 마리아가 없었다면 이 책을 쓰지 못했을 것이다.

이 책을 이 세 사람에게 바치는 바이다!

덧붙여, 아래의 사람들에게 이 책을 바친다.

내가 살아오는 동안에 늘 나에게 영감을 불어넣어주는 우리 부모님.

이 책에는 그분들의 영감이 반영되었다.

내 보호자 역할을 자처하는 우리 오빠! 나의 응원군인 시댁 식구들!

그리고 IBM과 고객, 파트너사 등을 포함한 내 동료들!

이들은 세상에서 가장 훌륭한 사람들이다.

"다른 일들이 우리를 바꿀 수도 있지만 우리의 시작과 끝은 늘 가족이다."_앤서니 브랜트

비즈니스는 개인적이다

"비즈니스는 개인적이다." 이 말은 내가 아직 실무를 경험하지 않은 대학 졸업생이던 시절 가장 처음 배운 말이다. 기업 내부와 외부의 사람들과 관계를 쌓아야 하며, 일을 완성하기 위해서는 함께 일하는 사람들에 대해서도 잘 알아야 한다. 중요한 사항은 기억하되 상대방의 생일이나 배우자 이름과 같은 피상적인 사실 외에 그들을 인간적으로 알아야 한다.

사실 고백하건대 나는 그런 세세한 것들을 잘 외우지 못한다. 그래서 의도치 않게 "개인 휴대용 단말기(PDAs)"를 가장 처음 사용한 사람 중하나가 되었으며 CRM 시스템을 처음 접하고 바로 활용하게 되었다.

하지만 소셜 네트워크라는 변화가 내 사업에 가져온 결과물에 비하면이는 아무것도 아니다. 어떤 사람에게서 이메일을 받으면 나는 자동으로 그 사람의 링크드인(LinkedIn)이나 페이스북(Facebook) 프로필을 확인하고, 시간이 있을 때는 그 사람이 최근에 올린 트윗을 읽어본다. 이를 통해 나는 비즈니스 정보의 생명줄인 맥락, 즉 컨텍스트를 알 수 있다.

사실 웹사이트나 상점을 방문할 때면 페이스북 커넥트(Facebook Connect)와 같은 기능을 통해 "아는" 사람을 만난다. 아마존(Amazon)에서 전체 리뷰를 읽어보거나 허핑턴 포스트(Huffington Post)에서 모든 논평을 읽어보는 대신, 나는 내가 아는 사람들, 즉 친구들의 리뷰와 논평만 골라서 읽을 수 있다. 심지어는 검색 엔진도 변화하고 있다. 구글과 마이크로소프트의 빙은 소셜 신호를 검색 결과에 통합하고 있다.

간단히 말해, 소셜 네트워크와 소셜 네트워크 상의 친구들은 공기와 같아지고 있는 것이다. 당신은 이 개인적인 인맥을 필요한 곳에 언제든 사용할 수 있으며 이러한 인맥은 페이스북이나 트위터(Twitter), 링크드인, 유튜브와 같은 소셜 사이트에서만 중요한 것이 아니다.

이러한 인맥은 비즈니스에도 영향을 미치기 때문에 당신 역시 공기와 같이 고객이나 직원, 파트너가 필요로 할 때 언제든 손에 닿을 수 있어야 한다. 나는 사업가로서 여러분에게 개인적으로, 그리고 여러분을 사업 독립체로서 바라보며 이야기하는 것이다.

이 책은 여러분과 여러분의 조직을 소셜 비즈니스로 탈바꿈시키는 것이 왜 중요한지 이해하는 토대가 된다. 미래에 경쟁력을 갖고 성공하려면 무엇이 필요한지 알려주기 때문이다. 무엇보다 소셜로 연결되며 개인적인 것을 활용하고 조직 내 구석구석 모든 사람에게까지 확대되는 비즈니스는 중요한 경쟁적 이점을 지닐 것이다. 전통적인 형태의 조직은 비즈니스가 개인적으로 변화하는 데 적응하지 못하고 어려움을 겪을 것이기 때문이다.

이 책을 집어 들어 이 서문을 읽고 있는 사람이라면 다음 두 부류 중 하나에 속하는 사람일 가능성이 크다. 소셜 비즈니스를 신뢰하고 시작하고자 하는 사람이거나, 아니면 소셜 비즈니스를 시작해야 하는지, 언제 시작해야 하는지, 그리고 어떻게 시작해야 하는지 알고 싶어 하는 사람 말이다. 소셜 비즈니스를 신뢰하는, 전자에 속하는 사람이라면 이 서문은 건너뛰고 샌디의 훌륭한 글을 읽도록 하라! 하지만 후자에 속하는 사람이라면 내가 당신 앞에 놓인 길을 비출 수 있도록 하라.

이 책 제목은 《Get Bold》다. 이 여행을 떠날 때는 대담해야 한다. 유례없는 새로운 영역으로 향할 테니 말이다. 소셜 비즈니스의 ROI나 소셜 비즈니스를 시작할 로드맵과 같은 중요한 질문에 대한 쉬운 정답은 없다. 하지만 전 세계에서 크고 작은 수백 개의 기업과 비즈니스 필드에서 함께 일한 샌디 카터만큼 훌륭한 조언자를 만나기는 어려울 것이다. 물론 당신의 질문에 대한 대답을 모두 얻을 수도 없을뿐더러 사실 그 어떤 책도 그렇게 할 수는 없다. 하지만 이 책이 당신이 여행을 떠날 때 중요한 역할을 한다는 사실을 알게 될 것이다.

즐거운 여행이 되길 바라며, 마지막으로 이 말을 덧붙이고 싶다. 대담해져라!

– 쉘린 리, 《오픈 리더십》저자이자 알티미터 그룹 창립자

새로운 변화, 소셜 비즈니스

21세기에 접어들면서 비즈니스 세계는 중요한 변화에 직면했다. 인터넷의 도입으로 새로운 기회가 생겨나고 생산성을 다시 정의해야 하는 시대가 열린 것이다. 사실 이 변화의 규모는 한 세기 앞서 산업 혁명을 일으켰던 원동력과 다를 바가 없었다. 산업 혁명이 비즈니스에 큰 변화를 가져온 것처럼 (생산성의 유례없는 증가와 새로운 형태의 공장 기술, 그리고 자동화 등) 사회에도 중요한 영향을 미쳐 미국과 같은 신흥국의 중산층에 부를 가져다주었다. 21세기의 "정보 혁명" 역시 중국과 인도와 같은 나라에서 신흥 중산층을 만들어냈다. 그러나 이번에는 사람과 프로세스, 콘텐츠를 새로운 방식으로 통합하며 전 세계적으로 협력하며 일을 진행시킬 수 있게 했다. 인터넷 기술이 비즈니스가 이루어지는 방식과 그 속도를 근본적으로 바꾸어 놓은 것이다.

많은 기업이 닷컴 붐(그리고 붕괴)에 혼란을 겪던 1990년대 후반에는 세상이 어떻게 바뀔지 명확하지 않았다. 인터넷은 영속적으로 어떤 영향을 미칠 것인가? 눈에 보이는 것 같았지만 당시 우리는 이미 인터넷 그 자체만으로 비즈니스의 성공을 보장하지는 않는다는 사실을 목격한 바 있었다. 기업은 단지 웹상에 존재하기 위해 웹사이트를 만들었다. 하지만 당시는 어떻게 하면 새로운 기술을 이용해 사업을 더욱 효율적으로 바꿀 수 있을지에 대한 질문을 해야 할 때였다. 지적 자산은 어떻게 포함될 것이며 직원들은 인터넷 서핑을 하며 어떻게 하루를 보낼 것인가? 많은 경우, 인터넷으로 인한 비즈니스 변혁은 많은 산업을 뒤바꾸어 놓았다. 출판이나 광고 등과 같은 산업이 이에 해당한다.

오늘날, 우리는 인터넷이 단순한 콘텐츠 출판을 위한 수단에서 상업을 하는 플랫폼으로, 사람들을 연결하는 방법으로, 그리고 결과적으로 모바일 기기나 전자 기기, 심지어는 가전제품까지 인터넷에 연결되는 사물 간 인터넷(Internet of Things)으로 진화하는 모습을 목격하고 있다. 웹에서 정보를 찾고 재화와 서비스를 산다는 개념은 이제 당연한 것처럼 되어버렸다. 상대적으로 짧은 기간 안에 소셜 미디어는 음악이나 파일을 공유하는 수단에서 사람들이 서로 상호작용하는 완전히 새로운 수단으로 진화했다. 최근의 몇몇 사례는 기술이 정부를 근본적으로 바꾸어놓을 수도 있는 중요한 역할과 힘을 지녔고 역사를 바꿀 수도 있다는 사실을 보여주었다. 따라서 다시 한 번 말하건대, 인터넷은 비즈니스에 새로운 도전 과제를 안겨주었다. 우리가 10여 년 전 겪었던 혼란처럼 우리는 이 새로운 기술을 사용해 어떻게 하면 더욱 효율적으로 우리의 비즈니스 프로세스와 사고방식을 바꿀 수 있을지 알아야 한다.

소셜 네트워크는 조직 내의 지적 자산을 해방시키고 전문가와 전문

지식을 연결시키며 유례없는 혁신을 위한 길을 마련할 잠재력을 가지고 있다. 예를 들어, 소셜 도구의 힘을 이용하는 조직은 개발자와 연구원들이 어디에 있든 지리적 제한이나 시차를 뛰어넘어 연결시키고 협력하도록 할 수 있다. 이를 통해 개발자들은 아이디어를 쉽게 교환하고 자원을 공유해 새로운 혁신을 일으키고 발전이 더 빠르게 일어나도록 해 시장에 제품을 내놓는 시간을 가속화할 수 있다.

협력을 가능하게 하는 이외에, "소셜" 기술을 비즈니스 프로세스에 적용하면 조직이 운영되는 방식을 근본적으로 개선할 수 있다. 예컨대 소셜 도구는 인사팀이 인재와 전문가를 확인하고 리스트를 만들어 적합한 기술을 가진 사람이 적합한 기회를 얻을 수 있도록 연결할 수 있다. 게다가 HR 팀은 이러한 소셜 네트워크를 이용해 직원의 사기를 "감지"하고 조직의 분위기 변화를 인식해 일이 커지기 전에 적극적으로 대응할 수 있다. 이는 조직 내의 기능이 작동하는 방식을 근본적으로 바꾸어 놓는다.

또한 이러한 연결을 통해 발생한 "데이터"의 힘을 드러낼 수 있다. 소셜 네트워크에서 나온 데이터의 경우 고객들 사이에 인터넷 게시판상에서 일어난 대화의 형태이기 때문에 이러한 데이터 중 80%가 체계화되지 않았다. 이는 데이터에서 배우고 데이터를 이용해 의사 결정을 하고자 하는 조직에 어려움을 안겨준다. 다행히 새로운 형태의 분석 엔진이 이러한 데이터를 분석해 매우 귀중한 자산을 제공해주고 있다. 조직 내부와 외부에서 소셜 네트워크를 "매개체로 이용"하고 소셜 네트워크가 만들어낸 핵심 데이터를 연결한 후 분석을 통해 브랜드에 대한 사람들의 일반적인 인식과 고객 선호도와 같은 것들에 대한 통찰력을 얻을 수 있고 고객들의 구매 행동을 알아보는 데에도 도움을 받을 수 있다. 그리고 이러한 통찰력을 이용해 사업상 결정을 내릴 때 좀 더 지능적으로 할 수 있다.

샌디 카터는 이 책에서 이러한 문제들을 짚어보며 새로운 기술을 이용해 사업이 운영되는 방식을 개선하는 것의 진정한 이점이 무엇인지 알아본다. 소셜 비즈니스와 협업 솔루션 영업 부문의 부사장인 샌디 카터는 IBM에서 이 문제에 대해 매우 자세히 연구했다. 하지만 무엇보다 그녀는 소셜 기술이 비즈니스 환경에 어떻게 적용될 수 있는지를 직접적으로 보여준 훌륭한 사례다. 소셜 도구를 일찍 받아들인 그녀는 현재 IBM 내의 탑 블로거 중 한 사람이자 최다 트위터 팔로워 보유자이기도 하다. 샌디는 이 책을 통해 우수한 사례를 공유하고 여러분이 이 중요한 변화의 시기에 출현하는 큰 기회를 이용할 수 있도록 도와준다.

소셜 기술은 이미 비즈니스에 큰 기회를 가져다주고 있으며 기업들은 그 결과를 목격하고 있다. 이 책은 여러분이 그 기회를 놓치지 않도록 대단히 설득력 있고 포괄적으로 설명한다.

– 마이크 로딘, IBM SWG 솔루션의 수석 부사장

Get Bold 속에 답이 있다

긴 인류 역사상 끊임 없이 세상은 변해왔고, 그 변화의 속도만큼이나 크게만 느껴지던 지구는 빠르게 좁아지고 있다. 교통, 통신 기술의 발전 그리고 인터넷의 발명은 오늘날 지구상에서 살아가는 모든 사람들이 서로 교류하며, 공존하면서 살아갈 수 있도록 해주며, 시공간의 제약 속에서도 인류를 발전시켜 왔다. 그 중에서도 최근의 소셜 비즈니스라 통칭되는 소셜 네크위크, 소셜 미디어 등의 등장은 과거 그 어떤 변화 동인 중에서도 가장 폭발력 있는 인류의 변혁을 가져올 쓰나미와 같은 사회적 현상이 아닌가 싶다. 정치, 경제, 문화 모든 측면에서 앞으로 상상하지 못하는 일들이 소셜로 인해 일어나게 될 것이고 이를 받아들이지 않는다는 것은 현대인이 자동차도, 인터넷도, 휴대폰도 사용하지 않고 일상을 살아보겠다고 하는 것과 같으며, 기업에 있어서는 산업의 종류와 관계없이 생존을 위해서는 무조건 받아들여야 하는 필수적인 변화 요소가 될 것이다.

소셜은 단순히 흥미로운 새로운 기술이 아니며 이를 기반한 일시적 트랜드와 같은 사회적 현상은 더더욱 아니다. 소셜은 인류가 끊임없이 극복하고자 했던, 시공간의 제약을 뛰어넘는 수단으로서, 지구를 마치 작은 하나의 공간으로 만들어 가고 있으며, 그 동안 공존해오던 버츄얼 세상과 현실 세상이 서로 합쳐지는 접점의 역할을 하면서, 두 세상을 하나로 이어가고 있다. 시공간의 제약으로 인해 떨어져 있으나 마치 같은 시간에 한 공간에 모두를 같이 있게 만들어 주는 놀라운 마술을 부리고 있는 것이다. 이제 말 그대로 지구상의 모든 객체가 단일 공간에서 서로 연결된, 소위 'Connected World'가 현실화 되어 가고 있음을 모두가 인지해야 할 시점이다.

그 동안 소셜 비즈니스를 하는 기업들만이 소셜의 막강한 기능들을 활용해 성공해왔다고 볼 수 있을지 모르겠지만, 앞으로는 소셜 비즈니스를 하는 기업뿐만이 아닌 모든 기업들이 자신의 비즈니스에서 소셜을 기반으로 한 마케팅, 세일즈, 고객관리 활동을 수행해야 하며, 더불어 기업 내부에서도 소셜 기술을 활용한 조직/문화 관리는 물론, 채용이나 인재양성, 육성 등의 전반적 인적자원관리, 심지어, 공급망 관리, 연구 개발 등 전사의 모든 운영 업무 분야에서 활용되어야만 생존 가능한 조직을 유지해 낼 수 있을 것이다. 이러한 소셜 환경을 기업내부에 접목시키고자 할 때는 무엇보다 집단 지성의 힘을 극대화시킬 수 있어야 하며, 고객이나 시장을 정확히 이해할 수 있는 도구로 활용되어야 하고, 모든 조직원들의 긍정적인 협업 시너지를 만들어 낼 수 있어야 한다.

소셜 기업 환경에서는 리더쉽도 변해야 하며, 고객과 시장을 보는 방식과 기업의 거버닝 구조 역시도 달라져야 한다. 왜냐하면, 소셜 비즈니스의 가장 큰 핵심 요소가 사람이며, 소통을 기반으로 하고 있기 때문이다. 그러므로 자율적 사고를 기반으로 하는 다수의 사람들에 의해 복잡하게 얽혀있는 소통체계 속에서 형성된 소셜을 얼마나 지혜롭게 활용하고 받아들이냐 하는 것이, 생존과 성장을 결정하게 될 것이다.

이 책 'Get Bold'는 살기 위해서 대담해지라는 것이지, 남들이 하지 않는 것을 하기 위해서 대담해지라는 것이 아니다. 기업을 지속적으로 영위시키고자 하는가? 소셜의 시대에서 리더가 되고 싶은가? 소셜을 이해하고 받아들이며, Get Bold 속에서 답을 찾아야 한다. 그리고 소셜 비즈니스를 지금 당장 고민하거나, 사업에 활용하고자 한다면, 샌디의 말대로 해야만 할 것이다.

이 책은 받아들이는 것은 당연하며, 단지 어떻게 받아들이는 것이 효과적인지를 알려주는 책이다.

－조승용 전무/파트너, 한국IBM Global Business Services, 전략 및 혁신 컨설팅 서비스 리더

내가 출간한 세 책 중 이 책에 가장 애착이 간다. 왜냐고? 내가 소셜 미디어와 소셜 비즈니스에 열정을 가지고 있기 때문이다. 또 내가 매일 사용하는 것에 대한 책이라서 좀 더 개인적으로 다가오는 까닭이다. 여러분과 내 견해를 공유할 수 있게 되어 몹시 기쁘다!

이 책은 나의 아래와 같은 사랑을 보여준다.

- **시장 변화에 대한 사랑:** 나는 변화를 추구한다. 오늘날 우리는 다음에 올 "대단한" 것이 금방이라도 닥칠 상태에 처해있다. 전 세계 기업은 소셜 비즈니스가 되는 데에 온 힘을 다하고 있다. 소셜 비즈니스는 선행자에게 유리하다. 기술이 아닌 사람에 대한 변화이기 때문이다. 관계를 쌓는 데에는 돈이나 기술만이 아닌, 시간이 필요하다.

- 배움에 대한 사랑: 지금은 새로운 시대이기 때문에 나는 이러한 기업들과 함께 일하는 것을 사랑한다. 이 책에는 내가 고객과 함께 일하며 겪은 70건이 넘는 모범 사례가 담겨 있다.

- 행동에 대한 사랑: 나는 2005년 이후 "소셜을 하고" 있고 내 팀 내부와 외부에서 이를 실험하고 있다. 소셜 도구와 기술을 이용한 지난 6년간은 나의 열정을 북돋았고 실제 행동으로 옮기지 않았다면 배우지 못했을 것들을 가르쳐 주었다. 나는 소셜을 적극적으로 활용하고자 하는 학생일 뿐 아니라 실제로 행동하는 사람이기도 하다. 나는 성공과 실패를 통해 배운 것들을 공유하는 일을 사랑한다.

- 대담한 행동에 대한 사랑: 이 책의 제목은 《Get Bold》다. 대담하다는 것은 위험을 감수하고 그것을 관리하며 그 결과에 확신을 갖는 능력이다. 나를 아는 사람들은 내가 행동하는 것을 좋아한다는 사실을 잘 안다. 이 책은 여러분이 자신만의 소셜 비즈니스 어젠다(AGENDA)를 만들어 새로운 세계에서 대담해질 수 있도록 설계되었다.

- 끝나지 않는 이야기에 대한 사랑: 나는 인도의 오랜 속담을 가장 좋아한다. "사실을 말해주면 배울 것이다. 진실을 말해주면 믿을 것이다. 하지만 나에게 이야기를 해주면 영원히 마음에 간직할 것이다." 이 책은 시작에 불과하다. 나는 여전히 동료들과 고객, 그리고 파트너들에게서 배우고 있다. 내 블로그(http://socialmediasandy.wordpress.com/)와 트위터 계정(http://twitter.com/sandy_carter)에는 "생생한" 이야기가 많이 있으니 꼭 한 번 방문하시라.

이 책의 구성

이 책은 모범 사례를 통해 배우는 형식을 취하고 있다. 기술 자체에 대한 책이 아니라 목표와 문화, 신뢰 모델, 그리고 지배 구조를 토대로 시작하는 방식에 대한 책이다.

1장 "소셜 비즈니스 성공을 위한 어젠다(AGENDA)"는 소셜 비즈니스란 무엇이며 그 특성은 무엇인지를 이해하고 경쟁력 등, 기대되는 결과물은 무엇인지에 대해서도 다룬다.

2장부터 7장은 기업의 소셜 비즈니스 어젠다를 완성하기 위해 필요한 단계를 보여준다. 고객 수천 명과 일한 경험을 바탕으로 개인화된 소셜 비즈니스 어젠다를 구성하기 위한 단계와 과정을 제시한다.

A: 조직의 목표와 문화를 정비하라(Align your goals and culture). 좀 더 매력적이고 투명하기 위해서는 이 단계를 반드시 밟아야 한다. 앞에 놓인 과제를 평가절하하지 말라. 문화를 바꾸는 일에 비하면 전략은 짜는 일은 누워서 떡 먹기와 같다. IBM의 소셜 컴퓨팅 가이드라인을 참고하라.

G: 소셜의 신뢰를 얻어라(Gain Social Trust). 팬과 친구, 팔로워를 찾고 당신에게 우호적인 사람들이나 가장 영향력이 있는 고객 또는 외부 인사들로 베스트프렌드를 만들어야 한다. 소셜의 신뢰란 무엇이며 어떻게 신뢰감을 줄 수 있을지 파헤쳐본다.

E: 경험을 통해 관계를 맺어라(Engage Through Experiences). 이 부분은 기업이 고객과 직원들의 관심을 어떻게 끌고 그 관심을 유지하기 위해 게임, 가상 선물(virtual gifting), 위치 기반 서비스, 모바일 또는 다른 훌륭한 경험을 어떻게 이용하는지에 초점을 맞춘다.

N: 비즈니스 프로세스를 네트워크로 만들어라("Social" network your processes). 이 책은 비즈니스에 대한 책이므로 비즈니스 프로세스에 소셜 기술을 접목하는 방법을 아는 것은 매우 중요하다. 예를 들어 고객 서비스의 경우, 트위터에 고객의 관심사를 고심하는 트윗을 올린다. 혹은 제품 혁신을 위해 크라우드소싱(crowdsourcing; 전문가나 아마추어 등 다양한 이들을 참여시켜 그들의 전문성이나 기술을 이용해 특정 문제를 해결하는 것—옮긴이)을 이용하거나 마케팅 프로세스에 충성도를 높이기 위해 커뮤니티를 이용한다.

D: 평판과 위기관리를 위해 디자인하라(Design for reputation and risk management). 이는 초보자들이 집중해야 할 제1의 분야다. 브랜드가 온라인에서 활동하면서 발생할 수 있는 위험을 관리하고 직원이 브랜드 홍보대사가 되며 고객이 마케팅 부서의 직원처럼 행동한다. 나는 이로 인한 가치가 위험을 능가한다고 생각한다. 하지만 최악의 경우를 대비해 재난 복구 계획을 만들어내고 최상의 경우를 기대하라.

A: 데이터를 분석하라(Analyze your data). 소셜 분석이 트렌드로 떠오르고 있다. 전반적인 소셜의 감정을 살펴보고 당신을 옹호하는 이들이 누구인지 알아내고 매일 귀를 기울여라!

8장 "경쟁력을 위한 요소로서의 기술"은 성공을 위해 이 중요한 도구를 사용할 수 있도록 기본적인 기술과 기본 틀을 이해하는 데 초점을 맞춘다. 기술은 분명히 성공을 위한 매우 중요한 부분이다.

9장 "자신만의 어젠다를 만들어라"는 완벽한 소셜 비즈니스 어젠다 사례를 제시하며 각각의 단계를 요약한다.

또한 이 책을 검토해준 훌륭한 검토자들이 제시한 피드백을 기반으로 "소셜 비즈니스 용어 설명" 코너를 추가했다. 소셜 비즈니스는 새로운 분야이므로 이 코너가 큰 도움이 될 것이다. 사실 나 역시 거의 매일 이 용어 설명 코너를 이용하고 있다!

추가로 사례를 더 보고 싶다면 www.ibmpressbooks.com/title/9780132618311을 방문하면 된다.

이제 즐겁게 읽어보자!

샌디 카터

차례

GET BOLD **Contents**

소셜 비즈니스 성공을 위한 어젠다

The AGENDA for Social Business Success

"It is imperative that
you have a bold agenda
to engage your clients,
your partners and your employees.
The Social Business AGENDA is
the connection to outperforming
in the marketplace."
Sandy Carter

"고객과 파트너, 직원들의 흥미를 끌고자 한다면
과감한 어젠다를 가져야만 한다.
소셜 비즈니스 어젠다를 통해
우리는 시장에서 앞서 나갈 수 있다."

_샌디 카터

"이전에는 업무 중 담배 한 대를 피우며 쉬는 시간을 가졌다면
이제는 '소셜 미디어를 하며 쉬는 시간'을 갖게 될 것이다.
단 회사 내에서 소셜 미디어 사용이 허용되고
IT를 이용해 직원들의 소셜 미디어 사용 여부를
감시하지만 않는다면 말이다."

__데이비드 아마노(David Armano), 《로직+이모션 블로그(Logic+Emotion blog)》저자

"What used to be
cigarette breaks could
turn into 'social media breaks'
as long as there is a clear signal and
IT isn't looking."
David Armano,
author of Logic+Emotion blog

나는 IBM의 부사장이다. 아이 둘을 키우는 엄마이자 한 남자의 아내이기도 하며 소셜 비즈니스를 전파하는 전도사이기도 하다. 2000년대 초반 이후 나는 소셜 네트워크 혹은 소셜 미디어, 또는 소셜 소프트웨어 등 여러 가지 이름으로 불리는 기술을 이용해왔다. 마이크로 블로깅(micro blogging; 휴대전화나 인스턴트 메시지 소프트웨어를 사용하여 자신의 생각을 한 두 문장 정도로 간단하게 블로그에 올리는 것 - 옮긴이)이나 위키스(wikis; 개인 미디어 활동을 지원하는 소셜 미디어의 한 종류 - 옮긴이), 비디오 공유, 화상 채팅, 네트워크, 커뮤니티 등등 이러한 것들의 힘이 강력한 이유는 단순히 읽고 보는 것만으로도 가치가 생기기 때문이다. 나는 내가 공헌하는 콘텐츠의 양보다 훨씬 더 많은 소셜 미디어 콘텐츠를 이용한다. 친구와 가족들로 구성된 사적 네트워크로는 세계 어디에 있든 상관없이 언제나 이들과 연락한다. 또한 직장 동료와 파트너, 고객으로 구성된 공적 네트워크 덕분에 이전에는 꿈도 꾸지 못했을 새로운 일자리와 새로운 친구를 사귈 기회를 얻는다.

2005년, 나는 지켜보기만 하던 소비자의 입장에서 정보를 제공하는 공헌자가 되기로 결심했다. 생각을 공유하고 신뢰할 수 있는 사람들과 팔로워들에게서 솔직한 피드백을 받을 수 있는 새로운 통로라고 생각했기 때문이다. 당시 나는 이 결심이 나와 나를 고용한 회사인 IBM에 어떤 영향을 미칠지 잘 알지 못했다. 블로그를 열심히 이용하고 소셜 미디어의 파워 유저가 되자고 결심했던 2005년 당시 나는 IBM 최대의 소프트웨어 브랜드를 담당하는 부사장이었다. 이후 나는 지난 몇 년간 소셜 테크놀로지의 급속한 성장 과정에 놀라움을 금치 못했다. 소셜 미디어는 세계를 지배하고 있다. 토머스 프리드먼(Thomas Friedman)은

2005년에 출간된 저서에서 세상은 평평하다고 주장했다. 이에 대한 내 생각을 덧붙이면, 세상은 평평할 뿐만 아니라 서로 연결되어 있다고 말하고 싶다.

이 책이 소셜 비즈니스의 가치에 중점을 두고 있긴 하지만 내 삶에서 큰 부분을 차지한 소셜 기술의 영향력을 가볍게 여기고 싶지는 않다. 소셜 미디어는 전 세계에서 삶의 한 방식이 되어가고 있다. 페이스북 사용자 수가 5억 명을 넘어서고 매일 업데이트되는 블로그 수가 2억 개에 달하는 현재, 그들의 경험에서 발휘되는 힘이 세상을 지배하고 있다. 소셜 미디어는 우리가 과거에 보았던 그 어떤 것보다 더욱 빠르게 성장하고 있다. 고객이 소셜 미디어를 이용해 기업의 제품에 영향을 미치듯 할머니 할아버지들도 소셜 미디어를 이용해 손주들과 대화한다. 옥시전 미디어(Oxygen Media)와 라이트스피드 리서치(Lightspeed Research)에 의하면 여성들은 점점 더 소셜 미디어에 의존하고 있으며 아침에 잠에서 깨자마자 화장실도 가기 전에 페이스북부터 확인할 정도라고 한다.

앞으로 전개될 소셜 개념은 대부분 소비자 공간의 초기 개척자들이 정의한 것이다. 이 혁신적인 개척자들 덕분에 나는 친구들이나 가족들과 온라인으로 연결되고 새로운 기술의 힘에 눈뜰 수 있었다. 또한 이들은 크고 작은 규모의 여러 기업이 이러한 소셜 기술을 이용할 수 있도록 문을 열어주어 결국 소셜 비즈니스로 성장했다.

소셜 비즈니스란 사람과 사람, 사람과 정보, 그리고 데이터와 통찰력을 연결시켜 모든 과정에 "소셜"을 포함하는 기업이다. 다시 말해 직원과 고객이 소셜 도구를 이용해 쌍방향 대화를 할 수 있고 전문 지식이나 기술을 기업 외부인들과도 투명하게 공유하며 통찰력을 이용해 빠르게 변화하는 기업이다. 소셜 비즈니스는 소셜 미디어와 다르다. 소셜 미디어는 소셜 비즈니스와 달리 주로 마케팅이나 홍보에 중점을 두기 때문이다(바로 여기에서 미디어가 유래했다).

우리 모두의 마음속에는 사람들을 사귀고 싶고 또 그들과 연결되었다는 느낌을 받고 싶은 욕망이 있다. 오늘날에는 인터넷의 발달로 컴퓨터와 컴퓨터, 컴퓨터와 네트워크가 서로 연결되었다. 이메일이 등장하면서 사내 공지를 일일이 전달할 필요가 없게 되었다. 또한 인스턴트 메신저는 거의 실시간으로 더 빠르게 커뮤니케이션할 수 있도록 해주어 사내 공지를 별도의 이메일로 전달할 필요가 더욱 없어졌고 어느 면에서는 이메일을 대체하고 있기도 한다. 하지만 이 두 기술 모두 사람들이 갈망하는 인간의 연결이라는 욕구를 충족시켜주지는 못했다(비록 인스턴트 메신저의 이모티콘은 도움이 되었지만 말이다).

거의 모든 사람은 가족이나 친구, 공급자, 파트너, 그리고 자신에게 영향력을 미치는 사람들과 멀리 떨어져 살고 있다. 대부분 그들과 소통하기 위해 인터넷을 사용하는데, 그런 점에서 인터넷은 사회적인 욕구를 충족시키는 매체라고 말할 수 있다. 이제 소셜 미디어는 사람과 사람, 사람과 정보를 연결한다. 사용하기 쉽고 단순함에 중점을 둔 이 새로운 협업 기술은 이야기를 공유할 뿐 아니라 비디오나 사진, 관심사, 생각 등과 함께 자신의 정체성을 표현할 수 있는 플랫폼으로 우리를 인도해주었다. 나는 IBM의 부사장일 뿐 아니라 엄마이자 아내라는 정체성을 가지고 있는 것이다. 경우에 따라서 이 공격적인 기술의 새로운 물결은 "현실 세계"의 관계를 가상의 것으로 대체하기도 한다.

이는 모든 사업과 관계의 중심에는 사람이 있다는 것을 역설한다.

《소셜 붐(Social Boom)》과 《판매를 위한 리틀레드북(The Little Red Book of Selling)》의 저자인 제프리 지토머(Jeffrey Gitomer; 세일즈 전문가이자 베스트셀러 작가 - 옮긴이)는 자신의 저서에서 이렇게 말했다.

"모든 조건이 동일할 때 사람들은 친구들과 사업을 하고 싶어 한다. 조건이 동일하지 않을 때도 마찬가지로 친구들과 함께 사업하기를 원한다."

소셜 비즈니스는 친구란 무엇이며 직원은 회사에서 어떤 역할을 하는지, 기업 내 의사결정 과정은 고객에게 얼마만큼 개방되어야 하는지, 또 얼마나 빨리 추진되어야 하는지에 대해 새로운 정의를 내리고 그 가능성을 열었다. 이 정의는 새로운 기술이 발명되는 속도만큼이나 빠르게 변화하고 있다. 페이스북이나 아이팟이 처음 세상에 소개되었을 때 그것을 만든 개발자조차 애플리케이션 생태계가 생겨나리라고는 예상하지 못했고 그로 인해 애플리케이션 개발자 수백 명이 백만장자가 되는 것 또한 꿈도 꾸지 못했다. 바로 이와 같은 기술 덕분에 새로운 시장이 생겨나고 매일 새롭게 정의된다.

이제 새로운 변화가 도래했다. 시장의 모든 창의력이 인터넷 산업으로만 향하던 시절만큼 큰 변화다. 소셜 비즈니스는 모든 소셜 도구와 소셜 미디어 기술을 이용하며 "미디어와 마케팅"을 넘어 기업의 내부(인적 자원 관리와 인재 경영 등)와 외부(고객서비스와 공급 사슬 관리, 제품 개발, 마케팅, 커뮤니케이션 등)의 모든 과정으로 그 사용과 활용이 확장된다. 그런데 과거 많은 기업이 '인터넷은 아이들과 대학이나 사용하는 도구'라고 공언했던 시절처럼, 우리는 역사가 되풀이되는 것을 목격하고 있다. 일부 기업의 리더들은 아직도 소셜을 아이들이나 대학에서나 사용하는 것으로 여긴다. 하지만 우리는 그렇게 어리석지 않다. IBM은 소셜을 비즈니스로 생각하고 그 영향력을 알고 있다.

당신은 소셜 비즈니스를 통해 경쟁자보다 앞서 나갈 수 있다. 소셜 비즈니스는 거듭되는 진화와 미래지향적인 방향으로 내적, 그리고 외적으로 스스로를 차별화하고 있다. 다시 말해, 믿을 수 있고 검증된 방법으로 쉽고 단단하게 사람들과 연결시켜주는 새로운 기술과 플랫폼을 받아들여 고객이나 사업 파트너, 일반시민, 그리고 직원들과 관계를 맺는 데 중점을 둔다.

참 감사하게도 나는 지금까지 세계 60여 국 이상을 여행할 수 있는 기회가 있었다. 세계를 여행하며 내가 고객이나 파트너, 그리고 각국 정부(또한 몇몇 IBM 동료)로부터 가장 많이 들었던 질문은 다음과 같다.

"어떻게 하면 소셜 비즈니스를 시작할 수 있습니까? 또, 소셜 비즈니스는 나와 내 부서, 내 회사에 어떤 가치를 가져다줄까요?"

이에 대한 나의 대답은 다음과 같다.

"핵심은 소셜 비즈니스가 흥미롭고 투명하며 빠르게 변화하는 사업이라는 점입니다. 소셜 비즈니스는 소셜 기술을 받아들이고 사용하며 거기에서 가치를 획득하고 위험을 관리하는 방법을 이해하는 사업입니다. 소셜 비즈니스는 직원과 고객 모두를 위한 전체 프로세스, 그리고 생태계 전체에 소셜 도구를 적용합니다. 내 경험으로 볼 때, 리더십을 지닌 기업은 사업에 정말로 큰 영향을 미치는 소셜 기술을 체계화된 관점으로 분석해 대담하고 유일무이한 소셜 비즈니스 어젠다를 만들어냅니다."

소셜 비즈니스의 세 가지 특징, 즉 흥미롭고 투명하며 빠르게 변화하는 특성은 소셜 도구를 단순히 마케팅 프로세스에만 적용하는 것이 아니라 전체 비즈니스 프로세스에도 적용하여 기업의 경쟁력을 강화시킨다.

그렇다면 이 소셜 비즈니스의 세 가지 특성은 각각 무엇을 의미할까?

- **흥미롭다**: 소셜 비즈니스는 사람과 전문 지식을 연결한다. 상대가 고객이 되었든 파트너가 되었든 직원이 되었든, 개인을 사람 간의 네트워크로 연결해 새로운 정보의 원천을 만들어내고 창의력을 키우며 새로운 비즈니스 기회에 더 많이 노출시킨다. 이러한 비즈니스 네트워크 간의 기본적인 신뢰 수준을 확고히 해서 정보를 공유하려는 의지를 확립하며 고객과 직원들의 충성도를 더욱 드높인다. 또한 소셜 비즈니스는 네트워크에 적극적으로 참여하고 비즈니스 과정에서 부딪치는 난관을 창의적으로 해결하기 위해 필요한 협력과 게임, 분석을 위한 도구를 사용할 수 있는 권한을 부여한다.
- **투명하다**: 소셜 비즈니스는 항상 학습하므로 기업 내부와 시장 전문가 사이에 경계가 없다. 다양한 곳에서 지식과 통찰을 얻는 것을 지원하는 도구와 리더십 모델을 받아들여 고객들 사이의 분위기나 직원들의 감정, 혹은 프로세스 능률의 변화를 빠르게 감지할 수 있다. 비즈니스 문제를 해결하고 새로운 비즈니스 기회를 포착하기 위해 기업 내부와 외부를 분석하고 소셜 관계를 활용한다.
- **빠르게 변화한다**: 소셜 비즈니스는 이러한 소셜 네트워크를 이용해 비즈니스의 속도를 높이고, 항상 통찰하는 태도로 더 빨리, 합리적인 결정을 내린다. 그리고 고객과 파트너들에게 새롭고 더 빠른 방식으로 정보를 전달한다. 모바일 기기의 유비쿼터스 기술과 연계해 다른 사람과 협동하는 새로운 방식에 의해 소셜 비즈니스는 시간과 공간의 제약을 이점으로 바꾼다. 이처럼 소셜 비즈니스는 언제 어

디서나 최대의 가치를 제공할 수 있어 조직이 시장의 변화에 빠르게 적응할 수 있도록 한다.

소셜 비즈니스 어젠다(AGENDA)는 수평적 역할과 수직적 시장에 참고가 되는 틀(consultative framework)을 제공해 개인과 기업이 소셜 비즈니스가 되는 법을 이해하도록 돕는다. 지난 몇 년간 우리 팀은 클라이언트를 도와 그들이 인재를 최대한 활용하고 고객이나 파트너와 소셜 기술을 이용해 커뮤니케이션이 원활해지는 기술 전략을 세우도록 했다. 이때 사용한 소셜 비즈니스 어젠다는 그림 1.1과 같이 전체 과정을 6단계로 단순화해 소셜 비즈니스 과정의 복잡함을 줄여주었다.

모든 고객이 이 6단계 전략을 모두 거칠 필요는 없다. 하지만 우리는 이 6단계를 모두 거쳤을 때 최상의 결과가 나오는 것을 목격했고 소셜

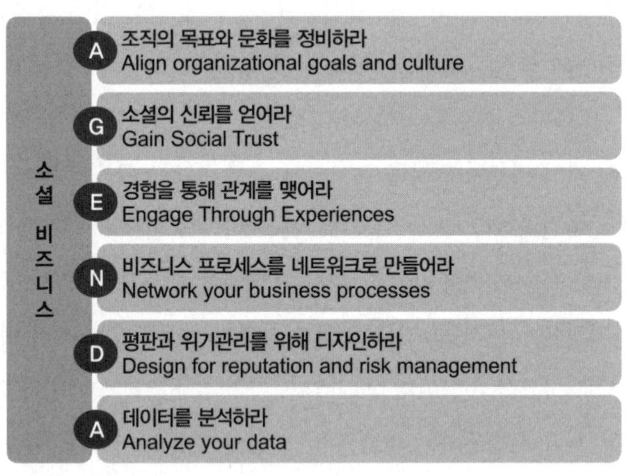

그림 1.1 대담한 소셜 비즈니스 어젠다

비즈니스 전략을 360도로 살펴볼 수 있는 방법을 만들어냈다. 나의 주된 접근법은 다양한 산업과 카테고리 내에서의 모범 사례를 이용해 기업과 정부가 효과적으로 각각의 과정을 해결해 소셜 비즈니스가 되어 얻을 수 있는 가치를 극대화하는 것이다. 각각의 과정에서 제기될 수 있는 질문은 아래와 같으며 이 질문을 통해 전체적인 결과를 도출할 수 있다.

1. 가치 정렬(Value Alignment): 우리는 소셜 비즈니스 솔루션으로 무엇을 할 수 있으며 무엇을 반드시 해야 하는가?

2. 역할 배정(Role Mapping): 각각의 역할을 맡은 이들은 소셜 비즈니스를 어떤 방식으로 활용할 것인가?

3. 비전 설정(Vision Setting): 소셜 비즈니스의 경험은 우리에게 어떻게 보일 것인가?

4. 비즈니스 사례/투자수익률(Business Case/ROI): 우리는 소셜 비즈니스 솔루션을 재정적인 관점에서 어떻게 정의할 수 있는가?

5. 솔루션 검토(Solution Review): 내가 처한 환경에서 당신의 솔루션 일부를 보여줄 수 있는가?

그림 1.1의 어젠다를 사용해 우리는 위의 질문과 여타의 질문에 대한 답을 알아볼 것이다.

먼저 소셜 비즈니스 어젠다를 구성하는 6단계를 자세히 살펴보고 여러분의 기업에 적합한 소셜 비즈니스 어젠다를 만들어보자.

조직의 목표와 문화를 정비하라

이 과정은 조직과 부서의 목표를 설정해 소셜 비즈니스가 되기 위해서는 조직이 어떻게 변화해야 하는지를 이해하는 것이다. 소셜 비즈니스에서 직원들의 역할은 매우 중요하다. IBM의 마케팅 부문 부사장인 존 이와타(John Iwata)에게 물어보라. 그는 IBM 직원들에게 블로그스피어(인터넷으로 서로 연결된 블로그, 트위터와 같은 마이크로블로그, 페이스북이나 링크드인 등처럼 서로 연결된 커뮤니티를 칭한다)에 적극적으로 참여하도록 한 결과, IBM 브랜드에 긍정적인 영향을 미쳤다. 소셜 자산은 사람들, 기업, 사회와 맺은 관계의 연결이자 이러한 관계를 통해 개인이 얻는 혜택을 말한다. 그런 의미에서 직원들은 세상에 브랜드의 정체성과 직원들과 브랜드 간의 유대감을 보여준다. 예일 클럽(Yale Club)에서 이와타는 이렇게 말했다.

"머지않아 모든 직원과 퇴직자, 고객, 사업 파트너, 투자자, 그리고 이웃 등 기업과 관련된 모든 사람이 직접 체험한 것을 바탕으로 기업에 대한 의견을 공유하게 될 것이다. 이 세계에 편안하게 적응하려면 기업의 전체 직원이 기업의 가치와 진정한 의미를 이해해야 한다. 그러면 기업 외부와 내부에서 동시에 신호를 들을 수 있을 것이다. 직원이 브랜드 홍보대사가 되는 것이다."

이러한 관계는 기업 문화라는 구조에 깊이 박힌 연결점이 된다. 캐리 윌리어드(Karie Willyerd; 기업 컨설턴트 - 옮긴이)와 진 C. 마이스터(Jeanne C. Meister; 썬 마이크로시스템즈 최고교육책임자 - 옮긴이)는 www.HarvardBusiness.org에 이렇게 말했다.

"점점 더 많은 기업이 위버 커넥티드(über-connected; 직장 내에서 소셜 네트워크 등을 통해 직원끼리의 의사소통을 더욱 발전시키며 결국 전 세계적으로 다양한 협동으로 생산성과 효율성을 높이는 최신 회사 문화를 의미한다 – 옮긴이)된다는 의미가 단지 새로운 도구를 실행하는 것이 아니라는 사실을 알아가고 있다. 위버 커넥티드란, 직원들이 가상 세계에서 서로 정보를 공유하고 혁신하며 협동하는 개방된 환경을 만들어나가는 변화된 문화를 포용하는 의미이기도 하다."

나는 언제나 나 자신을 지식과 발견을 기꺼이 공유하며 살아왔다. WITI 명예의 전당에 이름을 올리게 되어 캘리포니아로 떠날 기회를 얻게 된 나는 그날보다 이르게 미리 주말에 가족들과 캘리포니아로 가서 그곳을 여행하기로 했다. 여행을 계획하던 도중 나는 늘 묵고 싶었던 호텔에서 저렴한 상품을 내놓은 걸 발견하고 우리 가족과 함께 여행을 떠나기로 한 친구에게 그 사실을 알려주었다.

예상했던 것보다 훨씬 좋은 시설이었던 호텔에서 멋진 주말을 보낸 뒤 체크아웃을 하러 간 자리에서 우리는 객실 요금이 예상한 것과 다르게 청구되었다는 사실을 알았다. 내 친구에게는 광고에서 제시되었던 대로 저렴한 요금이 청구되었지만 나는 그 두 배의 요금을 내야 했다. 곧장 프런트로 달려가 여직원에게 이야기해보았으나 요금을 변경할 수 있는 "권한"이 자신에게 없다고 말했다. 나는 매니저를 불러달라고 했지만 돌아오는 대답은 컴퓨터에 표시되어 있지 않은 한 요금이 바뀌지는 않는다는 말뿐이었다. 그 여직원은 체크아웃하려는 손님들이 서 있는 위치에서 조금 떨어진 곳에 컴퓨터가 설치되어 있으니 불만 사항을 올릴 수 있다고 말해주었다.

나는 기분이 나빴고 그 감정을 분출하고 싶었다. 내 아이폰에는 내가 어디에 있는지 친구들에게 알려주고 그 장소에 대한 팁을 올릴 수 있는 위치 기반 앱인 포스퀘어(Foursquare)가 설치되어 있었다. 나는 포스퀘어에서 현재 위치를 확인하고 이 호텔에 대해 이런 평을 남겼다. "요금이 서면으로 표시되어 있는지 확인할 것!" 그리고 이 글은 수천 명에게 연결되었다. 몇 분 뒤 매니저로 보이는 한 젊은 여성이 프런트 뒤쪽에 있는 사무실에서 나와 이렇게 말했다. "포스퀘어에 저희 호텔에 대한 '부정적인' 정보를 남기지 않는다면 요금을 조정해 드리겠습니다." 결국, 나는 요금 할인을 받았고 가족들과 맛있는 저녁 식사를 하러 갔다.

로비에 비치되어 있던 고객의 소리 상자는 이제 소셜로 옮겨갔다. 나는 내 의견을 어디에 올릴지 허락을 구하거나 안내를 받을 필요가 없다. 나는 부정적이건 긍정적이건 내 경험을 전 세계 수백만의 사람들과 공유할 자유가 있다. 과거와는 달리 현장 관리팀이 상황을 처리할 수 있게 되면서 프로세스에서 사람으로 권력이 옮겨가기 시작했다. 이 호텔의 조직 문화가 이 변화를 받아들였다면 호텔 매니저의 열정은 회사 전체로 옮겨갈 것이다. 소셜 기술에 관심이 전혀 없고 지침도 없는 기업은 머지않아 역사의 뒤안길로 사라질 것이다.

이 호텔과 호텔 체인은 소셜 도구가 고객 만족과 고객 서비스를 제공할 수 있다는 가치 있는 사실을 경험을 통해 배웠다. 적합한 프로세스와 지침을 이해하기 위해서는 반드시 검토되어야 할 기업 문화 요소가 있다. 이 호텔은 소셜 비즈니스 전략이나 정책이 없었지만 그 호텔 매니저는 고객들이 호텔 브랜드에 대해 무슨 말을 하는지 확인하기 시작했고 때마침 포스퀘어에 로그인해 내가 작성한 글을 보게 된 것이다.

소셜 비즈니스 기술을 수용하기로 하든 제한하기로 하든, 최악의 선택은 기업과 그 기업을 위해 일하는 개인을 보호할 정책을 마련하지 않는 것이다. IBM은 2005년 방화벽 내부와 외부에서 소셜 미디어에 참여하는 지침 사항을 직원들에게 전달했다. 그 당시 나에게는 IBM 동료만 접근할 수 있는 사내 블로그가 있었지만, 누구나 볼 수 있도록 개방된 외부 블로그도 있었다. IBM의 지침 사항에는 적절한 내용이라고 할 만한 기준과 게시되어야 할 곳이 정의되어 있었다.

넷프로스펙스(NetProspex)의 소셜 비즈니스 보고서에서는 미국 대기업 내부에서만 소셜 네트워크 접속 기록이 2백만 건 이상 있다고 보고했다. 또한 이 보고서는 마케팅 의사 결정자들이 소셜 미디어를 가장 많이 사용한다고 언급했다. 흥미롭게도 이 보고서는 인사 담당자들이 두 번째로 소셜 네트워크를 많이 사용한다고 했다. 반면 CEO는 11번째를 차지하며 부장급 임원이나 고객 서비스 담당자들보다 뒤처졌다.

소셜 비즈니스를 시작하려면 먼저, 조직 내 최고위층이 그 가치를 이해하고 직원들이 브랜드 홍보 대사로서의 역할을 수행해야 한다. 즉 최고위층에서 기업 문화를 만들고 하위직은 실행을 한다. 예컨대 내 친구는 자신이 클라우드 컴퓨팅으로 유튜브 비디오를 볼 때는 상사에게서 "빈둥거린다"는 말을 듣고, 링크드인에 접속할 때는 "다른 직장을 알아본다"고 상사가 생각하리라 고백했다. 기업에서 소셜 비즈니스를 시작하고 기업 문화를 바꾸기 위해서는 이런 인식을 극복해야만 한다.

소셜 비즈니스를 성공적으로 시작하려면 조직의 목표와 문화에 적합한 지배 모델이 만들어져야 한다. 이 소셜 비즈니스 지배 모델은 일정한 틀 안에서 결정 권한을 확립하고 그 결정과 그에 따른 영향을 검토하는 역할을 한다. 많은 클라이언트와 소셜 비즈니스 어젠다를 실행하며 얻은 경험에 의하면 성공을 위한 핵심 요소는 적합한 규모의 지배 모델이라는 것이다. 소셜 비즈니스에서 성공적이려면 문화적 혹은 조직적인 변화가 따를 수 있으므로 위험을 이해하고 관리하는 능력이 필요하다.

신뢰를 얻어라

이 과정은 조직 내부와 외부의 현재 네트워크 상태를 확인하고 어떻게 하면 그것을 더 활용하고 네트워크를 확장하며 새로운 관계를 창출할 수 있을지를 이해하는 데 초점을 둔다. 전 세계 기업들은 소셜 기술을 활용해 "친구"에게 물건을 판매하고 이로써 사업을 확장하는데, 모두 익히 알고 있듯 우정에는 깊은 신뢰가 필요하다.

디지털 평판 관리와 마케팅에 중점을 두는 유명 글로벌 기업인 버슨 마스텔러(Burson-Mastellar)의 조사에 의하면 〈포춘〉 선정 상위 500대 기업 중 79%가 트위터나 페이스북, 유튜브, 혹은 기업 블로그 등을 이용해서 고객이나 주주와 의사소통을 한다. 또한 그중 80%는 링크드인을 기본 도구로 사용해 직원들의 의견을 확인하고 신입 사원을 선발한다. 지금 우리는 혁명의 한복판에 있는 것이 확실하다. 사람들은 이러한 연결을 의사소통의 기본 수단으로 이용하고, 많은 경우에 여타의 전통적인 상호작용 수단 대신 사용한다.

다음 이야기가 무엇을 암시할지 생각해보자. 인도로 출장을 가게 된

나는 혁신적인 신흥 국가인 인도에서 시간을 보내게 되어 흥분되고 힘이 솟는다는 트윗을 올렸다. 물론 이전에도 인도를 방문해 고객들을 만나고 중요한 행사에서 기조연설을 한 적은 있다. 오랜 비행 끝에 드디어 인도에 도착했고 아주 고생스럽게 짐을 찾아야 했다. 밤 11시쯤 호텔에 도착했을 때 또다시 고생하고 싶지 않다는 생각과 동시에 그저 어서 방으로 들어가 잠들고 싶다는 마음뿐이었다.

그런데 호텔 매니저가 말하기를, 아까 전부터 회의실에서 한 "그룹"이 나를 기다리고 있다고 했다. 로비에서 기다리기에는 인원수가 너무 많아 회의실로 옮겼다는 것이다. 나는 그 밤에 만나야 할 그룹이 없었고 그 지역 IBM 직원들에게는 아침에 만나자고 이미 전달한 상태였다. 그렇게 밤늦게 그들을 가족들과의 오붓한 시간에서 빼내오고 싶지는 않았기 때문이다. 체크인이 끝나자 나는 호텔 매니저가 가리킨 회의실로 향했다. 내 "트윗"이 접속점이 되리라고는 생각지도 못한 채 말이다.

고향인 미국에서 수천 마일 떨어진 이곳 뭄바이에서 블로그나 링크드인 그룹, 그리고 트위터로만 나를 알고 있던 사람들이 모여 내가 오기만을 기다리고 있었다. 이들은 나의 전문지식을 신뢰했고 소셜 비즈니스에 대해 나와 대화하고 싶어 나를 애타게 기다렸다. 단 하나의 트윗을 통해 인도에서 가장 열정적인 팔로워들이 내가 연설을 할 회의 장소를 알아내고 내가 어느 호텔에 묵는지 찾아낸 것이다. 또한 이들은 호텔 프런트에 "도착 예정 시간"을 물어 비행편도 알아냈고 함께 모여 나와 시간을 보내길 희망했다. 그리고 나는 기꺼이 이 새로운 "친구들"과 함께 시간을 보냈다.

나는 그 트윗이 전 세계로 퍼져 수천 명의 신뢰를 얻었다는 사실에 깜

짝 놀랐다. 나의 관계가 이 그룹을 모여들게 한 것이다. 인도에서의 소셜 미디어 성장은 주로 브로드밴드 보급에 달렸지만 이 "그룹"은 전 지구적인 관계가 인도인 한 사람 한 사람, 그리고 각 기업에 퍼져 있다는 사실을 증명해보였다.

이 일은 내가 60개국 이상을 여행하며 겪은 여러 경험 중 하나에 불과하다. 내 이야기에서 종종 간과되는 것은 내가 소셜의 신뢰를 통해 "친구"를 얻었듯 내 회사도 마찬가지라는 점이다. 나의 소셜 정체성은 엄마이자 아내, 그리고 IBM 부사장, 소셜 미디어 전도사라는 것을 기억하는가? 인도에서 내 "친구들"은 나와 개인적인 친분이 있어 호텔로 찾아온 것이 아니었다. 전문가로서의 나의 삶과 IBM을 대표해서 이뤄낸 성과를 존경하는 마음으로 나를 만나러 온 것이다. IBM 부사장이자 소셜 미디어 전도사로서 나는 나 자신뿐 아니라 IBM도 대표한다. 따라서 동료와 고객들, 파트너들이 출장길에 오른 나를 마중 나오는 이유는 이들이 내가 대표하는 회사를 인정하고 존경하며 신뢰하기 때문이다.

경험을 통해 관계를 맺어라

이 과정은 특별한 경험의 특징인 세 가지 I를 통해 참여의 방식을 이해하는 데 중점을 둔다. 관계란 통합적이고(integrated) 상호적이며(interactive) 식별적인(identifying) 특징을 가진 특별한 경험으로부터 유발된다. 즉 소셜 비즈니스를 위한 채널 전반을 한눈에 확인할 수 있도록 통합적이어야 한다. 관계의 핵심은 상호작용이다. 오늘날 기업은 즐거운 경험을 제공해야 하고 고객은 그 경험에 참가해 일부분이 되어야 한다. 〈포춘〉 500대 기업들이 모두 게임을 활용하는 이유가 바로 이 때문이다. 목표 의식이 생기면 관계를 맺도록 유발하는 감정적인 반응이 일어난다. 식별적이라는 것은 개인화를 뜻한다. 개인화란, 특별한 경험이 중심이며 위치 기반 서비스와 휴대용 기기를 통한 평판을 포함한다.

오늘날에는 "대화"의 역할이 중요하다. 현실적으로 이는 사회적으로 신뢰를 받는 대화를 새로운 관계의 기회로 전환한다는 의미다. 청중과 진정으로 관계를 맺으려면 소셜 비즈니스가 필요하다. 새로운 세대는 특별한 경험을 기대하며 이 기대를 이용해 관계를 맺어야 하기 때문이다. 소셜 비즈니스는 직원을 위해서는 특별한 업무 경험이, 그리고 고객과 파트너를 위해서는 특별한 고객 경험이 필요하다.

직원들과 함께 이러한 특별한 업무를 경험하려면 사용이 편리한 통합적인 솔루션이 필요한 경우가 많다. 직원들이 일을 더 빨리 끝마칠 수 있도록 돕고 그들이 목소리를 더 크게 낼 수 있도록 하는 솔루션 말이다! 특별한 고객 경험은 브라우저나 모바일 기기를 이용해 상호 경험을 제공해 고객과 파트너, 그리고 시민의 흥미를 끌고 그 흥미를 유지하는 데 초점을 두며, 관계를 재창조한다.

애플을 예로 들어보자. 나는 IBM 직원들이 애플의 스타일에 대해 말하는 것을 들었다. "이들은 광고하는 것이 아니라 가르친다. 물건을 판매만 하지 않고 상점에서 학습을 시킨다." 애플은 우리가 자신들의 제품으로 할 수 있는 모든 것을 배워 다른 이들을 가르칠 수 있길 원한다. 그 과정에서 애플은 상호 작용을 통해 자사의 지지자이자 전도사가 되는 충성스러운 고객을 새롭게 만들어낸다. 예컨대 온라인 게임(게임을 즐기는 사람들의 평균 연령은 35세다!)은 무작위 보상, 교훈을 주는 순간, 최고득점 순위판에 초점을 두어 집중 경험으로 사람들의 흥미를 끈다. 앞으로는 경험이 가장 중요해질 것이다.

멋진 경험으로 참여를 이끌어낸 예를 들어보자. 코스타리카에는 수백 년간 이어져 온 전통이 있다. 1781년 이래로 코스타리카 사람들은 순례에 참여해왔다. 사실 전 국민의 절반인 약 2백만 명이 카르타고로 매년 순례를 떠난다. 그런데 2009년 신종인플루엔자가 유행하면서 순례가 취소되었다. 라디오 파일즈(Radio Files) 마을을 포함한 많은 이들은 나라의 전통이 깨지는 것을 원하지 않았다. 그래서 마을 사람들은 소셜 미디어를 이용해 "가상 순례"를 만들어냈다. 전 국민(그리고 전 세계인)이 자신의 사진으로 가상 이미지를 만들어 사이트에서 순례를 떠날 때 신을 "신발"을 선택할 수 있었다. 마을 사람들은 걷고 고해성사하고 여행을 하며 다른 이들과 사귈 수 있는 이 사이트를 국가에 환원했다. 30만 명 이상이 가상 순례를 떠났고 가톨릭교 관련 블로그들은 전통을 이어가고자 하는 코스타리카 국민의 의지와, 대안으로 소셜 기술을 이용한 것에 찬사를 표하는 글을 올렸다.

참여에는 연결 이상의 것이 필요하다는 사실을 강조하고 싶다. 사람들은 열정과 감정, 그리고 "행복"을 불러일으킬 때 동기를 부여받는다. 《소셜 웹기획》의 저자인 조슈아 포터(Joshua Porter)는 이례적인 경험을 통해 단순한 "고객"을 "열정적인" 참가자로 만들어 사람들을 움직일 수 있다고 한 선구적인 이론가였다. 이것이 바로 소셜 비즈니스의 목표다.

비즈니스 프로세스를 소셜 네트워크로 만들어라

이 과정은 기존의 비즈니스 프로세스를 검토하는 데 중점을 둔다. 그리고 어떻게 하면 소셜 기술이 특정 프로세스를 능률적으로 만들고 개방해 재사용할 수 있는지, 또 비효율적인 프로세스를 어떻게 재설계하고 특정 프로세스 안에서 좀 더 협동적인 경험이 가능한지 결정할 수 있도록 해준다. 즉 현재의 프로세스에 소셜 도구를 통합함으로써 고객이나 직원들과 상호작용하는 것을 의미한다.

내가 "프로세스"라고 말할 때, 이는 마케팅 프로세스만을 의미하지 않는다. IBM에서 우리는 HR 프로세스를 소셜적으로 가능하게 했다. 우리가 w3.ibm.com으로의 접속을 차단한다면 대부분의 IBM 직원들이 분노할 것이다. W3은 특정 주제에 대한 전문가들의 커뮤니티로 구성된 IBM의 인트라넷이다. 이는 우리의 소셜 변혁에서 핵심 요소의 역할을 한다. IBM 직원 4명 중 3명이 매일 접속하는 W3는 전체 IBM에 결속감을 심어준다. 우리가 퇴사율을 떨어뜨리고 직원들의 전반적인 직무 만족도를 높이지 않았다면 HR 프로세스는 소셜적으로 가능하지 못했을 것이다. 예컨대 우리 회사의 소프트웨어 부문 우수 직원의 퇴사율을 1%만 떨어뜨려도 5천만 달러 이상이 절약되는 효과를 볼 수 있다는 통계도 있다.

소셜 비즈니스로서 IBM은 직원들이 특정주제의 전문가가 될 수 있도록 소셜 비즈니스 이용을 권장한다. IBM은 소셜 컴퓨팅 가이드라인을 개발한 최초의 회사 중 하나로서, 이 가이드라인을 토대로 우리 직원들은 적극적인 브랜드 홍보대사가 되었다.

게다가 우리는 제품 개발을 소셜적으로 가능하게 만들었다. 많은 사람이 IBM 잼(Jam; 전 세계 IBM 직원들과 고객, 시민이 참여하는 새로운 형식의 브레인스토밍 −옮긴이)에 참여했다. 아직 참여해보지 않았다면 반드시 참여해보라고 권하고 싶다. 각기 다른 경험을 가진 여러 지역의 사람들이 내놓는 에너지와 창의력, 그리고 아이디어의 양은 우리 제품이 여러 곳에서 상을 받을 수 있도록 한 원동력이 되었으니 말이다. 잼이 진행되는 동안 아이디어는 형태가 갖춰지고 만들어지며 실행 가능성을 테스트받는다. 그 결과물은 사람들이 원하고 사람들의 니즈에 맞는 제품으로 나온다. 여러분 중에는 우리 개발자들의 블로그를 방문해본 사람도 있을 것이다. 이들 블로그에서 IBM 내부에서 개발이 진행 중인 제품의 완성 과정을 엿볼 수 있다. 그뿐만 아니라 동료가 만들어낸 코드와 구성 요소를 이용할 수 있게 됨으로써 우리 엔지니어들의 개발 속도는 극적으로 빨라졌다.

그러나 회사 프로세스에 소셜 네트워크를 접목한 회사가 IBM만은 아니다.

좀 더 혁신적인 방식으로 고객을 연결시키기 위해 무스조(Moose Jaw)는 소셜 비즈니스를 이용했다. 무스조는 빠르게 성장하는 소매기업으로 아웃도어와 서핑, 스케이트와 스노보드용품과 의류를 전문으로 취급한다. 경쟁이 치열한 시장에서 살아남기 위해 무스조는 익스트림 스포츠를 향한 욕구와 소통과 협동에 대한 갈망이 동시에 충족되는 고객 커뮤니티의 참여율을 높일 수 있는 특별한 웹 경험을 만들어 내야만 했다. 그 결과 무스조는 자사의 온라인 상점에 소셜 비즈니스 커뮤니티 기능을 포함했고 "멀티채널 소셜 커머스"를 성장 전략의 초석으로 삼은

그림 1.2 소셜 미디어를 이용해 고객의 참여를 이끌어낸 무스조

최초의 소매업자가 되었다.

즉 무스조는 사진과 비디오, 모험 이야기, 그리고 다음 여행을 위한 장비 목록이 담긴 제품 사용 후기 블로그나 고객 공개 프로필과 같은 소셜 커머스 기능을 추가했다(그림 1.2 참조). 고객들은 사이트에서 직원이나 다른 고객들과 상호작용할 수 있다. 그리고 무스조 상점에 들를 때는 휴대전화를 이용해 사이트 게시판에 접속할 수 있다. 이처럼 무스조는 소셜 네트워크 기능을 플랫폼에 깊게 통합시켰고 그 결과 놀라운 성과를 창출했다. 즉 무스조는 커뮤니티 참여자를 고객으로 전환시킴으로써 수익을 증가시켰고 고객의 충성도 역시 높일 수 있었다.

군중의 지혜(크라우드소싱, crowdsourcing)를 이용하고 차별적인 프로세스를 만들기 위해서는 고객과 함께 창조해야 한다. 이렇게 하면 소셜 비즈니스로 더 큰 성과를 얻을 수 있다. 소셜 비즈니스로 변모하는 데 핵심적인 역할을 하는 기업 문화의 변화는 주요 프로세스를 지원하고 네트워크와 같은 소셜 기술을 프로세스에 접목함으로써 더욱 빠르게 진행될 수 있을 것이다.

평판과 위기관리를 위해 디자인하라

이 과정은 고객이 여러분의 브랜드와 기업, 제품, 그리고 서비스에 대해 어떻게 생각하는지 이해하는 데 도움을 준다. 즉 우리가 어떻게 하고 있으며 우리가 왜 잘하고 또 왜 잘못하고 있는지, 우리가 변화하면 무엇이 바뀔지, 그리고 좀 더 경쟁력을 갖추려면 어떻게 해야 할지에 대한 질문에 대답할 수 있도록 해준다.

임원들과의 회의를 한 결과 임원들이 생각하는 가장 어려운 점은 블로고스피어에 비즈니스를 개방하는 것에서 오는 위험에 대한 우려다. 물론 블로고스피어에 비즈니스를 개방했을 때의 가장 큰 혜택은 고객과 연결되고 직원들이나 고객들이 제한된 환경에서 일하는 대신 자기 자신을 표현할 수 있다는 점이다. 그렇지만 단지 그들에게 여러분이 원하는 것을 말함으로써 충성스러운 친구들이 되리라 기대할 수는 없다. 소셜 비즈니스 어젠다에는 여러분의 회사와 브랜드에 대한 부정적인 "PR 폭풍"을 피할 수 있도록 도와주는 몇 가지 방법이 있어 위기 시 행동으로 옮길 수 있다.

예를 들어, 도미노 피자는 재난으로 곤욕을 겪었던 적이 있다. 내 고향인 노스캐롤라이나에 위치한 작은 프랜차이즈점에서 직원 두 명이 매우 비위생적인 조리 과정을 보여주는 비디오를 카메라로 찍어 올렸다. 곧 유튜브 조회수는 수백만 건을 넘어섰고 트위터에는 분노의 글들이 올라왔다. 도미노 피자는 너무 오랜 시간이 지난 후에야 유튜브에 사과의 동영상을 올렸고 전통적인 마케팅 1.0식 기자 회견을 열었다. 온라인 여론 조사업체인 유고브(YouGov)는 약 48시간 만에 도미노 브랜드에 대한 인지도가 긍정에서 부정으로 바뀌었다고 발표했다. 이 사건은 기업이 자사의 브랜드와 제품, 사람들, 그리고 회사에 대한 사람들(고객, 경쟁사, 혹은 직원)의 말과 글, 또는 다른 방식의 표현에 "귀를 기울이는" 것이 얼마나 중요한지를 보여준다.

이 사건은 도미노 피자가 평판을 관리하는 소셜 비즈니스로 탈바꿈하는 기폭제가 되었다. 도미노 피자는 이 사건을 계기로 위험을 회피하는 계획을 준비할 뿐 아니라 사람들의 말과 글 등에 귀를 기울임으로써 디지털 평판을 적극적으로 관리한다. 도미노 피자가 마케팅에서뿐 아니라 제품에서도 사람들이 원하는 것에 귀를 기울이는 모습을 보았을 것이다. 이제 도미노 피자는 영국에서 휴대전화 문자 기반의 할인 행사와 페이스북, 트위터, 포스퀘어를 이용해 이미지를 관리하는 상징적 기업이 되었다. 도미노 피자는 경험을 통해 평판 설계와 위험 관리에 대한 전체적인 접근법을 바꾸었다.

이 교훈은 모든 소셜 비즈니스에 해당한다. 평판 관리에 적극적으로 임하라. 만약의 경우에 대비해 위험 관리 계획을 세워라. 그리고 "구시대"에서 48시간 내의 대응은 인상적이었을지 몰라도 소셜 비즈니스라는 새로운 세계에서는 너무 느리다는 것을 기억하라. 소셜 비즈니스 어젠다의 이 과정은 여러분이 좀 더 빠르고 체계적으로 움직일 수 있는 도구를 갖출 수 있도록 해 어떤 사건이 벌어지더라도 사전에 준비할 수 있게 한다. 다시 말해 여러분의 소셜 비즈니스 어젠다는 여러분의 팀이 항상 사이트에서 최고가 되도록 하는 전략(호텔의 사례에서 보듯이 말이다)에 착수할 수 있도록 하고 소셜 미디어 커뮤니케이션 플랫폼을 이용해 위기에 빠르게 대응할 수 있도록 할 것이다.

데이터를 분석하라

이 과정은 기업의 데이터와 공개 데이터를 분석해 데이터를 더욱 체계화하고 이를 통해 정보를 발견하며 소셜로 연결하는 방법에 초점을 둔다. 현재 분석이 유행한다. 승자와 패자를 구분하는 방법을 하나 골라야 한다면, 현재 발생 중인 일을 이해하고 트렌드의 의미를 예측할 수 있는 능력을 가지고 있느냐 그렇지 않느냐라고 생각한다. 오늘날처럼 경쟁이 치열한 사회에서 소셜 비즈니스의 가장 큰 이점은 데이터와 그 데이터의 분석에 있을 것이다. 사업을 개선하고 성장하고 싶다면 소셜 비즈니스는 최대한 많은 정보를 통찰하는 능력을 지녀야 한다.

내 친구인 제레미야 오양(Jeremiah Owyang)은 소셜 분석을 "소셜 웹에서 도출한 데이터를 사용해 소비자를 이해하고 트렌드를 예측할 수 있는 능력"이라고 정의했다. 대다수 기업은 여전히 페이지뷰 수나 방문

횟수에 신경을 쓰지만 IBM이나 페이스북, 펩시 등과 같은 소셜 비즈니스는 기업을 앞으로 나아가게 하기 위해 오랜 시간 동안 고객의 소리를 듣고 감정을 확인하고 분석 도구로 분석하는 데 신경을 쓰고 있다. 여기에서 고객의 감정이란 온라인에서 문장이나 "톤", 의견 등을 분석해 기업과 브랜드, 카테고리에 대해 사람들이 무엇을 느끼는지 이해하는 것을 말한다.

할리 데이비슨의 예를 들어보자. 할리 데이비슨은 1,363곳의 할리 데이비슨 딜러들과 786곳의 뷰엘(Buell) 딜러, 소매점 228곳, 그리고 할리 데이비슨 멤버십 디렉토리에 실린 라이더 110만 명을 연결해야 했다. 분석 기능이 포함된 소셜 미디어 덕분에 할리 데이비슨은 연결점뿐 아니라 역할(딜러냐 고객이냐)에 따른 타깃 콘텐츠와 그 연결에 더욱 주력할 수 있었다.

이번에는 IBM에서의 나의 경험을 살펴보자. IBM 인사부서는 IBM 내부의 콘텐츠 중 90%가 방화벽 바깥의 소셜 미디어 솔루션에서 왔다는 점을 감안해 직원용 인트라넷에 대한 분석 도구 사용을 고려하고 있다. 또한 우리는 제품 출시와 중요 행사의 시기를 결정할 때 고급 분석 도구를 이용한다. 이 때문에 IBM은 실시간으로 변화하고 마케팅 메시지를 빠르게 교체하며 고객이 원할 때 정보를 전달할 수 있다.

그 영향력을 알아보기 위해 2011년 1월, 우리는 플로리다에서 대규모 콘퍼런스를 열었다. 많은 기술자와 오랜 IBM 고객들이 청중으로 참여해 제품에 대한 새로운 설명을 들을 수 있기를 고대하고 있었다. 개회식이 시작되고 약 45분이 지나자 무대 뒤에 있던 이벤트 팀은 제품 시연을 보고자 하는 사람들이 올린 부정적인 감정을 트위터에서 감지했다. 60분이 지나갈 때쯤 청중들은 분노하기 시작했다.

나 역시 개회식 연설자 중의 한 사람이므로 며칠 전에 리허설에 참여했는데, 그때만 해도 회의를 완벽하게 준비했다는 것을 장담할 수 있다. 그런데 그것은 아무런 상관이 없었다. 우리는 청중들을 잃고 있었다. 팀원들이 청중들의 실시간 피드백을 나에게 보여주었을 때 우리가 계획을 바꿔 프로그램을 빠르게 진행해야 한다는 사실이 분명해졌다. 우리는 개회식의 남은 60분에 대한 계획을 변경해 바로 제품 시연으로 들어갔다. 5분도 지나지 않아 팀원들은 청중의 감정이 부정에서 긍정으로 바뀌었다는 실시간 피드백을 보여주었다.

극심한 경쟁으로 데이터를 추적하고 분석하는 혁신적인 방법이 많이 나타났다. 이러한 상황에서 여러분은 비즈니스 어젠다를 통해 자신이 데이터가 풍부한 사람이 아니라 통찰력이 부족한 사람임을 알게 될 것이다. 소셜 분석을 통해 경험을 더욱더 개인화하는 방법을 배우고 고객과 회사에 보상하는 데 큰 도움을 받을 수 있을 것이다.

경쟁력을 위한 요소로서의 기술

오늘날 모든 비즈니스는 기술에 의존한다. 기술은 경쟁에 이점을 가질 수 있는 원동력이다. 소셜 비즈니스 어젠다에서 기술은 모든 과정에 포함된다. 예를 들어 고객을 참여시키는 과정에는 모바일 소셜 미디어든 게임 소셜 미디어든 기본 소셜 미디어든 상관없이 일정한 수준의 기술을 포함한다.

이러한 비즈니스와 IT의 연합이 갖는 가치는 재정적 성과에서 드러난다. 런던정경대의 연구에 의하면 비즈니스와 IT를 지속적으로 통합하면 전체 생산성이 20%가량 증가하고 개인이 기업에 공헌하는 정도를 두 배로 늘려준다고 한다. 이것이 바로 당신이 목표로 하는 시너지효과다.

비즈니스와 기술의 통합이 성공과 동일시되는 중요한 부분이라는 점을 고려해 나는 소셜 비즈니스 기술 프레임워크 또한 여러분과 공유할 것이다. 이는 소셜 비즈니스 어젠다를 보완하고 토대가 되는 기술과 소셜 비즈니스 목표가 지속적으로 통합될 수 있도록 한다.

IBM은 매년 소셜 비즈니스 잼(전문가와 이해관계자들이 제시한 주제를 다루는 거대한 규모의 글로벌 가상 채팅으로 일반적으로 2일에서 3일이 소요된다)을 개최한다. 2011년, 이 잼의 참가자들은 '소셜의 발전이 IT가 기업의 성장을 지원할 수 있도록 하는 새로운 혁신적인 접근법으로 발전할 수 있는 기회'라고 보았다. 이 혁신은 다양하게 나타날 수 있다. 예컨대 직원들이 서로 멀리 떨어진 장소에서도 쉽게 협력할 수 있다. 이러한 혁신을 촉발하기 위해서는 모바일 기기에 기업이 원하는 보안 수준과 사용자들이 원하는 애플리케이션이 균형을 이루는 현명하고 융통성 있는 전략을 만들어내야 한다. 또 분석 도구를 제공해 소셜 비즈니스에서 IT가 제 역할을 수행할 수 있도록 해야 한다. 분석은 실시간으로 브랜드 인지도의 일정한 패턴을 밝혀내고 용이하게 수량화할 수 있도록 도와 인지도에 영향을 미치는 사람과 그 리더를 확인할 수 있도록 한다. 또한 새로운 정보에서 더 나은 정보의 흐름을 만들어내기 위해 분류학을 이용하도록 하며 사용자들이 블로그와 위키, 트위터에서 데이터를 얻을 수 있도록 한다.

대담한 어젠다는 어디에서나 적용 가능하다

이 책에 소개된 사례는 모두 전 세계의 비즈니스와 개인적인 환경에서 일어난 일들이다. 소셜 비즈니스는 이제 새로운 글로벌 플랫폼이다. 글로벌 웹 인덱스(Global Web Index)에 의하면 미국은 소셜 네트워킹 프로필을 사용하는 데서 인도나 브라질, 영국과 같은 몇몇 국가에 뒤처지고 있다고 한다. 그림 1.3의 글로벌 웹 인덱스 통계에서 볼 수 있듯이 전세계 국가들이 이 새로운 커뮤니케이션 도구를 받아들였다.

소셜 도구를 받아들이는 목적은 여러 가지다. 나는 코스타리카 대통령이자 중앙아메리카 평화에 쏟은 공을 인정받아 노벨 평화상을 수상한 오스카르 아리아스 산체스(Oscar Arias Sanchez)를 운 좋게도 만난 적이 있다. 그는 코스타리카에 IT와 기술의 씨앗을 심었다. 대통령이 된

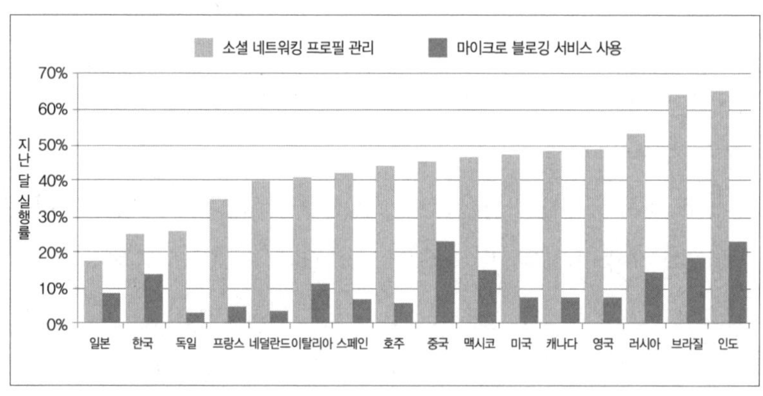

트렌드스트림리미티드/글로벌웹인덱스의 허가를 받고 인용함

그림 1.3 소셜 네트워크는 글로벌 플랫폼

그가 생각한 코스타리카에 가장 필요한 첫 번째는 국민에게 투자하는 것이었다. 이를 위해 그는 교육, 특히 기술 교육을 개선하는 데 중점을 두었다. 코스타리카는 자국의 커뮤니티와 비즈니스에 투자를 한 IBM 과 인텔, 그리고 이제는 시스코와 같은 기업과 함께 교육 개선을 위한 노력의 결실을 수확하고 있다. 시스코는 시스코 기업가 훈련센터(Cisco Entrepreneur Institute)를 세워 중소 규모의 기업가들이 사업에 필요한 기술을 향상하고 협업과 소셜 미디어 기술을 이용하는 법을 배울 수 있도록 돕고 있다.

모든 국가가 이 새로운 커뮤니케이션의 형태를 받아들였다는 것은 확실하다. 비즈니스를 하는 곳이 어디든, 자신만의 개인 브랜드를 만드는 곳이 어디든, 또는 심지어 인생에서 생긴 문제를 다루는 법을 배우는 곳이 어디든 상관없이 소셜 기술은 이제 필수적인 요소가 되었다. 살기 위해서는 공기가 필요하듯, 소셜은 국가와 기업, 그리고 사람들에게 없어서는 안 될 존재가 되고 있다.

지금까지 다룬 사례는 계획과 사람, 프로세스, 그리고 열정이 있었기에 소셜 비즈니스에서 선두를 쟁취한 기업과 그룹, 개인의 이야기다. 여러분이 자신만의 대담한 어젠다를 어떻게 설정하고 무엇을 만들어내는지에 따라 미래의 당신이 달라질 것이다. 이제부터는 소셜 비즈니스 어젠다와 깊은 관련이 있는 사례를 보여주고 여러분과 여러분의 회사, 혹은 정부가 여행의 로드맵을 발전시킬 수 있도록 도와줄 것이다.

소셜 비즈니스는 그 범위와 영향, 그리고 보상 면에서 소셜 미디어와 다르다. 소셜 협업을 진정으로 활용하고 싶다면, 기존의 비즈니스 프로세스나 도구와 완벽히 통합되어야 한다. 이를 위해서는 세 가지 접근법이 필요하다. 계획을 추진할 수 있는 리더십, 필요한 문화적 변화를 지지하는 인재, 그리고 필요한 도구를 제공하는 IT가 바로 그것이다. 이 세 가지는 그 자체로 새로운 종류의 프로세스가 된다. IBM의 소셜 비즈니스 잼이 열리는 동안 한 참가자는 이런 글을 썼다. "우리는 구조화된 비즈니스 프로세스에서 훨씬 더 소셜적으로 협동적인 프로세스 스타일로 변화하는 중요한 순간을 목격하고 있다. 직원들은 자신들이 참여한 커뮤니티를 통해 프로세스에 대해 훨씬 더 잘 인지하게 될 것이고 훨씬 더 역동적으로 협동하며 일하게 될 것이다."

이 장에서는 소셜 비즈니스를 위한 대담한 어젠다가 생명을 얻었다. 소셜이란 관계와 관련된 것이고 강력한 관계에는 시간이 필요하기 때문에 선발자가 경쟁의 이점을 차지한다는 것을 명심해야 한다. 소셜 네트워크 도구는 우리가 가정에서 혹은 직장에서 의사소통하고 협동하는 방식을 극적으로 바꾸고 있다. 많은 기업이 소셜 네트워크라는, 협동을 위한 새로운 접근법으로 티핑 포인트의 순간에 다다랐다. 이들은 소셜 네트워크를 협동을 위한 채널로서 효과적으로 사용하고 있지만, 많은 경우에 여전히 소셜 네트워크를 체득하는 방법과 소셜 비즈니스가 가져다주는 비용 이익과 협업의 이점을 이용하는 방법을 알아내기 위해 애를 쓰고 있다.

여러분의 기업이 우수한 브랜드 경험과 접점을 넘은 개인화된 상호작용으로 고객들의 관심을 끌고 마음을 사로잡는 데 초점을 맞추든, 혹은 고객에 대한 통찰력을 향상하고 싱글뷰(single view; 한 자리에서 데이터를 일괄적으로 보며 필요한 데이터를 바로 뽑아낼 수 있는 것 – 옮긴이)를 확립하고자 하든 상관없이 소셜 비즈니스가 되는 것은 오늘날 필요조건이 되었다. 물론 비즈니스 프로세스를 소셜로 가능하게 하는 동시에 기업 문화를 바꾸는 일이 쉽지는 않지만 반드시 달성해야만 한다.

대담한 어젠다는 여러분의 여행을 도와줄 목표와 문화, 지배 구조, 경청, 신뢰, 참여와 경험, 프로세스, 위기관리, 그리고 분석을 모두 포함하는 포괄적인 과정이다. 이 여행은 전 세계를 아우른다. 자신의 지역을 벗어나 더 크게 생각하라!

이제 소셜 비즈니스 어젠다가 여러분을 어떻게 도울 수 있을지 살펴보자!

2

조직의 목표와 문화를 정비하라

Align Organizational Goals and Culture

"Culture eats strategy
for lunch."
Sandy Carter

"문화를 바꾸는 일에 비하면 전략을 짜는 일은
누워서 떡 먹기와 같다."

_샌디 카터

"소셜 미디어 전략이 성공하려면
상의하달식 방식이 하의상달식의 추진력과
외부(고객)와의 커뮤니케이션과 균형을 이루어야 한다."

_페기 다우(Peggy Dau), MAD 퍼스펙티브 LLC 전무이사

"A successful social media strategy is best achieved when there is a corporate culture that balances tops-down direction with bottoms-up initiative with external (customer) facing communication."

Peggy Dau, Managing Partner at MAD Perspectives LLC

소셜 비즈니스의 목표와 문화

제1장 "소셜 비즈니스의 성공을 위한 어젠다"에서 배웠듯, 소셜 비즈니스는 고객과 직원, 공급자와의 상호작용과 프로세스 전반에 걸쳐 소셜 기술을 통합적으로 사용하기 때문에 참여적이고 투명하며 민첩해야 한다. 소셜 비즈니스는 소셜 미디어와는 다르다. 마케팅과 커뮤니케이션에만 소셜의 기능과 특징을 적용하는 것이 아니라 비즈니스의 중심에까지 확장해 그 어떤 비즈니스 프로세스라도 소셜이 가진 경쟁적 이점을 누릴 수 있도록 하기 때문이다. 그 결과 시장에서 경쟁력을 갖춘 효율적인 기업이 탄생한다.

소셜 비즈니스에서 회사의 목표는 블로고스피어라는 마법과 같고 흥미로운 세계를 안내하는 가이드와 같다. 목표가 기본적인 어젠다의 과정을 만들기 때문이다.

이 새로운 세계에서는 능률면에서 기업의 문화와 믿음이 과거보다 더욱 중요하다. 컴캐스트(Comcast)의 고객 서비스 센터 직원인 프랭크 엘리어슨(Frank Eliason)의 사례를 들어보자. 그는 트위터에 불만을 올리는 고객들을 관찰하기로 했다. 고객들과 대화를 하기로 한 프랭크는 다음과 같은 질문으로 대화를 시작했다. "무엇을 도와드릴까요?" 그 뒤 그는 자신이 받는 모든 트윗에 귀를 기울이고 각각의 트윗에 응대해주었다. 트위터에서 프랭크는 몹시 인기 있었고 이는 그의 회사에도 긍정적인 영향을 미쳤다. 컴캐스트가 팔로워가 4만 2,000명 이상인 프랭크의 @comcastcares 트위터 페이지를 지원하고 있었기 때문이다. 비즈니스위크(Businessweek)나 뉴욕타임스, CIO매거진 등과 같은 언론사에서는 컴캐스트의 트위터를 통한 고객 지원 성공에 대한 기사를 실었다. 컴캐스트는 지속적으로 소셜 기술을 지원하며 @comcastbill이나 @comcast와 같이 고객 지원 페이지를 더 많이 개설했다. 이제 프랭크는 더 이상 컴캐스트에서 근무하지 않지만 그는 개인이 혼자 일하는 환경에서 벗어나 소셜 기술을 이용해 고객 서비스라는 목표를 이룰 수 있도록 하는 환경으로 바꾸며 컴캐스트에 영구적인 문화를 심어주었다.

그런데 목표 설정은 임무를 절반만 완수한 것에 불과하다. 문화라는 변수에 관심을 쏟지 않고 다른 회사의 전략을 그저 베끼기만 할 뿐이라면 동일한 성공을 거둘 수 없다. 즉 소셜 비즈니스에서는 기업 문화라는 변수(기업마다 다르다)가 중요하다.

목표와 문화 모두 중요하지만 문화는 필수적인 부동표와 같다. 여기서 잠깐 문화에 대한 공통의 정의를 내리고 넘어가고자 한다.

문화란 무엇인가? 문화란 행동양식을 공유하는 개인들이 만든 집단이다. 특히 비즈니스에서 문화란 모든 것이 작동할 때 적용되는 공통적인 방식이다. 모든 직원에게는 공통으로 학습된 행동이 있다. 일반적으로 이러한 행동은 일련의 공동 가치에 의해 만들어진다. 기원전 3000년경에 살았던 중국의 전략가 손자는 모든 조직의 전략에서 문화는 빼놓을 수 없는 부분이라고 명시했다. 문화란 추구하는 공동의 믿음과 가치, 그리고 조직을 하나로 묶는 접착제와 같으며 조직의 성질 그 자체도 포함한다.

IBM 전 동료이자 현재 주니퍼(Juniper)의 파트너로 활동하는 아담 크리스텐슨은 이렇게 말했다.

"기업에서의 소셜 미디어 성패를 좌우하는 데에 있어서 기업 문화는 가장 많이 간과되고 과소평가되는 요소다. 만약 기업 문화와 소셜 미디어가 서로 상충한다면 소셜 비즈니스는 실패할 것이다. 언제나 말이다."

소셜 비즈니스는 참여를 기본으로 하고 투명하며 민첩해야 하기 때문에 목표를 설정하고 문화를 구축하는 것이 중요하다. 왜일까?

동료나 고객, 파트너와 관계를 맺으려면 기업은 직원이 특정 주제의 전문가가 되고 상대와 대화를 하며 관계를 맺도록 해야만 한다. 그런데 조직의 문화가 개방적이지 않다면 소셜 비즈니스가 되고자 하는 목표는 달성하기 어렵다.

소셜 비즈니스는 항상 배우는 자세로 기업 내부의 전문가든 외부의 전문가든 모든 전문가 사이에 경계가 없다고 믿는다. 또한 소셜 비즈니스는 고객의 반응에서 배우기 때문에 그 반응에 따라 목표를 수정한다. 그러나 개인에게 발언권을 주지 않거나 네트워크로 연결된 플랫폼에 자금을 할당하지 않는 기업문화라면 이러한 목표를 지원하지 않을 것이다.

소셜 비즈니스는 또한 투명하다. 목표를 위한 수단이 바로 투명성이기 때문에 의사가 결정되는 방식도 기존의 방식과는 다르다. 계층제가 확고한 조직에서 소셜 비즈니스의 투명하고 민주적이며 합의에 바탕을 두는 이러한 의사 결정은 기업 문화가 바뀌지 않는 한 살아남지 못할 것이다.

소셜 비즈니스에서 민첩함은 마케팅에든 고객 서비스에든 공급사슬(supply chain)에든 모든 비즈니스 프로세스에 적용된다. 민첩하다는 것은 소셜 네트워크를 이용해 비즈니스의 속도를 높이고 실시간 통찰을 통해 더 낫고 더 빠른 결정을 내릴 수 있는 기업의 능력이다. 나는 기업 문화를 바꾸며 삶의 한 방식으로 소셜을 적용하는 기업들이 좀 더 순조롭게 성공하는 것을 보았다. 다시 한 번 말하건대, 문화가 중요하다.

예를 하나 들어보자. 소셜 비즈니스는 정보 수집과 지리적 위치, 커뮤니티 등에의 가입, 그리고 분석에 기반을 둔 추천에 의거해 새로운 방식과 새로운 경로로 고객과 파트너, 그리고 전체 기업 생태계에 대한 정보를 얻는다. 소셜이라는 새로운 도구를 수용하면 기업이 고객의 지리적 위치를 알려주는 도구를 이용해 고객의 위치와 특정 상점과의 거리에 따라 할인 쿠폰을 발행할 수 있다. 문화 규범의 일부로서 소셜을 수용하면 기업이 언제 어디서든 최대의 가치를 제공할 수 있는 자유를 가지고 변화하는 시장에 빠르게 적응할 수 있도록 할 수 있다.

따라서 소셜 비즈니스의 목표를 지원하는 문화는 직원과 고객 사이의 협력과 의사소통을 제한하지 않고 포용한다. 기업이 B2B(Business-to-business; 기업 간 전자상거래), B2C(Business-to-customer; 기업과 소비자 간 전자상거래), B2E(Business-to-employee; 기업과 직원 사이의 전자상거래) 등의 목표를 가지는 것도 중요하지만, 전체를 아우르는 전략을 가지면 불필요한 소셜 활동을 하느라 시간을 낭비하지 않을 수 있다. 소셜 비즈니스는 B2B나 B2C가 아니라 P2P, 즉 사람 대 사람 사이에서 일어나는 상거래를 목표로 해야 한다.

미래에 가장 경쟁력 있을 분야이자 CEO 대부분이 희망하는 새로운 소셜 비즈니스를 시작할 생각을 하고 있다면 다음 질문은 이와 같을 것이다. 이 소셜 비즈니스로의 여행을 어떻게 시작할 것인가? 적합한 목표와 문화를 향한 이 여행을 어떻게 하면 더 빠르게 진행할 수 있을까?

현재 소셜 기술은 널리 퍼져 있기 때문에 기업의 목표와 문화가 새로운 협력의 세계를 고려하지 않는다면 이미 뒤쳐진 셈이다. 하지만 걱정하지 말라! 아직 따라잡을 시간은 충분하다. 이제는 이 새로운 기술을 이용해 성공을 거두고 있는 경쟁력을 갖춘 혁신 기업에 대해서 진지하게 생각해볼 차례다. 이미 소셜 비즈니스를 시작했다 하더라도 목표와 문화부터 시작해서 아직도 배울 것이 많을 것이다.

소셜 비즈니스 문화를 통해 얻을 수 있는 결과는 다음과 같다.

- 제품과 서비스 등의 혁신을 위한 직원들의 더 큰 참여 (앞에서 언급한 컴캐스트 사례를 생각해보라)
- 특정 주제의 전문가와 가까워짐
- 직원들이 문제를 좀 더 빠르게 해결할 수 있도록 함
- 문화적 규범으로서의 수용
- 좀 더 투명하고 민주적이며 협의를 기반으로 한 의사결정

이 장은 매우 중요하다. 소셜 비즈니스 어젠다의 과정을 하나라도 빼놓지 말라. 목표와 문화를 살펴보지 않고 시장에서 경쟁력을 갖춰 이길 수는 없다. 아래를 통해 자신만의 소셜 비즈니스 어젠다를 만들어보자.

1. 회사의 핵심 비즈니스 목표(회사에서 당신은 무슨 일을 하며 누구와 함께 일하는가?)
2. 성공을 위해 필요한 기업 문화 규범

2번이 장애물이 된다면 현명한 접근법을 택해 좀 더 협력적인 환경을 위한 문화로 바꾸기 위해 방법을 찾아야 한다.

절대적으로 목표가 먼저다

나의 아버지는 내게 이런 말씀을 종종 하셨다. 목적지를 모르고 있더라도 어느 길을 택하든 자연스레 그곳으로 갈 수 있다고 말이다. 하지만 사람들이 소셜 비즈니스를 추구하면서 처음 저지르는 실수 중 하나는 바로 마음속에 목표를 세우지 않고 시작한다는 것이다. 얼마나 많은 임원이 내게 이런 말을 했는지 모른다. "페이스북 페이지 혹은 커뮤니티, 또는 현재 가장 인기 있는 소셜 도구가 필요합니다." 왜냐고 물으면 그들의 대답은 늘 한결 같았다. 그것이 올바른 목표라는 기사를 비행기에서 읽었다거나 경쟁자에게서 들었기 때문이라는 것이다.

목표란 더 많은 고객을 유치한다거나 고객의 충성도를 높이는 것과 같이 단순할 수도 있다. 반대로 새로운 종류의 신제품을 만들어내는 것과 같이 위대하고 대담할 수도 있다. 목표는 여러분이 하는 모든 일의 가이드라인이 되어야 한다. 기업 전반에 소셜 기술을 적용하는 것도 마찬가지다. 예를 들어 비자(Visa)는 좀 더 "연관성 있는 광고"를 하고자 하는 목표를 갖고 유튜브를 이용해 고객들이 자신이 만든 동영상을 업로드 하도록 격려하는 캠페인을 벌였다. 또 보스턴 메디컬 센터는 고객 기반 확대라는 목표를 세우고 소셜 기술을 접목해 의뢰 건수를 증가시키고 예약 취소를 감소시켰다.

소셜 비즈니스는 사람에 대한 것이기 때문에 내 고객들이 더 큰 재정적 이득을 위해 이용한 목표는 아래와 같다.

- 기존의 노동력을 이용한다: 영업, 인사 등의 부서는 지식의 기록과 전문가 위치 제공, 그리고 협력을 통해 전반적인 직원 생산성과 업무 만족도를 높일 수 있다. 여행과 훈련, 원격 회의에 드는 비용 역시 감소될 수 있다.

- 혁신의 속도를 높인다: 제품 조사 및 개발 팀은 내부의 아이디어를 전 회사에서 공유하고 아이디어를 빠르게 발견하도록 할 수 있다. 또한 아이디어를 만들어내고 전략을 공유하며 핵심 고객과 파트너에게서 피드백을 받는 방법을 변화시킨다.

- 고객과의 관계를 강화한다: 콘텐츠와 전문가에게 좀 더 즉각 접근할 수 있게 되면서 고객 서비스 담당자들은 더 효율적으로 일하고 더 높은 수준의 서비스를 제공할 수 있다. 마케팅과 판매팀은 고객과 보낼 시간이 많아지고 고객 중심의 마인드를 가지게 된다.

연구 개발(R&D)에만 직원 1만 명을 둔 한 거대 글로벌 기업이 나에게 자신들의 현재 목표와 도전 과제를 정의해달라고 요청했다. 한 중역은 이렇게 말했다. "한 달에 한 번 있는 원격 회의가 끝나고 나면 저는 이메일을 통해 질문에 대답하느라 네다섯 시간을 소요합니다. 동일한 질문이 반복되는 경우도 종종 있고요." 게다가 이 회사의 경우 직원들이 전문가에게 접근하기가 어려워 프로젝트 진행 속도가 늦어지고 우수한 선례와 장비를 활용하기가 어려웠다. 경영진과 함께 우리는 주요 목표를 세 가지로 정리했다. 즉 개발 사이클을 단축하고 노동력을 최대한 활용하며 혁신을 촉진하는 것이다 (그런데 멀리 떨어진 곳에서 일하는 직원들과는 협력에 어려움이 있기 때문에 이 세 가지 목표는 문화적 변화를 수반한다).

우리가 살면서 하는 모든 일에는 최종 목표가 있기 마련이다. 비즈니스와 일상생활의 차이점은 우리의 최종 목표를 선택할 수 있는지 여부다. 일상 생활과 달리 비즈니스에서는 최종 목표를 선택할 수 있다. 최종 목표를 세우고 그 목표를 향해 전략적으로 향하라. 시간이 지나면 목표가 변할 수도 있다는 점과 재정립되거나 새로운 목표를 반영하기 위해 빠르게 전략을 수정할 수 있도록 민첩해야 할 필요가 있다는 사실에 대비하라.

이때 과정상의 목표와 최종 목표 사이에 차이가 있다는 사실을 인지하는 것이 중요하다. 둘 다 추적이 중요하지만 최종 목표는 일반적으로 재정적 모델과 연관이 있다. 예를 들어, "고객과의 더 큰 연결"은 비즈니스의 최종 목표인 "신제품 개발"이라는 목표로 향하는 중개 역할을 하는 목표다. 그 차이를 이해하는 것이 목표를 고려할 때 매우 중요하다.

소셜 비즈니스는 지표가 있는 의미 있는 비즈니스 목표를 설정한다. 많은 기업이(IBM 포함) 참여나 시장 조사와 같이 성과를 측정하기 어려운 분야에서까지 ROI(Return on Investment; 투자수익률)와 수익성과를 기대한다. 사실 나는 IBM이 ROE(Return on Everything), 즉 모든 것에 대한 수익을 측정하는 회사라고 농담하기도 한다. 목표를 설정할 때는 그 목표를 측정할 방법을 수립하는 것 역시 중요하기 때문이다. 성공에 대한 합의된 지표가 없다면 소셜 비즈니스 계획의 성공 여부에 대한 논란이 끊이지 않을 것이다. 이와 관련해 제5장 "비즈니스 프로세스를 네트워크로 만들어라(Social Network Your Business Process)"에서는 여러분의 접근법과 여러분이 선택한 비즈니스 프로세스에 기반을 둔 목표 측정 샘플 지표를 제시한다.

문화가 중요하다

사실 "문화가 중요하다"는 말은 당연한 사실처럼 들린다. 하지만 내 경험으로 볼 때 많은 사람이 문화를 중요하다고 생각하는 방향으로 일방적으로 몰아가려 하는 것 같다. 캐터필러(Caterpillar)의 CIO인 내 고객은 IBM의 IMPACT 콘퍼런스에서의 기조연설에서 이런 말을 했다. "문화를 바꾸는 일에 비하면 전략은 짜는 일은 누워서 떡 먹기와 같다." 문화는 최선을 향해 가는 길에 영향을 주고 가끔은 넘을 수 없는 장벽을 만들어내기도 하기 때문에 여기에서는 소셜 비즈니스의 문화 설정을 위한 5단계를 보여줄 것이다.

문화란 공유되는 가치와 태도, 추정, 믿음 그리고 행동의 결합물이다. 문화는 사람들이 어떻게 소통할지에 대한 추정에 기반을 둔다. 기업의 문화가 기업 외부와의 협력을 지지하지 않고 심지어 소셜 네트워크 사이트와 같은 것들의 사용을 제한한다면, 이 문화는 기업의 목표 달성을 방해할 것이다. 자포스(Zappos)의 커뮤니티 담당 관리자인 토마스 놀(Thomas Knoll)은 이렇게 말했다.

"기업의 소셜 기술 사용의 성패는 문화와 목표에 좌우된다."

문화가 가장 중요하다.

문화는 공동의 믿음에서 시작한다. 믿음은 사람들의 가치관을 결정하기 때문이다. 예를 들어 2005년 병에 든 생수의 세계 소비량은 1990년에 대비해서 4배 증가했다. 병에 든 생수가 수돗물보다 1만 배나 더 비싸지만(출처: 지구정책연구소, 위키피디아, www.researchwikis.com), 2011년 생수 시장의 규모는 1999년보다 42% 더 성장했다. 이는 사람들이 병에 든 생수가 수돗물보다 더 건강에 이롭다고 생각한 데서 비롯된 결과다. 여러분이 모두 생수 판매에 종사하고 있지 않다는 것을 알고 있지만, 전제는 산업과 관계없이 작동한다. 결론은 자신이 무엇을 믿는지에 따라 (문화란 공동의 믿음이라는 것을 기억하라) 가치 있게 여기는 것이 달라진다는 점이다.

기업 문화는 조직이 일련의 규범을 믿도록 생태계(모든 이해 당사자들)를 어떻게 형성하느냐에 따라 달라진다. 대개의 경우 기업 문화는 고위직 임원들의 태도와 행동에 의해 정의된다. 사람들이 당신의 믿음을 따르도록 하고 싶다면 그들이 신뢰하는 이들로부터 의견을 듣고 그 의견의 증거를 확인하며 스스로 경험하도록 해야 한다.

어떻게 하면 문화가 소셜 비즈니스의 힘을 극대화하도록 할 것인가?

1. 경영진과 직원의 역할을 정의한다. 탄탄한 지배 프로세스를 바탕으로 소셜 컴퓨팅 가이드라인과 소셜 비즈니스 디지털 표준 자문위원회(digital council)를 시작한다.

2. 모두가 참여하도록 자율권을 부여한다.

3. 교육을 통해 가능하게 한다.

4. 기업 내부에서 먼저 시작하고 하위직원뿐 아니라 고위직 임원도 포함한, 참여를 위한 문화를 만든다(모두가 참여할 필요는 없지만, 특히 고위직 임원을 포함한 모든 임직원이 소셜 비즈니스의 중요성과 가치를 이해해야 한다. IBM의 고위직 임원인 나는 소셜과 관련된 모든 것을 다룰 시간을 낸다. 그것이 내 비즈니스에 더해주는 가치가 크기 때문이다. 스케줄을 조정하고 달력에서 참여의 우선순위를 정해야 하지만 시간을 들일만한 가치가 있다).

5. 실험하고 실수를 통해 배울 수 있는 구조화된 접근법을 갖는다.

임직원의 역할을 정의하라

우리가 무엇을 원하고 믿는지 말하는 것으로는 충분하지 않다. 눈으로 보여주어야 한다. 이 때문에 경영진이 말로만 떠들지 않고 직접 보여주는 것이 중요하다. 즉 소셜 비즈니스에 능숙한 챔피언인 고위직 임원이 있어야 한다. 모든 임원이 블로고스피어 활동에 적극적일 필요는 없지만 눈에 띄는 사람이 한 명은 필요하다.

IBM의 소프트웨어 그룹 총책임자인 앨리스테어 레니(Alistair Rennie)는 개인적으로 IBM의 소셜 비즈니스 활동에 참여하고 있다. 그는 공개 토론 회의나 웹 콘퍼런스 연설, 그리고 만나는 모든 사람과 함께 IBM의 경험을 공유해 전체 부서의 귀감이 되고 있다. 앞서 말했듯 모든 임원이 블로그에 글을 게시하고 현재 자신의 상태를 업데이트하며 커뮤니티에 글을 남기는 열정적인 공헌자가 되어야 하는 것은 아니다. 하지만 앨리스테어 레니처럼 모범을 보여주는 고위직은 꼭 필요하다.

부서 직원들이 적절한 때 소셜 기술을 이용하도록 지원하고 격려해야 한다는 점에서 임원들은 또 하나의 중요한 역할을 한다. IBM의 CMO인 존 이와타(Jon Iwata)는 대단한 선구자로서 IBM의 전체 소셜 인프라와 소셜 비즈니스에 참여하는 사람들을 지원한다. 사실 IBM에 소셜 비즈니스의 중요성을 보여주기 위해 디지털 명성(Digital Eminence) 담당 부사장을 고용한 사람이 바로 존이다.

IBM의 부사장인 나의 임무 중 하나는 나에게 보고하는 세계 전역의 동료와 팀이 회사의 강령과 목표를 인식하도록 만드는 것이다. 나는 직원들이 임원을 보고 용인되는 행동 수준을 결정하는 지침으로 삼는다고 강하게 믿으며 세계 최대의 기술 기업으로서 IBM의 경쟁력을 유지하기 위해서는 소셜 비즈니스로 변모해야 한다고 동료들과 팀에게 매우 큰 목소리로 주장한다. 나는 최근 전체 IBM 직원들이 참가할 수 있는, 기업 내부의 웹 콘퍼런스를 후원하고 주최했다. 이 웹 콘퍼런스의 목표는 기업 내부와 외부에서 소셜 미디어를 이용해 고객과 투명한 관계를 맺어 매출 증가의 성과를 낸 나를 포함한 여러 IBM 직원들의 성공 스토리를 공유하는 것이었다. 이를 통해 소셜 비즈니스를 지원하는 나의 입장과 나를 따르는 직원들을 여러 사람에게 보여줄 수 있었다. 그런데 직원들이 적절한 수준의 지지나 지원을 통해 소셜 비즈니스의 챔피언 중의 챔피언이 되도록 하려면 체계화된 구조가 필요하다.

| 소셜 비즈니스 지배 구조 |

지배 구조란 기업의 목표를 달성하기 위해 소셜 기술의 사용을 총괄하고 안내하는 프로세스와 조직 관계의 체계화된 구조다. 소셜 비즈니스 지배 구조 모델은 목표를 달성하기 위해서는 무엇이 이루어져야 하며 어떻게 이루어져야 하고 누가 권한을 가지고 있으며 성과 측정의 지표는 무엇인지를 정의한다. 적절한 지배 구조가 없으면 소셜 비즈니스의 우수 사례는 특정 부서 내부에만 갇혀 전체 조직에서 공유할 수 있는 기회가 제한된다(그림 2.1 참조).

소셜 비즈니스로 변화하면서 획득할 수 있는 가치에는 새로운 방식의 전체 조직(직원, 파트너, 고객을 포함) 연결이 포함된다. 이를 위해서는 사람, 더욱 수평적인 조직, 그리고 중요한 문화적 변화를 관리하는 완전히 새로운 방식이 필요하다. 물론 소셜을 수용하면 개인이 어느 정도

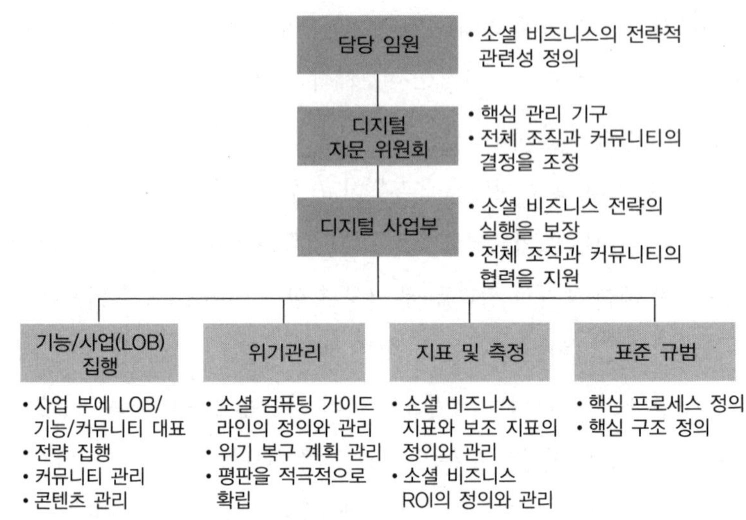

그림 2.1 지배 구조의 조직도

융통성을 갖게 되긴 하지만 새로운 목표와 문화를 가진 기업을 위해서는 모든 직원이 통일된 가치를 가지는 것이 더 중요하다.

강력한 지배 구조 프로그램은 조직적인 변화를 가능하게 한다. 이 지배 구조는 주요 "조직 구조"를 포함하는 (예컨대 사업(Line of business, LOB) 및 재무, 공급 사슬, 마케팅, IT, HR, 채널 관리 등) 두 개의 상호보완적인 리더십 그룹에 의해 주도된다.

조직도의 맨 위에 있는 담당 임원(Executive Sponsor Group)은 소셜 비즈니스가 되기 위한 전략적 관련성과 목표를 정의한다. 담당 임원에는 조직의 리더가 속하며 이들은 진심으로 소셜 비즈니스의 가치를 믿는 사람들이다. 이들이 반드시 CEO일 필요는 없지만 조직 내에서 영향력을 주도하는 사람일 필요는 있다. 선구자란 소셜 비즈니스의 진정한 가치를 보여주는 사람이기 때문에 이 역할은 매우 중요하다. 가장 이상적인 상황은 비즈니스 리더와 IT 비즈니스의 리더가 모두 챔피언이 되어 함께 참여하는 것이다.

조직도의 두 번째에 위치한 소셜 비즈니스 디지털 자문위원회(Social Business Digital Council)에는 소셜 비즈니스 계획을 세우고 그 계획을 실행할 수 있는 임원이 포함된다. 나는 소셜 비즈니스 챔피언이 소셜 비즈니스 디지털 자문위원회의 의장이어야 한다고 권장한다. 이 대표자는 각 사업부서와 기능 영역의 소셜 비즈니스 리더인 경우가 대부분으로 조직의 수직적 니즈와 수평적 니즈에 중점을 둘 수 있다.

그렇다면 소셜 비즈니스 디지털 자문위원회란 무엇인가? 직원들이 소셜 기술을 사용하게 되면서 기업의 평판에 미치는 영향을 분석할 수 있도록 설립된 통치 기구다. 자문위원회(전사적이며 전 분야를 아우르는 경영 부서)는 직원들이 방화벽 외부에서 소셜을 사용하면서 발생할 수 있는 잠재적 위기를 관리하는 동시에 비즈니스에의 이득을 추구하기 위해 소셜 기술을 충분히 이용하도록 해야 한다.

이 자문위원회의 목표는 기업이 소셜 비즈니스를 받아들이면서 더 많은 협력과 표준화된 접근법, 그리고 꾸준한 우수 사례를 공유하도록 조장하는 방법을 찾는 것이다. 기업 외부에서 경영진과 관련 없는 독립적인 인사를 영입하길 원할 수도 있다. 예를 들어 나는 다른 두어 개 기업의 소셜 비즈니스 디지털 자문위원회의 일원이며 이들은 내가 외부의 피드백과 전략, 가이드를 제공하길 기대한다.

이 소셜 비즈니스 디지털 자문위원회는 조직 전반에서의 성공을 보장하는 데에 있어 중요한 단계다. 내가 IBM에서 소셜 비즈니스 관련 내부자가 처음으로 되었던 경험으로 미루어 보아 이 자문위원회는 지배 구조에서 매우 가치 있는 부분이었다.

소셜 비즈니스 디지털 자문위원회는 소셜 비즈니스 문화의 핵심 영역에 중점을 둔다.

- **커뮤니티 및 콘텐츠 관리**: 조직 전반적으로 변화와 수용을 추진하는 공통의 접근법을 제공한다. 자문위원회의 이 영역은 콘텐츠 관리 전략을 형성하기도 한다. 이는 기업 외부와 내부의 정보를 이용해 꾸준히 일관된 소문을 퍼뜨리는 것이다. 커뮤니티 관리자의 역할과 콘텐츠 활성화 전략의 핵심에 대해서는 제4장 "경험을 통해 관계를 맺어라"에서 자세히 논의할 것이다.
- **최고 기관**: 조직 전반과 조직 외부에서 공통적인 소셜 목소리와 접근법을 창출하기 위해 우수 사례를 공유한다.
- **평판 및 위기관리**: 규제의 위험(관련이 있는 경우)과 포괄적인 발견을 위한 소셜 기록 보유와 여타의 법적 재무적 위기에 중점을 둔다. 덧붙여 이 영역은 조직의 평판을 적극적으로 관리하고 다양한 종류의 부정적인 미디어나 위기 상황에 대응할 정해진 계획이 있어야 한다. 이 영역에 대한 자세한 사항은 제6장 "평판과 위기 경영을 위해 디자인하라"에서 다룰 것이다.
- **지표 및 측정**: 데이터의 모든 요소와 측정을 포함하며, 참여 전략과 지표 설정에 대한 지침을 위해 적극적으로 경청하는 것에서부터 시작된다. 여기에는 소셜 네트워크와 전문 지식, 그리고 프로젝트에 대한 내부의 분석뿐 아니라 외부의 목소리를 경청하고 분석하는

일이 포함된다. 또한 성공 여부와 계획 진척 상황, 소셜 수익을 추적하기 위해 전체 프로그램의 측정 지표를 만들어내고 자동화해야 한다. 여기에 대해서는 제7장 "데이터를 분석하라"에서 자세히 다룰 예정이다.

- **지침 및 표준**: 소셜 비즈니스의 프로세스와 기술 표준에 중점을 둔다. 사업부나 주요 비즈니스 기능 등이 자신의 니즈에 맞는 소셜 프로그램을 만들기 위해서는 자유가 필요한 반면, 회사 전체가 항상 경계 없이 민첩하게 연결되도록 하기 위해서는 표준이 필요하다. 파트너나 유통채널, 고객 등을 연결하는 방법과 브랜드에 대한 표준이 있어야만 기업이 "부분의 집합"이 아니라 공동의 니즈를 가지고 그 니즈에 집중하는 조직처럼 보인다. 외부의 소셜 도구에 참여할 수 있도록 조직의 정책과 지침 및 프로세스를 설정하는 것이 핵심이다. 이 프로세스는 아래에서 자세히 다룰 예정이다. 기술적 측면에서 공동의 소셜 비즈니스 체제는 제8장 "경쟁력을 위한 요소로서의 기술"에서 자세히 다뤄 새로운 방식으로 일할 수 있도록 한다.

나는 IBM의 소셜 비즈니스 챔피언이었고 소셜 비즈니스 디지털 자문위원회를 이끌었다. 이 자문위원회는 여러 부서, 예컨대 개발이나 인사, 마케팅, 영업, 고객 서비스, 그리고 기타 핵심부서 등 전체 영역에서 영향력을 주도하는 참가자들로 구성되었다. 우리는 한 달에 한 번씩 만났지만 초기에는 조항을 만들고 참여 규칙을 세우며 소셜 컴퓨팅 지침을 정의하느라 이틀을 고스란히 보냈다. 회의에 일반적으로 상정되는 안건에는 우리와 다른 회사의 우수 사례가 포함되었다. 예컨대 우리는 노드스트롬(Nordstrom; 미국의 유통 전문업체 — 옮긴이)의 우수 사례를 살펴보고 자포스(Zappos; 미국의 온라인 신발 쇼핑몰 — 옮긴이)가 어떻게 시장의 관심을 끌 수 있었는지 연구했다. 또한 인센티브 제도를 검토해 비즈니스의 성공을 위해 회사 내부와 외부의 소셜을 가장 잘 이용한 소셜 비즈니스 영웅을 발표했다. 몇몇 사람들(그리고 몇몇 똑똑한 인턴들!)과 소셜 비즈니스를 총괄하는 최고 기관을 세움으로써 우리는 해답을 찾고 공유할 수 있는 장소를 만들어낸 셈이었다.

마지막으로, 우리는 위기관리와 평판 관리를 위한 계획을 세웠다(제6장 참조). 우리는 대부분의 시간을 어떻게 해야만 더 많은 IBM 직원들과 파트너들, 그리고 퇴직자들에게 우리 브랜드의 홍보대사가 되도록 유도할 수 있는지 계획하며 보냈다. 브랜드 홍보대사란 여러분의 브랜드에 열정을 갖고 있으며 여러분을 참고로 사업을 하는 사람이다. 소셜 비즈니스 관리자나 커뮤니티 관리자와 같이 새로운 역할을 정의하는 것 역시 중요한 업무가 되었다.

대기업이라면 소셜 비즈니스 디지털 자문위원회를 구성하고, 소규모 기업이라면 이런 업무를 경영 회의에 포함시킬 것을 권장한다. 자문위원회는 반드시 모든 중요한 영역 출신의 적합한 사람들로 구성하되 이들은 조직 외부의 사람들이어야 하며, 더 큰 목표와 연결된 측정 가능한 여러 하위 목표와 정책을 세워야 한다. 또한 성공을 위해서는 내부의 니즈, 예컨대 새로운 역할이나 인센티브 구조, 위기관리 계획과 같은 것들에 중점을 두어야 한다.

직원들은 기업의 브랜드 홍보대사가 되는 데 관심을 키워야 하고 회사에서 제공하는 교육에 참가하며 경영진이 제공한 선택 사항 중에서 자신이 참여할 적절한 도구를 고르고 (혹은 다른 이들에게 제안하고!) 적극적으로 열심히 참여해야 한다.

조직과 생태계 전체에서 상호작용을 이끌어내는 좋은 방법은 일련의 가이드라인을 만들고 회사가 무엇을 허용하고 허용하지 않을 것인지 결정한 후에 그 결정에 가치를 부여하는 것이다. 그리고 목표와 브랜드 가치에 대한 지지를 보여주어야 한다. 소셜 비즈니스는 직원들이 블로고스피어에 참여하도록 허용하면서 발생할 수 있는 위험을 줄여주고 성공을 위해 모두가 함께 협력하도록 도와준다.

소셜 비즈니스 가이드라인

소셜 비즈니스 가이드라인은 회사의 가치에 기반을 두어야 한다. 아래의 10가지 지침을 살펴보자.

1. 가이드라인은 소셜 그룹에서 직원들이 작성해야 한다. 참여를 통해 만들어진 가이드라인은 오래 지속될 수 있다.
2. 가이드라인에는 이 가이드라인이 왜 존재해야 하는지에 대한 이유가 언급되어 있어야 한다. 예컨대 책임을 지는 혁신을 위해서 가이드라인이 존재할 수 있다.
3. 가이드라인은 짧고 간결해야 한다.
4. 가이드라인은 공개된 대화에서 당신의 입장을 설명해야 한다. 무엇이 공정하고 무엇이 공정하지 않은지 (비밀 정보) 말이다.

5. 가이드라인은 결과를 언급해야 한다.

6. 가이드라인은 투명성을 권장해야 한다.

7. 가이드라인은 회사의 파트너와 고객의 프라이버시와 권리를 언급
   해야 한다.

8. 가이드라인은 가치를 더하고 실수에서 배우도록 해야 한다.

9. 가이드라인은 소셜 미디어에 사용되는 시간에 대해 설명해야 한다.

10. 가이드라인은 소셜 기술로 기업의 목표를 장려해야 한다.

www.SocialMediaGovernance.com에서는 기업 소셜 가이드라인 모음
집을 찾아볼 수 있다. 꼼꼼히 읽어보고 자사의 기업 문화와 목표에 맞
는 가이드라인을 정의해보자. 예를 들어, 자포스의 소셜 미디어 정책은
그들의 기업 문화에 맞는 "솔직한 자세로 스스로 잘 판단하라"다. 이 소
셜 정책은 자포스의 직원들에 대한 신뢰를 보여준다! 인텔의 소셜 미디
어 가이드라인에도 몇 가지 모범적인 항목이 있다. 예를 들어 "투명성
을 유지하라"와 "머뭇거리게 된다면, 그만두라" 등이 바로 이에 해당한
다. 나는 또한 "인식하는 것이 진실이며 그것은 바로 대화다"라는 이들
의 충고도 좋아한다. 소셜 가이드라인의 핵심은 회사 전체에서 디지털
시민으로서 협력 그룹을 만들어 함께 정의하는 것이라고 생각한다.

거대 글로벌 기업의 경우, 기업 문화는 지역 문화에 자리를 내주기
도 한다. 예를 들어, IBM은 매우 개방적인 문화를 지지하며 우리의 최
고 경영자는 소셜 비즈니스가 되기 위해 최종 소비자가 콘텐츠를 만들
어내는 것을 지원한다. 그러나 우리는 지역마다 문화적 차이가 있음을
이해하고 있다. 따라서 우리는 이러한 문화적 차이를 이해하고 우리의

그림 2.2 IBM의 사생활 규정

소셜 비즈니스 어젠다에 수용하고 있다. IBM은 170여 국 이상에 진출하고 있으므로 우리 팀은 각국의 사생활 보호법을 검토해 그림 2.2에서 볼 수 있는 것과 같이 각국 직원들의 이익을 중심에 두도록 하고 있다.

소셜 비즈니스 지배구조는 문화를 형성함으로써 목표에 도달하는 한 단계다.

셀레스티카는 캐나다 토론토에 본사를 둔 글로벌 전자제품 생산업체이자 제품 수명주기 서비스 제공자로 65억 달러에 이르는 매출액을 자랑하며 전 세계를 통틀어 근로자를 3만 5,000명이나 고용하고 있다. 기업 컴퓨팅과 커뮤니케이션, 항공과 방위, 산업 청정 기술, 의료 서비스에 이르기까지 다양한 고객들에게 디자인과 제조, 물류, 공급망, 그리고 애프터마켓 서비스를 제공한다. 셀레스티카는 2009년에 소셜 비즈니스를 시작했다.

셀레스티카는 엔지니어링과 공급망의 우수성에서 높은 평가를 받고 있으며 전자제품 생산 서비스 산업에서 자타가 공인하는 비즈니스 전략 리더가 되었다. 이 회사는 목표를 달성하기 위해 30여 곳 이상에서 만들어낸 혁신과 우수 사례를 효율적으로 이용하고 이를 방대한 글로벌 경영 네트워크 전체에 걸쳐서 공유해야만 했다. 이를 위해 셀레스티카는 여러 지역과 영역, 비즈니스에 걸쳐 직원들이 서로 커뮤니케이션하고 혁신을 주도하도록 할 수 있는 적합한 협업 도구를 제공해야 한다는 사실을 깨달았다.

이 목표를 지지하기 위해 셀레스티카는 2009년 오퍼레이션 센트럴(Operations Central)을 출범해, 현장 직원들이 솔루션과 아이디어를 공유하기 위해 전문가와 연결되고 아이디어를 교환함으로써 문제를 독자적으로 해결할 수 있는 역량을 갖출 수 있도록 했다. 2010년 초, 셀레스티카는 조직 전반에 걸친 협력을 더욱 권장하고자 하는 목표를 가지고 협력 위원회(Collaboration Council)를 설립했다. 효율적인 협력 도구는 협동의 문화를 권장하는 프로세스에 의해 뒷받침되어야 한다는 사실을 깨달았기 때문이다. 오퍼레이션 센트럴의 성공에 힘입어 셀레스티카는 2001년 사내 소셜 네트워크인 커넥션(Connections)을 출범해 조직 전체의 직원들을 연결시켜 내부에서부터 협력할 수 있도록 했다.

내부적으로 "비즈니스계의 페이스북"이라고도 불리는 이 커넥션은 14개 국가의 30개 이상의 장소에 있는 직원들이 서로 좀 더 쉽게 연결되도록 하는 협력 도구다. 직원들은 여러 가지 필요조건과 프로젝트 계획을 공유하고 사내 위키를 사용해 글로벌 프로젝트에서 협력하기 위해 커넥션을 이용한다. 이로 인해 서로 시차가 다른 지역끼리 오랜 시간 전화 회의를 사용해야 하는 필요성을 크게 줄어들었다. 커넥션은 또한 제품 개발 사이클의 속도와 제품 출시 빈도를 높여주고 있다.

모두가 참여하도록 자율권을 부여하라

왜 당신은 모두가 소셜 비즈니스에 참여하길 원하는가? 직원들과 파트너, 심지어는 고객까지 소셜 도구로 적극적으로 문제를 해결하도록 하는 것은 기업을 좀 더 경쟁력 있게 만들어주기 때문이다.

직원들은 고객이나 파트너, 공급자들과 관계를 맺을 수 있는 최적의 위치에 있다. 그 결과 브랜드의 힘을 키우고 고객 만족도를 높여주며 획기적인 새로운 생각을 내놓을 수 있을 뿐만 아니라 신제품 판매를 시도할 수 있다. 예를 들어, 조시 버노프(Josh Bernoff)와 테드 새들러(Ted Schadler)의 책 《권한(Empowered)》에는 고객 만족의 아이디어를 강조하기 위해 미국의 프로 미식축구팀인 필라델피아 이글스 팬들의 난동을 방지할 수 있도록 게스트어시스트(GuestAssist)라는 문자 전송 시스템을 개발한 레너드 보나치(Leonard Bonacci)의 이야기가 실렸다. 문제가 생긴 팬들이 자신의 좌석 번호와 연결된 짧은 코드를 문자로 보내면 담당자가 도착해 조용히 문제를 해결하는 시스템이었다. 미국 미식축구 연맹(NFL)은 이를 우수 사례로 채택해 전체 리그에서 시행하고 있다.

소셜 컴퓨팅 가이드라인은 반드시 모두에게 권한을 부여해 참여하도록 해야 한다. 과거의 웹 콘텐츠 게시의 경우 오직 선택된 몇 명에게만 콘텐츠를 게시할 권한이 부여되었다. 오늘날 소셜 기술과 소셜 정책은 모두가 콘텐츠를 공헌하도록 한다. 그러나 실수는 하기 마련이고 당신이 이에 어떻게 대응하느냐에 따라 분위기가 형성되고 직원들의 참여에 영향을 미칠 것이다. 페기 다우(Peggy Dau)는 블로그에서 이렇게 말했다.

"HP는 기대되는 행동에 대한 가이드라인을 바탕으로 직원들에게 권한을 부여합니다. 이것이 진정한 권한 부여일까요? 저는 간간이 HP 블로그를 확인하고 트위터피드 몇 개를 지켜보았습니다. 흥미롭지만 매우 신중하게 올린 글들이더군요."

가이드라인이 시작점이긴 하지만 여기에는 직원들과의 진정한 신뢰 관계가 존재해야만 한다. 직원들을 진정으로 신뢰하지 못하거나 소셜 기술을 믿지 못한다면 금세 표가 날 것이다. 자신이 말한 것을 실천해야 한다. 직원들은 긍정적인 지원병을 필요로 한다. 동료들과 역할 모델들이 자신과 같은 행동을 하는 모습을 보고 싶어 한다.

CEO와 신입 재무 분석가의 "참여" 사이에는 차이가 있다. 물론 소셜은 민주적인 의미를 담고 있지만 누구의 목소리냐에 따라 사업적인 가치는 분명히 달라진다. 빌 매리어트(Bill Marriott)를 예로 들어보겠다. 그의 목표는 신규 고객과 위기관리다. 매리어트 인터내셔널의 CEO인 그는 진심을 담아 자신의 블로그를 작성한다. 그는 블로그를 작성함으로써 매출을 향상시킬 뿐 아니라 언론에 보도된 거짓 기사로 고심할 때에도 블로그를 사용한다. 그의 이 같은 태도는 기업 문화 전반으로 확장된다. 사실 77살의 이 CEO는 블로그에 이런 글을 올렸다. "이게 뭔데 그렇게 야단법석인가? 나에게는 고객의 말에 귀를 기울이고 고객과 대화를 하는 또 다른 창구일 뿐이다."

2008년 11월 26일은 IBM 내부의 블로그 시스템에 있어 역사적인 날이다. 이 날 IBM CEO인 샘 팔미사노(Sam Palmisano)는 블로그 시스템에 최초로 글을 올렸다. 모두를 놀라게 한 것은 그가 자신의 블로그에 글을 올린 것이 아니라 다른 누군가의 블로그에 글을 남겼다는 점이다. 그것도 다른 임원의 블로그에 올린 것이 아니라 데이터 통합 서비스(Data Integration Services)에 근무하는 한 프로그래머의 블로그에 글을 남긴 것이다. 그가 글을 남겼다는 사실도 매우 중요하지만 그의 행동은 훨씬 더 중요했다. 우리의 CEO가 투명성을 신뢰하고 모든 직원과 열린 마음으로 기꺼이 연결되고자 한다는 분명한 메시지를 모든 IBM 직원들에게 보냈기 때문이다.

CEO가 블로그를 해서 얻게 되는 역량의 강화를 생각해보라! 소셜 CEO의 시대가 오고 있지만 오늘날 적극적으로 참여하는 CEO는 많지 않다. 소셜 CEO가 되기 위해서는 반드시 참여하고 접속하고 상호작용할 수 있는 적합한 청중이 있어야 하며 시간에 우선순위를 매겨야 한다. 포레스터 리서치(Forrester Reaserch)의 CEO인 조지 콜로니(Goerge Colony)는 자신의 블로그 인터뷰에서 5년 후면 CEO의 20%가 소셜에 적극적이 될 것이며 10년 후에는 그 비율이 50%에 가까워질 것이라고 예견했다. 계속해서 그는 기업 이사회가 소셜에 적극적인 사람으로 CEO감을 찾을 거라고 말했다.

역량의 강화란 개인이 자주적으로 생각하고 행동하며 실행하고 통제하며 의사를 결정하도록 권한을 주는 과정이다. 소셜 비즈니스로 발전해 나아가며 이를 매우 중요한 요소로 고려하도록 하라!

실천을 강화하는 방법으로 소셜 비즈니스 시상식을 고려해보자. 최근

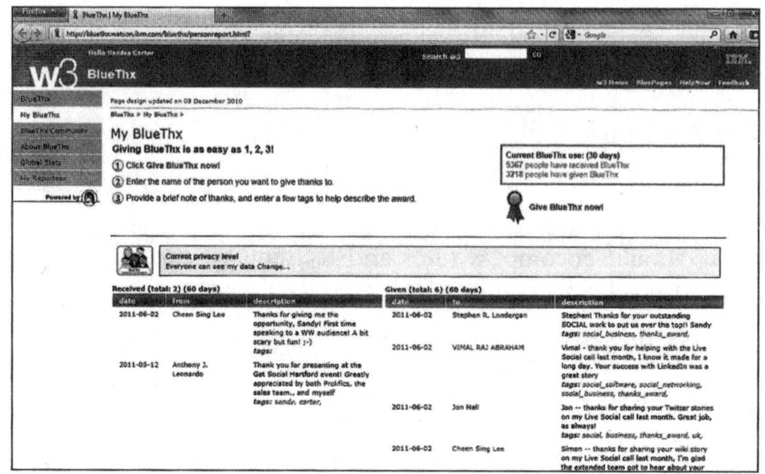

그림 2.3 BlueThx 홈페이지

여성 기술인 모임(WITI) 콘퍼런스에서 우리는 일정한 수준의 소셜 기술에 통달한 사람들에게 "가상" 소셜 비즈니스 공로 배지를 배포해 참가자들이 이메일 하단이나 블로그 등에 첨부할 수 있도록 했다. IBM 내부에서 동료들은 BlueThx(블루쌩스)(그림 2.3 참조)라는 프로그램으로 서로에게 상을 줄 수 있다. 직원들은 BlueThx 상을 수상할 사람을 선택할 수 있고 이에 대한 내용은 회사 프로필 페이지에 나타난다.

교육을 통해 가능하게 하라

자율권을 부여하고 목표를 공유하는 것만으로는 부족하다. 직원들을 다음 단계로 넘어가게 하려면 영감을 주어야 한다. 직원들이 행동으로 옮기도록 자극해야 한다. 그렇다면 어떻게 해야 사람들이 행동할까? 그러기 위해서는 시작이 쉬워야 한다.

직원들을 시작하게 만들고 싶다면 적절한 교육을 제공해야 한다. 목표에 적합하다고 생각하는 도구를 생각해내고 직원들을 위한 훈련을 준비하라. 이 훈련에는 쉽게 시작하는 방법이 포함되어야 한다. 예컨대 한 기업은 "페이스(북) 데이face(book) day에 색칠을 하라"고 했다. 나는 파머스 인슈런스 대학(Farmers Insurance University)에서 열린 산업 전반의 인사를 초청한 회의에서 소셜 비즈니스의 모범 사례를 공유했다.

개인 대 개인 교육이 종종 가장 효과적이다. 내가 말하는 개인 대 개인 교육이란 특정 직무를 맡은 사람 두어 명에게 집중 훈련을 한다는 의미다. 어쩌면 추가로 시간을 내어 이들이 사용법을 완벽하게 숙지하도록 해야 할 수도 있다. 목표는 이들이 회사의 홍보 대사가 되어 이 모든 도구가 어떻게 그들의 직무를 더 잘 수행할 수 있도록 도왔는지에 대한 사례를 만드는 것이다. 특정 직무의 홍보 대사가 몇 명 만들어졌으면 이들이 비슷한 역할과 책임을 지닌 다른 동료들을 교육할 수 있다. 예를 들어 내가 기업 홍보 부문에 근무한다면 같은 부문에 근무하는 누군가가 나에게 소셜이 어떻게 내 일을 도울 수 있는지 교육시켜줄 수 있다. 이는 다른 직무에서도 마찬가지다.

이외에도 다음과 같은 다른 몇 가지 방법으로 성공을 보장할 수 있다.

- 교육을 할 때에는 직원들의 수준을 고려해야 한다. 이미 적극적으로 소셜에 참여하는 직원들이 있다면 이들이 다른 직원들을 점심시간이나 회사 내 정식 교육시간을 이용해 교육시킬 수 있어 매우 간편하다.

  교육에는 도구와 기술을 이용하는 방법뿐 아니라 모범 사례와 사례 연구도 포함되어야 한다. 내부 커뮤니케이션을 보조하는 도구는 적합하게 사용될 경우 직원들을 연결시켜 효율성을 증진시키고 비용을 줄여준다.

- 소셜 기술을 이용하는 사람과 그렇지 않은 사람 사이에는 차이가 있기 때문에 교육은 지속적이어야 하고 신규 사용자들을 위한 공간이 마련되어야 한다.

- 훈련은 직무에 따라 달라져야 한다. 어떻게 일을 도울 수 있는지 이해하도록 해야 하기 때문이다.

- 역멘토링(reverse mentoring) 프로그램이 도움이 될 수 있다. 젊은 직원이 소셜 기술을 두려워하거나 잘 모르는 중역과 짝을 이루는 식으로 말이다. IBM에는 BlueIQ라는 프로그램이 있어 역멘토가 될 자원자를 모집한다. BlueIQ 홍보 대사는 IBM의 직원들과 팀이 블로그나 독이어(Dogear; IBM의 사내 소셜 북마크 — 옮긴이), 커뮤니티 등 소셜 도구를 이용할 수 있도록 돕는 소셜 소프트웨어 전문가다.

- 교육이란 실천하는 것임을 확실하게 하라. 적극적인 학습보다 이해를 빠르게 돕는 방법은 없다. 예컨대 최근에 나는 바로 그 자리에서 즉석으로 커뮤니티를 만들고 싶어 하는 기업들을 위한 "커뮤니티 구축" 부스가 마련된 콘퍼런스에 참여했다. 어떻게 하는지 방법

을 배우는 것이 아니라 바로 그 자리에서 실행하는 것이었기 때문에 매우 효과적이었다.

IBM에서는 임원들과 핵심 영향력 주도층들을 위해 직접 훈련을 실시하고 있으며 수백 개의 국가에 흩어져있는 직원들에게는 온라인 도구를 이용한 훈련을 실시한다. 예를 들어 우리는 커뮤니티에 모범 사례에 대한 동영상을 게시하고 위대한 성과를 이루어낸 소셜 비즈니스 영웅들은 전 직원과 간단한 노하우 동영상과 함께 이야기를 공유한다. 덧붙여 우리는 토론방에 "나는 소셜에 산다(I Live Social)"난을 만들어 놓았다. 그래서 전 직원들은 판매나 고객 서비스, 마케팅 등의 분야에서 어떻게 소셜 기술을 이용하는지 확인할 수 있다. 또 IBM 비즈니스 파트너들을 위한 세미나를 개설해 이들이 작은 규모의 회사에서 새로운 도구를 효과적으로 이용할 수 있도록 하고 소셜을 가장 잘 이용한 파트너에게는 비컨(Beacon)이라 불리는 상을 수여한다.

내부에 프로그램을 가진 회사가 우리만 있는 것은 아니다. 최근에 나는 글로벌 IT 회의에 참여하기 위해 캐나다에 있는 매뉴라이프(Manulife)를 방문했다. 전 세계에서 온 매뉴라이프 리더들이 참여한 이 콘퍼런스는 혁신에 중점을 두고 외부 연설가 3명을 초청해서 산업 내 기업 중 소셜 비즈니스가 된 모범 사례를 공유했다. 훈련에는 사례 연구가 포함되어야 하며 (효과가 있다는 것을 증명하기 위해서다) 다른 이들에게 공유를 요청하는 것을 두려워하면 안 된다. 결국 소셜 비즈니스란 전문 기술을 공유하는 것이니 말이다!

참여하는 문화를 만들려면 내부에서부터 시작하라

최고의 학습 방법은 행동을 통해 배우는 것이다. 기업 내부에서부터 참여를 시작하라. 이 접근법을 사용하면 많은 장점이 있다. 실수를 통해 빨리 배울 수 있고 회사를 위해 가치를 창출할 수 있다. IBM은 2000년대 초에 내부 커뮤니티에서부터 실험을 시작했다. 우리는 건강한 커뮤니티를 만들고 유지하는 방법에 관해 귀중한 교훈을 얻을 수 있었다. 이 시기에 우리는 가이드라인을 만들고 커뮤니티의 비즈니스 가치를 측정하기 시작했다. IBM이 www.ibm.com을 통해 외부에 커뮤니티를 개설하도록 허가하기 시작한 건 2008년부터였다. 2010년 IBM은 소셜 미디어에 대한 지원을 통해 연간 1억 달러의 비용 절감이라는 추정 ROI의 성과를 인정받아 포레스터 그라운드스웰 어워드(Forrester Groundswell Awards)를 수상했다.

내부에서만 사용 가능하도록 설정할 수 있는 도구는 많다. 예컨대 위키(wiki)는 기업 내부에서만 역동적으로 정보를 공유할 수 있도록 해주고 blip.tv는 개별 RSS 피드를 지원한다. 트위터와 같은 마이크로블로그의 경우 내부의 커뮤니티에서만 볼 수 있도록 설정할 수 있고 유스트림(Ustream)과 같은 인터넷 방송 서비스도 기업 내부에서만 개별 채널을 통해 볼 수 있도록 할 수 있다. 내부에서부터 시작하면 직원들이 도구를 어떻게 사용하는지 파악할 수 있고 직원들이 방화벽 바깥에서는 어떻게 대응할지 불확실성을 줄일 수 있다.

예를 들어 보자. 한 빌딩 제조업체는 고객과 더욱 연결되고 싶었다. 그러나 이들은 외부 소셜 도구에 참여를 시작하기 전에 직원들이 도구를 어떻게 사용할지 파악하기 위해 기업 내부에서 우선 소셜을 사용하기로 결정했다. 목표는 직원들이 안전한 환경에서 소셜에 대해 자세히 배우도록 해 기업 외부에서 발생할 수 있는 소셜 재난의 위험을 줄이는 것이었다.

궁극적인 목표는 민첩하고 효율적이며 개방적인 문화를 만들어 혁신을 주도하며 제품을 시장에 내놓는 사이클을 단축해 그 속도를 높이는 것이었다.

이들은 사내에 공통의 관심사를 바탕으로 하는 커뮤니티를 만들어 지역과 시장, 기술에 따라 나타나는 공통적인 문제를 다루도록 했고 위키와 블로그를 활용해 지식과 전문 기술뿐 아니라 피드백과 비판까지 공유하도록 했다. 이 회사에서는 지역에 따른 커뮤니티 400개에서 직원 1만 명 이상이 활동하고 있다. 내부 프로젝트가 끝난 후에는 직원 1,600명 이상이 제품 혁신을 주도하기 위해 외부 커뮤니티에서 협력하고 있다. 그리고 가장 중요한 점은 "훈련된" 브랜드 홍보대사 1만 명 이상이 준비 태세로 있다는 점이다!

딜로이트 컨설팅(Deloitte Consulting) 역시 내부에서부터 시작했다. 딜로이트 D 스트리트라 불리는 프로젝트를 통해 회사 내부에서부터 협력을 할 수 있는 커뮤니티를 만들었다. 가상으로 팀을 조직하고 직원들을 교육하며 융통성 있게 시간을 사용하며 업무할 수 있도록 도와준 소셜 도구를 이용해 이들은 직원들에게 다가가고 직원들을 훈련하는 동시에 직무 만족도까지 높였다. 직원 평균 연령이 27살이었기 때문에 이 디지털 세대들에게 소셜 도구 사용은 큰 만족을 주었다. 딜로이트 D 스트리트 프로젝트의 리더인 데이비드 볼란드(David Boland)는 아래와 같이 말했다.

"딜로이트는 쌍방향 의사결정 트리(decision tree)를 만들어 사용자들이 딜로이트 내부인 또는 계약자나 고객, 판매 회사 등 외부인 중 누구와 협력해야 하는지 충분히 생각할 수 있도록 했습니다. 예를 들어 의사결정 트리는 소셜 도구를 사용할 수 있는 최선의 방법을 이해하고 찾고자 하는 정보를 더 잘 찾을 수 있도록 안내하는 역할을 했습니다."

내부에서 커뮤니티를 만들어 새로운 아이디어를 공유하거나 새로운 제품에 대한 아이디어를 브레인스토밍할 수 있다. IBM의 경우 씽크포워드(ThinkForward)를 만들었다. 이는 마케팅과 커뮤니케이션 전문가 약 5,000명이 IBM 브랜드를 공유하고 협력하는 동시에 공동체의 가치에 대해 배우는 커뮤니티다. 게다가 IBM에는 소셜블루(SocialBlue)라는 IBM 직원들을 위한 소셜 네트워크 사이트가 있다. 소셜블루에서는 자신에 대한 정보를 가지고 프로필 페이지를 바꿀 수 있으며, 사진을 업로드해서 공유할 수 있고, "하이브 파이브(hive fives)"라고도 불리는 베스트 5위 목록을 만들어 아이디어나 생각, 의견을 공유할 수 있으며, 다른 IBM 직원들과 이벤트를 조직할 수도 있다. 소셜 블루는 개설 후 9개월만에 회원을 3만 8,000명이나 보유했다. 이 모든 활동이 IBM 직원들이 어떻게 행동해야 하고 소셜 비즈니스 세계를 어떻게 최적화해서 사용해야 할지 배울 수 있도록 도와주었다.

딜로이트와 IBM만이 아니다. 코카콜라와 스프린트(Sprint; 미국의 통신사), 에디 바우어(Eddie Bauer; 캐주얼 의류 브랜드), 존슨앤드존슨 역시 내부에서만 소셜 기술을 시도하지 않고 소셜 프로젝트를 외부에서 더욱 성공적으로 출범한 기업이다.

내부에서부터 시작하는 것은 직원들이 내부 환경에서 먼저 소셜 도구를 효과적으로 사용하는 방법에 대해 배울 수 있도록 해 외부로 옮겨 갔을 때 생길 수 있는 위험을 줄이고자 하는 목표 때문이다. 이를 통해 140자 미만으로 커뮤니케이션하고 소셜 도구를 효과적으로 사용하며 온라인에서 상호작용하는 방법 등을 배울 수 있다.

|사례연구| 소제티(Sogeti) – 기업의 목표와 문화를 정비하다

소제티는 15개 국가에서 직원을 2만 명 이상 고용하고 있는 IT 서비스 업체다. 이 회사는 1990년대 후반부터 지역 정책을 통해 작은 단계에서부터 소셜 비즈니스를 수용했다.

2007년, 소제티 이사회는 하명상달식 혁신과 아이디어 교환, 그리고 직원들 사이의 유대 관계 증진을 촉진하기 위해 광범위한 정책을 도입했다. 고객의 사무실에서 종일 시간을 보내는 직원이 대부분인 서비스 업체 소제티에 직원들 간의 유대관계와 지식 교환은 모두 중요하고도 어려운 과제였다. 고객의 요구에 빠르게 대응하는 것이 소제티의 주력 사업이었기 때문이다.

전략적인 회의로 시작한 뒤 이노베이션 잼(Innovation Jam)이 열렸다. 이것은 전 직원이 아이디어와 의견을 공유하도록 하는 대규모 브레인스토밍이다. 놀랄 것도 없이, 많은 아이디어의 중심 주제는 소제티 내부에 소셜 미디어를 적용하는 것이었다. 이노베이션잼은 문화와 혁신, 그리고 상명하달식과 하명상달식 계획 사이의 균형에 대한 더 큰 논의를 불러일으켰다. 그리고 이를 통해 소제티 내부 소셜 협력 공간이 출범했다.

모든 계획은 투명하게 진행되었다. 모든 워크숍과 활동, 진행 과정을 누구나 볼 수 있도록 개방해 토론하게 만들었다. 일단 소셜 협력 공간이 만들어지자 이미 외부의 소셜 미디어에서 매우 적극적으로 활동하던 사람들이 VIP 얼리어답터로 초대되었다. 이들은 변화를 위한 촉매의 역할을 하고 콘텐츠와 아이디어, 그리고 네트워크를 통한 광범위한 도입을 유입시켰다. 사내 소셜 공간에서는 개인적인 주제도 허용되었다. 콘텐츠는 제한되거나 조종되지 않았고 누구나 어떤 콘텐츠든 만들어낼 자유가 주어졌다. 비즈니스 커뮤니티 이외에 "일본어"나 "다이빙", "휴가"와 같은 주제의 좀 더 개인적인 커뮤니티도 만들어졌다. 이러한 새로운 도구를 가르치는 직접적인 교육은 거의 없었지만 "라이프 해킹(life hacking)"이라는 워크숍이 열려 참가자들이 하루 일과를 최적화할 수 있는 방법을 찾도록 했다. 과도하게 이메일에 의존하던 방식에서 벗어나 좀 더 생산적이고 참여적인 환경에서 활동하도록 하는 방법, 적합한 자원이나 사람을 빨리 찾아내 시간을 절약하는 방법, 그리고 고객에게 무언가를 전달할 때 사용할 수 있는 새로운 방법은 무엇인지도 다루어졌다. 또한 지원팀은 잠재력이 있는 계획을 강조하고 조직적으로 관계가 형성되지 않은 곳에서는 관계를 형성할 수 있도록 도왔다.

직원들은 새로운 서비스를 정의하고 새로운 커뮤니티를 만들었다. 또한 블로그를 시작해 전문가의 어려운 지식을 공유할 수 있었다(그림 2.4 참조). 당연히 그 결과는 긍정적이다. 물론 이를 돈으로 환산하기는 매우 어렵지만 말이다. 하명상달식 혁신과 지식 교환의 문화가 갖는 가치는 얼마나 될까? 값을 매길 수 없다!

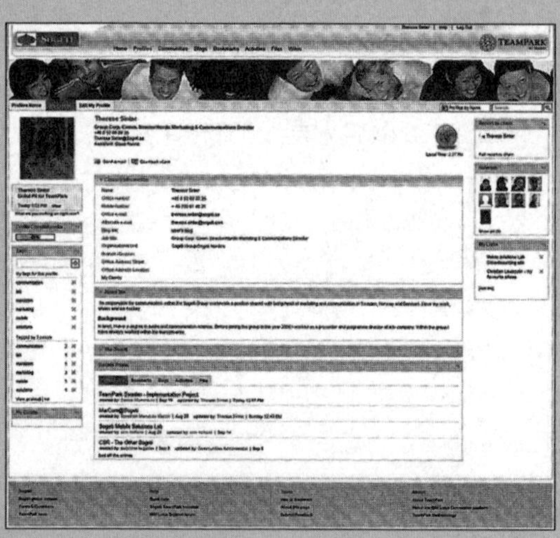

그림 2.4 소제티 웹사이트의 프로필 페이지

실험하라: 실수와 다른 사람들을 통해 배울 수 있는 길을 마련하라

실험이란 "경험을 쌓기 위해 새로운 일을 시도하는 것"이라 정의된다. 실험의 목표는 기업과 고객, 그리고 직원들에게 무엇이 효과적인지 확인하는 것이다. 소셜 기술은 실험을 위한 훌륭한 방법을 제공한다. 아침에 무언가를 실험하면 정오쯤에는 결과가 나와 변화가 이루어질 수 있다. 한편 직원들이나 다른 사람들이 실험하는 것은 매우 중요하다. 스스로 실험해보지 않고는 소셜의 가치를 이해할 수 없기 때문이다.

소셜 비즈니스는 혁신을 추진하며, 기존의 비즈니스 모델을 파괴하도록 자극한다. 이는 "그린필드(green field; 미개발 지역)"와 같다. 아무런 사전 지식도 없는 상태에서 명백한 것을 질문할 자유가 있는 신입 사원이라면 어떻게 하겠는가? 자신에게 해답이 있다고 생각할 때는 "왜"를 다시 물어보라.

《풍차식 네트워크: 링크드인을 최대한 활용하라(Windmill Networking: Maximizing LinkedIn)》의 저자인 닐 샤퍼(Neal Schaffer)는 자신의 저서에서 이렇게 말했다. "당신이 소셜에서 하는 활동 중 무엇이 참여와 구전, 새로운 팬, 그리고 행동을 촉진하는지 찾는 것이 중요하다. 무엇일 것 같은가? 일단 시도해보고 결과를 분석한 후 발견한 사실을 소셜 전략 개선에 포함하기 전까지는 절대로 대답을 알지 못할 것이다."

신중하게 실험의 틀을 잡고 무엇을 실험할 것인지 결정하라. "무엇을 알고 있는지" 이해하고 "무엇을 생각하는지" 실험하는 것이 중요하다. 예컨대 동영상이나 블로그를 통한 브레인스토밍으로 직원들을 대상으로 해 실험할 수 있다. 신제품에 대한 브레인스토밍에 직원들을 참여시키는 것이 가장 좋다는 것을 "알고는 있지만" 동영상이 결과를 얻기 위한 더 좋은 방법이라고 "생각한다." 이 실험은 가장 효과적인 도구가 무엇인지에 대한 실험이다. 실험은 소셜 기술을 최대한 활용하는 방법과 소셜 도구를 최대한 활용하는 방법, 새로운 참여 방법론, 전 세계 각기 다른 지역의 문화적 차이 등등에 중점을 둘 수 있다. 단 실험은 주의해서 진행하라.

불행히도, 성공적인 실험에 요구되는 대부분의 노력이 실험을 실제로 행하는 도중 생긴다는 잘못된 인식이 있다. 사실 성공적인 실험을 위한 노력 대부분은 실험을 시작하기 전 쏟아붓는 것이다. 게다가 실험이 끝난 후 결과를 분석하고 이해하고 추정하며 문서화하고 전파할 때도 상당한 노력이 요구된다.

소셜 비즈니스는 실험을 통해 배울 수 있는 메커니즘을 가지고 있다. 실험을 할 때는 반드시 앞에서 언급한 소셜 비즈니스 디지털 자문위원회를 통해 학습한 것을 공유해야 한다.

|사례연구| IBM

IBM은 가치를 높이기 위해 문화와 소셜을 이용한 훌륭한 사례다. 애덤 크리스텐슨(Adam Christensen)은 IBM의 접근법을 잘 설명했다. 첫째, IBM은 기업 대 기업으로 거래를 하는 B2B 기업이다. 사실 우리는 IBM을 170개 국가에 전문가 30만 명 이상을 둔 회사라 부른다. IBM이 설정한 목표는 성장, 특히 특허가 없는 분야와 성장 시장에서의 성장을 추진하는 것이다. 문화를 변화시킨다는 것은 매우 다양하고 진보적이며 높은 협력을 요하는 것이지만 위험을 피하고 안전을 추구할 수 있도록 해준다.

소셜 비즈니스로 향하는 것은 IBM으로서도 대단한 변화였다. 아래 목록은 IBM이 목표와 문화를 정비한 핵심 방법이다. 이는 많은 기업에 모범 사례로 활용되고 있다.

1. 역할과 가이드라인. IBM은 2005년 초창기 블로그를 사용한 IBM 직원들(나 역시 이들 중 한 사람이다!)과 함께 블로그를 위한 소셜 컴퓨팅 가이드라인을 만들었다. 이 가이드라인은 이미 파티나 여타의 이벤트에서의 상호작용을 위해 기존에 존재하던 비즈니스 활동 가이드라인을 지지하며 따랐다. 이는 직원들에게 기대되는 규범을 설정하기 위해 IBM이 행한 가장 중요한 시작점이었다. 이 가이드라인은 www.ibm.com/blogs/zz/en/guidelines.html에서 찾아볼 수 있다.

2. 권한 부여. IBM은 모두가 참여하도록 권장하며, 우리의 위험 회피 성향을 고려해 MIT와 합동으로 연구해 소셜 연결의 가치를 고위직 임원들에게 증명해보였다. 이 연구는 직원들을 신뢰함으로써 그들에게 진정으로 권한을 부여할 수 있도록 했다. 많은 IBM 임원들은 열정적인 트위터 사용자이자 링크드인 사용자, 블로거, 포스퀘어 사용자이며 솔선하여 소셜을 사용하고 있다. 그 결과 IBM은 직원들을 최고의 브랜드 홍보대사로 바라보게 되었다.

3. 교육과 격려. IBM에는 모범 사례와 소셜 도구, 소셜 기술에 대한 많은 내부 온라인 교육 과정과 일대일 교육 과정이 있다. 이는 산업 내에서 최고 수준으로 여겨지고 있다. 게다가 IBM은 무료로 "시작 가이드"와 온라인 회의를 제공한다. 또한 "소셜 미디어 마케팅과 잠재고객 발굴을 위한 모범 사례"에 대한 강의도 제공한다.

4. 내부에서부터 시작된 참여하는 문화. IBM에는 블로그센트럴(BlogCentral)에 블로거 1만 6,000명 이상과 사진 공유를 위한 비하이브(Beehive)에 회원이 5만 3,000명 이상 있고 위키 조회 수는 100만 건이 넘으며 직원들이 IBM의 미래를 만드는 일에 참여하도록 하는 여러 이노베이션 잼(Innovation Jam)을 개최한다. 내부의 소셜 비즈니스 포커스를 보고 긍정적인 ROI와 비용 감소를 추적한다. 예를 들어 적합한 전문가와 연결시켜 줌으로써 연간 생산성이 향상되었고 이로 인한 절약액이 450만 달러에 이르고 출장 감소로 월 70만 달러를 절약하고 있다.

5. 실험과 실수에서부터 배우는 자세. IBM은 소셜 비즈니스 디지털 자문위원회를 설립했다. 이 자문위원회는 아이디어를 공유하고 우수 사례를 모집하며 실수를 통해 배우는 등 여러 기능을 한다. 또한 IBM의 매우 협력적인 문화는 배움을 위한 공유를 긍정적으로 확신하게 만들고 각각의 아이디어를 다음 단계로 넘어가게 한다. 게다가 IBM 글로벌을 위해서는 디지털 명성(Digital Eminence) 분야의 부사장인 벤 에드워드(Ben Edwards)가 디지털 자문위원회를 운영하고 있다.

소셜 비즈니스인 IBM은 성공을 위해 문화와 목표를 잘 정비했다. 이는 끝이 없이 계속되는 과정이며 IBM이 지속적으로 스스로를 재창조하는 동안 직원들은 신뢰할 수 있는 훌륭한 브랜드 홍보대사가 된다. 문화와 전략을 무시하는 기업은 돌이킬 수 없을 정도로 궤도를 벗어날 수 있다. 소셜 비즈니스란 문화에 초점을 맞추며 적합한 사람들이 적합한 목표에 따라 행동하는 것이다. 소셜 비즈니스가 시장에서 훌륭한 성과를 보이는 것은 바로 이 우선사항들 덕분이다.

결론

이 장에서 우리는 기업의 목표와 문화를 정비할 수 있도록 소셜 비즈니스를 위한 대담한 어젠다에 대해 깊이 파고들었다. 소셜 비즈니스는 명확한 목표를 가져야 하고 소셜을 향한 여행을 시작하기 전 문화를 고려해야 한다. 문화를 고려하지 않는 프로젝트는 실패하기 마련이다. 현재의 문화가 적합하지 않다면 소셜 비즈니스가 그 문화를 바꿔야 하며 참여와 실험의 문화를 만들어야 한다. 상명하달식 지시는 일반적으로 효과가 없으며 하위직의 노력만으로도 효과가 없는 것은 마찬가지다. 문화가 변화해야 한다. 실험과 학습의 문화여야 하며 이는 지속적인 과정이 되어야 한다! 그리고 성과를 측정하는 것을 잊지 말라. 제5장에서는 ROI를 계산하는 방법을 보여줄 것이다.

목표와 문화를 위한 소셜 비즈니스 어젠다를 끝마쳤으니 이제는 방화 벽 바깥으로 권한을 가져가라. 다음 장에서는 소셜의 신뢰를 통해 "친구"를 얻는 방법을 다룰 것이다.

3

소셜의 신뢰를 얻어라

Gain Social Trust

"Best practice companies
focus on their trust
plan to protect their
reputation. We live in
a trust economy where
trust is the new currency,
and our social ecosystem
includes friends and
followers."
Sandy Carter

신뢰의 고리

모든 소셜 비즈니스는 브랜드와 직원, 그리고 제품에서 신뢰를 창출해야 한다. 영화 〈미트페어런츠(Meet the Parents)〉에서 신부의 아버지는 장래 사위가 될 남자에게 가족들 사이에서 돌고 도는 "신뢰의 고리" 개념에 대해 설명한다. 우리는 이 코미디 영화 속 상황을 보면서 웃지만 영화의 메시지는 매우 현실적이고도 중요하다. 종종 간과되기도 하는 신뢰는 소셜 비즈니스 세계에서 고리처럼 연결되어 있기 때문이다. 사람들은 자신이 믿는 사람과 거래를 하기를 원하고 소셜 도구에서 모든 관계는 이 신뢰에 의해 결정된다. 상식적으로 신뢰란 노력을 통해 얻는 것이지 쉽게 주어지는 것이 아니다. 오늘날 신뢰 관계가 매우 중요하게 작용하는 비즈니스 세계에서 우리는 어떻게 살아남을 수 있을까? "누구를 신뢰하는가"와 "누가 우리 회사를 신뢰하는가"가 여기에 대답할 수 있는 중요한 질문이 된다.

신뢰는 소셜 비즈니스의 보호자다

신뢰는 소셜 비즈니스의 디지털 평판을 보호한다. 디지털 평판은 블로고스피어에서 볼 수 있는 온라인 콘텐츠를 통해 사람들이 당신의 회사를 바라보는 방식이다. 이 신뢰는 직원, 고객, 파트너 등 관계에 따라 달라진다. 예를 들어보자.

- 직원들은 일을 하며 자연스럽게 일어나는 상호작용을 통해 소셜 자본을 구축한다. 이 같은 소셜 환경은 기업에 의해 제공되며 업무 과정에 포함될 수 있다(이런 이유로 소셜 자본은 비즈니스 프로세스에서 사용 가능한 소셜의 힘이라고도 한다).

- 고객이나 잠재 고객과 신뢰를 쌓고 평판을 구축하는 일은 많은 숙고와 집중이 필요하다. 상호작용을 보장하는 공유되는 "플랫폼"이란 없다(비록 링크드인이나 트위터, 페이스북, 위키피디아와 같은 소셜 미디어는 모두가 공유하지만 말이다). 그렇기에 표적 선정과 분석의 사용, 그리고 정직함과 가치를 지닌 관계가 중요하다. 고객의 관심에만 초점을 맞추는 것으로는 충분하지 않지만 고객들이 시간을 보내는 장소와 동기를 이해함으로써 신뢰를 구축할 수는 있다. 신뢰와 디지털 평판은 고객에게 유익한 것을 제공함으로써 구축된다.

- 파트너와 공급 사슬은 고객과 직원의 측면을 모두 지니고 있다. 사업의 50% 이상을 당신 회사와 거래하는 파트너는 당신 회사의 핵심 프로세스에 깊이 통합되어 있을 수 있고 고객과 비슷한 소셜 상호작용 패턴을 가진다. 그러나 다른 파트너들은 경쟁자이자 고객이라는, 두 가지 측면이 혼합되어 있을 수 있다. 이들은 당신 회사의 프로세스에 깊이 통합되어 있지 않기 때문에 다른 종류의 관계를 맺을 필요가 있다.

소셜 비즈니스에서 관계를 쌓는 것은 현실에서 관계를 쌓는 것과 크게 다르지 않다. 현실과 마찬가지로 상호작용을 통해 시간이 지남에 따라 서로에게 신뢰가 쌓인다. 더 긍정적인 관계를 쌓을수록 긍정적인 평판을 창출한다. 디지털 세상에서(조직 내부와 외부를 포함), 이러한 관계는 이전에는 불가능했을 사람과 장소를 연결할 수 있게 해준다. 소셜 비즈니스는 친구의 의견과 신뢰를 유지해 디지털 평판이 개인 그리고 심지어는 조직의 브랜드에까지 확장되는 결과를 낳는다. 진정으로 다른 이들과 "관계를 맺는" 환경을 만드는 것은 바로 이 개인과 조직의 디지털 평판을 어떻게 구축하느냐다.

소셜 비즈니스에서는 사람과의 관계가 중요한 것이므로 최신 소셜 도구가 중심이 되어선 안 된다. 사람이 중심이기 때문에 관계가 가장 중요하며 모든 관계는 신뢰를 바탕으로 구축된다. 사람들은 친구처럼 행동하는 판매자에게서 물건을 구매하고 싶어 한다. 자신을 진심으로 대해주고 도와주고자 하는 제품 지원 담당자를 부르고 싶어 한다. 문제를 해결할 때 당신의 충고를 신뢰하고 싶어 한다. 간단히 말해, 당신의 고객은 당신과 일방적이지 않은 관계를 쌓고 싶어 한다.

오랜 시간을 들여 한결같이 긍정적으로 상호작용하고, 가치와 약속을 이행한다면 당신의 회사는 신뢰와 함께 강력한 디지털 평판을 쌓을 수 있을 것이다.

신뢰가 왜 중요한가?

에델만 신뢰도 지표조사(Edelman Trust Barometer, www.edelman.com/trust/2011/)는 전 세계 여론 주도층 5,000명 이상을 대상으로 하는 11년 역사의 조사 기관으로 신뢰의 중요성을 측정한다. 최근의 연구에 의하면 신뢰받지 못하는 기업의 경우 사람들 중 57%는 부정적인 정보를 한 두 번만 듣게 되면 그 정보를 믿게 된다고 한다. 신뢰받는 기업의 경우 부정적인 정보를 한두 번 듣고 그 정보를 믿는 사람의 비율은 25%였다. 이는 기업이 신뢰받는 경우 부정적인 메시지보다 긍정적인 메시지가 더 많이 반복되고 믿어지기 때문이다.

무엇보다 비즈니스 환경에서 사업을 할 때 필요한 것은 신뢰다. 신뢰는 전염성이 있으며, 지역 고객이나 파트너, 직원들이 자신의 친구에게 당신을 대신해 홍보대사 역할을 할 때에는 기하급수적으로 성장할 수 있다. 그로 인해 당신의 회사는 새로운 고객을 얻을 가능성이 커진다. 친구들 사이의 신뢰는 페이스북 사용자를 6억 명 이상으로, 링크드인 사용자를 1억 명 이상으로 증가시켰다. 인플루언서50(Influencer50 Inc)의 대표인 닉 헤이즈(Nick Hayes)에 따르면 가격이 2만 달러가 넘는 상품 판매의 80퍼센트가 영향력 주도층 5명 이상에 의해 영향을 받는다고 한다. 인플루언서50은 가장 중요한 영향력 주도층을 찾아내는 관계 관리 업체로 포춘 100대 기업을 위해 일하고 있다. 그리고 여기서 얻어진 데이터는 신뢰의 가치로 이어진다.

컴스코어(comScore)는 온라인 소비자 행동을 연구하기 위해 인터넷상의 데이터를 추적하는 유명 인터넷 마케팅 시장 조사 업체다. 컴스코어의 보고서 〈소셜 미디어 현상(The Social Media Phenomenon)〉을 보면 신뢰가 왜 그렇게 중요한지를 알 수 있다.

• 사람들 81%가 구매 전 온라인으로 구매평을 확인한다.
• 사용자 56.3%가 온라인을 통해 브랜드를 "알게 되었다"고 했다.

- 사람들 58.7%가 사용자 제작 온라인 정보를 기반으로 구매 결정을 내린다.
- 사용자 89.9%가 구매를 하지 않을 때조차 온라인 구매평에 관심을 갖는다.

사람들은 구매 결정을 내리기 전에 친구가 하는 말을 신뢰하기 때문에 관계는 매우 귀중하다. 세상은 모두 어떠한 관계로든 연결되어 있으므로 가장 귀중한 화폐는 온라인과 오프라인에서 당신 회사의 평판에 나타난 신뢰도다. 신뢰의 경제는 세계적인 규모이고 거래의 대부분은 친구들 사이에서 이루어진다. 이를 과거와 비교해보자. 과거에 사람들은 뉴스와 정보를 여과하는 몇몇 사람들에게 신뢰를 위탁했다. 이 사람들은 무엇이 중요하고 무엇이 중요하지 않은지를 자체적으로 검열했다. 소셜 시대에 이러한 "눈 먼" 신뢰는 사라졌다. 신뢰 경제는 고객과 개인적으로 관계를 맺은 사람들에게 보상을 한다. 이러한 관계, 혹은 소셜에서 사용되는 용어로 친구나 팔로워, 팬들은 신뢰를 발전시키는 데 핵심 성공 요소다. 소셜 비즈니스는 신뢰를 만들어내는 새로운 눈과 귀의 역할을 하는 소셜 네트워크와 소셜 도구를 사용한다. 이를 통해 기업들은 기존의 신뢰를 더욱 공고히 할 수 있을 뿐 아니라 그 신뢰를 이용해 신제품을 소개하고 새로운 시장을 탐구할 수 있을 것이다. 눈으로 확인하게 하면 믿음을 변화시킬 수 있는 통찰력을 갖도록 할 수 있다. 그리고 이 통찰은 신뢰와 행동의 원동력이 된다.

신뢰 계획을 개발하라

소셜 비즈니스 어젠다에는 소셜 신뢰를 적극적으로 만들어내고 지키는 계획을 세우기 위한 과정이 포함된다. 소셜 신뢰를 구축하는 것은 가장 중요한 일 중 하나이며 소셜 비즈니스 어젠다에서 소셜 신뢰를 구축하는 데 필요한 3가지 필수 요소에 주의를 기울인다면 이러한 신뢰를 달성할 수 있다.

이 3가지 요소를 염두에 두고 신뢰 계획을 세울 때에는 그림 3.1에서와 같이 신뢰 창조자(친구와 팔로워라는 생태계)와 티퍼(tippers)를 고려해야 할 것이다. 티퍼란 온라인과 오프라인에서 다른 고객과 잠재 고객에 영향을 미치는 사람이다. 보통 당신의 제품이나 카테고리의 소비자층 중 5 – 10%가 티퍼에 해당한다.

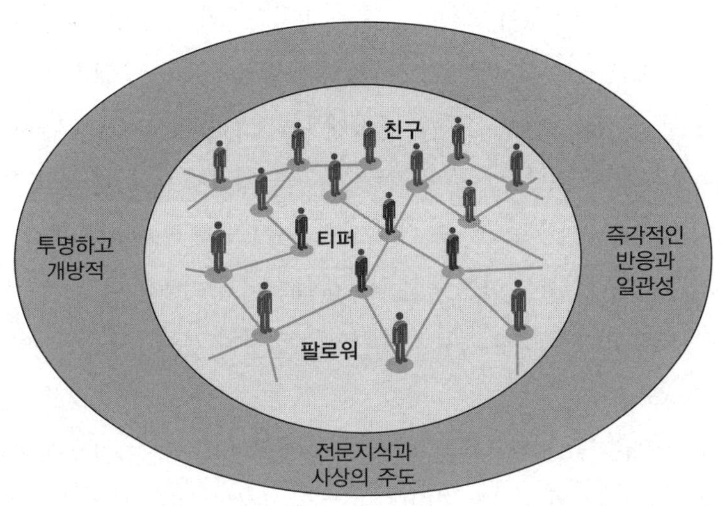

그림 3.1 소셜의 신뢰를 얻는 3가지 요소

전문지식과 사상의 주도

신뢰 구축의 핵심 중 하나는 주제에 대한 전문성이다. 사실 에델만 신뢰도 지표조사 연구에서 "전문가"는 가장 신뢰할 수 있는 정보원이었다. 올해의 연구에 따르면 전문가에 대한 신뢰는 그 어느 때보다 높다. 연구 결과에 의하면 응답자의 70%가 전문가 또는 학계에 있는 사람이 가장 중요한 정보원이라는 사실에 동의했다. 64%는 기업 내의 기술자가 가장 중요한 정보원이라고 평가했고 53%는 금융 혹은 산업 분석가의 신뢰도를 인정했다. 즉 기업 내의 전문가에게 고객과 접촉할 수 있는 권한을 준다면 고객이나 잠재 고객에게 당신의 회사에 대해 알고 신뢰할 수 있는 능력을 주는 셈이다.

예를 들어, 경쟁이 치열한 시장에서 세탁업자는 자기 자신의 전문성과 가치만을 끊임없이 트윗하는 것을 피함으로써 차별화할 수 있다. 옷에 묻은 얼룩으로 고민하는 사람들에게 도움이 되는 콘텐츠를 제공하는 데 초점을 맞춘다면 특정 주제에 대한 전문가(SME, subject matter expert)가 될 수 있다. 이 주제 전문가는 세탁업자에 대한 신뢰도를 생성해 고객을 자신 쪽으로 좀 더 유도할 수 있도록 해준다. 실화나 사례가 필요한가? 사실 이는 이런 식으로 트위터를 이용해 더 큰 비즈니스 기회와 ROI를 창출한 뉴욕의 한 세탁업자의 실화다(Jerry Pozniak@TheDryCleaner).

주제 전문가들은 자신들의 비즈니스 영역에서 일어나는 일들에 대해 권위 있는 의견을 제시할 것이다. 이들은 자신의 입장을 밝히는 일에 주저하지 않고 가끔은 논쟁도 야기할 수 있다. 이들이 제시하는 선구적인 사상은 신뢰를 확립하는 데 필수적이다. 이들은 미래의 트렌드와 방향, 혁신, 혹은 아이디어를 소개한다. 또한 독창적이고 통찰력이 담겨 있으며 오랜 숙고의 결과물인 최신 콘텐츠를 지속적으로 제공함으로써 자신을 따르고 신뢰하는 리더십 기반을 만들어낼 수 있다.

예를 들어, IBM은 새로운 기술 영역에 대한 블로그를 만들었다. 우리는 IBM의 주제 전문가들에게 블로그를 하고 전문성을 공유하도록 요청했다. 그중 한 사람이 IBM의 공공 클라우드와 독립 클라우드, 그리고 하이브리드 클라우드 컴퓨팅에 대한 비전을 논하고 비평하는 제리 쿠오모(Jerry Cuomo)다. 그는 전문가로서 IBM의 펠로우 직함을 가지고 있는 뛰어난 기술자로 시장에 대한 자신의 비전과 관련한 글을 쓴다. 그가 올린 동영상과 독창적인 아이디어 속의 여러 의견은 IBM을 대신해 지역 사회에서 신뢰를 창출하고 있다.

NOTE

모든 형태의 커뮤니케이션이 동일하게 만들어지는 것은 아니다. 신뢰를 확립하기 위해서는 동영상이 오디오보다 낫고 오디오가 채팅창보다 낫다. 동영상은 당신의 브랜드와 직원의 개인적인 측면을 볼 수 있도록 해주기 때문이다.

그렇다. 콘텐츠가 중요하다. 대부분의 사람들은 콘텐츠가 왕이라고 말할 것이다! 당신의 지식과 콘텐츠는 당신의 회사와 브랜드에 가치를 부여하고 신뢰를 심어준다. 이를 대체할 것은 없다! "아는 것이 힘이다." 참으로 많이 들어본 말이지 않은가? 나는 여기에 이렇게 덧붙여 말하고 싶다. "아는 것이 힘이다. 신뢰하는 사람이 아는 것일 때만 말이다."

신뢰의 핵심: 즉각적인 반응과 일관성

대화를 할 때 즉각적으로 반응하고 일관성을 갖는 것과 신뢰 사이에는 직접적인 연관관계가 있다. 잠재적인 고객이 온라인에서 당신에게 더 많은 정보를 요구하는 질문을 했는데 당신이 아무런 반응도 보이지 않거나 대답하는 데 일주일이 걸린다면 잘못된 신호를 보내는 셈이다. 정부 부문에서 전자정부는 시민과 상호작용하고 시민의 반응에 대한 인식을 개선해 시민의 신뢰를 증진하기 위해 사용된다. 이때 가장 중요한 것은 시간인데 만약 정부가 적절하지 못한 반응을 보이면 마치 시민이 중요하지 않다는 신호로 해석되어 신뢰를 잃어버릴 수도 있다. 2008년 미국 대통령 선거를 지켜보던 나는 모든 후보가 링크드인 페이지를 시작했다는 사실에 조금도 놀라지 않았다. 나는 한 후보자의 네트워크에 가입하고 싶다는 요청을 보내기로 했고 채 몇 분도 지나지 않아 내 요청이 받아들여졌다. 나는 후보자 자신이 내 요청에 직접 승인을 내렸다고는 생각하지는 않지만 후보자 혹은 직원들의 빠른 반응은 대단히 인상적이었다.

또 하나 최근 사례를 들어보자. 해커들이 아마존닷컴에 침투해 게이나 레즈비언, 양성애자, 트렌스젠더(GLBT) 작가들이 쓴 모든 책을 사라지게 했다. 이에 아마존은 빠르게 대응해 자신들이 그렇게 하지 않았다는 사실을 단언했다. 이 사건에 대해 트위터에 해쉬태그(Hashtag; 트위터에서 '#특정단어' 형식으로, 그 특정단어를 다룬 주제에 대한 글이라는 것을 표현하는 트위터의 한 기능으로 특정 주제에 대한 관심을 드러내는 방식으로 사용된다 − 옮긴이)가 생겨나기도 했지만 아마존의 빠른 대응으로 대부분의 사람들은 아마존이 고의적으로 GLBT 서적들을 없앤 것이 아니라는 사실을 믿었다.

웹 호스팅 업체인 코르데로(Cordero)는 자신들의 서버에 영향을 미칠 정도의 강력한 정전으로 고객들의 웹사이트가 다운되는 경험을 했다. 코르데로는 트위터에 올라온 고객들의 질문에 즉각적으로 대응했다. 비록 부정적인 코멘트들을 받긴 했지만 상황을 빠르게 처리한 덕분에 추천의 코멘트들도 많았다. 결국 친구(고객)의 대화에 귀를 기울여야 그들의 요구에 빠르게 반응해 큰 신뢰를 쌓을 수 있다.

신뢰는 관계를 맺고 유지하는 데서부터 시작한다. 관계를 통해 양측이 모두 이익을 얻기 위해서는 어느 정도의 시간이 필요하다. 즉, 신뢰에는 시간과 헌신이 수반되어야 한다. 일단 "그것(신뢰)을 얻게 되면", 유지를 위해 시간과 에너지를 지속적으로 쏟아야 한다. 이 과정은 쉽지 않지만 투자할 가치가 있다.

한 마디로 요약하면, 시간을 들여 장기적인 관계를 쌓아야 한다는 것이다. 나는 온라인에서 고객이나 잠재 고객들에게 얼마나 빨리 반응을 보여야 하는가에 대해 "약속"을 통해 기준을 세우길 추천한다. 사람들이 소셜 세계에 참여하고 싶지 않을 때 내세우는 가장 큰 변명이 시간이 없다는 것이다. 나는 하루 중 약간의 시간을 들여 친구와 팔로워들과 관계를 쌓는 데 사용하며, 그들과의 신뢰를 유지하기 위해 적절한 시기에 적절한 반응을 보이기로 약속했다.

소셜 비즈니스는 조직 내에서 누가 반응을 담당할지 명확히 해야 한다. 모두가 담당자일 필요는 없지만 기업의 목표와 전략을 위해 회사의 기대치에 맞는 사람으로 결정하도록 해야 한다. 구글의 CEO인 래리 페이지(Larry Page)는 구글이 경쟁력을 갖기 위해서는 "소셜"로 가야 한다고 믿는다. 그 목표를 위해 그는 직원들의 연간 보너스 중 25%는 구글의 소셜 전략의 성패와 그에 대한 직원들의 공헌도에 따라 달라질 것이라는 메모를 기업 전체에 보냈다. 특정 주제에 대한 전문성을 갖춰 신뢰를 쌓는 것이 목표라면 블로그와 트위터를 하거나 커뮤니티에 참여하는 회사 내 전문가의 적극적이고 지속적인 헌신이 필요하다. 목표가 최고의 고객 만족이라면 고객 서비스 팀이 온라인상에서 들려오는 고객의 의견에 귀를 기울이고 대화에 참여해야 한다.

2011년 IBM의 내부 데이터 센터 중 한 곳이 네트워크 문제로 오프라인 상태가 되었을 때 (여러 응용 프로그램 중) 이메일이 다운되는 바람에 사용자 수천 명이 불편을 겪었다. 직원들은 이메일이 다운된 지 채 몇 분이 지나지도 않아 IBM 내부의 마이크로 블로그 시스템을 통해 정전 사태에 대해 알게 되었고, 내부 소셜 네트워킹 솔루션으로 업무를 위한 협력을 지속할 수 있었다. IBM은 직원들의 불편에 즉각적으로 반응해 직원들이 다른 협업 방식을 사용할 수 있도록 했다. 그리고 이런 상황에서도 커뮤니케이션은 문제가 해결될 때까지 계속되었다.

결론은 소셜 비즈니스의 반응이 며칠 단위가 아니라 몇 분 단위로 측정되어야 한다는 것이다. 이 반응과 지속성은 모두, 즉 직원과 고객, 그리고 파트너에게 중요하다. 기업은 리더를 비롯한 회사 내부인이 소셜 네트워크에 접근할 수 있도록 독려하고 이들을 믿어야 한다. 사람들은 기업의 이미지보다는 개인을 신뢰한다. 사람들은 사람들에게서 물건을 사고 싶어 하기 때문이다. 그러므로 고객의 비판과 질문, 혹은 불평에 빠른 반응을 보이는 것은 적절하고 믿을만한 온라인 존재감을 만드는 데 필수적인 요소이며 당신의 팔로워들이 당신과 당신의 브랜드를 신뢰하는지 여부를 결정짓는 핵심 요소 중 하나가 된다.

| 투명하고 개방적인 대화 |

온라인에서는 특히 프라이버시가 더 이상 존재하지 않기 때문에 당신이 말하고 행동하는 모든 것은 기본적으로 모두에게 개방되어 있다. 모든 실수와 결정, 행동, 반응, 성공이 말이다. 브랜드에 신뢰를 확립하려면 완벽하게 투명해야 한다. 오늘날의 경제에서 신뢰만큼 중요한 것은 없다.

개방과 투명성은 부정적인 뉴스나 논란을 종식시키고 문제가 너무 커지기 전에 서둘러 그 문제를 해결할 수 있도록 해줄 것이다. 소셜 비즈니스의 시대에서 신뢰를 깨뜨릴 수 있는 몇 가지 행위가 있다. 바로 고객의 목소리를 무시하고, 진심으로 관계를 맺고 귀를 기울이려는 것이 아니라 소셜 채널을 다른 채널(일방향 커뮤니케이션)처럼 사용하려고 하며, 고객의 불만이나 대화는 귀담아듣지 않은 채 소셜 미디어를 마케팅과 판매의 목적으로만 사용하는 것이다. 고객을 기만하는 투명하지 못한 커뮤니케이션은 궁극적으로 고객이 당신의 회사에 등을 돌리도록 만든다. 따라서 대화의 문을 열어 이를 통해 고객에게 귀 기울이고 고객과 관계를 쌓으며 고객과의 관계를 개선하는 기회로 사용해야 한다.

이 투명성이 고객을 넘어 회사 내부의 프로세스로까지 이어진다는 점을 명심하라. 직원들은 소셜 비즈니스가 제공하는 투명성을 받아들일 것이다. 간혹 정보와 아이디어의 흐름이 수직적이지 않을 때 경영진들이 이를 약간 두려워하기도 하지만 장기적으로 볼 때 이는 개방적인 회사가 가질 수 있는 긍정적인 가치의 일부분이다.

내부 프로세스에서의 투명성에 관한 소셜 비즈니스 사례를 하나 들어보겠다. 바로 멕시코의 시멕스(CEMEX)다. 시멕스는 전형적인 산업화 시대의 시멘트 생산 기업이다. 이들은 소셜 비즈니스 어젠다를 훌륭하게 사용한 기업일 뿐 아니라, 신뢰를 직원 내부 네트워크의 전반에서 강조한다. 시멕스는 미리 혼합해 놓은 시멘트 상품을 판매하는 새로운 시장을 개척해 비즈니스를 성공으로 이끈 공로로 포레스터 그라운드스웰 어워드를 수상했다. 이 리더십과 문화는 회장 및 CEO인 L. H. 삼브라노(L. H. Zambrano)에게서 나왔으며 그는 시멕스를 소셜 비즈니스로 탈바꿈시키기 위해 노력했다.

"조용한 혁명이 진행 중이다. 이는 인터넷에서 정보를 생산하고 공유하는 새로운 방식에서 시작되었으며, 언제 어디서나 모바일 커뮤니케이션이 가능하도록 만든 스마트폰의 출현에서 시작되었다. 이제 이 혁명은 사람들이 서로 연결되고 공유하며 살아가는 방식을 풍요롭게 만든 소셜 네트워크에서 사람들을 잇고 있다. 새로운 협력 방식이라는 혁명을 맞은 당신을 환영한다."

시멕스는 사내 소셜 네트워크에서의 직원들의 지식과 대화를 이용하기 위해 노력했으며 소셜 도구를 이용해 이 대화를 수집하고 성문화했을 뿐만 아니라 수량화했다. 시멕스는 기업의 정보를 공유하는 새로운 수준의 투명성으로 직원들 스스로가 커뮤니티를 만들고 이용하며 조정하길 원했다.

시멕스는 시프트(Shift)라 불리는 사내 소셜 플랫폼을 사용했다. 시프

트는 회사가 좀 더 효율적이고 민첩하게 움직이도록 돕기 위해 만들어
졌을 뿐 아니라 비슷한 목표를 가진 직원들이 의견과 생각, 정보, 경험,
지식, 그리고 모범 사례를 공유하도록 하기 위해 만들어졌다. 시멕스는
비즈니스에 초점을 맞춰 시프트를 소셜 네트워크로 설계했다. 직원들이
시프트를 사용할 때면 전 세계 시멕스 직원들을 연결한 네트워크에서
아이디어와 제안, 추천이 쏟아져 나온다. 동일한 관심을 가진 이들로 구
성된 커뮤니티는 해당 지역이나 시장, 기술 수준에서 흔하게 나타나는
문제를 해결하기 위해 만들어진다. 그래서 이메일이나 대면 회의 등에
과도하게 의존하는 전통적인 장벽 없이 프로젝트가 진행될 수 있다.

시프트는 궁극적으로 모바일, 글로벌, 권한 부여, 그리고 매우 투명
하다는 특징을 가진 새로운 형태의 노동자를 위해 개발되었다. 시멕스
는 전통적인 직함이나 역할을 넘어 직원들에게 새롭고 중요한 방식으
로 권한을 부여한다. 시프트 덕분에 제품을 시장에 내놓는 시간이 빨라
졌으며 프로세스는 실시간으로 진행되도록 개선되었다. 이는 시멕스
의 혁신 계획이 짧은 시간에 다섯 개 프로젝트에서 아홉 개 프로젝트로
확장될 수 있도록 했다. 기업 내부와 시장의 전문가들 사이에는 아무런
장벽도 없다. 다양한 곳에서 지식과 통찰을 수집할 수 있도록 하는 도
구와 리더십 모델을 받아들여 고객들 사이의 분위기나 직원들의 사기,
혹은 프로세스의 효율성 변화를 빠르게 감지할 수 있다.

투명성은 전체 생태계에 필요하며 위임할 수 없다. 또한 거짓으로 투
명한 척할 수도 없다. 경영진은 투명성을 받아들이거나 회사를 대표해
소셜 비즈니스 챔피언이 될 누군가를 찾아야 한다. 나는 지니 디트리히
(Gini Dietrich)가 운영하는 마케팅과 홍보 전문가들을 위한 블로그인 스

핀 석스(Spin Sucks)를 즐겨본다. 투명성에 대해서 그녀는 블로그에 이렇게 썼다. "이것(소셜 미디어)과 대통령을 위해 연설문을 써주거나 CEO를 대신해 칼럼을 대신 써주거나 혹은 공짜로 받은 제품에 대한 리뷰를 쓰는 것의 차이는 무엇일까? 바로 위에 예로 든 세 가지는 승인 과정이 필요하다는 것이다. 모두 '판에 박힌' 홍보의 메시지를 담고 있다. 대통령이나 CEO, 제품을 공짜로 제공한 기업은 글을 검토하고 입맛에 맞게 변경한 후 게시할 수 있는 기회가 있다. 반면 소셜 미디어는 즉각적이다. 승인 과정이 없다. 변경할 시간도 없다. 실시간으로 일어나기 때문이다. 따라서 소셜 미디어를 담당하는 사람(혹은 사람들)이 CEO일 필요는 없다. 하지만 회사의 승인 없이 조직을 대표해 목소리를 낼 수 있는 사람이어야 한다."

기업은 개방과 투명성을 통해 배울 수 있다는 점을 명심하라. 투명성과 개방에서 기인하는 이 배움의 정신은 당신의 회사가 문제를 해결하고 새로운 기회를 포착할 수 있도록 도울 것이다.

기업의 생태계는 친구와 팔로워를 포함한다!

기업이 생태계에 대해 이야기할 때는 주로 신제품이나 서비스를 전달하는 데 도움을 주는 파트너와 하청업자, 독립 컨설턴트, 공급업자 등이 포함된다. 소셜 비즈니스는 일반적인 기업의 생태계에 대한 정의를 친구와 팔로워까지 확대해 포함한다. 친구나 팔로워들이 직접적으로 제품이나 서비스를 만드는 것은 아니지만 이들은 당신 팀의 확장된 팀원처럼 행동한다. 이들은 당신 제품을 사용하는 고객일 수도 있고 아닐 수도 있지만 이들의 신뢰도 얻어야만 한다. 본질적으로 이들 친구와 팔로워들은 당신 회사를 위한 홍보대사가 되기 때문이다. 즉 이들이 당신의 회사를 신뢰하고 브랜드를 좋아하기 때문에 당신을 대신해 홍보해준다.

온라인 세계에서 친구와 팔로워는 다르다.

페이스북 친구는 직접적이든 간접적이든 다른 관계를 통해 연결된다. 당신과 내가 마크라는 사람과 한 회사의 친구라면 당신과 내가 친구가 될 가능성이 높아지는 것이다.

링크드인에서는 많은 관계가 기업 간의 관계이며 추천과 배경이 매우 중요하다.

트위터 팔로워는 아무런 고려 없이도 추가될 수 있다. 사실 팔로우 요청을 하는 사람은 누구든 받아들이도록 하는 프로그램, 혹은 "로봇"이 존재한다.

공통의 관심사를 가지고 공유하고 상호작용하는 사람들로 구성된 커뮤니티에서 당신의 커뮤니티에 속한 사람들은 친구로 여겨진다.

당신의 비즈니스 영역에서 유행하는 다양한 도구에서 친구나 팔로워를 만드는 법을 아는 것은 매우 중요하다. 이제부터는 당신의 회사가 이러한 친구나 팔로워들을 만들 수 있도록 도와주겠다.

기업에 친구가 있는가?

많은 사람이 이렇게 묻는다. "기업에 친구가 있습니까?" 기업은 사람과 비슷하다. 사람들을 좋은 친구로 만드는 행동은 기업을 좋은 친구로 만드는 행동과 같다. 소셜 세계에서 친구나 팔로워는 당신의 고객이거나 잠재적 고객이다. 본질적으로 이들은 스스로 증식할 수 있는 그룹이므로 매우 가치가 높다.

당신의 회사에 친구가 있다는 사실이 중요할까? 싱캡스(Syncapse Corporation)는 커뮤니티 구축과 기술 솔루션, 디지털 측정 영역에 있어 세계적인 기업으로, 2년마다 이러한 관계의 가치에 대한 보고서를 발행한다. 예를 들어, (기업의) 페이스북 팬 중 68%는 가족과 친구들에게 제품을 추천할 "가능성이 매우 높다"(팬이 아닌 사람들 중 28%가 추천할 가능성이 높다는 점과 대조적이다). 팬의 81%는 브랜드와 연결되었다는 느낌을 받는다(팬이 아닌 사람들 중 39%가 그러한 느낌을 갖는 것과 대조적이다). 사람들은 기업과 친구가 될 수 있는 것이다!

소셜 네트워크가 성숙해가면서, 우리가 구축하는 관계는 우리의 관심과 열망을 반영한다. 사람들은 기업이나 물건, 아이디어와 친구가 될 수 있다. 신뢰는 노력해서 얻는 것이며 그 위상은 신뢰를 쌓기 위해 시간을 들인 우리의 협력과 공헌을 보여준다. 기업의 성공은 사람들과 관계를 맺는 사람들, 아이디어를 공유하는 사람들, 그리고 신뢰를 쌓는 사람들에 달려 있다. 직원 한 사람이 프로세스를 간소화할 수 있는 새로운 방법을 생각해내고 자신의 상사에게 보고한다. 제품 개발자들은 고객들의 피드백을 수집해 설계팀에 보낸다. 고객들은 브랜드에 동질

감을 갖고 제품을 구매한다.

관계는 하나씩 하나씩 만들어지고 키워져, 신뢰를 통해 지속적인 성장과 이익의 기반이 구축된다. 결론은 이 친구가 바로 당신 회사의 홍보대사라는 것이다. 이 홍보대사들은 자신의 친구들에게 당신의 제품을 추천하고 그 친구들은 제품을 구매하며, 이를 통한 신규 고객 창출 비용은 매우 낮은 수준이다.

예를 들어, 래리 카르발로(Larry Carvalho)는 클라우드 컴퓨팅 분야에서의 컨설팅 서비스에 중점을 두고 로버스트클라우드(RobustCloud)를 만들었다. 래리는 우선 자신의 기업이 나아갈 수 있는 여러 방향을 평가했다. 일단 클라우드 컴퓨팅으로 결정한 후 그는 다른 이들에게 이 새로운 기술을 교육하는 데 노력을 쏟았다. 이로 인해 그는 참가자들로부터 피드백을 받아 일찌감치 여러 가지를 배울 수 있었다. 또한 관련이 있는 콘퍼런스에 참여해 이 분야의 사람들과 관계를 쌓았다. 목표를 향해 노력하며 래리는 링크드인을 이용해 기업을 홍보한 것이 아니라 통찰과 지식, 전문성을 공유함으로써 링크드인의 친구를 900명 이상으로 늘렸다.

신뢰를 얻는 것은 어떻게 관계를 맺느냐에 달려있다. 통찰력 있는 정보를 공유해 더 많은 사람과 관계를 맺으면 당신이 제공하는 정보의 가치를 확인할 수 있는 좋은 방법이 될 수 있다. 이미 알고 있는 사람들을 이용해 자신을 새로운 사람에게 소개하도록 하면 새로운 관계를 맺는 것을 방해하는 경향이 있는 "무명 상품"의 증후군에 빠질 위험을 없애준다. 블로그와 트위터를 할 때 당신이 올리는 콘텐츠는 공정하고 당신이 다루는 영역에 관련이 있어야 한다. 그리고 실시간의 화제를 다루며 긴박감을 갖고 게시해야 한다.

카스닷컴(cars.com)을 예로 들어보자. 카스닷컴은 자동차 매매 사이트로 종합적인 도구와 정보를 제공해 구매자들에게는 어떤 차를 사고 어디서 사야하며 얼마를 지불해야 할지에 대한 의견을 형성할 수 있도록 돕고 판매자들에게는 자동차를 구매하려 하는 사람들과 연결될 수 있도록 돕는다. 카스닷컴의 매출액은 4억 달러로 몇 년 전부터 소셜 비즈니스로의 여행을 시작했다.

카스닷컴에서는 소셜 신뢰에 중점을 둔다. 고객과 파트너를 이해하는 데 중점을 두며 산업 내의 친구들, 즉 자동차 딜러들에게 주의를 기울인다. 카스닷컴은 이들 모두가 신뢰할 수 있는 전문가와 동료들의 의견을 바탕으로 무엇을 사야 할지에 대해 누군가가 조언을 해주길 원한다는 사실을 알았다. 이러한 이해를 바탕으로 자동차에 대한 전문적인 리뷰를 작성하고 블로그를 운영하는 전문가 "친구들"에게로 초점을 맞췄다. 자동차 구매 결정에 가장 크게 영향을 미치는 요인인 구전의 세계에 참여하는 것이 목표였기 때문에 카스닷컴의 신뢰 전략은 홍보보다는 전체 생태계와 관계를 쌓는 것을 기반으로 했다. 게다가 고객들이 카스닷컴을 사용하면서 동시에 소셜 네트워크를 사용할 수 있도록 해 생태계에 빠르게 대응하고 고객의 목소리에 귀를 기울이며 모든 관계와 신뢰를 구축했다.

당신의 회사가 어떻게 관계를 구축하고 그 관계를 친구로 전환하며 전환된 친구들을 브랜드 홍보대사로 이용하는지는 아래의 계획이 결정할 것이다.

1. 생태계가 있는 곳으로 가라.
2. 친구들이 당신에게 오도록 만들어라.
3. 티퍼가 누구인지 결정하라.

예를 들어, 개 사료를 파는 회사라면 독스터(Dogster)가 애견인들에게 가장 인기 있는 온라인 커뮤니티라는 사실을 알고 있을 것이다. 이런 경우 독스터의 사람들과 친구가 되고 그 과정에서 티퍼를 결정하는 전략을 사용할 수 있다. 이러한 영향력 주도층과 신뢰를 구축하는 것은 디지털 평판에 매우 중요하게 작용한다.

생명공학을 전문으로 하는 회사라면 개별적으로 커뮤니티를 만들어 관심이 있는 사람들을 초대할 수 있다. 이러한 "전문가" 커뮤니티는 산업 내의 관점을 조직할 수 있는 티퍼로 사용될 수 있다.

당신 회사의 목표와 문화, 신뢰 모델에 가장 적합한 접근법을 결정할 수 있도록 이 세 가지 접근법을 하나씩 자세히 살펴보자.

| 생태계가 있는 곳으로 가라 |

온라인에서 신뢰를 구축하고자 하는 당신 회사의 목표는 당신의 제품과 브랜드, 카테고리에 관심이 있는 사람들이 온라인의 어디에 있는지 찾아내는 것과 함께 시작한다. 개인의 경우를 예로 들면 이해가 쉬울 것이다. 새로운 도시로 이사한 당신이 책을 좋아하는 사람이라고 가정해보자. 당신은 아마도 새로운 친구들을 사귀기 위해서 북클럽에 가입할 것이다.

사람들이 커뮤니티를 만들거나 블로그에 참여하는 온라인에서도 마찬가지다. 당신의 제품이나 해당 카테고리에 관심이 있는 사람들이 머무르고 이야기하는 곳으로 가야 한다. 당신은 커뮤니티를 만든 사람이 아니라 가입한 사람이기 때문에 처음에는 다른 이들의 대화에 귀를 기울이고 가치를 추가하는 것이 좋다. 당신의 참여는 투명해야 하며 당신 브랜드의 약속과 회사의 전체 목표를 염두에 두어야 한다. 처음부터 가치를 추가하라.

예를 들어, 작가이기도 한 나는 최고의 사례를 통해 배우고 싶었다. 나는 링크드인에서 적극적으로 활동하는 훌륭한 작가들의 그룹을 발견하고 가입했다. 그런 후 베스트셀러였던 첫 두 권의 책을 쓰면서 겪은 경험을 공유하며 가치를 추가했다. 이러한 전문성과 경험의 공유로 나는 커뮤니티에 조언을 구하고 상담을 받을 수 있었다. 만약 내가 커뮤니티에 불쑥 끼어들어 질문만 해댔다면 그러한 지지를 받지는 못했을 것이다.

그렇다면 기존의 그룹에 뛰어들지 혹은 새로운 그룹을 만들지 어떻게 결정할 수 있을까? 내가 간단히 충고하면 당신 회사의 조언과 관점을 누군가가 찾고 있지는 않은지 알아내야 한다(즉, 사람들이 조언을 구하는 경우다). 이런 경우라면 스스로 커뮤니티를 만들어라. 하지만 외부로의 홍보를 처음 시작하고 타깃 고객을 정의했다면 그들이 찾을 수 있는 곳에 당신의 메시지를 위치할 수 있도록 하는 데 집중하라. 즉 적합한 커뮤니티에 가입해야 한다는 의미다. 어떤 기업들은 이 둘 다에 해당할 수 있다. 예를 들어, 레이 왕(Ray Wang)의 게임 개념 활용(gamification)에 대한 지식을 찾는 사람들이 많다. 이 새로운 분야에 대한 그의 전문성

은 매우 높아 사람들이 그와 그의 회사에 접근한다. 하지만 그의 회사
는 여전히 기존의 커뮤니티에만 참여하고 있다.

B2B 세계의 훌륭한 사례가 바로 인도 IBM이다. IBM은 인도 내 여러
기업의 재무담당 최고 책임자들(CFO, Chief Financial Officer)과 관계를 맺
고 싶었다. 어떻게 하면 동료나 다른 전문가들과 상호작용하는 데에 있
어 매우 까다로운 회원들로 구성되었으며 긴밀한 유대 관계를 유지하
는 커뮤니티에 참여할 수 있을까? IBM은 CFO들이 편안해하고 자연스
럽게 드나들 수 있는 장소가 필요했다. 다른 CFO들로부터 신뢰를 얻는
것이 목표였기 때문에 IBM은 회사의 주제 전문가들과 사상 선구자들
을 공유하고자 했으며 동시에 다른 모범 사례를 통해 배우기를 원했다.

그렇게 해서 선택한 커뮤니티가 링크드인이었다. 이 플랫폼은 대부분
의 CFO들에게 친숙했기 때문이다(예컨대 인도의 경우 링크드인에 등록된
CFO가 2,500명이 넘는다). 실험을 위해 IBM은 인도, 그리고 인도 IBM의
CFO들과 공동으로 작업을 했다. 처음에는 연락처가 10개도 넘지 못했
다. 첫 6개월 동안 연락처는 IT분야에의 지출로 30억 달러 이상을 소비
하는 기업들을 대표하는 CFO 385명으로 늘었다. IBM의 CFO가 좀 더
지속적으로 사상을 선도하는 대화에 참여했고 매월 연락처는 30%씩 증
가했다. 그리고 이제는 링크드인에서 가장 큰 규모의 CFO 커뮤니티를
운영하고 있다. 이제는 주기적으로 회의와 비즈니스 토론 요청을 받고
대중을 상대로 한 연설에도 초대받고 있다. 또한 인기 있는 블로그에서
인도의 CFO들에게 핵심 이슈에 대해 광대하고 놀라울 정도로 솔직한
통찰을 내놓고 있다. 커뮤니티를 이용한 진정한 성공 사례가 아닌가!

당신의 핵심 능력을 살펴보고 특정 주제에 대해 당신의 생태계가 당

신 회사를 전문가로 보고 있는지 생각해보라. 이는 당신이 직접 커뮤니티를 만들지 혹은 페이스북이나 링크드인과 같은 공공 커뮤니티에 가입할지를 고려할 때 도움을 줄 것이다.

예를 하나 들어보자. 프랙티싱 로 인스티튜트(PLI; Practicing Law Institute)는 비영리 기관으로 미국 내의 평생 법률 교육 기관이다. 이곳의 핵심 경쟁력은 변호사들이 커리어를 키울 수 있도록 안내하고 도와주는 데에 있다. PLI는 PLI XChange라는 웹사이트를 출범했다. 이곳은 초대받은 이들만 가입할 수 있으며 전체 가입자들과 변호사들에게 PLI 세미나 등을 제공한다. PLI XChange는 편안하게 협동할 수 있는 분위기를 조장해주며 사용자들이 어떻게 참여할지, 프로필에는 무엇을 보여줄지, 그리고 이메일 혹은 인스턴트 메시지 중 어느 경로를 통해서 연락받고 싶은지 등을 선택할 수 있도록 한다.

대중적인 유명 사이트들(페이스북과 트위터 등)은 당신의 친구들이 갈 만한 곳이다. 2011년 2월 IBM은 왓슨(Watson™)이라는 슈퍼컴퓨터를 설치해 제퍼디(Jeopardy: 미국의 유명 퀴즈 프로그램 – 옮긴이) 챔피언 두 명과 시합을 하도록 했다. 시합은 3일간 지속되었고 IBM의 왓슨이 챔피언이 되었다. IBM은 이를 시장에서 기회로 활용하고자 했다. IBM은 www.ibm.com에 많은 리치미디어 광고를 실었지만 실제로 새로운 시장을 끌어 모은 곳은 왓슨 페이스북과 트위터였다. 왓슨의 페이스북 페이지에는 많은 팬이 있고 트위터에는 팔로워가 매우 많다.

그런데 당신의 생태계가 머무르는 곳이 가장 유행하는 소셜 미디어 사이트만은 아니라는 사실을 알게 될 것이다. 예를 들어 기술에 대한 관심으로 자바(Java)를 매우 좋아해 종일 페이스북 담벼락에 자바와 관련된 글만 게시한다면 다른 페이스북 친구들이 몹시 지루해하지 않을까? 같은 생각을 가진 사람을 찾는 것은 당신의 성공에 매우 중요하지만 관련된 온라인 커뮤니티를 찾기 위한 발굴 과정이 필요하다. 제7장 "데이터를 분석하라"에서는 같은 관심사를 가진 잠재적인 커뮤니티가 어디에 있는지 알아낼 수 있는 적합한 분석 도구를 알려줄 것이다.

이러한 커뮤니티를 찾는 일은 관계를 시작하기에 아주 좋은 방법이다. 지다이퍼(gDiapers)를 예로 들어보자. 이 회사는 환경 친화적인 일회용 기저귀를 제조한다. 공동창업자인 제이슨 그레이엄 나이(Jason Gramhan-Nye)는 커뮤니티를 만들기보다는 우선 생태계가 있는 곳으로 갔다. 그는 자신과 같은 관심사를 토론하는 커뮤니티를 야후 그룹에서 발견했다. 그는 가치를 추가하고 그의 친구들이 "열정을 쏟을" 수 있도록 도와 "지맘(gMums)"이 되도록 했다. 동일한 관심사를 가진 커뮤니티에 가입하는 것은 모든 크기의 기업이 택할 수 있는 훌륭한 전략이다.

소셜 비즈니스가 되고자 하는 기업이 흔히 하는 질문이 바로 "우리 회사가 중점을 두어야 할 주제가 무엇입니까?"다. 핵심 영역을 결정하면 어디로 가야할지 결정할 수 있기 때문에 이는 매우 중요한 질문이다. 이 질문에 대한 답은 숙고해서 선택해야 하며 시간의 흐름에 따라 수정될 수 있어야 한다.

이때 구글 키워드 툴(Google Keyword Tool)과 같은 도구가 도움을 줄 수 있다. 이 도구는 당신의 웹사이트를 기반으로 중점을 두어야 할 적합한 단어를 결정하는 데 도움을 주고 추적해야 할 부정적인 단어를 찾아주며 종합적인 분석을 위해 적절한 선택을 하도록 전체적으로 개선해준다. 단어를 입력하면 구글 키워드 툴은 다른 사람들이 당신과 같은 단어를 검색할 때 사용하는 다른 단어를 보여줄 것이다. 예컨대 내가 "샌드라 카터"를 입력하면 구글 키워드 툴은 "샌디 카터"를 보여준다. 내가 "꽃"을 입력하면 "정원"이나 "생화"를 제시한다.

| 친구들이 당신에게 오도록 만들어라 |

커뮤니티를 만드는 것은 생태계에서 관계를 만들고 "친구들"이 당신에게로 오도록 할 수 있는 좋은 방법이다. 하지만 커뮤니티를 만드는 일은 커뮤니티에 가입하는 것과는 매우 다르다.

커뮤니티를 만드는 일은 사람들이 당신의 옹달샘으로 오도록 하는 것이다. 신뢰하는 환경에서 같은 관심사를 공유하기 때문이다. 따라서 어디에 커뮤니티를 만들고 싶은지 숙고해야 한다. 자신의 도메인에서 커뮤니티를 만들고 싶은가, 아니면 야후 그룹이나 페이스북과 같은 공공 사이트에 커뮤니티를 만들어야 하는가? 각 사이트의 장점과 단점을 고려해야 한다.

고객들이 글을 남기기 위해 어느 한 장소(블로그와 같은)로 오도록 하는 것은 커뮤니티가 아니다. 커뮤니티란 회원들이 서로 상호작용하는 곳이다. 대화를 나누는 곳이다. 예를 들어 IBM은 소셜 비즈니스 파트너 커뮤니티를 위해 핵심 모범 사례를 브레인스토밍하며 커뮤니티를 통해 상호작용을 시작했을 뿐만 아니라 커뮤니티 관리자와 함께 토론 그룹에서 토론을 했다. 우리의 커뮤니티는 동영상과 사례연구를 이용했으며, 심지어는 다른 사람들을 도와준 커뮤니티 회원들에게 온라인에서 사용할 수 있는 감사 선물까지 제공했다. 우리 커뮤니티는 이제 특정 주제에 대한 전문성을 공유한 덕분에 "경쟁자"로 여겨질 수도 있었던 사람들과 신뢰 관계를 쌓고 상호작용하고 있다.

훌륭한 커뮤니티 관리자는 이 모든 차이를 만들어낼 수 있으며 이는 성공의 필수요소다. 게다가 커뮤니티 관리자는 책임을 지고 커뮤니티 회원들이 적극적으로 참여하도록 해야 한다. 오늘날 커뮤니티 관리자는 가장 빠르게 성장하는 직업 중 하나이며 심지어는 "커뮤니티 관리자 기념일"까지도 생겨났다. 2011년, 이 새로운 직업이 생긴 것을 축하하고 감사하는 트윗이 전 세계에서 2,000건이 넘게 올라왔다. 새로운 커뮤니티를 만드는 데 필요한 기술과 기존의 커뮤니티를 유지하는 기술은 조금 다르다. 실제로는 새로 커뮤니티를 만드는 일이 기존의 것을 유지하는 일보다 조금 더 어렵다. 커뮤니티를 만들기 위해서는 커뮤니티 관리자가 당신 회사의 비전을 반영하는 기술을 가져야 하고 관계를 쌓는 데 능숙해야 한다.

커뮤니티 관리자는 브랜드나 조직을 위한 커뮤니티를 만들고 키워내며 관리한다. 사실 이들을 변화의 주체로 여겨도 좋다. 이들은 지속적으로 커뮤니티를 발전시킬 뿐만 아니라 내부적으로는 부서 간의 벽을 없애고 여러 팀이 협력할 수 있도록 격려한다. 그러므로 커뮤니티 관리자는 조직 내에서 여러 부서와 함께 일하려면 대담해야 한다.

리 오덴(Lee Odden)은 소셜 비즈니스를 다루는 자신의 유명 블로그에서 일반적인 커뮤니티 관리자의 하루 일과를 시간별로 제시했다.

6:45am 회사 블로그에 남긴 글들을 확인하고 대답해준다.

6:55am 공유할만한 흥미로운 기사나 블로그 포스터, 미디어 등을 찾

기 위해 뉴스피드를 검색한다. 트윗과 업데이트를 작성하고, 그날 하루 시간대별로 공유할 메시지의 계획을 짠다.

7:10am 트위터와 페이스북, 링크드인의 글을 확인하고 필요한 경우 리트윗하고 메시지를 보내며 대답해준다.

7:20am 반복되는 토픽이나 키워드, 브랜드 용어 등을 훑어보고 해당 산업과 관련된 뉴스 웹사이트나 블로그에 글을 남길 기회가 있는지 살펴본다. 글을 남긴 후에는 다음에 올릴 블로그 포스트에 도움이 되는 정보를 메모를 한다.

7:30am 새로운 질문에 대답해주기 위해 기업 블로그 관리 도구를 다시 방문한다.

7:35am 후속 조치를 위해 트위터와 페이스북, 링크드인에 다시 방문한다.

7:40am 답글과 링크를 위해 소셜 미디어 관리 도구를 훑어본다(혹은 이벤트가 생길 때마다 알림이 나타나도록 할 수도 있다).

7:45am 주의를 기울일만한 링크나 최신 유행하는 트래픽 소스, 관련된 전환 지표(RSS 독자, 이메일 구독자, 다운로드, 웨비나[webinar; 웹과 세미나의 합성어로 웹 사이트에서 행해지는 실시간 혹은 녹화의 양방향 멀티미디어 프레젠테이션 - 옮긴이] 등록, 판매 요청) 등이 있는지 회사 블로그를 위한 소셜 계기판과 웹 분석을 검토한다.

커뮤니티 관리자는 커뮤니티를 성공적으로 운영하기 위해 몇 가지 영역에만 중점을 두어야 한다. 우선, 커뮤니티를 위한 전략을 세우고 그 방향과 콘텐츠 활성화 방안을 정의한다. 다음으로, 신입 회원들을 끌어모아 가입하게 할 뿐만 아니라 그들과 커뮤니티 내에서 관계를 형성하며 커뮤니티를 위한 치어리더가 된다. 이러한 관계를 바탕으로 커뮤니티 내 회원들에게 훌륭한 대화를 권장하고 토론을 하도록 해야 한다. 예컨대 지미추(Jimmy Choo)의 커뮤니티 관리자는 종종 투표를 이용해 토론을 유발한다. 이러한 대화와 토론은 온라인에서 일어날 수도 있고 오프라인 이벤트나 행사에서 일어날 수도 있다. 마지막으로, 소셜 비즈니스 관리 프로세스(제2장 "조직의 목표와 문화를 정비하라"에서 요약한 바 있다)를 통해 구조화된 방식으로 커뮤니티에서 회원들에게 피드백을 제공해야 한다. 본질적으로 커뮤니티 관리자는 커뮤니티에 생기와 활기가 넘치도록 하는 엔진과 같다.

커뮤니티 관리자가 커뮤니티에 필수적이라면, 활동적이고 가치 있는 커뮤니티를 만드는 데 또 무엇이 중요할까? 아래의 목록은 커뮤니티를 만들고 커뮤니티 활동을 촉진하며 유지하기 위한 권고 사항이다.

커뮤니티 구축을 위한 7가지 간단한 규칙:

1. 목표를 명확히 하라. 커뮤니티에 참여할 때 무엇을 얻고자 하는지 설명하라.
2. 자신을 커뮤니티와 동일시하는 훌륭한 커뮤니티 관리자를 고용하라.
3. 적합한 회원을 끌어모으고 초대하라.
4. 토론을 권장하고 진행되는 토론에 관심을 가지며 대화에 참여하는 이들의 피드백을 인정하라.

5. 커뮤니티가 성장하고 번영할 수 있도록 공헌하는 이들에게 보상을 하라. 그저 새로운 콘텐츠를 "퍼가는" 것과 같은 단순한 행동만으로도 보상이 될 수 있다.

6. 당신이 진정한 가치를 추가하는지 확실히 하라. 판매가 아니라 콘텐츠에 집중하라.

7. 신뢰의 법칙을 따르라. 일관성을 가져야 하며 즉각적으로 반응해야 하고 개방적이며 투명하라. 커뮤니티 회원들은 온라인 커뮤니티에 누군가 경청하고 응답하며 관계를 맺는 사람이 있다는 사실을 알고 싶어 한다.

티치 포 아메리카(Teach for America)는 교육의 불평등을 없애기 위한 운동을 하는 유망한 미래의 리더를 모집한다. 저소득층에 교사를 공급하는 미국 최대 공급자인 이들은 도시와 외곽 지역의 공립학교에서 2년간 학생들을 가르칠 회원들을 모집한다. 티치 포 아메리카 회원의 대다수는 이제 막 2년의 교육 임무를 시작하려 하는 대학 졸업생들이다. 그리고 2년간의 교육 임무를 마치고 다른 직업으로 옮긴 회원들은 대규모 동문 커뮤니티를 생성했다.

소셜 기술에 능숙한 신입 교사들과 다른 신입 교사, 그리고 미국 전역의 동문들을 연결시키고자 하는 노력의 일환으로 이들은 회원들이 교육 도구와 자료를 쉽게 검색하고 찾아내며, 찾아낸 도구와 자료를 평가하고 엮어 추천할 수 있도록 커뮤니티를 만들었다. 커뮤니티 관리자는 이 커뮤니티에 적극적으로 참여해 동문들과 회원들, 그리고 전문 직원들의 지식을 이용한다.

미국 이외의 국가 중 거대한 커뮤니티를 가진 곳으로는 남아메리카가 있다. IBM의 스페인어권 남아메리카(SSA; Spanish South America) 소셜 비즈니스 리더인 카밀로 에스테반 로하스 로페스(Camilo Esteban Rojas Lopez)는 2011년 3월에 비즈니스 파트너 커뮤니티를 시작했다. 3개월도 채 지나지 않아, 베네수엘라와 콜롬비아, 에콰도르, 볼리비아, 칠레, 파라과이, 우루과이, 브라질 등의 국가에서 적극적으로 활동하는 비즈니스 파트너가 120명이나 생겼다. 커뮤니티의 가치는 특정 주제에 대한 전문성, 특히 파트너들이 재사용할 수 있는 일련의 도구들을 공유하는 데 있다. 여기에는 프레젠테이션과 개인의 의견, 보고서, 스페인어로 된 자료 등이 포함된다.

현재 이 커뮤니티에는 많은 토론이 활발하게 진행되고 있다(그림 3.2 참조).

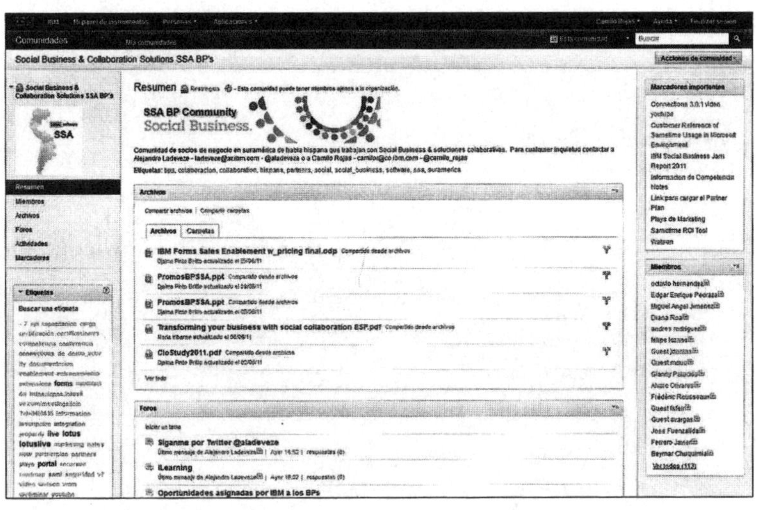

그림 3.2 SSA 비즈니스 파트너 커뮤니티

이 커뮤니티는 IBM SSA의 방향을 만들어 나간다. 커뮤니티는 특정 주제 전문가(SME)들이 토론이나 프레젠테이션을 진행할 수 있도록 많은 동영상을 올렸고 그 동영상을 바탕으로 커뮤니티는 대화를 설정한다. 커뮤니티는 현재 한 달에 두 번 인터넷 생방송으로 토론을 진행하고 회원들의 참여율은 하늘 높은 줄 모르고 치솟고 있다. 게다가 이 커뮤니티는 커뮤니티 회원이 IBM과 그 외의 파트너들로부터 도움을 요청하는 데 사용되고 있다.

예컨대 지난주에 우루과이의 한 파트너는 고객과 관련해 도움이 필요했고 성공을 거둔 후에는 커뮤니티와 성공 사례를 공유했다.

는 팀원들이 연결될 수 있는 훌륭한 방법을 제공하고 이들이 계속해서 연락을 취하고 정보를 공유하도록 돕는다. 커뮤니티는 대중에게 공개될 수도 있고 커뮤니티 운영자가 가입자와 커뮤니티 콘텐츠 접근 권한을 통제하며 한정된 사람들에게만 공개될 수도 있다.

하지만 커뮤니티가 이렇게 성장하고 있는데도 전 세계 기업들과 대화를 할 때 내가 가장 많이 받는 질문은 다음과 같다. "한 무리의 군중과 커뮤니티의 차이점은 무엇입니까?" 가끔은 이런 질문도 받는다. "어떻게 하면 사람들을 모아 커뮤니티를 만들게 하고 그 커뮤니티의 가치를 확인할 수 있습니까?" 이 질문은 잠깐 동안 내 마음을 사로잡았다. 나는 커뮤니티의 힘을 연구하고 강의를 들으며 손에 닿는 모든 것을 읽고 커뮤니티 구축에 성공한 많은 고객과 대화를 나누며 스스로 커뮤니티를 만들어 다른 사람들로부터 배웠기 때문이다. 게다가 텍사스 오스틴에서 열리는 소셜 페스티벌인 올해의 SXSW(South by Southwest Festival; 사우스바이사우스웨스트 페스티벌로 미디어 산업 콘퍼런스 및 엔터테인먼트 페스티벌 – 옮긴이)에서 나는 한 훌륭한 연설자가 이 주제에 대해 이야기하는 것을 들은 적도 있다.

내가 생각하는 훌륭하게 구축된 커뮤니티와 군중의 차이점은 아래와 같다.

1. **리더십 vs. 평등성.** 최고의 커뮤니티에는 리더십과 방향을 제시하는 강력한 커뮤니티 관리자가 있다. 이들은 커뮤니티의 목표를 설정하는 데 도움을 주고 해결해야 할 문제를 정의한다. 그뿐 아니라 커뮤니티의 규범을 만들어 구체화하고 대화를 시작하며 경청한다. 그렇게 되면 커뮤니티 회원들은 적합한 콘텐츠와 이야기, 특정 주제에 대한 전문지식을 끌어모아 커뮤니티를 만들어간다. 반면 군중에는 안정된 리더십이 없다. 따라서 방향이 불분명해 길을 잃고 초점을 잃는다. 세계 최대의 건축 자재 공급업체인 시멕스에는 커뮤니티 관리자의 리더십만이 아니라 기업에서 가장 높은 사람인 CEO의 리더십도 있다.

2. **목표 vs. 자존심.** 커뮤니티는 목표에 의해 동기를 부여받는다. 커뮤니티의 회원들은 목표를 공유한다. 예컨대 가장 인기 있는 애견인 커뮤니티인 독스터는 개를 사랑하는 마음에서 동기를 부여받는다. 이 커뮤니티는 이렇게 명

시하고 있다. "활기가 넘치는 커뮤니티는 개를 사랑하는 사람에게 필수적이다!" 군중은 자존심, 가끔은 소유에 대한 자존심에 의해 움직일 뿐 목표에 의해 움직이지 않는다.

3. **적극적인 참여 vs. 산발적인 참여.** 커뮤니티는 활발한 토론과 공유의 장소다. 회원들은 댓글을 달고 토론하며 전문지식을 공유한다. 이들은 한결같으며 반응도 빠르다. 예를 들어, 회원 수가 400만이 넘는 커뮤니티인 디벨로퍼웍스(DeveloperWorks™)는 매우 활기가 넘친다. 회원들이 기술에 대한 주제를 바탕으로 참여를 주도한다. 이 참여는 개방적이고 투명한 토론("이것이 효과가 있다; 이것은 효과가 없다")이 이루어진다는 신뢰와 그러한 토론의 가치에 대한 인지에서 시작된다. IBM에는 산업에 지원을 제공하는 데 매우 열정적인 전문가들이 있다. 이들은 사내와 사외 커뮤니티에서 적극적으로 활동한다. 한편 군중은 산발적으로 토론에 참여한다. 토론에 적극적이지 않지만 들락날락하면서 혹평을 한다.

4. **소속감 vs. 이득.** 커뮤니티는 소속감에 의해 움직이기 때문에 회원들의 영향력이 크다. 커뮤니티에서 받는 만족감은 부분적으로는 자신이 더 큰 무엇인가의 일부라는 데에서 온다. 예를 들어, 중국 농아인 협회(China Deaf Association)에는 청각 장애가 있는 사람들의 삶을 개선하기 위해 실시간으로 온라인상에서 수화 통역을 제공하는 일에 중점을 두는 커뮤니티가 있다. 이 커뮤니티의 회원 수는 약 20만 명으로 자신과 같은 사람들과 동일한 커뮤니티에 속해있다는 소속감에 의해 움직인다. 군중은 이득 혹은 보상을 원한다. 군중은 무언가를 얻길 원하고 커뮤니티는 주길 원한다.

5. **협력 vs. 접속.** 훌륭한 커뮤니티에 협력은 일상적이다. 이들은 많은 조언과 다양한 토론을 통해 가치가 존재한다고 느낀다. 예를 들어, 거대 글로벌 소비재 기업인 펩시에는 혁신과 신제품 개발과 프로젝트의 진행 속도를 빠르게 하는 데 중점을 두는 커뮤니티가 있다. 이 커뮤니티는 사람들의 지식을 바탕으로 협력하면서 제품 혁신을 이끌어낸다. 군중은 접속을 원하는 반면 커뮤니티는 집단 지성을 믿는다.

IBM의 디벨로퍼웍스 사이트는 B2B 커뮤니티의 훌륭한 사례다. 디벨로퍼웍스에 등록된 회원 수만 800만이 넘기 때문에 IBM은 그곳에 커뮤니티를 개설하고 사람들과 기업이, 그리고 기업과 기업이 연결될 수 있도록 소셜 네트워킹 기능을 가했다. 커뮤니티 관리자는 회원들의 활기를 돋우는 역할을 훌륭히 하고 있으며 이 커뮤니티는 고객이나 파트너가 기술 전문가를 찾기 쉽도록 해준다. 또한 파트너들이 함께 협력할 수 있도록 하고 IBM의 기술을 기반으로 해법을 추가할 수 있도록 상호 보완적인 기술을 한데 모은다. 나는 작년 IBM 비즈니스 파트너 원탁회의에 참가해 한 파트너로부터 디벨로퍼웍스의 프로필을 통해 찾아낸 프로그래머와 하청계약을 하고 그 뒤 직원으로 고용했다는 이야기를 듣기 전까지는 이 사이트의 진정한 가치를 알지 못했다.

| 티퍼가 누구인지 결정하라 |

친구는 많을 수 있다. 하지만 경쟁력을 위한 핵심은 양에 있지 않다. 영향력 주도층에게 영향력을 미치는 것이 핵심이다. 퍼미션 마케팅(Permission-based marketing) 개념을 만들어낸 마케팅 전문가 세스 고딘(Seth Godin)은 이렇게 말했다.

"많은 브랜드와 아이디어 기획자들은 페이스북 팬과 트위터 팔로워를 가능한 한 많이 모으느라 분주하다. 가능하다면 수십만 명을 끌어모으고 싶어 한다. 이 팬과 팔로워의 대부분은 사실 가짜다. 좋을 때만 친구다. 숫자만 많고 연결은 되지 않는 친구들보다는 좋은 아이디어가 훨씬 더 효과적이다. 그렇다면 어떻게 해야 할까? (가짜) 팔로워들을 늘리는 데 시간을 쓰지 말고, 더 나은 아이디어를 내는 데 시간을 써라."

본질적으로 당신이 찾는 것은 자신의 시간을 당신의 브랜드와 제품, 혹은 카테고리에 투자하는 사람들이다. 이들은 자신만의 관점과 의견을 가지고 다른 사람들에게 영향을 미치는 사람들이다. 자신의 베스트셀러인 《티핑포인트(The Tipping Point)》에서 저자 말콤 글래드웰(Malcolm Gladwell)은 소규모의 사람들이 거대한 소셜 네트워크의 믿음과 행동에 어떻게 극적인 영향을 미치는지에 대해 썼다. 그는 이 사람들을 "티핑포인트", "세일즈맨(sales-people)", "메이븐(Mavens)"을 만들어내는 사람이라고 불렀다. 간단하게 우리는 이들을 "티퍼(tippers)"라고 부르자.

외부의 소셜 네트워크 분석 결과, 콘텐츠의 대부분은 이 소규모의 티퍼들(IBM 비즈니스 밸류 어세스먼트 측정 결과 5%)이 만들어내고 있었다. 이들은 글을 남기고 아이디어를 게시하면서 소셜 네트워크 참여율의 대부분(75%)을 차지한다. 티퍼들은 우정과 디지털 평판을 쌓는 속도를 빠르게 한다.

구전 분석과 활용 제공 업체인 미티어 솔루션(Meteor Solutions)은 고객들로부터 데이터를 수집했다. 분석 결과 브랜드가 소셜 사이트에서 축적한 생태계의 형태가 숫자보다 중요하다는 사실이 드러났다. 평균적으로 사이트의 이용자 1%가 브랜드의 콘텐츠나 사이트 링크를 다른 사람들과 공유하면서 트래픽의 20%를 발생시킨다. 이러한 "티퍼"들의 고객으로의 전환율은 훨씬 더 높다.

티퍼들은 추천만으로도 마지막 행동의 30% 이상에 직접적인 영향을 미친다. 최근 오지 레이(Augie Ray)와 조시 버노프(Josh Bernoff)의 포레스터 리서치 보고서 〈집단의 영향력 분석(Peer Influence Analysis)〉에 의하면 극소수(미국 내 성인 온라인 사용자의 6%)가 전체 영향력의 80%를 만들어 내고 성인 온라인 사용자의 약 14%가 영향력을 미치는 글 중 80%를 생산한다고 한다 (출처: 포레스터 리서치, "집단의 영향력 분석: 소셜 미디어 마케팅에서 규모를 키우는 핵심은 대중에 영향력을 미치는 주도층이다," 오지 레이, 조시 버노프, 제니퍼 와이즈, 2010년 4월 20일). 자신의 "티퍼"가 누구인지를 아는 것이 전략에 매우 중요하다.

이러한 영향력 주도층들을 어떻게 찾아낼까? 소셜 분석 도구를 사용하면 이 사람들이 누구인지, 당신의 회사와 관련해 어떤 종류의 콘텐츠를 공유하고 싶어 하는지, 어디에서 그러한 콘텐츠를 공유하는지 등을 알 수 있다. 제7장에서는 이러한 도구에 대해 자세히 알아볼 것이다. 예컨대 당신의 회사와 브랜드에 가장 많은 영향력을 미치는 대화가 페이스북에서 공유된다면, 이메일 목록을 살펴보고 회사 내에서 누가 페이스북 계정이 있는지 확인하라.

예를 들어, 러버메이드(Rubbermaid)의 자회사인 샤피(Sharpie; 마커펜 전문 업체 - 옮긴이)는 대화를 나누고 귀를 기울이고 배우기 위해 티퍼들의 커뮤니티를 만들고 싶었다. 이들은 어떻게 티퍼들을 찾아냈을까? 이들은 페이스북과 유튜브, 플리커(Flickr)에서 샤피 그룹을 찾고 영향력을 가장 크게 끼치는 주도층을 알아냈다. 이들 중에는 자포스의 CEO와 같은 유명인도 있었다. 이 사람은 이런 트윗을 올린 적도 있었다. "자포스는 최근에 이 스테인리스스틸 샤피 펜을 보고 감탄만 하고 있었는데, 누군가가 사진을 보내주었다."

샤피는 이 대화에 참여해 고객과 친구들에 대해 많은 것을 배웠다. 티퍼들에게서 들을 것을 바탕으로 샤피는 웹사이트에 "샤피 언캡드(Sharpies Uncapped)"라는 공간을 만들었다. 이 공간은 샤피 펜으로 엘비스 프레슬리를 그린다거나 샤피 펜으로 어머니에게 감사를 표하는 등 여러 가지 샤피 펜 사용법을 기념하는 곳이다.

티퍼들을 위해 샤피는 혁신을 선보이고 싶었고 "샤피 스쿼드(Sharpie Squad)"를 만들어냈다. 샤피 스쿼드는 티퍼들의 트위터나 페이스북 등 소셜 페이지를 보여주는 별도의 공간이다. 샤피는 진정으로 혁신과 독특한 재능에 중점을 두고 있다. 이처럼 샤피는 고객들과의 많은 접점을 만들어 온라인상에서 영향력 주도층이 된 사람들과 신뢰 관계를 형성한다.

가장 중요한 것은, 누가 티퍼인지 알아낸 후에는 그들에게 특별하다는 느낌을 주어야 한다는 점이다. 예를 들어, IBM이 신제품 출시에 대해 의견을 듣고 싶어 티퍼들을 대상으로 시사회를 열었다고 해보자. 우리는 이들에게 지식과 선구적 사상을 제공해 더욱 큰 영향력을 미칠 수 있는 바탕이 되도록 한다. 또한 이들을 특별하게 대우하고 영웅시하며 가끔은 가상 이벤트에서 특집으로 다루기도 한다. 그리고 소셜 비즈니스 포럼과 같은 콘퍼런스에서 특별한 블로거들을 위한 VIP 좌석을 제공하고 핵심 간부들과 만날 수 있는 자리를 마련한다.

기업 내부의 소셜 네트워크에서도 논리는 같다. 기술 서비스에 특화한 캡제미니(Capgemini)의 자회사인 소제티는 14개국에 걸친 사무소 200곳에 퍼져 있는 직원 2만 명 이상을 연결시키고 싶었다. 팀파크(TeamPark)라 불리는 내부 소셜 네트워크 도구를 소개하기로 결정했을 때 소제티는 공식 출범 전에 적합한 참가자들을 찾아 분위기를 조성하기로 했다. 소제티는 해답을 찾기 위해 페이스북으로 향했다. 소제티는 자생적으로 성장한 소제티 페이스북 페이지를 살펴보고 직원들의 리스트를 발견했다. 소제티는 리스트에 오른 직원 모두가 소셜 미디어에 능숙하다는 사실을 알고 그들을 초대해 팀파크 출범과 관련해 피드백을 듣고 이들이 내부 소셜 네트워크에 콘텐츠와 커뮤니티를 미리 등록하도록 했다.

나는 직접 소규모 사업을 시작하는 것처럼 네트워크를 구축한다. 내 팀에 누가 들어오면 좋을까? 나는 흥미도와 가치에 따라 내 네트워크에 속한 사람들에게 주의를 기울여 그 가운데 선택한다. 이들이 어떤 능력이 있으면 좋을까? 본능적으로 나는 내가 배우고 싶은 분야의 지식과 능력을 지닌 사람들이 내 네트워크에 있으면 좋겠다고 생각한다. 특정한 문제를 해결하기 위해 이 핵심 그룹의 집단 지성을 적용할 수 있을 것이다. 소규모 사업에서는 충성도가 매우 중요하므로 내 네트워크에 속한 이들이 가치 있게 생각하는 정보를 공유하고 이들이 목표를 달성할 수 있도록 돕는다. 나는 사람, 그리고 그 사람과의 관계에 중점을 두고 이들에게 동기를 부여하기 위해 노력한다. 그리고 내 능력이 허락하는 한도 내에서 이들을 돕는다.

예를 들어, 우리가 새로운 기술 영역에 대한 커뮤니티를 만든다면 나는 기술 개발과 기술사용 분야의 전문가들을 찾았다. 우리는 고급 소셜 네트워크 분석을 위해 아틀라스(Atlas)라 불리는 IBM 내부의 도구를 이용했다. 아틀라스는 자동화된 전문 기술 모형화와 네트워크 분석을 사용해 찾고자 하는 분야에 적합한 사람들을 발견하고 그들에게 다가갈 수 있는 최단 경로를 찾아준다. 시각화된 도표는 네트워크에 속한 이 중 누가 가장 많은 연결점을 지닌 중심인물인지, 누가 그룹을 연결시키는 중요한 다리의 역할을 하는지, 그리고 누가 조직에 영향력이 있는 티퍼인지 알 수 있도록 도와준다.

게다가 우리는 이 분야의 티퍼들로 구성된 커뮤니티를 키워가면서 각각의 기업이 목표를 달성할 수 있도록 돕는 일에 공통으로 관심을 공유하고 있는지 확인하고 싶었다. 이는 IBM의 제품과는 아무런 관계가 없었고 커뮤니티의 공통된 니즈에 대한 정보를 키우고자 하는 것이었다. 우리 커뮤니티는 우선 나아가야 할 방향을 파악하고 심지어는 경쟁자에게까지 개방했다. 결국 커뮤니티는 새로운 기술에 대한 권위 있는 자료원이 되었고 우리가 빠르게 진행되는 새로운 기술의 발전에 새로운 도전을 해나가면서 그룹은 지금까지도 존속하고 있다.

적은 어떻게 할 것인가?

친구는 가까이하되, 적은 더욱 가까이하라. 최근 최고 마케팅 책임자들을 위한 콘퍼런스에서 프레젠테이션을 하던 중 이런 질문을 받았다. "당신의 친구와 신뢰 모델에 전적으로 동의합니다. 그런데 적은 어떻게 처리하시나요?"

소셜 분석 도구에 대해서는 제7장에서 자세히 다룰 것이다. 이 도구가 바로 당신에게 부정적인 감정을 가진 이들이 누구인지 밝혀내는 도구로 사용될 수 있다. "친구"에게 주의를 기울이는 것만큼 적에게 주의를 기울이는 것 역시 매우 중요하다.

만약 적들이 당신에 대해 온라인에서 거짓말을 하려 한다면 당신이 찾아낼 수 있을 것이다. 커뮤니티 자체가 감시의 역할을 하며 진실을 밝혀낼 것이다. 잘못된 콘텐츠라면 당신이 그 인식을 정정해줄 수 있다. 당신의 회사에 대한 말이 진실이지만 칭찬이 아니라면, 사과하고 고쳐나갈 수 있다. 이 전략은 위험 감소 계획(Risk Mitigation plan)의 일부분으로, 제6장 "평판과 위기 경영을 위해 디자인하라"에서 자세히 다룰 것이다.

결론

소셜 비즈니스 어젠다는 친구와 팔로워를 포함한 생태계 내에서 소셜의 신뢰를 발전시킬 계획을 세운다. 이 장에서는 신뢰를 구축하는 방법의 개념을 정의했다. 신뢰는 특정 주제에 대한 전문성과 콘텐츠를 통해 구축되지만 투명성과 개방을 통해서도 구축될 수 있다. 물론 빠른 대응과 한결같은 태도 역시 신뢰를 구축하는 데 중요한 역할을 한다. 티퍼는 신뢰를 더하는 유대감을 제공한다. 당신은 "친구를 만드는" 전략을 발전시키고 소셜 신뢰 계획에 참여하는 데 중점을 두어야 한다. 신뢰는 유형의 수혜로 이어지는 방어적인 특징을 나타낸다. 당신의 회사에 대

한 신뢰가 부족하면 변화에 장벽이 된다. 이제 제4장 "경험을 통해 관계
를 맺어라"로 넘어가보자.

4

경험을 통해 관계를 맺어라

Engage Through Experiences

"The key is to reinvent
customer relationships
through great
engagement not
'fly by' social media."
Sandy Carter

관계는 소셜 비즈니스의 에너지다

우리 가족은 얼마 전 코스타리카 여행에서 돌아왔다. 이곳에서 우리는 정글과 바다, 심지어는 화산에서까지 여러 다양한 활동을 할 수 있었고 독특한 음식과 우호적인 국민들은 우리의 마음을 사로잡았다. 코스타리카 정부는 국민에게 관광 산업의 가치를 알려주기 위해 "관광의 날"을 지정해 관광 산업에 집중하기 시작했다. 국민들의 참여가 중심이 되어 중앙아메리카에 위치한 이 나라에 적합한 좋은 관광 산업 전략이 만들어져졌다. 코스타리카 관광청(Instituto Costarricense de Turismo)에 의하면 1999년 이래로 관광업은 바나나나 파인애플, 커피 수출액을 모두 더한 것보다 더 많은 외화를 벌어들였다고 한다. 코스타리카의 관광 수입은 남아메리카 국가 중 1위를 차지하고 있다.

관계(engagement, 참여 – engegement는 관계라고도, 참여라고도 번역이 되는데 이 책에서는 두 가지 모두의 의미로 사용되고 있어 맥락을 보며 둘 다 사용했습니다 – 역자)란 무엇인가? 매우 단순하게 말해, 관계란 한 기업이나 국가가 산업 생태계나 고객, 잠재 고객의 주의를 끄는 한 방식이다. 관계는 사적이다. 관계를 통해 기업은 기업 대 기업(B2B)이나 기업 대 고객(B2C), 정부 대 국민(G2C)뿐 아니라 사람 대 사람(P2P)의 방식에 대해서도 생각해보게 된다. 또한 관계는 차별화되고 유의미하며 가치 있는 경험을 의미하기도 한다. 그래서 관계는 항상 양방향이다. 즉, 양측 모두가 대화를 나누고 상호작용을 하며 관심을 보여야 한다. 여기서 양측이란 고객과 기업이 될 수도 있고, 기업과 직원, 혹은 직원과 고객이 되기도 한다. 관계에 대해서는 아래와 같은 것들을 물을 수 있다.

- 관심과 충성도를 높이기 위해 어떤 새로운 방식으로 고객과 직원의 관심을 어떻게 끌 것인가?
- 고객과 직원을 어떻게 좀 더 효과적이고 직접적으로 참여하게 할 것인가?
- 고객 및 직원들과 협업하기 위해서 쌍방향 협업 방식을 어떻게 사용할 것인가?
- 방대한 양의 데이터를 통해 고객의 목소리를 들을 수 있는가? 직원들은 어떠한가?
- 고객의 온라인 행동과 이전의 경험, 프로필 정보를 바탕으로 어떻게 고객과 개인화된 관계를 만들 것인가?

소셜 비즈니스 리더인 당신은 고객을 지원하고 경쟁력을 강화하기 위해 제2장 "조직의 목표와 문화를 정비하라"에서 제시한 모델을 바탕으로 자신만의 목표와 문화를 정비했을 것이다. 그리고 제3장 "소셜의 신뢰를 얻어라"를 바탕으로 신뢰 모형을 구축했을 것이다. 이를 바탕으로 이제 고객과 직원, 그리고 다른 영향력 주도층들과 관계를 맺는 것이 당신의 최우선 과업이다. 예를 들어, 애플의 지니어스 바(Genius Bar)는 완벽에 가까운 서비스를 제공하고 실로 탁월한 도움을 제공함으로써 소비자의 기대를 뛰어넘는다. 온라인 동영상 제공 업체인 넷플릭스(Netflix)는 단순한 상업적인 사이트가 아닌 엔터테인먼트 조언자로 자리매김하기 위해 고객이 이전에 선택했던 영화를 바탕으로 고객 맞춤형 영화 추천 서비스를 제공한다. 온라인과 오프라인 모두에서 사업을 하는 빌드어베어(Buld-A-Bear)는 단순한 제품이 아닌 경험을 판매하기 위해 파티와 웹사이트, 페이스북 페이지와 같은 소셜 콘텐츠를 추가한다.

지금 왜 관계가 화제의 중심에 있을까? 오늘날, 그리고 미래의 고객들은 관계라는 면에서 이전과는 다른 수준의 기대를 한다. 이들은 고객 서비스 팀이 고객 친화적이고 자신들이 작성한 트윗들에 대해서 알고 있길 원한다. 고객과의 관계를 통해 훌륭한 평판을 구축하지 못한다면 소비자들은 당신의 브랜드를 인지하지 못할 것이다. 따라서 소비자들이 당신의 제품이나 서비스를 구매하기로 결정한다면 당신의 회사는 모든 경로에서 언제나 고객과의 상호작용이 가능하도록 해야 한다. 무엇보다 소비자가 요구하기 전에 니즈를 파악할 수 있길 기대한다. 유례없는 수준의 관심과 직원들의 고객에 대한 노출 정도가 증가되고 있기 때문에, 무엇보다 고객을 중요하게 생각하는 자세가 필수 조건이 되었다. 나는 이러한 새로운 종류의 고객을 "소셜 고객(social client)"이라 부른다.

이는 새로운 종류의 직원 역시 마찬가지다. 이들은 회사에서 소셜과 온라인을 사용할 수 있을 것을 기대한다. 이들은 개방된 리더십 팀이 자신들을 의사결정 과정에 참여시키길 원한다. 따라서 이 새로운 종류의 직원들이 회사에 남아있도록 하려면 문제 해결을 위해 브레인스토밍하고 즉석에서 팀을 결성하는 문화가 필요하다. 1977년에서 1997년 사이에 태어난 밀레니얼 세대들은 당신이 새로운 소셜 도구를 사용하길 기대한다. 온라인 구직 및 밀레니얼 세대 전문 사이트인 이랜스(Elance)의 연구에 의하면 2011년에는 밀레니얼 세대 중 94%가 구직을 위해 링크드인이나 페이스북과 같은 온라인 도구를 이용했을 것이라고 한다. 이 새로운 종류의 직원들은 하루 24시간 365일 네트워크로 연결되어 있으며 기업이 이미 광범위하게 퍼진 연결과 협력을 수용하길 기대한다. 나는 이 새로운 종류의 직원을 "소셜 직원(social employee)"이라 부른다.

관계는 당신의 회사가 특별한 경험을 창출해 고객과 직원의 관심을 끌고 유지하도록 도와줄 것이다. 이러한 관계는 실시간이며 능동적이다. 또한 경험은 당신을 시장에서 돋보이게 하며 잠깐의 이득이 아닌 장기적인 경쟁 무기가 된다.

소셜 비즈니스는 경험을 통한 관계를 제공한다. 파티에서 만난 좋은 친구나 신뢰할 수 있는 이웃과 같은 느낌, 완벽한 거래, 그리고 대중의 지혜와 같은 경험 말이다. 요컨대 이런 관계는 고객이 당신 회사로부터 매일 느끼는 경험으로부터 오는 것이다. 즉 소셜 비즈니스가 제공하는 경험은 강매가 아니라 커뮤니티 활동이나 이벤트, 자선 활동 등 기업을 인도적으로 느끼게 만들어주는 여러 활동을 통한 관계다.

이 장을 읽을 때는 고객과 직원의 경험이 다른 관계나 다른 산업에서의 거래 경험에 의해 강한 영향을 받는다는 사실을 잊지 말아야 한다. 따라서 자신의 산업에 해당하지 않는 내용이라고 건너뛰지 말아야 한다. 다른 산업에 있는 기업들이 세운 기준으로 인해 당신의 기업이 속한 산업에서도 마찬가지의 경험을 원하는 고객과 직원들이 높은 기준치를 가지고 있을 테니 말이다.

직원과 고객의 참여(engagement)가 결과물을 만들어낸다

직원의 참여가 비즈니스의 결과물을 만들어낸다.

적극적으로 참여하는 직원들을 지켜본다면 성과와 참여 사이에 상관관계가 있음을 알 수 있을 것이다. 갤럽의 Q12 방법(직원과 작업 그룹의 성과를 예측하기 위해 갤럽이 설계한 12문항 설문)은 이 상관관계를 아래와 같이 정의한다.

"적극적으로 참여하는 직원은 열정을 가지고 일하고 회사와 깊이 연결되어 있다는 느낌을 받는다. 이들이 혁신을 주도하고 조직을 앞으로 나아가게 만든다."

이에 덧붙여, 갤럽은 아래와 같이 말했다.

"세계 최고의 조직은 직원의 참여가 성과를 만들어내는 추진력이라는 사실을 알고 있다. 최고의 조직에서 참여는 인적 자원 관리 계획 이상이다. 비즈니스를 하는 방식에 대한 전략적 기반이다."

2011년 5월, IBM은 세계의 CIO 3,000명 이상과 직접 나눈 대화를 바탕으로 〈에센셜 CIO - 글로벌 최고 정보 책임자 연구를 통한 통찰(The Essential CIO-Insights from the Global Chief Information Officer Study)〉이라는 연구보고서를 출판했다. 이 연구보고서의 주요 결론은 최고 수준의 조직의 CIO 중 66%가 사내 커뮤니케이션과 협력을 혁신을 위한 핵심으로 보고 있다는 것이었다.

리서치 분야와 모범 사례, 소셜 인트라넷의 통찰 분야에서 굴지의 조직인 소셜 워크플레이스(Social Workplace)에 따르면 소셜 기술(웹 2.0 도구)을 사용하는 기업은 직원들의 참여도가 18% 높아진 반면, 소셜 기술을 사용하지 않는 기업은 직원 참여도가 단 1%만 높아졌다고 한다. 또한 직원들의 참여도가 높은 기업은 아래의 4가지 영역에서 혜택을 받았다.

- 더 효율적인 고객과의 상호작용
- 더 빨라진 전문가와의 연결
- 생산성 향상
- 성공적인 직원 모집과 낮은 이직률

고객의 참여는 강력한 비즈니스 결과물을 만들어낸다.

외부로 눈을 돌려 적극적으로 참여하는 고객을 살펴보면 유사한 비즈니스 결과물을 얻는 것을 볼 수 있다. 갤럽은 동일한 방법론을 이용해 고객 참여도를 측정하고 재정적 성과에 연결시키는 CE11이라는 11개 문항을 만들었다. 2011년의 연구는 적극적으로 참여하는 고객(B2B와 B2C 모두 포함)이 고객 점유율과 수익성, 매출액, 관계의 성장 면에서 일반적인 고객보다 평균 23%가 더 높다는 사실을 밝혀냈다. 참여를 최대한 활용하는 조직은 경쟁자보다 매출 총이익이 26% 더 높았고 매출 성장률은 85%나 더 높았다. 이들 기업들의 고객은 더 많이 사고, 소비하고, 다시 돌아오며 더 오래 머무른다.

디지털 마케팅 우수 기업의 조언과 서비스를 제공하는 기업인 이컨설턴시(Econsultancy)가 발행한 기업 1,000개 이상을 대상으로 한 〈제5회 고객 참여도 보고서(The 5th Annual Customer Engagement Report)〉는 고객 참여의 중요성이 매년 5%씩 증가하고 있다는 사실을 밝혔으며 최고의 기업은 소셜 기술을 이용해 참여도 증가에 중점을 둔다고 설명했다. 참여

의 경험이 가장 많이 증가한 곳은 소셜 네트워크와 동영상, 모바일 등
이었다.

　고객의 참여도가 높은 기업은 다음과 같은 혜택을 입는다.

- 충성도 제고
- 지지자 증가
- 소비의 증가
- 강해지는 만족도

　2010년 말, IBM은 "복잡성을 활용하라(Capitalizing on Complexity)"라는
연구를 발표했다. 이 연구는 전 세계 CEO들의 통찰력을 바탕으로 진
행되었으며, CEO 대상의 완성된 연구 중 역대 최대 규모다. 가장 최신
트렌드는 고객과의 관계를 재창조하는 것이었다. 연구에 의하면 재정
적 결과가 뛰어난 조직의 95%가 다음 5년 동안 "고객에게 더욱 가까이
다가가는 일에" 더 초점을 맞춘다고 한다. 고객의 높은 참여가 야기하
는 주주 가치 증가 때문이다. 새로운 경제 환경에서 성공하기 위해서는
고객의 참여도가 최우선 순위가 되어야 한다. 뛰어난 조직은 고객의 참
여를 가장 중요하게 여기고 고객과 단지 연결(혹은 재연결)되어야 할 뿐
아니라 그 유대관계를 어떻게 하면 더욱 강력하게 할 수 있는지 지속적
으로 학습해야 한다는 사실을 깨닫고 있다.

　따라서 우리가 직원의 참여를 논하든 고객의 참여를 논하든, 소셜 기
술은 더 높은 참여를 가져오고 높은 참여는 더욱 경쟁력 있는 소셜 비
즈니스를 만들어준다.

참여하는 직원이란 회사의 가치를 알고 파트너나 고객과 함께 그 가치를 이용할 권한을 부여받은 이들이다. 이들은 자신의 역할을 알고 적합한 전문가와 접촉하는 방법을 이해한다. 이 새로운 소셜 직원에게는 헌신과 성공이 중요하다. 이들은 경영진 모두가 개방되어 있고 투명하기를 바란다.

소셜 직원은 매우 중요하지만 아직 이러한 직원의 참여 전략을 세우고 있는 회사는 그리 많지 않다. 사실, IBM이 최근 최고 인사 담당 책임자(Chief Human Resource Officer)와 중역들 700명을 대상으로 조사한 결과, 3분의 1 이상(78%)이 자신의 회사가 협력이나 소셜 네트워크를 조성하는 데 뛰어나지 않다고 말했다. 게다가 더 큰 성공으로 이끌어줄 도구에 대한 투자 금액을 늘렸다고 대답한 사람은 4분의 1 미만(21%)이었다.

이 새로운 소셜 직원은 'Engagement(참여)'에서 특정한 것을 찾고 있다. IDC의 소프트웨어 비즈니스 솔루션 그룹을 총괄하고 있는 마이클 포세트(Michael Fauscette)는 기업이 이 새로운 소셜 직원을 고용할 수 있도록 이들의 특징을 5가지로 정의했다.

소셜 직원은 아래와 같은 행동을 한다.

- "보스"가 아닌, 코치와 멘토를 찾는다.
- 사소한 것까지 관리하는 것이 아니라 일정한 가이드라인 안에서 사업의 문제점을 해결할 수 있는 권한을 원한다.
- 외부의 것을 포함한 사업상 이슈와 문제를 해결하는 데 필요한 특

별 작업 그룹을 구성할 수 있는 자유와 능력을 필요로 한다.

- 개방적이고 투명한 경영진을 요구한다.
- 통합적인 의사결정 문화를 열망한다.

당신의 소셜 직원 참여 전략은 피드백 제공, 잦은 커뮤니케이션, 관계 형성, 경험 공유, 해결책 브레인스토밍을 할 수 있는 능력을 포함해야 한다. 예를 들어, IBM에는 Succeeding@IBM이라는 신입사원을 위한 프로그램이 있다. 신입사원이 입사하면 첫 6개월에서 12개월 동안, 특정 주제에 대해 협력하고 가까운 부서 외의 사람들과 알고 지낼 수 있는 소셜 네트워크 그룹의 일원이 된다. 이 참여의 경험은 오늘날 글로벌 인재의 핵심 능력인, 전 세계를 기반으로 네트워크를 형성할 수 있는 능력을 가질 수 있도록 돕는다. 또한 신입사원이 새로운 직무와 문화에 적응하면서 업무에 이용할 수 있는 폭넓은 지식을 제공한다.

직원의 참여도를 측정하기 위해서는 아래와 같은 요소들을 고려해야 한다.

- 직원들의 감정(직원들이 실시간으로 특정 문제에 대해 어떤 감정을 가지고 있는가): 예를 들어, 많은 유수의 기업들은 기업 방화벽 내의 회사 블로그나 사내 위키, 여타의 소셜 네트워크 포럼에서 직원들이 회사나 정책, 전반적인 문제에 어떤 감정을 갖고 있는지에 대한 통찰력을 얻기 위해 소셜 분석 도구를 사용하고 있다. 많은 리더십 기업들이 발표되는 순간 시대에 뒤떨어진 정보가 되어 버리는 연례 설문조사 대신 소셜 분석 도구를 이용한다.

- 크라우드소싱(직원들에게서 유래한 새로운 혁신과 아이디어): 예를 들어, IBM은 "씽크퓨쳐(ThinkFuture)" 이벤트를 개최한다. 씽큐퓨쳐는 4일 동안 온라인에서 전 세계 IBM 직원들이 모여 리더십의 미래와 인재 개발에 대해 브레인스토밍하고 전략을 짜는 이벤트다. 처음 24시간은 웹 스트리밍 워크숍이 진행된다. 다음 4일 동안은 IBM이 "잼(Jam)"이라 부르는 온라인 토론 포럼이 진행된다. 잼에 등록된 참가자 수만 2,617명이며 이들이 3,579개의 게시물을 올렸다. IBM의 분석 전문가들이 결과 분석을 도와준 후, IBM은 전 세계 젊은 HR 전문가들로 이루어진 5개 팀에 결과를 분석한 후 도출된 주요 문제들을 해결할 수 있도록 의뢰한다. 이들이 낸 첫 결과물은 강력하고 매우 진보적이다. 이는 IBM에서 다음 10년 동안 펼쳐질 단계적인 전략과 실행 프로세스의 첫 단계다. 그리고 이 집단 지성과 집단 지성에서 도출된 가치가 전략에 미치는 힘을 측정하는 것이 핵심 지표다.

- 생산성 증가: 예를 들어, 코네크레인즈(Konecranes)는 핀란드 기업으로 전 세계의 여러 다양한 산업에 최신식 크레인 솔루션을 제공하는 기업이다. 이 회사는 기업 내부의 커뮤니티에 직원들이 참여하도록 하여 좀 더 효율적으로 전문가를 찾을 수 있도록 했다. 예컨대 어떤 직원은 리프트 트럭에 대해 잘 알고 러시아어를 할 줄 아는 사람을 찾을 수 있다. 이 회사는 이 내부 커뮤니티를 이용해 직원들과 전문가들 사이의 협업을 증가시켜 생산성이 두 자리 수로 향상되는 결과를 도출할 수 있었다.

- 네트워크의 밀도: 네트워크는 자신과 커뮤니케이션하고 함께 협업

하는 동료들로 구성되어 있다. 누군가의 네트워크의 밀도를 시간의 흐름에 따라 측정함으로써 이들이 네트워크의 범위를 확장하고 있으며 새로운 사람들과 네트워크를 계속 형성하고 있는지 알 수 있다. 2차원적으로 밀도를 확인함으로써 가장 많은 사람이 협업하는 사람이 누구인지, 그리고 이들의 물리적 위치는 어디인지 더욱 잘 알 수 있다. 목표는 지리 구조 및 조직 구조를 파악해 사람들이 인접한 팀 외의 사람들과 "연결"될 수 있도록 하는 것이다.

소셜 고객의 등장

참여하는 고객이란 당신의 브랜드나 제품, 혹은 회사에 대해 세심하게 지원에 세심하게 관심을 가지며 적극적인 지원을 아끼지 않는 사람들이다. 온라인상에서 이들의 대화의 깊이는 그 지식과 관심을 보여준다. 이들은 블로고스피어에서 당신을 대신해 당신의 제품을 추천하고 열정적으로 변호한다. 그런데 이 새로운 소셜 고객의 등장은 기존의 일반적인 고객의 종말을 나타낸다. 온라인에서 이 소셜 고객들이 어떻게 행동하느냐에 따라 각기 다른 방식으로 이들과 관계를 맺을 필요가 있다. 고객은 참여의 방식에 따라 일반적으로 아래와 같은 세 가지 유형으로 나뉜다.

- 티퍼: 다른 고객과 잠재 고객들에게 영향을 미치는 사람이다. 일반적으로 당신 제품 또는 당신 제품이 속한 카테고리의 고객 중 5~10%를 차지한다(이에 대해 자세히 알고 싶다면 제3장을 참조하라). 티

퍼의 말에 적극적으로 귀를 기울이고 여기에 중점을 두고 깊은 관계를 맺어야 한다. 그리고 이들에 대해 잘 파악하고 있어야 한다.

- 적극적인 참가자: 정보와 지식을 얻는 한편 가끔 글을 남기는 사람이다. 적극적인 참가자와의 관계는 이들을 더욱 적극적으로 참가시키기 위해 어떤 방법을 사용해야 할지에 기반을 둔다.
- 수동적인 참가자: 오직 정보와 지식을 얻기 위해서만 소셜 도구를 이용하는 사람이다. 이들은 글을 남기거나 생각이나 의견을 공유하지 않는다. 어떤 사람은 이들을 "잠복자(lurker)"라고 부른다. 이들은 정보 주변에 숨어 있지만 적극적으로 참여하지는 않는다.

이 새로운 소셜 고객은 참여를 통해 아래와 같은 것들을 찾는다.

- 티퍼인 소셜 고객:
- 신제품, 메시지 전달, 서비스 등에 참여할 기회를 찾는다.
- 보상과 대중을 위한 후원, 자신들의 영향력에 대한 인정을 원한다.
- 적극적인 참가자인 소셜 고객:
- 편안하게 참여하거나, 글을 남기고, 콘텐츠를 평가하거나, "좋아요" 페이지나, 페이스북과 링크드인과 같은 대중적인 사이트에 연결될 수 있는 능력을 찾는다.
- 보상과 존중, 인정을 원한다.
- 수동적인 참가자인 소셜 고객:
- 관련성을 찾는다.
- 재미있고 색다르며 흥미로운 경험을 원한다.

소셜 고객 참여 전략은 고객에 맞춰 세워져야 한다. 예를 들어, 5,000 명 이상이 참여한 IBM의 2011 로터스피어 콘퍼런스에서 IBM은 다양한 부류의 소셜 고객들을 위한 참여 전략을 세웠다. 예컨대 티퍼를 위해서는 블로깅 VIP 구역을 두고 고월라(Gowalla)와 같은 위치 기반 서비스 도구를 위해 "체크인" 포인트를 마련해 가장 많이 체크인한 고객에게 보상할 수 있도록 했다. 참여율을 높이기 위해 우리는 높은 인센티브를 제공하고 참여를 인식했다. 또한 우리는 적극적인 참가자들이 "트위텁(TweetUps)"(트위터에서 알게 된 사람들이 토론 주제를 가지고 기습적으로 만나는 모임)을 통해 역할을 하도록 하고 빠르고 쉬우며 재미있게 참여할 수 있도록 했다. 수동적인 참가자들을 위해서 우리는 모든 트윗과 동영

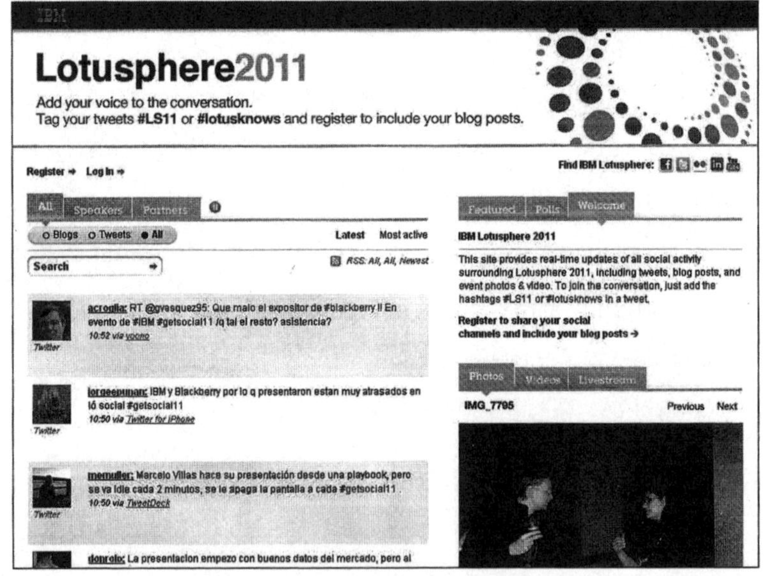

그림 4.1 IBM 로터스피어(Lotusphere) 2011과 소셜 고객의 참여

상, 블로그, 실시간 방송 등을 통합해서 볼 수 있는 소셜 게시판인 "소셜 미디어 제공 사이트(Social Media Aggregator)"를 통해 이들이 콘퍼런스에서 일어나는 모든 일을 한눈에 보며 잘 따라잡을 수 있도록 했다(그림 4.1 참조).

고객의 참여는 측정이 쉽지 않다. 알티미터 그룹이 2010년 후반부터 기업 소셜 전략가들을 대상으로 한 설문조사에서 소셜 전략가들은 그림 4.2에 나타난 대로 참여율에만 지나치게 의존하는 것으로 나타났다. 소셜 전략가 중 65%가 그들 프로그램의 성공을 측정하기 위해 지표가 필요함에도 불구하고 평가 기준 지표가 존재하지 않는 것이 현실이다.

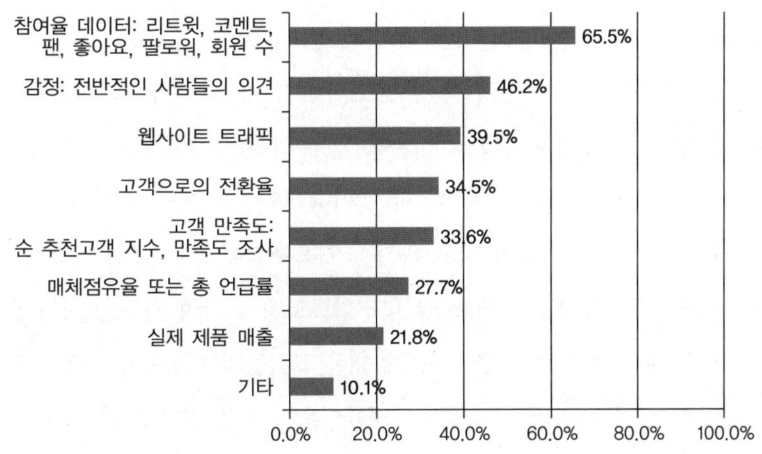

그림 4.2 참여율 데이터에 의존하는 소셜 전략가들

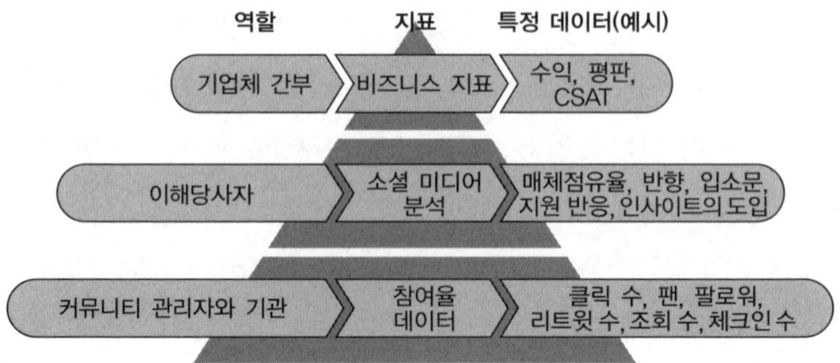

그림 4.3 ROI 피라미드

아마도 나는 기준 지표가 정립될 때까지 보고서의 종류와 조직 내 누구에게 보고하느냐를 기반으로 서로 다른 지표를 측정하고 그 측정 결과를 발표할 것이다. 알티미터 그룹의 기업 소셜 전략가를 대상으로 한 설문조사는 그림 4.3에서 볼 수 있듯이 어떤 위치의 사람에게 보고하느냐에 따라 지표가 달라지는 것이 이치가 맞는다는 사실을 보여준다.

예를 들어, 기업의 임원에게 보고한다면 수익, 또는 잠재적 고객이 처음으로 제품이나 서비스를 구매하는 전환율을 바탕으로 Engagement(참여)의 가치를 설명할 것이다. 예컨대, 미국 소재의 소프트웨어 기업인 고미드젯(GoMidjets)은 기술 포럼이나 커뮤니티, 잼 등에 적극적으로 참여하면서 소셜 비즈니스로서의 참여 전략을 시작했다. 이들은 최신 소프트웨어 제품에 대한 고객들의 피드백을 유인하고 아론 첨여를 통해 신규 고객이 밀려들어오는 것을 지켜보았다. 사실, 고미드젯의 창립자인 타미르 게펜(Tamir Gefen)은 신규 고객 전환율 중, 40% 이상이 직접 참여를 유도하는 커뮤니티를 통해 발생하며 비즈니스 결과에 아주 좋은 영향을 미친다고 말한다.

　기업의 이해당사자에게 보고한다면 아래와 같이 고객 참여의 가치에 대해 설명할 것이다.

- 인지도와 고객 감정: 인지도는 시장에서 브랜드가 얼마나 알려져 있는지를 측정하는 것이며 고객 감정은 사람들이 당신의 행동을 긍정적 혹은 부정적으로 보는 방식이다. 예를 들어, 고객의 권한 부여에 중점을 두는 기업인 어텐시티(Attensity)에 따르면 애플이 아이패드를 출시했을 때, 아이패드에 대한 트위터 글 중 73%는 아이패드에 우호적이었지만, 26%는 아이패드가 아이폰을 대체할 수 없다는 사실에 실망(혹은 부정적인 감정)을 표현했다고 한다. 이 부정적인 감정은 제품 개선에 폭넓게 사용될 수 있다.
- 방화벽 외부에서 유래한 혁신적인 아이디어: 비즈니스 리더는 최상의 솔루션을 찾아내기 위해 크라우드소싱에 중점을 두고 블로고스피어(Blogosphere, 커뮤니티나 소셜 네트워크 역할을 하는 모든 블로그들의 집합)가 온라인상에서 문제 해결을 위해 협력하도록 해야 한다. 또한 고객의 참여를 통해 도출된 새로운 아이디어의 수가 얼마나 되는지 중점적으로 살펴보아야 한다. 예를 들어, IBM은 IBM 리퀴드 챌린지 프로그램(IBM Liquid Challenge Program)이라는 새로운 소프트웨어 디자인과 개발 계획에 착수했다. 이 프로그램의 목적은 IBM을 위해 혁신적인 소프트웨어 응용 프로그램을 설계하고 개발할 세계 최고의 인재를 찾는 것이다. 리퀴드 플레이어(Liquid Player; 프리랜서)는 매주 IBM의 새로운 응용 프로그램의 핵심 구성 요소를 개

발하는 도전을 하게 된다. 이 흥미진진한 기회는 필수 성공 구성 요소를 개발한 설계자나 개발자를 보상하고 리퀴드 플레이어가 디지털 평판을 쌓을 수 있도록 돕는다. 리퀴드 챌린지의 성공을 측정하는 핵심 지표는 바로 실행과 사용이 가능한 아이디어의 수다.

커뮤니티 관리자에게 보고해야 할 때는 아래와 같은 면에서의 참여의 가치에 대해 설명할 것이다.

- 반응(투표나 블로그, 토론에서 얼마나 많은 글과 반응을 얻는가): 참여를 측정하는 훌륭한 지표는 블로그나 투표, 토론에서 반응이나 글을 얻는 비율이다. 이를 통해 특정 주제에 대한 커뮤니티의 참여가 얼마나 높은지 알아낼 수 있다.
- 새로운 지식의 획득: 최고의 커뮤니티 관리자는 커뮤니티를 통해 얻는 새로운 아이디어와 생각, 의견도 측정한다. 다양한 기업에서 커뮤니티 관리자로 활동한 바 있으며 현재는 폼 디지털 컨설팅(Form Digital Consulting)의 총괄 책임자이자 컨설턴트로 있는 애덤 크랜필드(Adam Cranfield)는 "너깃(nugget)"을 측정한다고 했다. 너깃이란 커뮤니티에서 얻는 새로운 통찰을 말한다. 예컨대 홈디포(Home Depot)는 유튜브에서 주택 개조와 관련된 동영상을 공유하는 커뮤니티를 시작했다. 한 회원은 홈디포에서 판매하는 제품을 집에 더 쉽게 설치할 수 있도록 개조하는 방법에 관한 동영상을 보여주었다. 홈디포는 그 동영상을 보고 공급업자와 회의를 해 커뮤니티에서 얻은 이 정보의 "너깃"을 기반으로 제품을 변경하도록 했다.

- 커뮤니티 내의 적극적인 참가자와 티퍼: 커뮤니티 관리자는 커뮤니티에 영향력 주도층이 많은지 또는 수동적인 참가자들이 많은지 알고 싶어 한다. 숫자가 중요한 것은 아니지만, 숫자를 통해 커뮤니티에 대한 관심도와 커뮤니티의 성장 정도를 측정할 수 있다.

이 모든 지표를 분석할 필요는 없지만 기업의 목표와 문화에 따라 아이디어를 만들어낼 때 필요할 수 있다. 제7장, "데이터를 분석하라"에서는 이 지표 중 얼마나 많은 것을 측정할 수 있으며 경쟁자나 산업 내 다른 기업과 대비해 비교할 수 있는 지표는 무엇인지를 살펴볼 것이다.

참여(engagement)의 원칙

참여와 관련된 사례로 넘어가기 전, 참여의 전반적인 원칙에 대해 살펴보고 넘어가자. 기업들이 어려워하는 가장 큰 문제는 바로 누가 참여하고 있는 것인가이다. 직원인가, 기업인가, 아니면 제품인가? 사실 참여 전략에 따라 모두 참여하고 있는 것일 수도 있고, 셋 중 어느 하나만 참여하고 있는 것일 수도 있다.

예를 들어, 제품이 참여의 중심이 될 수도 있다. 프랫 앤드 휘트니(Pratt & Whitney)는 비행기 엔진, 우주선 추진 시스템, 산업용 가스터빈의 설계와 제조, 서비스에서 세계적인 기업이다. 이들은 미국 정부가 자사의 엔진을 사용하도록 효과적으로 로비하기 위해 페이스북과 트위터를 통해 새로운 엔진인 F135 개발에 고객이 참여하도록 하기로 결정했다. 지금까지 F135 엔진 개발에 30만 건 이상의 참여가 효과적으로 이루어졌다.

당신은 직원과 기업, 제품 모두를 참여시킬 수 있다. 예를 들어, IBM은 아래와 같은 참여 전략을 사용한다.

- 직원: 블로그와 제품 제공
- 제품 혹은 콘셉트: 제퍼디 게임을 하는 슈퍼컴퓨터인 왓슨은 페이스북과 트위터 계정을 가지고 있다
- 기업: IBM은 공식 트위터 ID가 있다

어떤 참여 전략을 실행할 것인지 결정할 때 내가 추천하는 기본 가이드라인은 아래와 같다.

- 직원: 나는 모든 기업의 직원들이 다른 직원이나 상사들뿐 아니라 고객 및 잠재적 고객과도 관계를 맺을 수 있어야 한다고 강력하게 추천한다. 만약에 직원들이 소비자 공간(트위터, 페이스북, 구글토크)에서 직접적으로 소비자들과 관계를 맺는 것을 원치 않는다면, 조직에 의해 통제되는 좀 더 안전한 대안을 제시하도록 해야 한다. 다양한 서비스형 소프트웨어(Software as a Service, SaaS; 사용자가 필요로 하는 서비스만 이용 가능하도록 한 소프트웨어 - 옮긴이)나 클라우드 솔루션을 이용할 수도 있다.
- 제품 혹은 기업: 기업의 목표에 따라 제품 혹은 기업의 어느 수준까지 참여하도록 할지를 결정해야 한다. 사람들이 특정 제품과 관계를 맺길 원한다면 제품을 참여시키는 전략을 고려해야 할 것이다.

하지만 다양한 제품이 있고 소셜 비즈니스 관리자의 능력에는 한계가 있다면 기업의 참여에 초점을 두라고 권하고 싶다. 이 방법을 선택한다면 제품 혹은 기업을 대신해 책임질 사람(혹은 사람들)이 특정 주제에 전문가여야 한다는 사실을 명심하라. 즉, 홍보 담당자에게 제품의 ID에 대한 책임을 지게 하지 말고, 제품에 책임을 지는 팀이 제품 ID를 소유하고 관리하도록 해야 한다.

예를 들어, 데이터 스토리지 전문업체인 퀀텀(Quantum)은 스토리지 제품을 위해 새로운 소프트웨어 업그레이드를 발표했다. 매우 중요한 제품이었지만, 이들은 트위터와 페이스북, 슬라이드쉐어(SlideShare; 프레젠테이션 공유 사이트 – 옮긴이)에서 제품만이 아니라 기업 전체를 참여시키는 전략을 사용했다. 이 전략에서는 제품의 출시가 기업이 참여해야만 하는 설득력 있는 이유로 작용했다. 퀀텀에 따르면, 이 전략은 성공적이었다. 트위터에서 퀀텀에 대한 글은 250% 증가했고 리트윗과 추천은 두 자리 수로 증가했으며 새로운 슬라이드쉐어 프레젠테이션에의 링크 또한 크게 증가했다.

반면, 세계적인 소비재 기업인 프록터앤드갬블(Procter & Gamble)은 브랜드를 제품 수준에서 참여시키기로 결정했다. 예컨대 팸퍼스는 온라인상의 팸퍼스 빌리지(Pampers Village) 웹사이트에서뿐 아니라 오프라인 상점에서의 팸퍼스 핏 스톱(Pamper Fit Stop) 캠페인을 통해 엄마들과 직접적으로 관계를 맺는다. 이들은 육아 전문가나 의학 전문가와 같은 특정 주제 전문가들과의 접촉 기회를 제공함으로써 "부모 네트워크(Parenting Network)" 참여에 중점을 두고 있다. "전문가에게 물어보세요

(Ask an Expert)"는 수유나 아기의 수면 습관과 같은 부모들의 다양한 고민거리에 대답해주는 전문가와 직접적으로 연결될 수 있게 했다.

참여 전략의 차이는 고객과의 대화에서 기업의 전략이 얼마나 큰 규모인지를 반영한다. 이것은 전략에서 매우 중요한 부분이지만, 참여의 기초로서 제품이나 기업, 직원을 이용하는 참여의 전략은 모두 같다.

아래에 제시한 참여의 6가지 원칙은 당신이 전략을 개발할 때 활용할 수 있다.

1. 참여를 위한 전략에 중점을 두어라: 목표는 선행되어 정의되어야 한다. 이 목표가 전반적인 참여 전략을 만들 것이다. 아마존닷컴이 소유한 기업인 자포스는 세계 최고의 신발 쇼핑몰이 되는 데 중점을 두고 있으며 가족 핵심 가치(Family Core Values; http://about.zappos.com/our-unique-culture/zappos-core-values)라는 점에서 커뮤니티의 목표를 발표했다. 이 가치가 온라인에서 이들의 참여를 결정한다. 예컨대 "서비스를 통해 감탄 (WOW)을 이끌어내라"라는 핵심 가치는 세계 어느 기업과도 차별화되는 소비자 서비스로 소비자들을 참여하도록 만든다. 중요한 것은 비용이나 효율성이 아니라, 소비자가 표현하는 감탄의 가치다. 자포스만이 아니다. 많은 기업이 "소비자에 대한 공약(Company to customer pact)"을 통해 참여를 위한 규칙과 목표에 대한 소셜 협정을 작성하고 있다. www.ccpact.com을 참조하라.

2. 판매가 아니라 특정 주제에 대한 전문성과 독자에 대한 가치에 중점을 두어라: 참여 전략은 판매 전략이 아니며 관계를 형성하는

방법에 대한 것이다. 예컨대 뉴욕에 있는 한 소규모 세탁소는 사업에 대한 것이 아니라 얼룩을 제거하는 법과 같은 의류 손질 방법에 대한 전문 지식을 알려주는 방식으로 트위터를 시작했다. 트위터에 게시된 그의 가치 제안은 다음과 같다. "스타들이 이용하는 세탁소. 뉴욕 타임즈와 뉴욕 매거진, 타임아웃NY 등에 소개되었음. 옷 손질법에 관한 정보와 뉴스를 공짜로 전달하고 다른 이들로부터 또 다른 방법을 배우는 것이 목적임." 이 방법은 가치를 지닌 주제를 가지고 참여해 그의 사업 전체가 성장할 수 있도록 도왔다는 점에서 매우 성공적이었다.

3. **훌륭한 커뮤니티 관리자가 주도적으로 글을 남기고 관계를 맺는 데에 일관성을 가져라:** 누군가의 관심을 끌고 잡아두기 위해서는 글과 대화에서 일관성을 유지해야 한다. 그래서 활동 수준을 유지하는 데 있어 커뮤니티 관리자의 역할이 중요한 것이다(제3장 참조). 커뮤니티 관리자는 커뮤니티 성공의 필요조건이다. 커뮤니티 관리자의 책임은 전략 설정을 통해 커뮤니티 회원들이 적극적으로 참여하도록 하며 회원들의 신뢰를 얻고 적절한 콘텐츠 활성화 방안을 보장하는 것이다. 커뮤니티 관리자가 대화를 활발하게 만드는 책임을 지지만, 기업 내에서는 커뮤니티에서 적극적으로 활동하는 사람이 커뮤니티 관리자 혼자여선 안 된다. 최선을 다해 일관성을 갖도록 커뮤니티 관리자의 동기를 부여하라.

사실, 우리는 이 책의 상당 부분을 커뮤니티 관리자의 중요성을 설명하는 데 할애했다. 나는 이 새로운 역할과 직책에 대해 진정으로 이해하기 위해서는 레이첼 합의 커뮤니티 관리 보고서를 꼼

꼼히 읽어보라고 권한다. 이 보고서는 http:www.slideshare.net/rhappe/the-2011-state-of-community-management에서 읽어볼 수 있다.

2010년 4분기 컴블루(ComBlu) 보고서에 따르면 미국 내 78개 기업의 커뮤니티 241개 중, 절반 정도에서 커뮤니티 관리자의 존재를 찾아볼 수 없다고 한다. 컴블루는 커뮤니티 관리자를 둔 기업들이 가장 성공적이라는 사실을 발견했다. 내가 가장 선호하는 사례 중 하나가 바로 적극적인 커뮤니티 관리자가 투표와 설문조사를 진행하고 대화를 이끌어내는 지미추 페이스북 페이지(http://www.facebook.com/JimmyChoo)다.

4. **콘텐츠 전략을 세워라**: 소셜 비즈니스가 진정으로 참여하고자 한다면 콘텐츠 전략이 필요하다. 콘텐츠나 정보가 새롭지 않거나 관련성이 떨어지거나 가치를 갖지 못한다면, 사람들은 다른 곳으로 떠나버릴 것이다. 콘텐츠를 목소리의 집합체라고 생각하라. 마케팅, 개발, 그리고 여타의 부서 직원들에게서 나오는 정보는 메시지를 더욱 강력하게 만들어줄 것이다. 나는 기업들이 티퍼와 적극적인 참가자들에게 중요한 사실과 정보를 주어 이들이 자신의 목소리로 블로그나 트위터에 글을 올리도록 하라고 권한다.

전 세계 전자 및 반도체, 태양열, 박막, 온도 제어 시장에 주요 소재를 공급하는 인디엄 코퍼레이션(Indium Corporation)을 사례로 들어보자. 콘텐츠 전략을 위해 이들은 콘텐츠를 새롭고 흥미롭게 하는데 자신들의 입장을 이용했다. 이 콘텐츠 전략의 영향과 함께 인디엄 엔지니어 14명이 자신들의 비전과 방향에 대한 생각을 블로그에 꾸준히 올렸다. 참고로 이 14명은 정규직이 아니지만 정기적으로 블로그에 선구적인 사상을 올리는 사람들이다. 이 방법은 실행하기 꽤 쉽지만 고객들이 인디엄을 기업체이자 선구적인 사상가, 그리고 친구로 생각할 수 있도록 해주는 결과를 가져온다. 네트워크를 키우고 관리하며 네트워크의 성장에 따라 결과적으로 가치를 창조하고자 한다면 훌륭한 소셜 비즈니스 콘텐츠 전략에는 지속적이며 꾸준한 투자가 이루어져야만 한다. 많은 기업이 커뮤니티 관리자가 콘텐츠 전략을 이끌어가도록 하고 있다.

5. **숫자가 아닌 관계에 중점을 두어라:** 참여는 관계와 관련된 것이다. 관계는 만들어지고 유지되며 키워져야 한다. "숫자를 늘리는데"에 중점을 두어선 안 된다. 예컨대 포스트랭크(PostRank)의 커뮤니티 관리자인 멜라니 베이커(Melanie Baker)는 관계 구축에 중점을 둔다. 그녀는 테크놀로지 트라이앵글(Technology Triangle)의 가장 오래된 커뮤니티 관리자이며 많은 사랑을 받고 있다. 게다가 브라젠 커리어리스트(Brazen Careerist, www.brazencareerist.com)의 @PaughGinney는 관계에 중점을 둔다. 이 사이트는 사람들이 커리어를 시작하는 데 도움을 준 공로를 인정받아 IT 전문매체 매셔블(Mashable)이 선정한 "최고의 온라인 커뮤니티 top 5"로 선정되었다. 사이트 회원들은 선정의 주된 이유로 커뮤니티 관리자와의 개인적인 관계가 컸다고 말한다. 이를 시장에서 세를 확장하기 위해 트위터 경품을 활용하는 무료 웹사이트 개발회사인 문프루트(Moonfruit, www.moonfruit.com)와 대조해보자. 이 회사의 웹사이트는 홍보 효과로 트래픽이 엄청나게 급증했기 때문에 언뜻 성공한

것처럼 보였다. 하지만 얼마 지나지 않아 트래픽은 곤두박질치며 원래대로 되돌아왔다. 문프루트가 저지른 실수는 이들이 방문객들과 형성한 관계를 오래 지속하는 데에 초점을 맞추지 않고, 방문객의 숫자에만 중점을 두었다는 점이다.

6. 소셜 기술을 통합하라: 당신이 선택한 소셜 도구들 사이의 관련성이 중요하다. 따라서 당신의 트위터와 블로그, 페이스북 페이지의 메시지가 일치하지 않는다면 브랜드를 효율적으로 보여주는데 어려움을 겪을 것이다. 이것이 바로 관리의 기본이지만 많은 사람들이 가상 세계에서 이 규칙을 지키는 것을 종종 잊는다. 가장 성공적인 소셜 비즈니스는 독특하지만 일관된 방식으로 페이스북과 트위터, 유트브와 같은 소셜 플랫폼을 이용한다.

예를 들어, 2011년 슈퍼볼(Super Bowl)에서 독일 자동차 제조업체인 폭스바겐은 트위터 해시태그(hash tag), 페이스북 게임, 그리고 유트브의 광고를 통합했다. 이 통합 전략으로 전체 메시지가 집적되어 소셜 비즈니스의 참여가 성장할 수 있었다.

효과가 있던 것이다! 감정은 긍정적, 부정적, 중립적 소셜 미디어 코멘트의 3가지 카테고리에서 소셜 멘션에 의해 평가된다. 이는 전체적으로 긍정적인 멘션과 그렇지 않은 멘션의 비율로 나타난다. 폭스바겐 비틀(Beetle)은 슈퍼볼 이후 69:1의 가장 높은 비율을 기록했다. 즉 부정적인 코멘트 1에 긍정적인 소셜 미디어 코멘트가 69개 있었다는 의미다. 이들은 단순히 참여만 한 것이 아니라 대단히 긍정적인 방식으로 참여했다.

이는 거대 기업에만 해당하지 않는다. 뉴욕 주 웨스트체스터 카운티에 있는 중소기업인 리처드 스콧 살롱 앤드 데이 스파(Richard Scott Salon and Day Spa)의 리처드 스콧은 페이스북 오퍼(Facebook Offer; 기업이 할인 쿠폰 등을 제공하는 서비스 – 옮긴이)와 포스퀘어를 통합해 전체적인 사업에 흡수했고 자신의 살롱에서 자연적으로 생기는 관계와 입소문을 이용했을 뿐만 아니라 이 관계를 다음 단계로 끌어올렸다. 이로써 그는 사업의 규모를 키울 수 있었고 이 훌륭한 통합 전략 덕택에 신규 고객의 방문은 두 자리 수로 증가했다.

어떻게 관계(engagement)를 맺는가?

관계의 원칙을 가장 효과적으로 이용하기 위해서는 성공률이 가장 높은 3가지 기본 기술을 알아야 한다. 나는 이를 3가지 I라 부른다.

- 상호작용(Interact)하라 (모바일, 게임, 선물, 위치 기반 서비스, 크라우드 소싱)
- 통합(Integrate)하라 (온라인, 오프라인)
- 파악(Identify)하라 (콘텐츠, 감정, 개인화)

이 3가지 모두 각각 양방향 참여라는 것을 기억하라.

- 상호작용한다는 말은 고객이나 직원이 적극적인 참가자가 된다는 뜻이다. 예를 들어, 게임의 경우 고객이나 직원이 흥미를 느낄 수 있

도록 재미있게 가르치고 설명해 적극적으로 참여하게 만들 수 있다.

• 통합한다는 말은 하나의 큰 그림을 완성하기 위해 온라인과 오프라인 참여가 서로 맞물려야 한다는 뜻이다. 그래야만 온라인 이벤트와 오프라인 상점에서 드러나는 기업의 특성이 다르게 나타나지 않는다. 온라인과 오프라인에 대한 접근 방법을 통합하지 않으면 참여는 약화될 수밖에 없다.

• 파악의 핵심은 고객이나 직원을 인지하고 그들과 관계를 맺을 때 상대방에 따라 접근법을 달리해야 한다는 점이다. 이때 목표는 개개인에게 맞추어진 경험을 제공하는 것이다. 이들이 당신의 블로그에 글을 남기는 이유는 자신의 목소리나 열정을 표현하고 참여하는 데에는 블로그가 제격이기 때문이다.

참여는 장기적인 전략이다. 물론 단기적인 이득도 있겠지만 단기적인 전략으로는 이루어질 수 있는 것이 아니다. 소셜 고객과 직원은 "한순간의" 참여(즉 단 한 번의 대화나 글)에는 관심이 없으며, 당신의 회사와 제품, 직원에 대해 진정으로 알아가는 데 관심이 있다.

이제부터는 독자 여러분이 진정으로 참여할 수 있도록 상호작용과 통합, 인지의 중요 모범 사례를 살펴보도록 하자.

진행 상황을 추적하기 위해 그림 4.4의 액션 시트를 사용하라.

목표가 무엇인가?
- 타깃 청중:
  - 세분화? ________________
- 참여 계획:
  - 새로운 것인가? _________
  - 최우선 순위는 무엇인가? __________
- 소셜 "SMART(스마트)" 목표:
  - Specific (구체적이어야 한다)
  - Measurable (측정이 가능해야 한다)
  - Achievable (달성이 가능해야 한다)
  - Realistic (현실적이어야 한다)
  - Timeframe (시간을 설정해야한다)

가치 메시지:
  - 관련성? ________________

상호작용:
  - 페이스북
  - 트위터
  - 링크드인
  - 모바일
  - 가상 선물
  - 위치 기반
  - 동영상

통합 계획:
  링크 포인트
  연결에 대한 분석:
    (즉, 코멘트를 남기는 사람 중
    어떤 사람이 더 구매 가능성이
    높은가)

    ____

  단계적인 접근:
    1단계:
    2단계:
    3단계:

정보
감정의 연결 고리:
  - 유머
  - 주제에 대한 전문성
  - 접근
  - 충성도 형성
  - 협력
  - 일관성

그림 4.4 액션 시트

상호작용

고객이나 직원에게 역할이 부여되기만 한다면 언제 어디서나 참여가 가능하다. 고객에게 콘텐츠나 프로세스, 제품을 선택할 기회를 제공하면 참여하고자 하는 의욕이 커질 수밖에 없다. 당신의 회사는 적절한 환경을 조성해 고객과 잠재 고객, 직원들에게 역할을 부여하고 참여하도록 해야 한다. 상호작용의 방법에는 여러 가지가 있지만 여기에서는 고객과 직원과의 상호작용에서 가장 효과적인 방법을 소개할 것이다.

그 방법에는 모바일과 게임, 가상 선물, 위치기반 서비스, 그리고 동영상이 있다.

어떤 참여 도구를 선택하느냐는 기업의 목표와 고객과 직원에게 그 도구가 얼마나 중요한지 여부에 달려 있다. 덧붙여, 여기에서는 실험적으로 탐험해보고 싶어지는 미래의 새로운 참여 도구 몇 가지도 살짝 보여줄 예정이다.

이제부터 소개하는 사례연구는 각각의 방법을 잘 보여준다.

| 모바일 |

상호작용한다는 말에는 편리하게 참여할 수 있다는 의미가 내포되어 있다. 모바일 기기는 특히 어디에서나 이용할 수 있다는 특징으로 인하여 편리함과 이용의 편의성에 근거해 직원과 고객을 위한 강력한 참여 전략이 될 수 있다. 실제로도 대부분의 기본적인 소셜 도구 역시 모바일을 이용한다. 예를 들어 트위터의 CEO 딕 코스톨로(Dick Costolo)에 의하면 전체 트위터 글 중 40% 이상이 모바일 기기에서 작성된 것이라고 한다.

모바일 시장 조사 분야의 세계 선두 업체인 모비씽킹(MobiThinking)은 모바일 기기의 이용이 끝을 알 수 없을 정도로 성장하고 있다고 예견한다 (http://mobithinking.com/stats-corner/global-mobile-statistics-2011-all-quality-mobile-marketing-research-mobile-web-stats-su). 전 세계 인구의 77%가 휴대전화를 소지하고 있으며 휴대전화 가입자 수가 53억 명이 넘는 현재, 모바일 기기에 맞먹을 정도의 접근성과 상호작용을 제공하는 다른 매체는 없다. 2011년 현재 출시 예정인 새 휴대전화의 85% 이상에 모바일 웹 접속 기능이 추가되어 있을 것이며 2013년이면 전 세계에서 모바일 인터넷 사용자는 10억 명이 넘을 것이다. 물론 여전히 기존의 휴대전화 판매량이 스마트폰에 비해 4:1로 더 많으므로 모바일 전략은 모든 휴대전화 사용자들을 목표로 삼아야 한다. 모바일 기기를 통한 고객과 기업의 상호작용은 기업에 대한 고객의 전반적인 관점에 영향을 미친다. 모비씽킹에 따르면 모바일 기기를 통한 경험에 만족한 고객은 그 회사의 제품을 사고 다른 이들에게 추천하며 충성 고객이 될 확률이 그렇지 않은 사람에 비해 30% 더 높다고 한다.

참여 전략에서 모바일의 비율을 결정하기 위해 고려해야 할 핵심 요소는 아래와 같다.

- 모바일 네트워크 (트위터 혹은 회사 커뮤니티)
- 모바일 쿠폰과 기프트카드
- 모바일 웹사이트
- 모바일 경험
- 모바일 크라우드소싱

세계인들은 크릭 워치(http://creekwatch.researchlabs.ibm.com/)라는 모바일 애플리케이션으로 지구를 돕는 일에 참여하고 있다. IBM 리서치(IBM Research)가 개발한 이 모바일 참여 도구는 전 세계 시민이 지역 하천의 상황을 감시하고 그 상태를 앱에 보고할 수 있도록 한다. 업데이트가 일어날 때마다 중요한 데이터가 제공되어 지역 수자원 관리 당국이 오염 상태를 추적하고 수자원을 관리하며 환경 보호 프로그램을 계획하는 데 이용할 수 있다.

이 애플리케이션을 이용하면 크라우드소싱이라고도 불리는 참여를 통해 우리 모두가 전 세계의 수자원을 깨끗이 하는 데 공헌할 수 있다. 크라우드소싱은 인터넷상에서 "대중(crowd)"의 참여를 통해 제품이나 서비스의 질을 향상하거나 특정한 견해를 제공하거나 또는 세상을 더 좋게 만든다. 크릭 워치의 경우 시민들과 정부를 네트워크로 연결해 크라우드소싱으로 수자원 문제를 해결하려 한다.

이것이 성공할 수 있었던 비결은 애플의 앱스토어에서 공짜로 쉽게 다운로드 받을 수 있다는 점이다. 하지만 무엇보다도 앱을 통해 지구를 구하는 일에 참여할 수 있다는 점이 가장 특징적이다. 이용 방법은 간단하다. 우선, 시내나 강, 운하와 같은 수로를 찾는다. 아이폰으로 사진을 찍어 아래와 같은 정보를 업로드한다.

- 수위 (가뭄, 약간 높음, 고수위)
- 유속 (고요, 느림, 빠름)
- 오물 (없음, 약간, 많음)

이렇게 정보를 업로드하면 이 소셜 애플리케이션이 이 정보와 관련된 데이터를 취합한다. 당신은 다른 사람들이 어떤 정보를 업로드하거나 글로 썼는지 볼 수 있다(이것이 바로 크라우드소싱의 마법이다). 통합된 데이터는 해당 지역 수자원 위원회로 보내지고 위원회에서는 이 데이터를 기반으로 조치를 취하게 된다. 이 애플리케이션의 훌륭한 점은 전 세계인들을 동원해 시민들이 정부, 그리고 수자원 시스템 관리를 돕는 수준으로까지 참여할 수 있다는 점이다.

|사례연구| 호주오픈 테니스대회(AO, Australian Open)

팬들의 관심을 끌기 위해 테니스 오스트레일리아(Tennis Australia)는 호주오픈 테니스대회의 웹사이트에서 여러 가지 미디어를 이용해 다양하고 유익한 경험을 제공한다. 팬들은 웹사이트를 통해 생방송으로 경기 진행 상황에 대해 듣고 그날의 하이라이트 게임을 다시 보며 대회와 관련된 블로그를 읽고 모든 게임의 득점 상황을 지켜볼 수 있다. 또한 팬들이 실시간으로 경기와 득점 상황을 알 수 있도록 해주는 슬램트래커(SlamTracker)와 같은 기능 덕분에 실제로 경기를 보지 못했다 하더라도 www.australianopen.com에 방문하는 것만으로도 흥미진진하게 게임을 보는 듯한 경험을 할 수 있다. 대회 웹사이트를 운영하는 IBM 측에 따르면 대회가 벌어지는 2주 동안 거의 1천만 명이 사이트에 방문한다고 한다.

호주오픈 테니스대회는 아이폰 사용자들의 모바일 참여를 돕기 위해 특별히 증강현실 애플리케이션을 출시했다. 덕분에 아이폰 사용자들은 휴대전화를 이용해 경기에 관한 모든 정보를 볼 수 있다. 테니스 팬들은 스마트폰을 이용해 호주오픈 테니스대회 모바일 웹사이트에서 실시간으로 득점 상황과 경기 일정, 경기 상황, 선수 정보를 알 수 있게 되면서 평소처럼 일하면서도 2011 호주오픈 테니스대회의 모든 경기에 대해 파악할 수 있게 되었다.

또한 이 애플리케이션에는 경기장에 간 팬들에게 휴대전화의 카메라와 GPS를 이용해 더 나은 정보를 제공하는 증강현실 기능인 호주오픈 뷰(AO View)가 포함되어 있다. 팬들은 호주오픈 테니스대회 아이패드 애플리케이션을 다운받으면 아이패드로 호주오픈 대회의 전체 프로그램에 접속할 수 있게 되었다. 이 새로운 애플리케이션은 다양한 자료를 토대로 데이터를 수집해 경기장의 분위기를 온라인을 통해 팬들이 접할 수 있도록 한다. 이 애플리케이션의 또 다른 기능에는 경기 일정과 경기 상황, 팬에 대한 데이터, 선수들의 사인이 실린 페이지 등이 포함된다.

호주오픈 테니스대회는 재미있고 흥미 있는 경험을 제공해 팬들의 충성도를 높이고 경기에 반복적으로 참석하도록 할 뿐 아니라 후원 업체 수를 증가시키는 소셜 비즈니스다. 호주오픈 테니스대회는 재미있고 흥미 있는 경험을 통해 사이트 고착성을 높여 수익 목표를 달성한다.

| 게임 |

기업체와 조직의 리더는 고객과 직원의 참여를 유도하기 위해 게임의 파급력을 고려할 필요가 있다. 게임은 B2B와 B2C 모두에서 창의성과 새로운 기회를 촉진할 수 있다. 시리어스 게임(Serious Game)은 비즈니스에 게임의 요소를 적용한 것이다. 시장조사업체인 게임즈 인베스터 컨설팅(Games Investor Consulting)의 릭 깁슨(Rick Gibson)은 이렇게 말한다. "시장 분석가들은 2015년까지 기업들 가운데 50%가 '게임화(gamification)'[시리어스 게임 기술을 사용하는 것]를 도입할 것이라고 예상한다. 이는 미국에서만 1,350만 개 기업에 해당하는 숫자다." 시리어스 게임은 사용자들을 참여시켜 문제를 해결하고 교육하기 위해 게임의 사고와 게임의 기법을 활용한다. 이론적으로 봤을 때, "시리어스 게임(Serious Game)"은 단순히 재미만을 위해서가 아니라 목적을 가지고 만들어진 게임이라는 뜻이다.

이 같은 시리어스 게임은 비즈니스에서 사용자들을 교육하거나 광고를 하거나 수요를 창출하는 용도 혹은 단순히 사이트 내에서 사용자들의 활기를 북돋고자 하는 용도로 사용될 수 있다. 이외에도 게임은 다양한 용도로 사용될 수 있다. 예를 들어 인피니트 뱅킹 콘셉트 게임(Infinite Banking Concept game; http://itunes.apple.com/us/app/infinite-banking-concept-game/id417938367?mt=50)과 같이 아이폰에서 할 수 있는 단순한 게임일 수도 있다. 이 게임은 5가지의 4년 대출 상품을 비교하여 가장 많은 이익을 제공하는 상품을 찾을 수 있도록 하는 것이다. 또는 바클레이카드사의 워터슬라이드 익스트림(Barclaycard Waterslide Extreme)

과 같은 게임도 있다. 이 게임은 바클레이카드사의 "상징과도 같은" 수영장 미끄럼틀 광고를 기반으로 한 것으로, 브랜드 이미지에 초점을 둔다 (바클레이카드사의 이 게임은 출시 첫 주 동안에만 2백만 건 이상이 다운로드되었다). 이 두 게임 모두 해당 브랜드를 좀 더 재미있게 보이고자 하는 목표를 가지고 만들어졌다.

인간 행동 연구에 의하면 사람들은 도전할만한 가치가 있다고 생각되는 것에 의해 동기를 부여받는다고 한다. 학문적으로 게임을 연구한 연구자들과 실제로 게임을 설계해 게임의 효과를 경험으로 체득한 게임 설계자들에 의하면 모든 사람은 저가 상품이나 우승 상품이 걸려 있지 않더라도 경험 그 자체만으로도 충분히 서로 경쟁한다고 한다. 기업과 정부는 직원과 고객, 지역사회에 참여의 동기를 부여하기 위해 게임과 경쟁의 요소를 사용하기 시작하고 있다. 이것이 바로 게임화(gamification)다.

게임을 교육의 목적으로 이용할 때, 사람들은 전통적인 교육을 받았을 때보다 80%나 더 많이 기억한다. 직원 교육 시에는 이 사실을 염두에 두어야 한다. 오늘날 사람들은 대부분 어떠한 형태로든 게임을 한다. 직원들은 전통적인 방식으로 문제를 해결하는 데 만족할 것인가, 아니면 게임의 형식을 빌려 문제를 해결할 때 더 큰 만족을 느낄 것인가? 예를 들어, "게임을 하는" 시간 동안 특정한 임무를 성공적으로 완수하기 위해 스스로 조직을 구성하고 이끌어 나갈 수 있는 경험을 한 사람들이 중앙에서 명령하고 통제하는 전통적인 조직 구조에서 일하는 데 만족할까? 아마도 이들은 전 세계에 흩어져있는 가상 팀에서 일하고 다양한 임무를 수행하며 온라인 게임을 통해 성공적으로 업무를 완수하고자 할 가능성이 크다.

　게임의 개념을 활용하면 특정한 문제를 해결하기 위해 뛰어난 능력을 지닌 팀을 조직하고자 하는 관리자를 도울 수 있다. 전통적으로 관리자들은 대부분 후보자 명단을 보고 이력서와 과거 경험, 그리고 면접을 기반으로 가장 뛰어난 사람을 뽑는다. 이는 고성능 자동차를 조립하는 개념과 비슷하다. 자동차 조립에 게임 개념을 활용했다고 가정해보자. 게임을 하는 사람은 자동차의 각 부분(타이어, 프레임, 엔진, 크기 등)을 선택해 모든 부분이 합쳐졌을 때 자동차의 성능이 어떠할지 쉽게 예상할 수 있다. 그렇다면 이 개념을 팀 조직에 적용해보자. 관리자가 게임을 이용해 팀에 들어올 특정 후보를 선택하고 탈락시키며 전체 팀이 조직되었을 때 얼마나 잘 작동할지 알아볼 수 있다고 상상해보자. 게임 기술을 사용하면 어느 정도의 예측이 가능한 분석을 할 수 있어 성공 가능성이 가장 높은 팀을 조직하는 데 도움이 될 수 있다.

　게임은 기업체에서도 강력한 소비자 경험을 창출하는 데 사용될 수 있다. 그루폰(Groupon)을 예로 들어보자. 그루폰의 웹사이트를 보면 이들의 이력이 매우 흥미롭다는 사실을 알 수 있다. 그루폰은 원래 사람들에게 단체로 모여 돈을 내거나 무언가를 하라고 요청하는 캠페인을 시작할 수 있도록 해주는 더포인트(The Point)라는 웹사이트에서 시작되었다. 하지만 당신이 요청한 캠페인이 시작되려면 "티핑 포인트"의 숫자가 넘는 사람들이 참가에 동의해야만 한다. 즉 더포인트는 일정한 숫자의 사람들이 함께 모여 진정한 영향력을 행사할 수 있을 때까지 행동을 미룸으로써 소비자나 직원, 시민, 활동가, 부모 등 누구나 함께 모여 혼자서는 해결할 수 없을 문제를 해결할 수 있도록 도와주었다. 그루폰은 시민을 위해 이 개념을 한 단계 끌어올렸다. 시민이 개인적으로는 할 수 없는 일들이 매우 많았기 때문이다. 그루폰은 단순하게 매일 한 가지 상품이나 서비스에 중점을 두기로 했다. 그리고 집단 구매에 더포인트의 개념을 이용해 기업 입장에서는 매우 거절하기 어려운 거래를 제안할 수 있도록 했다.

그루폰은 비즈니스 모델의 일부로 시리어스 게임을 사용한다. 예컨대 대폭 할인된 가격을 제시함으로써 "공짜 점심"을 주기도 하고 각각의 거래마다 남은 시간을 표시하는 시계가 나타나기도 하며 거래가 성사되기 직전에 "티핑 포인트"를 알려줘 단체 행동을 북돋우기도 한다. 이 모든 것이 시리어스 게임 전략의 일부분이다. 갭(Gap)은 그루폰으로 단 하루 만에 1천1백만 달러의 매출을 올렸다고 발표했다.

전반적으로 게임은 고객의 경험과 이익에 영향을 미친다. 비즈니스에 게임을 활용하면 고객에게 경쟁력 있는 가치를 제안할 수 있다. 성공적으로 게임을 활용한 경우, 많은 사람이 사랑하고 좋아하는 게임이라는 매체 내에서 이들이 살고 있는 특정 인구집단의 사람들에게 입소문을 낼 수 있다. 그리고 게임은 참가자들에 대한 정보를 수집하고 잠재 고객을 늘리는 데 사용할 수 있다. 거의 모든 기업이 고객이 되었든 직원이 되었든 이 새로운 게임 세대에 적응해야 할 것이다. 게임은 곧 새로운 비즈니스 환경의 출현을 예고하기 때문이다.

마케팅 컨설팅 업체인 어플라이 그룹(The Apply Group)에 의하면, 2012년까지 포춘 선정 세계 상위 500대 기업 중 최소 100개 기업이 직원 교육에 게임을 활용할 것이며, 미국과 영국, 독일이 이러한 흐름을 주도할 것이라고 한다. 오늘날 게임 참가자들의 평균 연령은 25세에서 44세 사이이며, 이들의 평균 수입은 3만 5,000달러에서 7만 5,000달러 사이다. 또한 남성이 58%, 여성이 42%를 차지하고 있다.

모바일 소셜 게임의 증가세 뒤에는 여성이 있다. 소셜 게임은 매우 매력적이다. 게임을 하는 동안 무언가를 배울 수도 있으며 게임 상대방으로부터도 배울 수 있기 때문이다. 인기 있는 소셜 게임이 매우 많은데, 페이스북에서 인기 있는 게임 중 하나는 바로 팜빌(Farm Ville)이다. 게임 사용자 수는 8천만 명이 넘으며 그중 62%가 여성이고 이들의 평균 수입은 6만 달러에서 10만 달러 사이다. 그런데 팜빌을 하는 주된 인구층은 사실 전업 주부들이라고 한다(출처: 팜빌 개발사인 징가[Znyga]).

참여 전략에서 게임이 얼마나 많은 비율을 차지해야 할지를 결정할 때 고려해야 할 핵심 요소는 다음과 같다.

- 직접 만들 것인가 아니면 편승할 것인가? 직접 게임을 만들거나 다른 누군가가 만든 게임에 편승한다.
- 게임의 목표: 교육, 수요창출, 인식
- 성공의 지표

파머스인슈런스 그룹은 가계 보험 중 자동차 보험과 주택 보유자 보험에서 미국 3위의 보험사이자 다른 여러 보험 상품과 재무 서비스 상품을 제공한다. 이 회사는 팜빌 게임을 이용해 타깃 고객과 관계를 맺는다. 게임 사용자들이 파머스인슈런스의 가상 비행선을 보고 클릭할 수 있는 것이다. 이 가상 비행선은 팜빌에서 10일간 무료로 볼 수 있다.

일단 팜빌에 로그인하면 파머스인슈런스의 비행선이 당신의 농장 위를 날아다닐 것이라는 팝업창이 뜬다. 팝업창에는 이런 글이 쓰여 있다. "이 비행선은 단지 홍보를 위한 장식품이 아니라 기능적인 목적이 있다. 작물이 시드는 것에 대비한 보험이다! 즉 농장 위에 비행선이 떠다니는 열흘간은 작물이 시들까봐 걱정을 하지 않아도 된다. 그래서 그동안 한정판 사탕수수나 새로 소개된 매발톱꽃을 포함해 4시간이면 수확할 수 있는 다른 많은 작물을 대량 생산할 수 있는 기회가 생긴다."

이는 고객이 참여하는 게임에서 단지 자사의 홍보만 하는 것이 아니라 가치를 추가함으로써 고객을 참여시키는 매우 혁신적인 방법이다. 또한 페이스북 팬 페이지와 통합된 캠페인이기도 하다. 파머스인슈런스의 페이스북에 "좋아요"라고 한 사람은 비행선에 실제로 탈 기회를 얻는다. 팬 페이지 담벼락에서 팬들은 빠르게 보험 견적을 내어볼 수도 있고 가까운 보험 중개인을 찾아볼 수 있으며 직접 질문을 할 수도 있다. 파머스인슈런스는 팜빌 사용자 중 500만 명 이상이 비행선을 다운로드했으며 그 기간 동안 파머스인슈런스의 팬 페이지의 팬 수는 극소수에서 12만 명 이상으로 급증했다. 파머스인슈런스의 e비즈니스 부문 부사장인 마크 자이틀린(Marc Zeitlin)은 나에게 이렇게 말했다. "우리는 현재 프로그레시브 플로 보험사(Progressive's Flo)를 제외한 다른 어느 보험사보다도 팬 수가 더 많다. 이 비행선은 고객이 웹사이트를 통해 우리와 디지털로 상호작용할 수 있고 개인적 차원에서 우리와 관계를 맺을 수 있도록 해주었다."

IBM에는 뛰어난 시리어스 게임(게임적 요소인 재미에 특별한 목적을 부가하여 제작한 게임)이 두 가지 있다. 그중 게임 전략을 위한 비전을 세우는데 내가 도움을 준 이노베이트는 내게 매우 소중한 게임이다. 이노베이트는 교육의 목적을 가지고 만들어졌다. 이 게임은 전국의 학생들에게 신기술을 설명하는 IBM 아카데믹 이니셔티브(academic initiative; 산학협동을 통해 대학 등 교육기관에 기술을 지원하기 위한 방안 – 옮긴이)를 위한 프로그램으로 출시되었다. 지금까지 대학 1,000곳 이상이 이 게임을 사용했다. 이는 다음 세대가 IBM의 기술에 친숙해진다는 것을 의미한다. 미래의 리더가 되고 잠재적 고객이 될 대학생들에게 "브랜드"를 알려주는 것이다. 다시 말해 이노베이트가 단순히 교육의 역할만을 하는 것은 아니다. 우리는 이 게임을 단순화해 웹 버전으로 만들어 IBM 웹스피어(WebSphere™)에서 웹 기반으로 잠재고객을 창출하는 최고의 자산으로 만들었다.

이노베이트의 성공으로 IBM은 시티원이라는 최초의 스마터 플래닛(Smarter Planet) 게임을 만들었다. 시티원이란 에너지 산업과 수처리 산업, 소매업, 은행 산업에 피해를 주는 문제들로 골머리를 앓는 한 도시를 주제로 하는 시뮬레이션 게임이다. IBM의 시리어스 게임 프로그램 관리자인 페드라 보이노디리스(Phaedra Boinodiris)에 따르면 시티원은 사용자들에게 "어떻게 하면 지구를 더 똑똑하게 만들고, 산업을 개혁하며, 실제 비즈니스에서 생기는 문제와 환경 문제, 물류의 문제를 해결할지 알아낼" 기회를 부여한다고 한다.

페드라는 이렇게 말한다. "이노베이트와 시티원의 ROI를 분석한 결과 5개월만에 게임은 투자 금액의 100배의 성과를 낸다는 사실을 알아냈다." 두 게임 모두 무료이지만 등록 과정이 필요하며, 이는 성과 측정을 위해 필수적이다.

|가상 선물|

가상 선물은 당신의 회사나 직원이 누군가에게 줄 수 있는 온라인 이미지나 사진이다. 이것은 실제 물품이나 물건이 아니며 오직 가상 세계에서만 존재한다. 예를 들어, 가상 세계에서 열리는 IBM의 IMPACT 콘퍼런스에서 우리는 0과 1만을 사용해서 글을 새긴 "마법의" 목걸이를 나누어주었다. IBM 내부의 가상 선물 전략에서는 직원들이 "감사합니다"라고 쓰인 파란색 리본을 감사의 의미를 담은 가상 선물로 보낼 수 있다.

소셜 비즈니스 전략의 일환인 가상 선물은 고객이나 직원과의 관계를 공고히 하는 데 도움을 줄 수 있다. 앞의 사례에서 보았듯이, 선물의 종류와 배치는 상황에 따라 달라질 수 있다. 그리고 선물을 줄 수 있는 능력은 매우 중요하다. 선물의 홍보적인 가치는 선물을 주는 상황, 그리고 받는 사람이 인지하는 가치와 관련이 있다. 당신의 가상 선물 전략은 어디에서 누구에게 선물을 주는지에 따라 달라진다. 가상 선물의 목표는 체험을 통한 참여다. 이미 수년간 소매업자와 제조업자들은 가상 참여를 시행하고 있다. 그리고 현실 세계에서만큼 가상 세계에서도 체험은 효과가 있다. 가상 선물을 참여 전략의 일부로 사용할지, 그리고 어떻게 사용할지 충분히 생각해보라.

가상 선물은 고객을 참여시킬 수 있는 훌륭한 방법이다. 사람들 중 57%가 실제 선물만큼이나 가상 선물도 의미가 있다고 생각하며, 마기드(Magid) 보고서인 〈2010 모바일 및 소비자 미디어의 미래(Media Futures 2010 Wireless and Consumers)〉에 따르면 미국인들은 2010년 한 해에 모바일 가상 제품에 1억 6,800만 달러를 썼으며 스마트폰 사용자의 45%가 모바일 게임을 하고 그중 16%가 게임 내 가상 제품 구매에 매년 평균 41달러를 쓴다고 한다. 2011년에는 응답자의 72%가 밸런타인데이 선물로 가상 제품을 보낼 계획이라고 했다. 또한 밸런타인데이 선물로 가상 제품을 보낼 계획인 사람 중 31%는 생애 처음으로 가상 제품을 구매하는 것이라고 대답했다.

유명 브랜드 기업은 강력한 충성도 전략으로 수익을 창출하려는 목표만 가지고 가상 선물을 이용하지 않는다. 그러나 사실 이 전략은 온라인 데이트 서비스에서만 이용하는 것이 아니라, 펩시나 코카콜라, IBM, 노드스트롬(Nordstrom), 폭스바겐, 볼보, 도요타 등의 대기업에서도 이용할 정도로 효과적이다. 예컨대 스웨덴의 의류 업체인 H&M은 마이타운(MyTown; 위치기반 게임 서비스다)이라는 소셜 게임에서 가상 제품 캠페인을 선보였다. 청바지와 푸른색 계열의 옷(이들은 블루라 부른다)을 보여주면서 소비자의 관심을 끌고 실제 상점에서 구매를 하도록 유도한다. 이 게임의 사용자 수는 70만 명이 넘으며, H&M은 가상 제품을 나누어주며 실제 매출을 끌어올렸다.

|사례연구| **고디바(Godiva)**

고디바는 유명 고급 초콜릿 제조업체로 80년 이상의 역사를 자랑한다. 이들은 소셜 고객을 끌어들이기 위해 초콜릿 토크(Chocolate Talk)라는, 초청을 통해서만 가입할 수 있는 여성 전용 초콜릿 애호가들의 커뮤니티를 커뮤니스페이스(Communispace; 커뮤니스페이스는 시장 조사를 위한 온라인 고객 커뮤니티를 제공하며 기업들을 위해 커뮤니티를 만드는 일을 도와주는 업체다)와 함께 출범했다. 목표는 회원들의 삶에 초콜릿이 어떤 영향을 미치는지 듣는 것이었다.

고디바는 커뮤니티의 말에 귀를 기울였고 그 결과 이들은 게임의 판도를 바꾸는 핵심 "너깃"을 발견했다. 커뮤니티는 초콜릿의 접근성과 구입 능력을 언급했다. 결국 고디바는 커뮤니티의 참여를 기반으로 이 모든 문제를 해결하기 위해 개별적으로 포장된 초콜릿(따라서 좀 더 저렴한 가격으로 구입할 수 있다)을 신제품으로 출시하고 편의점이나 공항 상점과 같은 매장으로까지 제품 배치를 확대했다. 또한 "가상" 채널을 늘리고 페이스북 애플리케이션을 이용해 페이스북에서 친구와 가족들에게 "가상 초콜릿"을 나누어줄 수 있도록 했다. 이처럼 고디바는 "일상적인 선물"과 접근성에 초점을 맞추며 게임의 판도를 바꾸는 전략에 귀를 기울였다.

한편, 두 집단의 사람들을 대상으로 고디바 초콜릿 가상 선물에 대한 연구를 한 애드넥타(AdNectar)는 "가상 초콜릿을 접한 집단의 사람들은 그렇지 않은 통제 집단보다 다음 6개월 내에 실제 고디바 초콜릿 상자를 살 가능성이 20% 더 높다"는 사실을 발견했다. 이는 특별히 주목할 만한 결과이다. 사실 온라인 캠페인에 대한 구매 의도 연구 결과는 대부분 2%를 겨우 넘는 수준이기 때문이다.

또한 새로운 제품 배치 전략(세이프웨이, 퍼블릭스, 웨그먼스, 크로거, 편의점과 약국 등을 포함)에 따라 2010년 6월 고디바의 전체 도매 사업은 42% 증가했다. 게다가 고디바는 편의점과 약국에서도 최고의 고급 초콜릿 브랜드가 되었으며(출처: 2010년 6월 IRI Latest 4-Weeks Ending) 린트 초콜릿의 점유율인 18.9%를 뛰어넘는 19.3%의 점유율을 기록했다.

볼보는 단지 안전한 자동차가 아니라 "멋진" 자동차 브랜드로 이미지를 쇄신하고 싶었다. 이들은 위치기반 게임 서비스인 마이타운(MyTown)이라는 게임을 이용해 브랜드 가상 제품 캠페인을 시작했다. 이 캠페인은 가상 제품과 게임, 위치기반 서비스라는 참여의 몇 가지 요소를 사용했다.

게임 사용자는 자동차 판매 대리점에 들르면, 가상 세단형 자동차나 볼보 핸들, 또는 타이어를 받을 수 있다. 이렇게 되면 잠재적 고객이 자동차 대리점으로 들어와 실제 자동차 판매가 성사될 확률을 높일 수 있다. 또 다른 결과는 고객 서비스에 바탕을 두었다. 고객이 자동차를 기다릴 때, 게임은 시간을 보낼 수 있는 재미있는 방법을 제공했다.

볼보가 측정한 결과에 의하면 볼보 브랜드에 체크인한 횟수가 530만 건, 볼보 브랜드의 가상 제품(핸들, 휠, 볼보 마크, S60 자동차 등) 판매가 130만 건, "S60 보기" 클릭 횟수가 2만 건에 클릭률(Click Through Rate, CTR)이 1.5%로 평소의 두 배 수준이었다.

볼보가 전반적인 결과를 공개하지는 않지만, 이들이 기업의 사회적 책임 활동 캠페인에 이 가상 선물을 또 이용할 것이라는 사실로 미루어보아 이 참여 전략이 효과가 있었다는 결론을 낼 수 있다. 이들의 다음 가상 선물은 소아암 치료를 위해 애쓰는 알렉스 레모네이드 스탠드 재단(Alex's Lemonade Stand Foundation, ALSF)과 함께 기금을 모으는 것이다. 1달러를 내고 가상 레모네이드 한 잔을 사면 수익금의 100%가 ALSF로 전달된다.

상호작용에서 한 가지 새로운 분야가 바로 위치기반 서비스(Location-Based Services, LBS)다. LBS는 모바일기기의 위치 추적 시스템(Geographic Positioning System, GPS) 기능을 이용해 현재 고객이나 직원이 있는 위치에서 관계를 맺는다. 이를 통해 재미있게 상호작용할 수 있는 기능을제공할 뿐 아니라 기업이 고객이나 직원이 필요하거나 원할 때 재미있고 유익한 쌍방향 활동을 경험할 수 있도록 해준다. 우리 모두가 잘 알고 있듯이, 장소가 가장 중요한 것이다!

LBS로 가능한 일은 무엇일까? LBS는 당신의 고객이나 친구가 어디에 있는지 알 수 있도록 해주며 도시나 상가 안에서 그들이 가장 좋아하는 장소는 어딘지 깨닫게 해주고 공공장소에서 다른 사람들을 찾아낼 수 있도록 해주기도 한다(나는 블로그허[BlogHer]라는 세계 최대의 여성용 블로그 콘퍼런스를 이용해 한 번도 만난 적이 없지만 만나고 싶었던 사람들을 찾아냈다). 모바일 기기의 LBS를 이용해 당신이 있는 특정 장소에 누가 있는지, 그리고 그 장소에서 가장 멋진 곳은 어디인지 등을 알아낼 수 있다.

텍사스 오스틴에서 열린 사우스바이사우스웨스트(SXSW) 소셜 미디어 페스티벌에서 내가 들었던 말 중 가장 마음에 들었던 말은 바로 "모바일의 미래는 지역이다"이다. 모든 문자 메시지의 55%는 상대방이 어디인지를 묻는 질문이다. 전 세계에 모바일 기기 사용자가 수십억 명인 지금, 위치기반 서비스는 소셜 비즈니스 참여 전략이 향해야 할 다음 단계가 될 것이다.

기업은 LBS를 어떻게 사용하는가? 오늘날 LBS는 고객의 물리적 장소를 기반으로 그 고객이 관심을 가지는 영역에 중점을 두며 다양한 방법으로 사용되고 있다.

주로 아래와 같이 사용된다.

- 위치에 기반을 둔 할인
- 위치에 기반을 둔 정보
- 이벤트 인식

예를 들어, 소매업체들은 LBS를 이용해 쇼핑객들에게 홍보와 할인을 제공한다. SXSW에서 체크인을 하면 홍보의 일환으로 쉐보레(Chevrolet) 자동차를 타고 오스틴 시내를 공짜로 이동할 수 있다. 또 정부와 도서관, 그리고 시는 LBS를 이용해 당신의 정보와 방향을 쉽게 파악한다. 도서관의 LBS 사용은 매우 일반적이어서, 2011년 2월 도서관을 위한 위치기반 서비스 이용에 대한 콘퍼런스에서는 혁신과 유행의 선두주자이자 예일 대학 도서관 과학도서관장인 조 머피(Joe Murphy)가 "도서관을 위한 위치 인식 기술"에 대한 연설을 할 정도였다. IBM과 같은 기술업체는 LBS를 이용해 이벤트에서 특정 설명회나 회의로 사람들을 안내하고 스웜(SWARM)을 만들어낸다. 스웜이란 이벤트나 특정 장소에서 50명 이상이 체크인했다는 사실을 표시하는 배지다. 그리고 식당들은 LBS를 이용해 특정한 날 저녁에 사람들을 끌어모아 스웜 배지를 광고한다.

주요 LBS 도구는 아래와 같다.

- **포스퀘어(Foursquare)**: 포스퀘어는 사용자 수가 700만 명을 넘으며, 사용자 중 40%가 미국 외의 국가에 거주하고 있다. 포스퀘어에 따

르면 2009년에서 2010년 사이에 사용자 수가 3,400% 증가했으며 3억 8,100만 건 이상이 체크인되었다. 포스퀘어의 최근 웹사이트 통계에 따르면 마크 제이콥스(Marc Jacobs), 토론토 참고 도서관(Toronto Reference Libarary), 도미노 피자, 스타벅스, IBM, 그리고 인텔 등이 모두 포스퀘어를 사용하고 있다고 한다.

- 고왈라(Gowalla): 고왈라는 포스퀘어와 비슷한 애플리케이션이다. 사용자 수는 약 100만 명이며 새로운 기능과 특징으로 기존의 LBS와 차별화를 시도하고 있다. 체크인 기능을 추가해 고왈라 내에서 포스퀘어에도 체크인할 수 있도록 했다. 가장 최근에는 "하이라이트 기능(Highlights feature)"을 추가해 각각의 장소에 하이라이트가 표시되어 사용자들에게 팁을 제공한다. 이들의 비전은 세상을 "소셜 지도(social atlas)"로 만드는 것이었다.

- 지에팡(Jiepang): 지에팡은 중국판 포스퀘어로 기능은 동일하나 매우 지역적이고 좀 더 평범하고 단순한 인터페이스를 가진다. 예컨대 식당과 음식은 중국에서 중요하게 여기는 부분이기 때문에 지에팡은 식당과 음식 소개에 중점을 두고 있다. 중국 대부분 주요도시의 식당을 안내하는 서비스가 있어 매우 유용하고 즉각적으로 그 가치를 확인할 수 있다. (중국은 포스퀘어와 고왈라를 차단하고 지에팡 사용을 장려하고 있다.)

LBS에 친숙해져야 한다. 이제부터 소개될 사례연구는 LBS와 관련된 실제 비즈니스 사례다.

고객들이 어디에서든 원하는 커피를 마실 수 있는 서비스를 제공하는 것으로 유명한 스타벅스는 포스퀘어를 이용해 가장 충성스러운 고객을 유인한다(중국에서는 지에팡을 사용한다). 체크인하는 고객에게 배지(바리스타 배지)를 수여하는 것 이외에 스타벅스는 "포스퀘어 메이어(Foursquare Mayor; 특정 장소에서 가장 많이 체크인한 사람에게 수여하는 최고 등급 – 옮긴이)"에게 특별 할인을 제공한다. 스타벅스의 메이어는 메이어 오퍼(Mayor Offer)를 가지고 할인가로 커피를 마실 수 있다. 예컨대 메이어는 다음과 같은 메시지를 통해 프라푸치노(Frappuccino) 한 잔을 1달러 저렴하게 구매할 수 있다. "이 지점의 메이어인 당신, 새로 출시된 원하는 대로 만들어 마실 수 있는 프라푸치노 블렌드를 즐겨보세요. 어떤 사이즈든, 어떤 맛이든 좋습니다. 이 제안은 6월 28일까지 유효합니다." 메이어에게는 금전적 보상 외에 지위도 주어진다. 메이어는 이 특정 장소를 "자랑할 수 있는 권한"을 가진다. 이 권한이 갖는 보상적 가치를 과소평가하지 말라.

이는 고객의 충성도와 가장 충성스러운 고객을 스타벅스가 인정한다는 표시다. 일반적으로 블렌드 음료를 마시려면 4달러 이상을 지불해야 한다는 점을 고려하면, 고객의 입장에서 프라푸치노 한 잔을 1달러 저렴하게 마실 수 있는 것은 꽤 괜찮은 편이다.

히스토리 채널은 포스퀘어를 이용해 누군가가 역사적인 장소에서 체크인을 할 때 그 장소에 대한 역사 정보를 제공한다. 예컨대 해당 도시에서 세워진 최초의 빌딩이나 최초로 엘리베이터를 설치한 곳을 알려준다.

또한 TV 프로그램과도 연관시켜 영화배우인 리브 슈라이버(Liev Schreiber)가 내레이션을 맡은 〈아메리카: 우리의 이야기(America: the Story of Us)〉에도 이용했다. 이 프로그램은 히스토리 채널이 제작한 TV 프로그램 중 가장 깊

| 동영상 |

유튜브(YouTube)에 따르면 2010년 한 해 동안에만 1,300만 시간에 해당하는 동영상이 업로드 되었고 분마다 35시간에 해당하는 동영상이 업로드되고 있다고 한다. 또한 조회되는 동영상의 수는 매년 56%씩 증가하

고 있다. 유튜브는 현재 인터넷에서 두 번째로 큰 규모의 검색 엔진이며 유튜브 사용자 3억 명 중 50%가 최소한 일주일에 한 번은 사이트를 방문한다(출처: 인게이지 미디어 2011 보고서 〈시프트[The Shift Report]〉).

동영상은 참여 전략에 파워부스터의 역할을 한다. 사용자들이 콘텐츠를 만들고 다른 이에게서 배우며 상호작용이 일어나기 때문이다. 동영상 호스팅 서비스는 인터넷 웹사이트에 개인이 동영상을 업로드할 수 있도록 한다. 그런 후 서버에 동영상을 저장하고 다른 이들이 이 동영상을 볼 수 있도록 여러 가지 코드를 부여한다.

동영상 서비스에는 유튜브와 유스트림(Ustream), 유쿠(Youku), 투도우(Tudou), 우부(Oovoo), 채즈플(Chatzppl) 등이 있다. 예를 들어, 유튜브 사용자의 32%는 건강 관련 동영상을 조회한다. 이는 음식이나 유명인 관련 동영상 조회 수보다 많은 수치다. 따라서 의료서비스 업체나 제약회사인 경우 이 도구는 고객들과 관계를 맺을 수 있는 좋은 방법이다.

기술이 진보하고 네트워크가 대용량 데이터 전송을 처리할 수 있게 되면서 어떤 기업들은 실시간 동영상 스트리밍이나 화상 채팅 등을 이용하기 시작하고 있다. 예컨대 우리는 소셜 미디어 종합(Social Media Aggregation) 페이지에서 IBM의 주요 기술 행사의 기조연설을 인터넷으로 실시간 방송한다. 이미 녹화된 동영상을 업로드하는 것과 달라서 동영상을 시청하는 참가자들은 실시간으로 사람들과 콘텐츠, 정보에 접근할 수 있다.

이처럼 신제품 출시 발표를 실시간 동영상으로 하는 방식은 고객과 분석가, 기자들이 모두 원거리에 있을 때 매우 인기를 끌고 있다. 이러한 동영상 협업 방식은 참여자들을 더욱 더 연결되도록 하고 관계를 맺을 수 있도록 해준다. 바로 실시간이기 때문에 멀리 떨어진 참가자들도 질문을 하고 발표자와 상호작용할 수 있다는 점이다.

동영상은 참여 전략에서 매우 강력한 부분이다.

|사례연구| **블렌텍(Blendtec)**

믹서기 제조업체인 블렌텍은 아마도 가장 유명한 동영상 캠페인을 실시한 기업일 것이다. 블렌텍의 CEO인 톰 딕슨(Tom Dickson)은 제품의 품질 수준을 확인하기 위해 나무 등을 넣고 믹서기를 종종 테스트했다. 새로 부임한 마케팅 담당자였던 조지 라이트(George Wright)는 이 엄격한 품질 기준을 고객들과 동영상으로 공유하는 것이 다른 기업과의 경쟁력의 차이를 보여주는 데 도움을 줄지 알아보기로 했다.

이들은 믹서기에 넣고 갈아버릴 100달러어치의 재료를 준비했다. 테스트의 시작은 자사 제품에 자신감이 흘러넘치는 CEO 톰 딕슨부터였다. 톰 딕슨이 나무에서 아이폰까지 모든 것을 믹서로 갈아버리면서 블렌텍은 거의 광적인 추종을 받게 되었다. 동영상 186개가 공개된 후 블렌텍의 매출은 700% 증가했으며, 유튜브 동영상 구독자는 20만 명이 넘었다. 또한 NBC 〈투데이쇼(The Today Show)〉, 〈투나잇쇼(The Tonight Show)〉, 히스토리 채널, 〈월스트리트 저널〉 등 주요 언론에도 보도되었다.

이들의 전략은 정보 전달과 짧은 게임 쇼를 혼합해 실감 나게 하는 것이었다. 구글과 야후에서 광고를 하기는 했지만, 유튜브에 올린 동영상이 바로 이들을 성공으로 이끌었다고 할 수 있다. 매우 재미있어 주변에 소문을 내지 않을 수 없게 만들었으니 말이다. 그리고 이 모든 것은 이 회사의 CEO와 혁신가가 품질을 확인하기 위해 자연스럽게 하던 행동에서 비롯된 것이다.

|사례연구| **보스턴 어린이 병원(Children's Hospital Boston)**

보스턴 어린이 병원은 어린이 보건을 위한 종합 병원이다. 이 병원은 미국 최대의 소아 의료 센터 중 하나로 신생아에서부터 21살까지의 어린이와 청소년을 위한 모든 종류의 의료 서비스를 제공한다.

이곳에는 벽 없는 소아 중환자실(The pediatric intensive Care Unit Without Walls)이 있다. 소아 중환자 치료에 대한 유명 임상의의 강의를 담은 동영상 도서관을 만들어 전 세계의 누구나 어디에서든 치료 자료를 접할 수 있도록 한 시범 프로젝트다. 동영상 도서관의 구체적인 목적은 전 세계 전문의들이 시뮬레이션과 교육을 활용해 중환자실에 있는 어린이 치료에 필수적인 여러 가지 주제에 대해 이야기하고 소아 호흡관리 방법을 설명하는 것이다.

2011 IBM 콘퍼런스에서 보스턴 어린이 병원의 중증환자 의학회(Critical Care Medicine Program) 회장인 제프리 번스(Jeffery Burns) 박사는 세계 다른 의사와의 좀 더 많은 협력이 필요하다고 주장했다. 하지만 시간과 공간의 제약으로 보스턴에 있는 번스 박사의 기술을 참관하고 싶다는 다른 의사들의 수많은 요청을 거절해야 했다.

그러던 중 그는 자신의 아들이 엑스박스 라이브(Xbox LIVE; 마이크로소프트 사가 만들어 운영하고 있는 온라인 멀티 플레이 게임 서비스 - 옮긴이)를 가지고 노는 것을 바라보다가 처음으로 "아하"라는 깨달음을 얻었다. 아들은 한 번도 만난 적이 없는 전 세계 사람들과 함께 게임을 하고 있었다. 마치 번스 박사의 국제 협력 팀이 실시간으로 문제를 해결하기 위해 함께 일할 필요가 있는 것처럼 말이다. 두 번째로 "아하"라고 깨달은 순간은 마스터스 골프(Masters Golf) 경기를 보고 있을 때였다. 그는 경기에서 우승한 선수가 자신의 마지막 퍼팅 장면을 실시간 비디오로 보여주며 동시에 HD 비디오로 연설을 하고 있는 것을 보았다. 같은 인터넷 페이지에는 아바타가 등장해, 사용자들이 승리를 결정지은 마지막 퍼팅을 직접 경험할 수 있었다.

그는 전 세계 의사들이 협력을 위해 마스터스 골프와 같은 방법을 사용할 수 있도록 하기 위해 IBM에 전화를 걸었다. 현재 번스 박사는 USB에도 저장해서 가지고 다닐 수 있는 "벽 없는 PICU"라는 솔루션을 테스트하고 있으며 대중의 "지혜"와 세계적인 참여를 이끌어내기 위해 소셜 네트워크 모델을 사용하고 있다. 그는 서로 다른 문제를 가진 여러 지역에서 문제를 어떻게 해결해야 하는지에 대한 비디오를 보여줄 수 있고 시뮬레이션 모델로 여러 가지 방법을 보여주는 아바타를 사용할 수 있다. 이 소셜 러닝은 비디오를 이용하지만 게임 기술이 첨가된 비디오라는 점에서 여타의 비디오 교육 자료와는 다르다. 우리는 앞으로도 이 소셜 러닝 실험의 진행 상태를 계속 지켜볼 것이다.

|사례연구| 썬 라이프 파이낸셜(Sun Life Financial)

올랜도에서 열린 2011 IBM 소셜 비즈니스 포럼에서 썬 라이프 파이낸셜의 협력 서비스 담당자인 토머스 앵거(Thomas Anger)는 썬 라이프가 직원들을 어떻게 참여시켰는지에 대해 설명했다. 썬 라이프 파이낸셜은 캐나다의 금융 서비스 기업이다.

썬 라이프는 전 세계 직원들로부터 최고의 아이디어를 얻어내기 위해 3개월간 아이디어쉐어(IdeaShare)라는 경연대회를 시작했다. 이 대회는 직원들이 서로 아이디어를 만들고 개선할 수 있도록 설계되었다. 직원들의 참여를 독려하기 위해 시장 개발 부사장과 그룹 복지 선임부사장, 두 임원이 아바타로 등장해 아이디어 경연대회에 대해 설명하는 비디오를 만들어 직원들의 흥미를 돋웠다. 이 비디오는 빠르게 확산되었고 사내 커뮤니티에서 보다 많은 직원들을 참여시키는 결과를 이끌어냈다. 사실, 이 비디오 덕분에 250개나 되는 새로운 아이디어가 등장했다.

여기에는 고객들이 전화를 걸 때 기존의 신분 증명 방법을 개선하는 아이디어와 고객을 대할 때 온라인 대면은 늘리고 서류 작업은 줄일 수 있는 새로운 방법에 대한 아이디어가 포함되었다. 또 다른 결과물로는 썬 라이프 사내 협업 도구에 대한 인지와 참여가 증가해 그 사용량이 매달 10%씩 증가하고 있다는 점이다.

5개월이 지난 후, 이 대회를 통해 아이디어 330개와 의견 932개가 도출되었고 이러한 아이디어와 의견에 대해 그룹 복지 부문과 고객 관리 센터의 직원들 4,300명은 투표를 했다. 그 결과 서비스와 상품 개선에 대한 7가지 아이디어가 실행되었다. 토머스 앵거는 포럼에서 이렇게 설명했다. "1년 전만 해도 서로 존재조차 모르고 살았던 사람들이 정보를 공유하고 있습니다. 그리고 이 새로운 "사람 대 사람"의 연결은 기업에 이득을 가져오기 시작했습니다. 직원 간 협력이 증가하고 쓸데없는 시간 낭비가 줄어들었으며 제품 구상에서 판매까지 걸리는 시간을 대폭 단축시켰습니다. 우리 직원들은 지금 유례없이 서로 연결되어 있습니다."

자세한 이야기는 아래 주소를 통해 유튜브에서 찾아보자.
http://www.youtube.com/watch?v=6Wgwn5R3EQQ.

| 미래의 참여 도구 실험 |

지금까지 아무런 결과도 내놓지 못한 세 가지 참여 도구가 있다. 하지만 내게 이 세 도구는 미래의 참여 방식을 보여준다. 나는 이 세 가지 도구에 대한 실험이 우리가 모든 종류의 도구와 상호작용하는 방식을 바꿔줄 것이라고 믿는다.

첫째, 현재 자동화된 혹은 "과도하게 수동적인(hyperpassive)" 체크인으로 알려진 새로운 방법이 존재한다. 자동화된 체크인이란 상점이나 특정 위치가 자동으로 당신을 체크인할 수 있는 기기를 갖추고 있어 고객이나 잠재 고객이 적극적으로 체크인하지 않아도 쿠폰을 발행하거나 보상을 해주는 것을 의미한다. 은행에서 어떤 종류의 고객들이 은행 창구를 이용하는지 알아보기 위해 문을 열고 들어오는 사람을 체크인할 수도 있고, ATM이 방문 패턴에 기반을 두어 적절한 서비스를 제공하기 위해 체크인할 수도 있다.

둘째, 위치에 기반을 두고 좀 더 많은 정보를 기업에 제공하는 어시스티드 세렌디피티(Assisted Serendipity)와 같은 새로운 서비스가 있다. 사이트에 의하면, 어시스티드 세렌디피티는 당신이 자주 드나드는 곳의 남녀 비율이 당신이 선호하는 수준일 때 알려주는 무료 서비스다. 포스퀘어의 체크인 데이터를 이용해 이들은 당신이 관심을 두는 장소를 추적 관찰하고 남녀의 성비가 당신이 정의한 수준이 되면 알려준다. 예컨대 당신이 타깃 소비자층을 엄마들로 정의하고 엄마들이 특정 상점에 많이 모일 때 할인을 제공하고 싶어 할 수도 있다. 혹은 누가 상점에 있는지를 알고 이를 기반으로 맞춤 강좌를 열 수도 있다. 또한 요리 강좌를 열거나 최신 전동 공구에 대한 강좌를 열 수도 있다. 자신의 타깃 소비자층에 맞춘 할인이나 강좌를 언제 사용해야 할 것인지 아는 것은 전략에 매우 귀중한 정보가 될 수 있다.

마지막으로, 사람들이 밴드처럼 손목에 찰 수 있는 RFID(Radio Frequency Identification; 주파수를 이용해 개체의 정보를 관리하는 인식 기술 — 옮긴이)로 당신의 소셜 네트워크 프로필을 저장할 수 있다. 인게이지 미디어(en.gauage media)의 2011년 〈시프트〉 보고서에 의하면 18세에서 25세 사이의 사람 중 96% 이상이 소셜 네트워크 프로필을 가지고 있다고 한다. 따라서 RFID 밴드를 사용하면 기업이 페이스북이나 커뮤니티 등의 가상 세계와 현실 세계를 연결해 사용할 수 있다. 이러한 기술을 실험하고 있는 기업 사례 3개를 아래에 실었다.

|사례연구| 코카콜라 빌리지(Coca-Cola Village)

코카콜라 컴퍼니는 소셜을 현실의 경험에 적용하면서 코카콜라 빌리지에 10대들을 끌어들이고 있다. 이 빌리지는 수상 스포츠와 일광욕, 10대들을 위한 놀이공원 스타일의 활동들로 2일에서 3일간 그곳을 경험할 수 있도록 한다. 이 빌리지는 세계 곳곳에 존재하지만, 그중에서 이스라엘에 위치한 빌리지가 RFID 팔찌로 새로운 실험을 하고 있다. 학생들은 이곳에 도착하면 자신의 페이스북 ID를 RFID 신호를 보내는 ID 팔찌를 받게 된다.

학생들이 빌리지 곳곳에서 모험을 하며 특정 활동에 "좋아요" 표시를 하면 이들의 페이스북 페이지에 그 정보가 나타나게 된다. 아이들은 또한 ID 팔찌를 흔들어주는 행동만으로도 거리에 있는 사진가들이 찍어준 사진을 페이스북에 올릴 수 있다. 이 RFID 기반의 솔루션은 코카콜라 이스라엘이 경험을 기반으로 하는 이벤트로 페이스북 친구들, 그리고 실시간으로 함께 참가하는 모든 이들을 동시에 동기화할 수 있도록 했다.

이들은 빌리지에서 경험을 한 후에 브랜드로서의 코카콜라와 10대들의 커뮤니티 사이의 상호작용이 어떻게 변화했는지를 측정한다. 현재 공식 데이터는 수집이 불가능하지만 이들은 전 세계 다른 빌리지로 이 경험을 확대하고 있다.

|사례연구| 구세군

런던에 본부를 둔 구세군은 혁신적인 참여 방법을 이용하고 있다. 구세군은 18세에서 29세의 사람들을 대상으로 국제청소년포럼(International Youth Forum)을 개최했다. 이들은 포럼에서 포큰(Poken)이라는 소셜 네트워크 기기를 사용했다. 포큰은 페이스북과 같은 연락처 정보를 담고 있는 기기다. 자신의 포큰을 다른 포큰과 맞대면 연락처 정보가 자동으로 교환된다.

구세군의 최고 정보 책임자(Chief Information Officer)인 마크 캘러랜(Mark Calleran)에 의하면 행사 기간 동안 상호작용(친구 사귀기)이 3만 1,000건 이상 일어났다고 한다. 가장 "포큰을 많이 사용한 사람" 세 명은 각각 215명과 190명, 170명을 친구로 만들었다. 게다가 이들은 포큰을 통해 실시간 동영상 리뷰를 수 없이 올리기도 했다. 코카콜라의 경우에서와 마찬가지로 참여전략이란 한 번 함께 모인 커뮤니티가 행사 이후에도 계속 연락하며 지낼 수 있도록 하는 방법을 찾는 것이다. 그리고 지금까지 이 커뮤니티는 참여를 지속하고 있다.

|사례연구| 아메리칸 이글(American Eagle)

아메리칸 이글(American Eagle Outfitters)은 피츠버그에 본사를 둔 미국의 의류 및 액세서리 소매 기업이다. 이들은 현재 샵킥(Shopkick)이라는 애플리케이션을 통해 수동적 체크인을 통한 새로운 종류의 참여를 실험하고 있다. 샵킥 애플리케이션을 가진 고객이 아메리칸 이글 상점에 들어서면 모바일 기기를 통해 즉시 인식된다. 고객은 메시지를 받고 해당 상점 내에서 사용할 수 있는 포인트를 받는다. 이 애플리케이션은 상품을 훑어보고 더 많은 포인트를 얻거나 할인가를 제공받는 데 사용될 수 있다. 아메리칸 이글은 상점에 걸어 들어가거나 탈의실에 들어갈 때 작동되는 반자동식 체크인을 시작했다. 상점에서의 활동에 대해 "킥벅(kickbucks)"이라는 쿠폰을 받고 추후에 구매 시 사용할 수 있다.

예를 들어보자. 어느 날 아메리칸 이글은 샵킥 체크인 시 40%를 할인해주겠다는 광고를 했다. 이 소비자 참여는 상점(Point of Sale, POS)에서의 경험과 통합되어 있다. 이 모바일 애플리케이션은 사용이 쉽고 할인율이 높아서 저렴한 상품을 파는 곳을 제시하고 쇼핑 예산을 짜는 데 도움을 주는 사이트인 버짓 패셔니스타(Budget Fashionista)에서 선정한 10대 모바일 쇼핑 앱스 리스트에도 올랐다. 샵킥의 페이스북 페이지에는 아메리칸 이글뿐 아니라 베스트 바이(Best Buy; 미국 최대의 전자제품 소매 판매 회사 - 옮긴이)나 메이시스(Macy's; 미국의 백화점 - 옮긴이), 웨트실(Wet Seal; 미국의 청소년 패션 브랜드 - 옮긴이)에서 이 애플리케이션을 사용하는 것에 대해 "좋아요" 표시가 많이 되어 있다.

통합하라

각기 다른 비즈니스 프로세스와 소셜 도구, 사람들에서 고객과 직원의 경험을 통합할 수 있는 것은 매우 중요한 일이다. 광고를 보고 그 내용에 완전히 몰입해서 인터넷에 접속했는데 완전히 다른 경험을 한다고 상상해보라. 또는 크라우드소싱이나 시장에서의 참여에서 얻은 경험과는 완전히 다른 경험을 고객 서비스에서 겪는다고 상상해보라.

앞에서 다룬 사례들은 기업의 전략 중 한 가지 요소에 중점을 두었지만, 모든 과정이 도구와 목표, 목적에 상관없이 통합되어 있는 것임을 믿어야 한다.

청중을 끌어들이고자 한다면 사람들은 트위터와 링크드인, 페이스북과 같이 한 가지 이상의 소셜 도구를 이용하며 기자나 고객, 직원 등 여러 사람과 블로고스피어를 통해 이야기한다는 사실을 기억하라. 또한 이들이 마케팅, 고객 지원, 제품혁신, 커뮤니케이션, 판매 등, 한 가지 이상의 비즈니스 프로세스에서 당신과 관계를 맺고 있다는 것을 알아야 한다.

당신의 참여 전략이 통합된 메시지와 접근법을 가지고 있는지 확인하라. 모든 디지털 접점이 당신의 온라인 브랜드 생태계의 일부임을 생각하라.

계획해야 할 통합의 분야는 아래와 같다.

- 비즈니스 프로세스 (여기에 대해서는 제5장 "비즈니스 프로세스를 네트워크로 만들어라"를 참고하라)

- 소셜 도구
- 생태계 (직원, 고객, 기자, 영향력 주도층 등)

여기에서 소개하는 사례는 이러한 개념의 일부를 보여준다.

|사례연구| **뱅크오브뉴욕멜론(BNY Mellon)**

뱅크오브뉴욕멜론은 멜론 파이낸셜(Mellon Financial Corporation)과 뱅크오브뉴욕(Bank of New York)의 합병으로 2007년 탄생했다. BNY 멜론은 투자 관리와 투자 서비스에서 선두를 차지하고 있다.

BNY 멜론은 직원들이 서로 연결되고 업무 고민에서부터 개인적인 관심사에 이르기까지 아이디어를 공유할 수 있도록 사내 소셜 비즈니스 실행을 위한 통합적인 방법을 원했다. 그리고 4만 명에 이르는 직원들이 일상적으로 이 통합된 커뮤니티를 사용하며 업무에 자연스레 포함시키기를 원했다. 팀소스(TeamSource)라 명명된 이 새로운 통합 커뮤니티는 하나의 통합된 모델에서 직원들에게 광장을 제공해 관심사를 공유하고 협력해서 프로젝트를 완성하도록 해준다. 직원들은 트윗과 사내 커뮤니티를 볼 수 있고 소셜 직원이 될 수 있다.

BNY 멜론의 부사장이자 최고 정보 책임자는 이렇게 말했다. "팀소스는 직원 간 연결을 확립하고 지식의 인지와 에너지, 커뮤니케이션을 증가시키며 우리 직원들 사이의 네트워크를 키우는 데 중점을 둔다. 그리고 이는 높은 성과로 이어진다. 팀소스는 직원들이 프로필 페이지(사진을 포함함)를 만들고 트위터 상태를 업데이트하며 자기만의 사내 네트워크를 만들고 공통의 관심사와 업무를 가진 사람들의 커뮤니티에 가입할 수 있는 기회를 제공하는 웹 베이스 솔루션이다." (출처: 2011년 BNY 멜론, http://bnymellon.mediaroom.com/index.php?s=43&item=1517)

2011년, BNY 멜론은 팀소스 솔루션으로 가장 탁월한 CIO에게 수여되는 CIO 100 어워드(CIO 100 Award)를 수상했다.

1-800-플라워닷컴의 사장인 크리스 맥맨(Chris McMann)은 2011년 올랜도에서 열린 IBM 소셜 비즈니스 이벤트에서 소셜 비즈니스가 된 자신의 우수 사례 몇 가지를 소개했다. 그의 목표는 단순했지만 중요했다. 회사 전체의 비즈니스 프로세스에서 그의 목표와 비전을 통합하는 것이었다. 그는 고객들과 마케팅 외의 판매, 고객 서비스, 제품 개발 등 다양한 분야에서 접촉할 수 있다는 사실을 절대로 잊지 않았다.

예를 들어, 1-800-플라워닷컴의 원거리 콜센터에는 사내 직원 커뮤니티를 만들어 기업 문화에 계속 접하도록 했다. 크리스 맥맨은 직원들이 회사를 대표한다는 사실을 알고 있었고 기업 문화가 항상 새로워지고 서로를 배려할 수 있도록 유지하고 싶었다. 그는 직원들이 브레인스토밍을 통해 목표에 다다르고 자신을 표현할 수 있는 더 나은 방법을 찾아내도록 했다.

외면적으로는 1-800-플라워닷컴의 직원들은 특히 어버이날이나 밸런타인데이와 같은 특별한 날, 트위터와 페이스북을 관찰해 고객의 니즈를 좀 더 빠르게 포착할 수 있다. 경쟁사들은 이러한 소셜 도구를 이용하지 않았다. 경쟁사들이 고객의 불만이 커지는 것을 목격하고 있는 동안, 1-800-플라워닷컴은 고객에 대한 빠른 대응과 보살핌으로 긍정적인 반응을 얻고 있었다.

게다가 1-800-플라워닷컴은 새로운 상품을 크라우드소싱하는 데 고객들이 참여하길 바랐다. 그뿐 아니라 고객들이 어버이날 새로운 상품을 크라우드소싱으로 개발하도록 했다. 고객들이 직접 만든 동영상을 원천으로 1-800-플라워닷컴은 감동적인 동영상뿐 아니라 《어머니를 위해(Celebrating Moms)》라는 고객들의 개인적인 이야기가 담긴 책을 만들었다. 이 두 가지 모두 어버이날을 위한 제품으로 팔리고 있으며 1-800-플라워닷컴과 고객 사이의 관계에서 전통이 되었다.

또한 1-800-플라워닷컴은 여기에서 더 나아가 고객들을 위해 소셜 기술을 통합했다. 예를 들어, 웹사이트와 이메일에서 페이스북 생일 알리미를 통합하고 웹사이트에서 "좋아요"를 홍보하며 페이스북 상점을 시작했다. 이들은 가상 선물도 실험하고 있다.

감정적 연결과 개인화를 이용하라

개인화된 경험에서 오는 감정적 연결을 절대로 소홀히 취급하지 말라. 고객과 그들의 고통, 혹은 그들이 당신의 웹사이트를 방문하는 방법을 인지할 수 있다는 사실은 매우 중요하다. 당신의 기업은 고객들을 끌어모을 이례적인 경험을 구성할 핵심 요소가 필요하다. 훌륭한 고객 경험은 행동 주도의 웹 분석에 기반을 둔 자세한 개인화를 제공한다.

개인화는 개인의 관심에 기반을 둔다. 이는 구매 제품이나 조회 페이지와 같이 고객이 무엇을 원하는지 암시할 수 있는 데이터에 기반을 두고 변화하는 것을 의미한다. 사이트가 순위나 선호도와 같은 명시적 데이터만을 사용할 때 주문 제작이라는 용어가 사용된다. 예를 들어, 페이스북에서 광고를 클릭해 당신의 제품 페이지에 사용자들이 도착한다면 그 사용자를 "소셜 유저(social user)"로 분류하고 그 사용자에 맞춰 제품 페이지를 변경해 좀 더 많은 소셜 역량과 커뮤니티, 혹은 이 페이지를 좋아할 페이스북 친구를 제시한다. 만약 유튜브에서 광고를 클릭해 제품 페이지에 도착한다면 그 사용자를 "동영상 유저(video user)"로 분류하고 좀 더 많은 미디어와 동영상 역량을 제공할 수 있다. 두 사례 모두

에서 제품 페이지는 동일하지만 웹 분석을 통한 행동 기반의 개인화를
사용해 사용자의 특징과 온라인 행동에 따라 화면이 바뀔 수 있다.

이례적인 경험을 제공하는 다양한 개인화 기술이 존재한다. 가장 널
리 사용되는 기술은 아래와 같다.

- 역할 기반의 개인화: 직업과 관련된 정보에 접근.
- 규칙 기반의 개인화: 비즈니스 로직(규칙)에 의해 제어되는 고객에
  대한 지식을 기반으로 정보를 보여주거나 전송.
- 행동 기반의 개인화: 사용자의 온라인 검색 행동을 기반으로 정보
  를 보여주거나 전송.
- 공동 필터링: 다른 사용자의 선택을 기반으로 사용자에게 추천을 함.
- 적응적 웹 개인화(adaptive web personalization; 웹 사이트를 다양한 고객
  의 특성에 맞게 변경시키는 기술 - 옮긴이): 사용자가 이전에 선택했던
  것을 기반으로 미리 선택사항을 정함.

개인화는 참여의 핵심이다. 고객이 자신이 보고 싶은 것을 볼 수 있기
때문이다(그리고 이들은 다시 돌아온다). 아래에 제시한 사례들은 참여의
개인화 측면에 대한 실제 사례다.

파베르제는 러시아와 미국에 기반을 둔 기업으로 사치품과 세계 유일의 예술 작품, 보석 등을 판매한다. 이 회사는 비즈니스 모델에 새로운 활력을 주고 프리미엄 명품 브랜드로 지위를 확고히 하고 싶었다. 그리고 보통 인터넷에서 대량으로 무인 판매하는 방식을 피해 고가의 사치품을 판매하는 온라인 접근법을 정의하고 싶었다. 주요 목표는 전통적인 고급 부티크 상점에서처럼 각각의 고객에게 전용 판매 담당자를 제공해 진정한 상호작용의 경험을 주는 것이었다.

새로운 사이트는 모든 고객의 상호활동이 이루어지고 이로 인해 물리적인 상점 네트워크의 제약이나 비용 없이 전 세계적인 접근이 가능한 허브가 되어야 했다. 핵심은 고객이 언제 어디서나 어떻게 구매할지 결정할 수 있도록 하는 것이었다. 새로운 온라인 경험으로 파베르제는 전용 살롱에서 일대일 VIP 대접을 받는 것과 같이 다양한 서비스와 제품을 갖춘 백화점이라는 인상을 심어 주었다.

이들은 전통적인 고급 사치품 쇼핑 과정의 핵심 요소를 매우 높은 수준의 상호활동과 개인 서비스를 바탕으로 하는 전통적인 VIP 전용 판매 방법을 반영하는 새로운 온라인 쇼핑 패러다임으로 옮겼다. 그래서 잠재적인 고객들이 파베르제 제품을 살펴보고 상호작용할 수 있는 전용 "내실(inner sanctum)"에 접근하기 위해서는 특정한 프로세스를 거쳐야 한다. 신뢰를 형성한 고객에게는 더 많은 제품 카탈로그가 공개된다. 대량 무인 판매를 피해 전용 판매 담당자가 제공되고 고객의 재량에 따라 이 대리인들은 인터넷으로 고객과 서로 대화를 나누고 고객의 브라우저에서 고객과 함께 제품을 살펴본다.

파베르제는 스토리텔링이라는 개인적인 손길과 디자인의 원천을 보여주는 뛰어난 애니메이션, 그리고 영감을 주는 스토리보드를 통합하는 훌륭한 성과를 이루었다. 그 결과 다층화된 접근, 세부사항 설명, 정보 탐색의 환경이 가능해졌다. 고객들은 채팅이나 전화, 화상 회의를 통해 11개 국어로 365일 24시간 파베르제 담당자들과 연결할 수 있다.

주문한 제품은 직접 전달되고 사이트에서 나만을 위한 제품 시연 스케줄을 조정할 수 있다. 그뿐 아니라 사이트에서는 고객들이 동영상이나 전화, 실시간

채팅을 통해 일대일 서비스를 공급해주는 개인 판매 담당자를 통해 구입할 수 있는 선택권을 준다. 이 사이트가 훌륭한 이유는 파베르제가 이처럼 매우 개인적인 방식으로 온라인과 오프라인의 경험을 통합했다는 점이다.

파베르제는 모든 고급 제품 브랜드의 기준을 설정함과 동시에 극적으로 사업을 회복시켰다. 상징적인 보석상인 파베르제는 비즈니스 전략의 일부로서 실행한 이 방법 덕분에 재정적 성과를 크게 개선하며 회사의 운명을 극적으로 바꾸고 있다.

|사례연구| 하포알림 은행(Bank Hapoalim)

하포알림 은행은 이스라엘 최대의 은행으로, 직원 수는 1만 명 이상이며 이스라엘과 아시아, 호주, 유럽, 남아메리카와 북아메리카 등지에 많은 지점을 두고 있다. 정보와 지식을 관리하기 위한 더 나은 방법이 필요하게 되면서 이 은행은 새로운 과제에 직면하게 되었다.

이들은 정보, 전문성, 팀 프로젝트, 포럼, 커뮤니티의 개인화된 역할을 기반으로 한 접근법으로 직원들과 관계를 형성하기로 했다. 역할에 기반을 둔 개인화된 틀을 사용해 현재 하포알림 은행에는 전문 사이트가 28개 있다.

모든 전문 역할에는 맞춤 솔루션이 있고 필요에 맞게 매우 개인화되어 있다. 이 가상 업무 공간은 모든 정보와 애플리케이션, 전문지식에의 접근, 그리고 일과 관련된 여타의 자원을 지원한다. 각각의 역할 그룹은 자신의 가상 업무 공간에 주인의식을 가져야 하고 직원들 스스로가 콘텐츠 작성자가 되어야 한다.

이 개인화된 역할 기반의 공간은 하포알림 은행의 주요 커뮤니케이션 창구가 되었고 직원들의 참여를 위한 관문이 되었다. 또한 각기 다른 역할의 직원들이 업무를 하는 데 필요한 모든 것을 제공해주는 효과적인 가상 업무 공간의 역할까지 하게 되었다. 한편 이 공간은 철저히 사용자 중심적이어서 이러한 꼬리표를 달았다. "지식이 당신을 위해 작동하는 곳"

모든 직원은 아침에 컴퓨터를 켜자마자 맨 처음 사이트에 접속한다. 얼마나 참여적인가!

참여란 개인적인 연결, 즉 관계다.

그런 의미에서 새로운 소셜 직원과 고객을 이해하는 것은 적절한 기대를 설정하는 데 중요하다. 이들이 존재함을 인지하는 것이 첫 단계다.

참여, 그리고 관계의 원칙은 당신의 회사를 단순하지만 중요한 목표로 향하게 만든다. 이러한 이례적인 경험이 당신의 회사가 고객이나 직원, 그리고 영향력 주도층들과 유대관계를 맺는 데 도움을 준다.

고객이나 직원과의 적극적인 상호작용과 온라인과 오프라인의 통합, 그리고 고객이나 직원을 인지하고 관계를 맺을 때 참여는 강화될 수 있다. 회사 내에서 시작하든 외부에서 시작하든, 참여 전략은 이례적인 경험에 매우 중요하다. 우리가 수많은 사례를 통해 살펴보았듯, 이 참여, 그리고 관계의 경험은 당신의 회사를 좀 더 유의미하게 만들어준다.

이를 위해서는 장기적인 관점에서 자원과 개발에 중점을 둘 필요가 있다. 이는 단순히 잠재 고객에게만 초점을 맞추는 것보다 훨씬 더 큰 결과를 가져오기에 노력을 할 만한 가치가 있다. 다음 장으로 넘어가기 전에 자신의 참여 전략을 정의하라. 당신의 고객과 직원은 어떻게 바뀌어야 하는지, 그리고 확인하고 싶은 핵심 포인트는 무엇인지가 소셜 비즈니스 거버넌스 모델에 명시되어 있어야 한다.

제5장에서는 소셜 비즈니스 어젠다가 비즈니스 프로세스 전체에서 어떻게 도움을 주는지 계속 알아볼 것이다.

5

비즈니스 프로세스를 네트워크로 만들어라

(Social) Network Your Business Processes

"프로세스를 소셜로 가능하게 하는 것이 바로
경쟁력 있는 무기의 핵심이다."

_제레미야 오양, 알티미터 그룹

"Socially enabling
your processes is a key
competitive weapon."
Jeremiah Owyang,
Altimeter Group

프로세스를 (소셜) 네트워크로 만들어라

소셜 비즈니스는 더 큰 경쟁력과 효율성을 위해 모든 프로세스에 소셜 도구와 소셜 기술을 포함한다. 그리고 이 프로세스는 비즈니스가 운영되는 방식을 조직화한다. 대부분의 기업은 신입 사원을 선발하고 신규 자본을 유치하며 거래를 완결하는 등 여러 경우에 사용하기 위한 프로세스가 확립되어 있다. 나는 이 장에서 왜 그리고 어떻게 현재의 프로세스를 재설계하거나 소셜 도구와 기술을 이용해 좀 더 효율적으로 만들지를 고려해야 하는지에 대해 설명할 것이다.

비즈니스 프로세스를 관리하는 프로세스마저 이제는 소셜화하고 있다. 이에 IBM은 블루웍스 라이브(Blueworks Live)를 소개했다. 블루웍스 라이브는 조직의 비즈니스 프로세스를 발견하고 설계하는 동시에 자동화하고 관리하는 클라우드 기반의 비즈니스 프로세스 관리 도구다. 긴급 지원 서비스와 여행 보험에서 세계 1위인 몬디알 어시스턴스 그룹(Mondial Assistance Group)은 경영 프로세스의 질과 효율성을 높이기 위해 블루웍스 라이브를 이용하기 시작했고, 그 첫해에 수백만 유로를 절감할 수 있었다. 이 기업용 프로그램은 기업이 스스로를 개선하기 위해 협력할 수 있도록 도울 뿐 아니라 쉽게 사용할 수 있는 도구를 이용해 프로세스에 대한 지식을 수집하고 교환할 수 있도록 해준다.

과거에는 조직 내의 계층을 통해 회사와 고객, 파트너에 대한 정보를 다루고 이해했다. 그러나 프로세스가 잘 확립된 경우, 그림 5.1에서 볼 수 있듯이 중요하거나 이례적이거나 상부의 허락을 받아야 하는 정보들만 상위 계급으로 전달되었다.

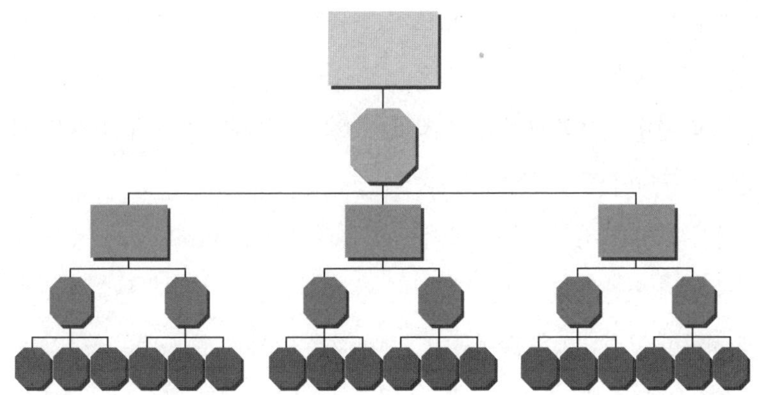

그림 5.1 현대의 일반적인 조직 구조

오늘날 소셜 세계에서의 문제점은 방대한 양의 정보가 조직도를 흘러 다닌다는 점이다. 그 정보를 가지고 무엇을 해야 할지 알아낼 수 있는 사람이나 재능, 의미, 혹은 프로세스가 부족할 때는 정보가 한 점에 갇혀있게 된다. 즉 우리의 부주의로 정보가 사용되지도 않은 채 사라질 수 있다.

소셜 비즈니스는 이 문제에 매우 다르게 접근한다. 물론 소셜 비즈니스도 그림 5.2와 같이 조직도가 있고 경계선이 있다.

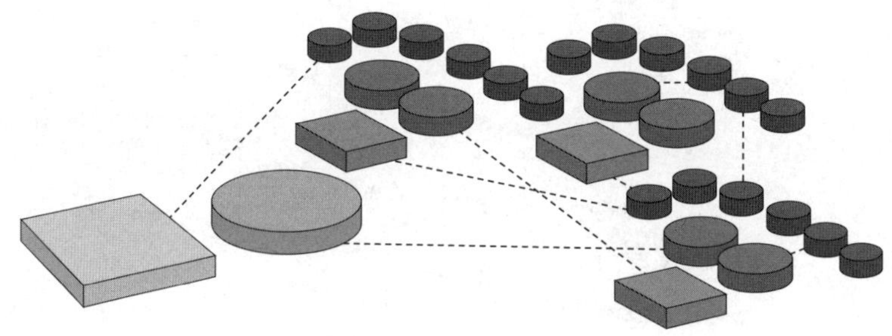

그림 5.2 소셜 비즈니스 조직 흐름도

하지만 소셜 비즈니스는 이 조직도와 경계가 정보의 흐름에 영향을 미친다고 생각하지 않는다. 소셜 비즈니스는 소셜 기술을 이용해 필요한 사람에게 정보를 전송하고 정보의 흐름에 통제나 비공개와 같은 일반적인 규칙이 적용되는지 확인한다.

이러한 여과 장치와 규칙을 준수함으로써 소셜 비즈니스는 조직 내 계급 안에 있건 혹은 기업의 외부에 있건 상관없이 정보의 원활한 흐름에 적합한 구성요소를 끌어들인다. 이 같은 방식은 우리의 비즈니스 프로세스 재 검토를 필요로 하는 매우 급진적인 소셜과 기술상의 혁명이다. 또한 소셜 비즈니스는 필요에 따라 조직도와 조직, 심지어는 기업의 경계선을 넘어 실시간으로 연결이 이루어졌다 해제되었다 하면서 우리가 필요로 하는 것을 우리가 필요로 할 때 전달할 수 있도록 한다.

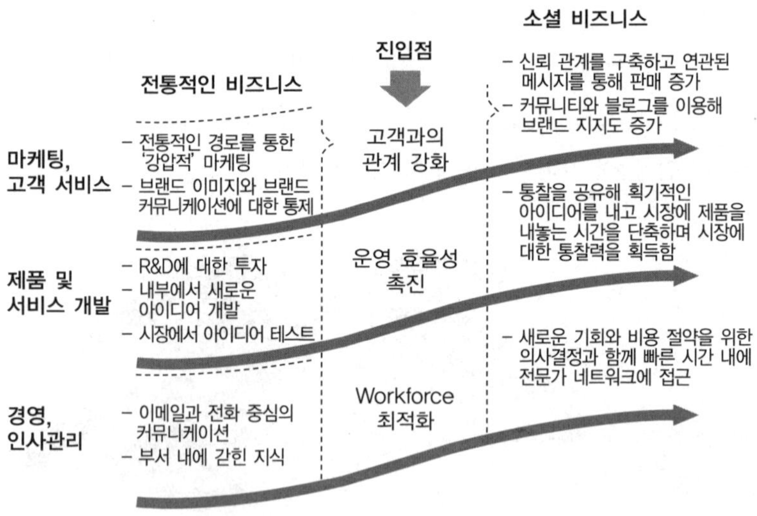

그림 5.3 프로세스에 소셜로 권한 부여

이것이 그림 5.3에서 묘사하는 '비즈니스 프로세스를 소셜 네트워크로 만들어라'다.

여러 사례를 살펴보며 비즈니스 프로세스가 소셜 네트워크화되면서 기업의 다양한 사업 부분과 프로세스에 어떤 의미를 갖는지 알아보자. 그림 5.3을 보면 대부분의 소셜 비즈니스 프로세스가 가장 중점을 두는 부분이 마케팅과 고객 서비스, 제품 및 서비스 개발, 경영, HR, 그리고 인재 경영이라는 것을 확인할 수 있다.

전통적인 기업은 마케팅과 고객 서비스를 통제하려 한다. 예컨대, 마케팅 시 기업이 선호하는 메시지를 강요하거나 고객 서비스 측면에서 고객과 관련한 사건의 해결 방법을 사건이 벌어지기도 전에 정해놓기도 한다. 혹은 그런 문제가 발생했을 때 비밀스럽게 처리하기도 한다. 그러나 소셜 비즈니스에서는 전통적인 기업과는 다른 목표로 마케팅과 고객 서비스를 실행한다. 바로 고객과 관계를 구축해 고객의 지지를 얻어내는 것이다. 즉 고객이 있는 곳으로 가 그들을 끌어모으고 적극적으로 고객의 문제를 해결하며 심지어는 공개적으로 자신들의 실패를 인정하고 도움을 요청한다.

기존의 마케팅과 고객 서비스 관점에서, 이러한 소셜 비즈니스 프로세스 관점은 매우 색다른 접근법이다. 그러나 "통제"에서 "투명과 개방"으로 변화하는 문화적 변혁은 소셜 비즈니스(그리고 이 책)의 주된 주제다. 실제로 경영진이 좋아하거나 싫어하거나 마케팅뿐 아니라 비즈니스 자체는 통제될 수 없다. 소셜 비즈니스에 있어서 개방성과 투명성은 경쟁점 이점이다. 그러니 소셜 비즈니스로 탈바꿈하고 싶다면 프로세스에 이 개념을 포함하라!

마찬가지로 제품 개발 역시 소셜 비즈니스에서는 완전히 달라진다. 전통적인 비즈니스에서는 R&D 파트가 상대적으로 격리된 방식으로 아이디어를 제품으로 만들어낸다.

그러나 소셜 비즈니스에서 R&D는 통찰을 공유하는 프로세스를 통해 획기적인 아이디어를 개발한다. 기업 전체에서, 그리고 심지어는 중요한 고객이나 파트너와 함께 기업의 경계를 넘어서 통찰을 공유한다. 그 결과 더 나은 제품을 더 빨리 만들어내게 된다. 기술 산업의 경우 소셜 애플리케이션 개발 움직임이 있을 정도다. 소셜 애플리케이션이 개발되면 개발자들은 애플리케이션 개발 플랫폼에 포함된 소셜과 협력적인 솔루션에 직접 접근해서 쉽게 협력할 수 있고 소프트웨어 프로그램 작업을 하면서 비슷한 코드를 검색할 수 있게 된다. 또한 새로운 소프트웨어 코드를 테스트할 책임이 있는 사용자는 다른 소프트웨어 테스트 책임자들이 공유한 비슷한 문제점과 해결법을 찾아낼 수 있다.

기업 운영과 HR 프로세스 역시 변화한다. 전통적인 비즈니스에서 우리는 고정된 구조에 따라 사람들을 조직하고 기존에 정의된 패턴과 시간 안에서 이메일과 전화로 상호작용한다. 각각의 그룹마다 목표가 있기 때문에 기업 외부와는 물론이고 기업 내부에서도 인재와 전문 지식을 공유하지 않는다.

소셜 비즈니스에 있어서 기업과 파트너 그리고 기업과 고객과의 네트워크는 공동의 목표를 향해 함께 작업하는 거대한 전문가 단일 네트워크가 된다. 제1장 "소셜 비즈니스 성공을 위한 어젠다"에서 언급했듯, 포춘 100대 기업 중 80% 이상이 직원 모집 시 인재를 판단하는 데 도움을 얻고자 외부의 자료, 즉 링크드인과 페이스북을 이용한다. IBM 소셜 비즈니스 2011 잼 보고서를 보면, 이러한 외부 자료를 통해 직원들의 의견을 더 많이 들을 수 있다. 소셜이 가능한 HR 프로세스는 직원들이 자신만의 고유의 브랜드를 가지고 있으며 기업은 이들의 브랜드를 소유한 것이 아니라 단지 직원으로 일하는 동안 빌리고 있다는 사실을 수용해야 한다. 이때 기업은 개인의 브랜드가 소셜 네트워크를 통해 기업에 얼마나 도움을 주는지를 기반으로 측정해 개인에게 보상할 필요가 있다. 또한 직원들은 퇴사 후에도 조직의 동문으로 남으므로 HR 부서는 이들의 네트워크과 관계를 유지하는 것이 더욱 중요하다. 이때 소셜 도구를 이용하면 이들의 네트워크가 활기를 갖고 유용하게 사용될 수 있도록 강력하고 역동적인 방법을 제공할 수 있을 뿐만 아니라 이러한 네트워크를 통해 조직이 지식과 조언, 연결이라는 귀중한 자원을 유지할 수 있도록 해준다.

이러한 능력을 최대한 활용하기 위해 HR 프로세스는 경영진과 협력해 실용적이고도 중요한 방식, 즉 근본적인 문화적 변혁을 통해 사내에 소셜 기술의 사용을 확대하고 가르쳐야 한다. 소셜이 아닌 이메일이 주된 커뮤니케이션 형태일 때는 정보가 사라지고 대화가 감소할 수 있다. 이에 대해 한 참가자는 이렇게 썼다. "생각건대, 사람들을 이메일에서 벗어나게 하느냐 마느냐는 경영진의 책임이다. 나는 언젠가 '이메일은 정보가 사라지는 곳'이라는 말을 들은 적이 있다. 즉 우리는 이메일이라는 경로를 통해 일방적으로 지식을 강요함으로써 무언가를 잃어버린다는 의미다."

이와 관련한 좋은 사례가 하나 있다. 바스프(BASF)는 세계 최고의 화학 회사다. 전 세계에 생산 기지가 약 385곳이며 일하는 직원 수만 10만

9,000명에 이르는 이 회사는 세계 거의 모든 나라에서 고객과 파트너와 관계를 맺는다. 이 회사는 회사 내부의 협력을 증진하기 위해 직원들을 위한 기업 내부 커뮤니티인 커넥트바스프(connect.BASF)를 만들어냈다. 또한 HR 프로세스에 소셜 권한을 부여해 직원들이 소셜에서 서로 연결됨으로써 전문가 네트워크를 형성할 수 있도록 했다. 직원들 간의 네트워크와 부서, 그리고 지역을 넘어서는 커뮤니티 덕분에 지식의 공유가 더 빠르고 효율적일 수 있으며 성공을 향한 협력이 가능해진다. 이 책을 쓰는 현재 직원들 2만 명 이상이 커뮤니티에서 활동을 하고 있고 그 밖의 직원 중 다른 직원의 추천을 받은 직원 36%가 커넥트바스프에 참가하고 있다.

BASF 기업 커뮤니티 수석 관리자인 코델리아 크루스(Cordelia Krooss)가 베를린의 소셜 비즈니스 그룹에 제공한 사례에 의하면 HR 프로세스의 사업적 가치는 소셜 권한이 부여되었다는 사실을 통해 알 수 있다고 한다. 4대륙에서 온 프로젝트 팀이 새로운 서비스를 제공하는 공급자에 대한 평가를 하고 선택을 하기 위해 한 자리에 모였다. 이들은 커넥트바스프를 모든 정보가 모여 협업이 중심이 되는 장소로 만들었다. 이렇게 하자 프로젝트 문서화가 저절로 이루어져 새로운 팀원들이 쉽게 적응하고 적극적으로 일하며 투입 직후 바로 팀에 도움이 되는 팀원이 될 수 있었다. 게다가 개방된 정보 교환이 프로젝트의 진행을 빠르게 해 중요한 프로젝트 단계를 완성하는 데 걸리는 시간이 25%나 줄어들었다.

오늘날 개방적인 정보 교환으로 진보를 거듭하고 있는 기업들을 몇 개 살펴보자. 아래의 목록은 IBM의 고객들이 더 크게 성공하기 위해 자신의 조직을 어떻게 이끌고 있는지를 보여준다.

- 블루 크로스 블루 실드 매사추세츠(Blue Cross and Blue Shield of Massachusetts): 블루 크로스는 고객 서비스 프로세스에서 협업 역량을 통합하고 커뮤니티, 팀룸, 실시간 커뮤니케이션을 제공하여 좀 더 투명하고 향상된 건강 보험 시스템을 만들기 위해 노력하고 있다. 고객의 불만과 건강 관련 문제를 지원하는 정보와 전문 지식에 좀 더 빠르고 투명하게 접근할 수 있도록 했다. 그 결과 기업의 입장에서는 훈련비용을 절감할 수 있었다. 또한 비생산적인 프로세스와 시대에 뒤떨어진 도구에서 벗어날 수 있었기 때문에 고객과 더 많은 시간을 함께 보낼 수 있어졌고 그로 인해 판매도 증가했다.

- 캐터필러(Caterpillar): 마케팅 프로세스에 소셜 권한을 부여함으로써 개인화된 웹 기반의 고객 경험을 제공해 고객의 충성도를 얻어내고 있다. 이 회사의 블로그는 고객과의 뛰어난 연결을 인정받아 비즈니스투커뮤니티(Business 2 Community)로부터 세계 10대 블로그라는 명성을 얻었다.

이 조직들은 서로 다른 접근법을 채택했고 서로 다른 부분을 변화시키고 있다. 이 기업들이 모두 서로 다른 고객을 상대로 하고 있을지는 몰라도 공통점이 하나 존재한다. 바로 이들 모두 소셜 비즈니스가 되는 길에서 프로세스에 소셜 네트워크를 적용하고 있다는 점이다.

소셜 권한이 부여된 비즈니스

소셜 네트워크 비즈니스 프로세스는 회사에 엄청난 ROI를 가져다주고 그림 5.4에서 볼 수 있듯이 일상적인 활동에 소셜 네트워크가 통합되어 수용이라는 "미래의 물결"을 만들어간다. 게다가 직원을 훈련시키고 전문가를 발견하는 데 드는 비용이 절감되므로 ROI가 증가하고 판매 촉진을 위해 들이는 시간이 늘어나 수익도 증가한다. IBM은 소셜 비즈니스에 대한 관점과 의견을 공유할 목적으로 소셜 비즈니스 잼을 주최했다. 여기에 참가하기 위해 전 세계에서 모인 2,600만 명 이상의 참가자 중 47%가 자신의 업무에서 사용하는 응용 프로그램에 소셜 기술과 도구가 포함되어 있다면 소셜 기술과 도구를 더욱 많이 사용할 동기부여가 되었을 것이라고 대답했다.

이제 일반적인 비즈니스 프로세스를 살펴보고 소셜 비즈니스를 시작하기 위해서는 어떻게 변화해야 할지 알아보자. 비즈니스 프로세스 전체를 살펴보지는 않겠지만 일부 프로세스를 검토해 소셜이 가져올 변화를 알아볼 기준으로 삼도록 하겠다.

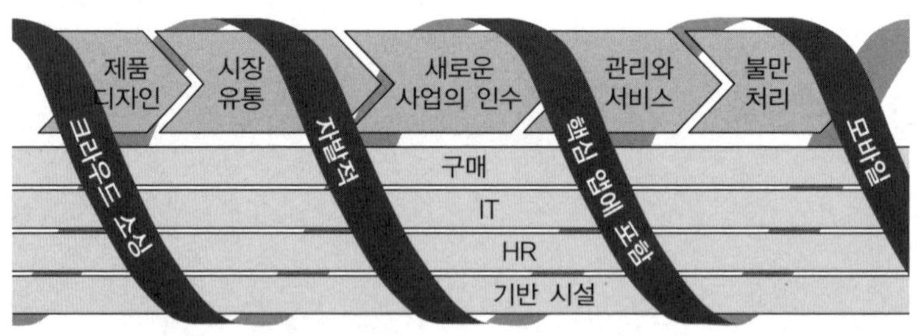

그림 5.4 성과를 이끌어내는 소셜 네트워크 프로세스

각각의 프로세스에서 우리는 참여적인 고객과 직원을 살펴보며 이들은 어디에 있으며 이들이 지닌 문제점은 무엇인지 알아볼 것이다. 각각의 프로세스에서 "이들이 어디에 있는지"는 모두 다를 것이다. 트위터인가, 페이스북인가? 특성화된 전문가 네트워크인가? 아니면 사적인 공간인가? 소셜 비즈니스는 고객과 관련된 문제가 어떻게 발견되고 다루어지는지에 대해 제한을 두지 않고 모든 경로에서 고객을 받아들인다.

나는 CMO(최고마케팅책임자)나 CHRO(최고인사책임자), CIO(최고정보책임자) 등의 임원들로부터 소셜 권한이 부여된 비즈니스 프로세스를 위한 최상의 ROI 결과에 대한 평가를 어디에서 시작해야 할지에 대해 많은 질문을 받았다. 나는 기업 내부의 협업과 인적 자원 관리 프로세스에 접근하는 방법을 재평가하는 것에서부터 시작하라고 권고한다. 이렇게 하면 탄탄한 ROI와 함께 조직 내부에서 소셜 러닝을 가능하도록 해주기 때문이다. 일반적으로 ROI를 가져다주는 HR 프로세스는 적합한 주제 전문가를 찾아내는 속도를 빠르게 해주고 훈련과 커뮤니케이션에 드는 비용을 줄여준다. 그다음 핵심 프로세스는 마케팅이다. 소셜 미디어의 뿌리와 함께 시작하기 때문이다. 그다음 프로세스는 고객 서비스와 제품 개발 및 혁신, 그리고 공급 체인이다.

여기에서는 대담하게 첫 발자국을 뗀 소셜 비즈니스와 함께 핵심 프로세스, 즉 HR과 마케팅, 고객 서비스, 제품 관리, 그리고 제품 혁신을 살펴볼 것이다. 그 후에는 소셜 비즈니스 프로세스의 성숙도를 논의할 것이다. 이제부터 시작하자.

오늘날 인사관리는 큰 도전에 직면해 있다.

1. 이전보다 훨씬 새로운 기회와 경쟁적 위협이 더 빠르게 나타나는 현재, 어떻게 하면 직원들의 기술과 역량을 이전보다 빠르게 개발시킬 것인가? 해당 산업, 부문, 기술, 지리적 위치, 소셜 도구에 상관없이 새로운 기술을 빠르게 익히고 직원들의 역량을 재조정할 필요가 커지고 있다.

2. 조직과 조직을 둘러싼 환경이 점점 더 복잡해지고 네트워크화되면서 지식은 더 많은 사람 사이에서 점점 더 확산되고 있다. 따라서 이제는 정보의 공유가 새로운 흐름이 되어가고 있다. 파워는 정보의 희소성에서 비롯되는 것이 아니라 공유를 통해 얻는 통찰에서 비롯되기 때문이다.

3. 이 복잡하고 상호 연결된 환경은 다른 종류의 리더를 필요로 한다. 빠르게 변화하는 리더십 스타일과 유형에 능한 사람을 뜻한다. 글로벌 문화와 스타일, 기술, 노동자가 복잡하게 연결되어 있는 오늘날, 널리 적용할 수 있는 리더십 모델 전략은 점점 더 시대에 뒤떨어져 가고 있다.

이를 고려해본다면 핵심 HR 기능에 소셜을 사용했을 때 당신의 기업은 어떻게 더 경쟁적으로 변할 수 있을까?

우선 내부적으로 자원을 배치하는 것부터 살펴보며 오늘날 우리가 어떻게 해야 할지 생각해보자. 우리는 아이디어를 찾고 프로젝트를 만들며 직원들에게 프로젝트를 배정한다. 어떤 이들은 똑똑하고 해당 직무를 성공적으로 해내고 싶다는 동기가 부여되어 있지만, 어떤 이들은 그렇지 않다. 때때로 프로젝트의 성공을 좌우하는 일부 통찰력들은 해당 프로젝트를 진행하는 직원이나 부서가 아닌 다른 직원들의 머릿속이나 다른 부서, 혹은 부문에 갇혀있을 수도 있다.

소셜 비즈니스는 이렇게 하지 않는다. 소셜 비즈니스는 인재와 문제가 서로를 찾아내고 전문가 네트워크가 스스로 최적화하도록 한다. 이는 기존의 것과 달리 새롭고 더욱 강력한 경영방식으로 새로운 프로세스와 기술, 그리고 새로운 리더를 필요로 한다.

진정한 파워가 지식의 비축이 아니라 지식의 공유에서 오는 환경으로 새롭게 변화하면서 혁신과 성장할 수 있는 기회가 있는 소셜 네트워크의 개인적 관계와 비공식적 구조가 중요해지고 있다. 핵심은 이러한 네트워크를 위한 촉매제 역할을 할 수 있도록 소셜 협업 프로세스에 권한을 부여하는 것이다.

그렇지만 이것은 그리 새로운 일이 아니다. 과거에도 위대한 리더는 일을 할 때 언제나 개인적인 관계를 활용했으며 직원들 역시 정수기 옆에서의 수다나 업무의 연장인 저녁 약속, 또는 사교 모임에서 쌓을 수 있는 "가벼운(soft)" 비즈니스 관계를 이용했다. 단지 지금은 글로벌하게 통합된 세계에서 정수기는 더 이상 복도에만 있지 않고 업무적인 저녁 약속 역시 더는 길 아래 식당에서만 이루어지지 않는다는 점이 새로울 뿐이다. 그리고 그것은 전 세계 어디에서나 똑같다.

조직도는 일을 처리할 때 반드시 필요한 최고의 지침은 아니다. 사실 가장 뛰어난 사람은 공식적인 구조에서 종종 간과되거나 인식되지 못하기 때문이다. 고위직이 항상 문제 해결의 중심에 서 있지는 않다. 공식적인 구조에서 조직도의 주변부에 머무르는 사람들은 사실 최고 경영진과 아직 개발되지 않은 지식에 직접 연결될 수 있다. 소셜 협업을 개선함으로써 네트워크의 가시성을 증가시키면 아직 발견되지 않거나 공유되지 않은 지식을 발굴해 활용할 수 있다.

당신 회사의 직원들은 회사의 시스템과 프로세스가 이를 받아들였든 아니든, 이미 이런 방식으로 협업하고 있을 것이다. 기술과 비즈니스 전략 분야에서 마케팅 인텔리전스 정보를 제공하는 글로벌 기업인 IDC는 미국 노동자의 57%가 최소한 일주일에 한 번은 업무 목적으로 소셜 도구를 이용하며 15%는 기업이 운영하는 사이트 대신 소셜 커머스를 이용하고 있다고 추산한다(출처: IDC, "소셜 비즈니스: 2009년 연구 결과[The Social Business: 2009 Survey Results]", Doc #221383, 2009년 12월). 아이러니하게도, 비즈니스를 위해 소셜 도구를 가장 빈번하게 사용하는 사람들은 바로 IT 전문가들이다. 소셜 도구를 제대로 사용하고 조직의 문화에 적합하다면 비공식적인 네트워크로까지 협력의 범위를 확장할 때 조직의 민첩성과 생산성에 긍정적인 영향을 미칠 수 있다. 이렇게 협력의 범위가 확장되면 네트워크 환경에서 일하고 그 자신 역시 성장하면서 기업을 새롭게 정상으로 이끌 수 있는 차세대 리더가 탄생할 것이다.

McKinsey Quarterly(맥킨지 계간지(https://www.mckinseyquarterly.com/The_rise_of_the_networked_enterprise_Web_20_finds_its_payday_2716)에 실린 자크 부긴(Jacques Bughin)과 마이클 추이(Michael Chui)의 "네트워크 기업의 부상(The rise of the networked enterprise: Web 2.0 finds its payday)"에 따르

면 HR 프로세스에 소셜 권한이 부여될 때 기업에 진정한 이득을 가져 온다고 한다. 그 주요 이득 중 일부는 아래와 같다.

- 내부의 전문가와 지식을 찾는 데 걸리는 시간이 평균 30% 개선
- 훈련과 커뮤니케이션에 관련된 비용이 평균 10% 감소

아래에 HR 프로세스에서 대담한 첫 걸음을 뗀 소셜 비즈니스의 사례를 세 가지 실었다. 소제티와 IBM 모두 소셜 협업을 위해 HR 프로세스에 권한을 어떻게 부여할 것인가에 대한 훌륭한 사례를 보여준다. 덧붙여, 미국의 대형 공익 기업은 이러한 비즈니스 프로세스를 시작함으로써 얻게 되는 경쟁적 이점의 잠재력과 실질적인 재정적 성과를 보여준다.

|사례연구| **소제티**

소제티는 애플리케이션 관리와 기반 시설 관리, 첨단 기술 엔지니어링과 테스트에 특화된 전문 기술 서비스 제공 기업이다. 소제티는 15개국에서 전문가를 2만 명 이상 거느리고 있으며 유럽과 미국, 인도의 200개 이상 지역에 지점을 두고 있다. 소제티의 도전 과제는 이렇게 지리적으로 분산된 조직이 모두 같은 방향을 향하도록 하는 것이었다. 많은 직원이 고객이 있는 곳이나 자신의 집, 소규모 사무소 등에서 일하는 환경에서 소제티는 어떻게 모든 직원을 결합해 소제티라는 강한 문화적 정체성을 갖고 동일한 전략을 따라갈 수 있도록 할 수 있었을까?

소제티는 새로운 시장으로 진입하는데 필요한 혁신과 성장을 지원하기 위해 다양한 비즈니스 그룹과 여러 지역에서 팀워크와 동료 간의 커뮤니케이션을 조성할 수 있는 방법을 찾기로 결정했다. 소제티에 직원들은 가장 귀중한 자산

이었기 때문에 전 세계에 퍼져 있는 직원들을 서로 연결하기 위한 강력한 도구가 필요했다. 그래서 소제티는 직원들이 정보를 공유하고 협업할 수 있도록 하는 소셜 플랫폼을 제공했다. 또한 목표를 달성하기 위해 소제티는 직원들을 위한 내부 협업플랫폼인 팀파크(TeamPark)를 개발했다.

팀파크에서는 보고서나 도표, 보고서, 동영상, 사진, 즐겨찾기한 웹사이트를 포함한 어떤 종류의 데이터든 공유할 수 있었다. 또한 팀파크 내의 통합 프로필 명단은 회사의 지점이 있는 200개 지역에서 전문가들을 찾아낼 수 있는 방법을 제공했다. 이는 지식의 전송을 가속화해 전문가들이 서로를 빠르게 찾아낼 수 있도록 했다.

팀파크가 가져온 이득은 가시적이었다. 소제티 사내에서의 지식 공유와 협업이 크게 개선된 것이다. 팀파크는 정보에 다가갈 수 있는 경로를 제공해 사용자들이 가장 최근의 업데이트를 찾을 수 있도록 하고 전문가를 찾는 시간을 단축시켰다. 한 팀파크는 고객 Engagement(참여)를 위한 컨설팅 팀을 빠르게 형성해 소제티가 좀 더 빠르게 새로운 시장에 진입할 수 있게 했다. 이로써 소제티는 신규 수익 창출 기회와 시장 점유율을 차지할 수 있는 기회를 얻을 수 있었다.

|사례연구| IBM

IBM은 매우 복잡하게 얽힌 대규모 조직으로 160개국 이상에서 사업을 하며 매출을 1천억 달러나 올리고 있다. IBM은 정보통신기술과 소프트웨어, 하드웨어 및 서비스를 제공해 스마트한 도시, 스마트한 물, 스마트한 의료, 스마트한 산업 등을 위해 만들어진 복잡한 시스템이 맞닥뜨린 문제를 해결하도록 돕는다. 오늘날 빠르게 움직이고 복잡한 환경에 민첩하고 창의력 있게 대응하는 데 익숙하고 이러한 환경에 흥미를 느끼는 신세대 리더가 점점 더 필요해지고 있다. 그래서 IBM의 HR 리더십 팀은 완벽한 리더십 네트워킹 그룹을 개발하고 모범사례와 교육 정보, 성장과 새로운 프로젝트에 대한 기회를 공유하며 복잡하게 얽힌 조직 내에서 업무를 완성하기 위해 필수적인 비공식 네트워크를 강화하고자 HR 프로세스에 소셜 권한을 부여하기로 했다.

리더십 네트워킹 그룹의 이득은 가시적이었다. 리더십 네트워킹 그룹 커뮤니티가 출범하고 IBM이 진출한 수십 개 국가에서 빠르고 유기적인 커뮤니티의 성장이 이루어졌다. 이 커뮤니티는 팀을 관리하고 운영하는 모범 사례와 다양한 국가와 문화, 사업 부문에 걸친 프로젝트를 공유한다.

|사례연구| 미국의 대형 공익 기업

1천만 명 이상에게 서비스를 제공하며 직원을 1만 명 이상 둔 한 대형 공익 기업은 더욱 깨끗하고 똑똑한 에너지라는 목표를 달성하고자 하는 비전을 가지고 있다. 이 기업은 비전을 달성하고자 경영 환경의 변화에 더욱 빠르고 뛰어나게 대응해야만 했다. 이 목표를 달성하기 위해서는 직원들이 안정되고 생산적이며 유연하게 자신들의 업무에 집중하고 만족 할 수 있는 환경을 유지하는 능력이 꼭 필요했다. 현재는 뛰어난 직원들이 조직의 나머지 직원들과 모범 사례를 공유할 길이 없기 때문에 업무 생산성이 악화되고 있다. 이직률이 높고 은퇴자가 많다보니 자원과 기술에 공백이 생겨 앞으로 생길 빈자리 수천 개를 자리에 어울리는 사람으로 충원하기 힘들다. 숙련된 직원들은 이미 여유조차 없을 정도로 바쁘게 신입 직원들을 훈련하고 멘토링 해주기 위해 자리를 비운 상태다. 그래서 회사는 이들이 동료 직원에게 다가가길 기대하기가 힘들고 내부 보직 순환이나 프로젝트 팀을 위해 인재 풀을 개발하는 것도 쉽지 않다.

포화상태에 있는 도구와 프로세스에 의지하느라 직원 생산성과 사기에도 문제가 생긴다. 그리고 직원들은 이메일에 과도하게 의존하기에 의사 결정을 위한 중요한 정보를 알아내기 어렵다. 의견을 일치시키고 의사를 결정하기 위해 과도하게 대면 회의에만 의존하는 문화 때문에 관리자의 시간과 역량이 낭비되고 있다. 게다가 대면 회의에 참가하기 위해서는 출장을 가야 하기 때문에 노동력이 분산되어 시간과 에너지를 낭비되고 비용이 증가되며 안전상의 위험을 증가시킨다. 이러한 여러 경영상의 비효율성 때문에 경력 3년 미만 직원들의 이직률이 매우 높은 상황이다.

이 공익 기업은 실시간 커뮤니케이션과 협업, 경영으로 HR 프로세스에 소셜 권한을 부여하고 싶었다. 메시지를 실시간으로 전달하고 서로 간에 협업이 증진된다면 대면 회의와 전화 회의의 필요성이 줄어들 것이 분명했다. 소셜에 팀을 위한 공간과 도서관을 마련하면 프로젝트와 팀, 개인이 정보를 공유할 수 있도록 해줄 것이다. 프로필, 혹은 전 직원의 전문 지식이 문서화되어 담겨 있는 공간은 직원들이 필요로 하는 다른 사람을 찾고 다른 이들에게 자신을 알리도록 도울 것이다. 주제에 대해 흥미를 공유하는 커뮤니티는 직원들이 정보를 공유하고 혁신하며 협업하도록 할 것이다. 그리고 위키와 같은 상호적인 정보 저장소와 활동 템플릿은 공식적인 훈련을 보완하고 대체할 수도 있을 것이다. 재무 분석에 의하면 HR 프로세스에 소셜 권한을 부여하면 직·간접적으로 재정적 이득을 얻을 수 있다고 한다.

- 온라인 전문가 위치 찾기와 프로젝트 기반의 코멘트, 메시지 전송, 상태 업데이트, 그리고 위키나 블록, 토론 포럼, 즐겨찾기 공유 등의 지식 관리를 통해 대면 회의를 위한 출장에 드는 비용과 탄소 발자국(carbon footprint; 개인 또는 단체가 일상생활이나 영업을 하는 과정에서 얼마나 많은 탄소를 만들어내는지를 양으로 표시한 것 – 옮긴이)이 8백만 달러 정도 감소되는 효과가 있었다.
- 신입사원의 빠른 증가와 직원들이 일에 더 참여적이고 만족하면서 이직률이 감소하고 이에 따라 직원 훈련비용에 160만 달러의 감소 효과가 있었다.
- 화상 회의 비용이 70만 달러 감소되었다.

간접적인 공헌 요소로는 높아진 직원 생산성과 직원 충원 시간의 단축, 그리고 직원 이직률 감소가 있다. HR 프로세스에 소셜 권한을 부여함으로써 발생한 총 재정적 이득은 약 2,890만 달러로, 첫해 동안에만 100만 달러나 이득을 얻었다.

마케팅

오늘날 마케팅 임원들은 새로운 시장과 기회를 빠르게 포착하고 더욱 경쟁적인 제품과 서비스를 고객들에게 제공하며 고객과의 관계는 개선하는 반면 그 비용은 감소시킴으로써 수익을 개선하는 데 중점을 두고 있다. 마케팅은 고객들에게 참여할 수 있고 기억에 남으며 강렬한 경험을 제공해야 한다. 덧붙여 어디에서든 일관된 메시지를 제공하고 고객에게 맞춘 개인화된 정보를 제공할 필요가 있다. 꽤 까다로운 주문이지만 소셜 도구를 사용하면 잘 해낼 수 있다.

성공적인 마케팅을 위해서는 여러 경로에서 일관된 경험을 창출하고 고객의 충성도와 만족도를 증가시키는 상호작용을 제공하며 브랜드 홍보대사를 만들어내고 온라인 경로와 대면 경로 모두를 통합해야 한다.

이러한 도전 과제를 고려할 때 어떻게 하면 소셜이 가능한 핵심 마케팅 기능이 기업을 좀 더 경쟁력 있게 만들어줄 수 있을까?

우선 전통적인 마케팅부터 살펴보자. 그리고 오늘날 우리는 어떻게 해야 하는지 생각해보자. 우리는 메시지를 만들고 시장에 강요한다. 이 방식은 브랜드 이미지와 브랜드 커뮤니케이션에 대한 통제를 전제로 한다. 또한 새로운 캠페인을 시작하는 데에는 몇 주에서 몇 달이 걸린다. 게다가 마케팅 담당자들은 개별적인 홍보만 시작할 수 있을 뿐이다.

전통적인 접근법에서 많은 캠페인이 고객의 조언이나 피드백 없이 "맹목적으로" 강요되며 콜센터와 이메일로 오는 반응에만 집중한다. 그렇다보니 판매팀은 각각의 새로운 캠페인을 고객과 관련된 맥락에서 전달해야 하는 어려움에 처한다.

소셜 비즈니스는 이 접근법을 채택하지 않는다. 소셜 비즈니스는 고객이 곧 마케팅 부서라는 점을 알고 있다. 또한 소셜 비즈니스는 전통적인 마케팅과 달리 실시간으로 새로운 홍보를 만들어내고 출시할 수 있으며 각기 다른 타깃 소비자층을 대상으로 여러 캠페인을 벌인다. 소셜 비즈니스는 고객의 선호를 이해하며 그들의 욕구를 만족시키기 위해 제품이나 서비스에 관련된 커뮤니케이션을 빠르게 조정한다. 그리고 언제 변화가 필요한지 알기 위해 마케팅 프로그램의 성과를 빠르고 신뢰할 수 있는 방법으로 측정해낸다. 소셜을 활용한 마케팅 프로세스에는 고객과 파트너 모두 마케팅의 전 단계에 참여하게 된다. 예컨대 잠재 고객을 창출하기 위한 프로세스는 잠재 고객의 원천인 커뮤니티에 위임하고 고객의 습관과 선호도를 분석해 "표적(hyper-target)" 캠페인을 펼치는 등, 소셜을 활용하면 고객이 마케팅에 참여하게 되는 것이다.

McKinsey Quarterly(맥킨지 계간지, https://www.mckinseyquarterly.com/The_rise_of_the_networked_enterprise_Web_20_finds_its_payday_2716)에 실린 자크 부긴과 마이클 추이의 "네트워크 기업의 부상"에 따르면 소셜이 가능한 마케팅 프로세스는 실질적인 이익을 가져온다고 한다.

주요 성과 중 일부는 아래와 같다.

- 인지도가 평균 20% 증가
- 매출이 평균 15% 증가
- 전환 효과가 평균 10% 증가

마케팅 프로세스에서 소셜 비즈니스라는 대담한 발걸음을 내딛고 있는 두 기업의 사례를 실었다.

US 오픈 테니스대회(http://www.usopen.org/)는 인지도 향상을 위해 마케팅 프로세스에 소셜 기능을 추가하여 탁월한 노하우와 잠재고객을 창출했다. 그 결과 고객을 참가시키기 위해 고객 경험을 개인화하고 대부분의 비즈니스가 이루어지는 곳인 웹사이트에 초점을 맞추었다. 이 사이트는 새로운 경험이 제고되는 곳이다. 소셜 기능이 풍부하고 동영상이나 인터액티브 미디어로 가득할 뿐만 아니라 최신 통계와 분석이 업데이트되어 있고 대회를 모바일 기기를 통해 볼 수도 있는 등 새로운 참여의 경험이 제공된다.

올해의 US 오픈 테니스대회를 위해 휴대전화의 GPS 기능을 활용하는 어라운드미(AroundMe)라는 아이폰 앱이 개발되었다. 참가자들이 증강 현실이나 대화형 지도 기능을 이용하면 휴대 전화로 식당 방향을 가리킬 때 그곳에서 파는 음식 종류와 함께 관련 정보도 얻을 수 있었다. 또한 테니스 코트 쪽을 가리킬 경우 경기에 관한 실시간 정보와 선수 정보를 볼 수 있었다.

이 기능은 US 오픈 테니스대회가 더 넓은 지역과 더 많은 사람에게 다가갈 수 있도록 해주었고 차별화된 경험을 전달해주는 혁신적인 기술로 팬들을 끌어들일 수 있었다. 그리고 결국 광고와 스폰서 수입을 증가시키는 결과를 가져다주었다.

IBM은 마케팅 프로세스에 소셜 권한을 부여한다. IBM이 "Machine(기계, 왓슨이라는 이름을 가지고 있다)"과 인간의 제퍼디 경기를 2011년에 마케팅 할 때 소셜을 주로 사용한 것이 바로 좋은 사례다. 1천만 명 이상이 경기를 지켜보는 동안, IBM은 전통적인 미디어 광고에 의존하기보다는 소셜 비즈니스 기술을 이용했다. IBM은 정확히 어떤 방법으로 마케팅 프로세스에 소셜을 가능하게 했을까?

이는 왓슨에 관한 전용 웹사이트(www.ibm.com/watson)에서 시작되었다. IBM은 마케팅에 동영상을 이용했을 뿐만 아니라 관련 주제에 대한 모든 트윗과 검색, 블로그를 편집해 보여주는 소셜 미디어 모음을 사용했다. 또한 IBM은 경기를 다룬 다큐멘터리를 보여주었고 최고의 고객을 끌어들이기 위해 트위텁을 권장했다.

그리고 왓슨에게는 페이스북 페이지와 트위터 아이디가 있었으며 TV쇼에 출연하기 전에 이미 1백만 명 이상이 조회해서 본 동영상 30여 개가 실린 유튜브 채널도 있었다. 게다가 IBM은 경기의 대변인으로 과학자를 출연시켜 회사를 개인으로 보이게 했다. 또 "왓슨"을 만들어낸 엔지니어를 출연시켰는데 이 엔지니어는 전문용어 대신 이해가 쉬운 비전문 용어를 사용해 말했다.

방송 출연을 하게 된 이후에는 모든 산업에 이 기술이 관련이 있다는 동영상을 보여줌으로써 잠재고객 창출을 시작했다. 작가이자 〈컴퓨터월드(Computerworld)〉지의 전 편집장이며 현재 매우 인기 있는 온라인 B2B 출판물의 편집자로 활동하고 있는 폴 길렌(Paul Gillen)은 이렇게 말했다.

"IBM 사람들은 인터넷 구석구석에서 적극적으로 활동했다. 조사 팀은 왓슨과 경기에 대한 10대 질문에 대답하기 위해 레딧(Reddit)이라는, 규모는 작지만 열정적인 회원들이 모여 있는 소셜 뉴스 사이트를 선택했다. 이들은 경기가 끝난 다음 날 생방송 웹캐스트를 하려고 테드(TED.com)를 사용했다."

IBM의 마케팅 프로세스는 B2B 세계에서 소셜 권한이 부여된 프로세스의 본보기가 되었다. 소셜 권한이 부여된 마케팅 프로세스는 커다란 경쟁적 이점으로 작용할 수 있다.

고객 서비스

고객 서비스의 주된 목적은 고객을 도와주는 것이다. 일반적으로 고객은 문제가 생겼을 때 연락을 하기 때문에 가끔은 고객이 가장 불만스러운 상태일 때 도와주어야 한다. 이때 고객의 목소리에 귀를 기울이고 고객의 욕구를 파악하면 고객에게 기분 좋은 경험을 제공할 수 있다. 대부분의 경우, 빠르게 높아지는 고객의 기대치를 맞추는 데 어려움을 겪고 있다. 높은 이직률과 새로운 커뮤니케이션 경로, 그리고 예산 삭감은 고객 만족 서비스 담당자들의 업무를 더욱 어렵게 만들고 있다.

이러한 어려운 점을 고려할 때, 핵심 고객 서비스 기능에 소셜 권한을 부여한다고 해서 어떻게 회사를 더욱 경쟁력 있게 만들 수 있을까?

오늘날 일반적인 고객 서비스 부서는 프로세스 전체를 바라보는 것이 아니라 정해진 지표에 따라 고객 서비스를 평가한다. 〈이하우 비즈니스(eHow Business)〉에 글을 기고하는 작가 프랜신 리처드(Francine Richards)에 의하면 전형적인 고객 서비스 부서는 아래와 같은 것을 평가한다고 한다.

"전화를 받는 데 걸리는 평균 속도와 고객 서비스 담당자에게 연결되기 전에 포기하고 끊어버리는 통화의 수를 평가한다. 게다가 기업은 고객 만족도 조사를 하고 고객의 불평이 얼마나 되는지 그 수를 추적하기도 한다. 10초 내에 모든 전화에 응대하는 것과 같은 목표와 핵심성과지표(Key Performance Indicator, KPI)를 설정하는 것이 성공에 매우 중요하다고 생각한다."

대부분의 전통적인 서비스 센터는 웹에서 고객이 직접 문제를 해결하는 서비스를 제한하고 고객 서비스 센터로 전화하는 빈도를 높였다. 특히 새로운 홍보 활동을 지원하기 위해서 말이다. 그러나 전화와 같은 전통적인 기제를 사용하면 페이스북이나 트위터 등의 새로운 소셜 경로로 들어오는 고객의 목소리를 듣는 데 어려움이 있다. 더욱이 빈번하게 변화하는 캠페인이 최전선에 있는 판매 활동에 통합되지 않는다. 예컨대 마케팅 부서에서 캠페인을 펼쳤다 해도 일반적으로 캠페인과 서비스 센터의 지식이 연동되지 않기 때문에 고객이 새롭게 캠페인한 제품에 대해 물어도 응대하기가 어렵다.

소셜 비즈니스는 그렇지 않다. 소셜이 가능한 고객 서비스 프로세스에서는 고객이 서로, 그리고 고객 관리 팀장과 직접적으로 상호작용한다. 또한 고객이 서로, 그리고 고객 지원팀과의 상호작용을 함으로써 신뢰를 키울 수 있는 커뮤니티가 존재한다. 게다가 캠페인은 기업과 온라인 커뮤니티와의 관계를 더욱 강화시킨다.

소셜 비즈니스는 콜센터 팀장이 고객의 행동을 기반으로 웹 콘텐츠를 업데이트할 수 있는 능력을 가지도록 해 필요할 때 중요한 정보를 제공하거나 블로그와 즐겨찾기 공유, 파일 공유, 활동 등으로 모범 사례를 공유할 수 있도록 한다. 이러한 새로운 소셜 도구를 사용할 수 있는 기업은 그렇지 않은 기업보다 훨씬 더 경쟁력이 있으며, 무엇보다도 고객을 더 잘 이해할 수 있다. 또한 소셜 비즈니스는 프로세스를 변경해 온라인 서비스가 커뮤니티 내에서 셀프 서비스를 홍보해 클릭 한 번으로 채팅을 하고 전문가에게 쉽게 접근할 수 있도록 한다.

이런 새로운 세상에서 모든 사람들은 다양한 포럼과 커뮤니티에서 불만을 표출할 수 있는 기회를 얻는다. 새로운 고객 서비스 프로세스는 소셜 플랫폼을 전략에 통합시켜야 한다. IDC에 의하면 소셜 비즈니스가 소셜 경로로 고객을 이해하고 도울 수 있도록 하는 다섯 가지 영역이 있다고 한다(출처: 마이클 포세트, IDC 그룹 소프트웨어 비즈니스 솔루션 부분 부사장, http://www.mfauscette.com/software_technology_partn/2010/05/the-social-employee-manifesto.html)

- 지식의 획득과 질문.
- 지식의 공유와 커뮤니티에 새로운 아이디어 공헌.
- 온라인으로 기업의 제품과 서비스에 대한 대화 촉진.
- 커뮤니티에서 기존의 제품과 서비스에 대한 피드백 수집.
- 고객 그리고 잠재 고객과의 관계 관리.

앞서 인용했던 McKinsey Quarterly(맥킨지 계간지)에 실린 자크 부긴과 마이클 추이의 "네트워크 기업의 부상"에 따르면 소셜이 가능한 고객 서비스 프로세스는 실질적인 이득을 가져다준다고 한다. 주요 성과로는 다음과 같은 것이 있다.

- 내부 전문가로의 접근 속도가 평균 30% 향상
- 내부 지식으로의 접근 속도가 평균 30% 향상
- 외부 커뮤니케이션 비용이 평균 15% 감소

자포스와 IBM, 사우스웨스트 에어라인(Southwest Airlines)은 최고 수준의 서비스를 구축하고 이러한 중요한 고객 프로세스에 소셜 권한을 부여함으로써 조직을 지원하고 있다.

- 자포스 닷컴은 세계 최고 수준의 고객 서비스를 하며 프로세스의 많은 단계에 소셜을 첨가해 프로세스를 지원한다. 블로그와 트윗, 커뮤니티에 귀를 기울이고 어떤 문제에도 적극적으로 대응하며 직원이 커뮤니티에 참여해 채팅을 하고 고객이 다른 고객과 채팅을 할 수 있도록 하는 등 협력을 권장한다.
- IBM은 세계적 수준의 고객 서비스와 지원을 제공하기 위해 소셜 도구를 사용한다. 소셜 도구를 사용함으로써 소셜 네트워크로 고객의 피드백을 공유하고 고객의 성공을 축하하며 IBM이 제공하는 제품과 서비스의 품질과 지원에 얼마나 공을 들이는지 고객에게 보여 줄 수 있었다.
- 사우스웨스트 에어라인은 처음부터 끝까지 고객 지원 프로세스에 소셜을 새겨 놓았다. 온라인 포털 사이트는 매달 방문자 수를 1,200만 건 이상 기록하며 트위터 팔로워를 100만 명 이상 거느리고 페이스북에서 '좋아요'를 클릭한 수가 130만 건이 넘으며 이들이 운영하는 트래블가이드(TravelGuide)의 구독자 수는 2만 9,000명이나 된다. 게다가 이 회사의 CEO는 링크드인에서 적극적으로 활동하며 잠재적 비즈니스 출장자들에게 이런 질문을 던진다. "당신이 선호하는 항공사가 되기 위해서 사우스웨스트는 또 무엇을 해야 할까요?"

아래의 두 가지 사례는 젠하이저와 블루 크로스 블루 실드, 두 기업이 어떻게 이러한 대담한 발걸음을 내디뎠는지를 보여준다.

|사례연구| 젠하이저(Sennheiser Electronic GmbH&Co.KG)

젠하이저는 독일의 전자 기업으로 고객과 전문가, 기업을 위해 고급 마이크와 헤드폰, 전화기 부대용품, 비행기용 헤드셋 등을 제조한다. 60년 이상의 역사를 자랑하는 이 회사는 현재 90개 이상의 나라에 지사를 두고 직원을 2,000명 고용하고 있다.

이들에게 닥친 주요 도전 과제는 깊은 지식과 온라인 협업 촉진으로 프로세스에 소셜 권한을 부여해 고객 지원을 개선하는 것이었다. 고객 만족도 개선을 위해 노력하던 이들은 고객 지원 담당자들에게 큰 압박을 주는 이벤트인 라이브 콘서트 중에 이러한 우수한 고객 지원을 제공할 수 있는 능력이 경쟁력의 차이를 가져온다는 사실을 알아냈다.

그래서 젠하이저는 소셜 도구를 이용해 음악 라이브 공연 중에 오디오 엔지니어들에게 강력한 지원과 비상사태에 대비한 도움을 제공하는 데 중점을 두었다. 핵심 요건은 팀원들이 공연자들이 필요로 하는 장비에 대한 자세한 정보와 여러 공연 장소의 기술적 특성에 즉각적인 접근을 할 수 있도록 하는 것이었다. 이를 위해 젠하이저는 국제관계관리팀과 오디오 엔지니어, 이벤트 주최자, 그리고 전 세계에 있는 무선 주파수 전문가들로 이루어진 젠하이저 팀 사이에 온라인 협업을 육성해야 한다는 사실을 알았다. 이 무선 주파수 전문가들은 지구 정반대편에서 생긴 사운드 시스템 문제를 해결하는 동시에 다른 장소에서 생긴 무선 주파수 방해 요소를 제거해달라는 요청을 받을 수 있었다. 이전에 젠하이저는 전문가들을 해당 장소로 출장을 보내거나 전화로 도움을 주는 정도밖에 할 수 없었다. 그런데 이는 콘서트를 앞두고 강한 압박감에 시달리는 음악 밴드들에게는 그리 좋은 방법이 아니었다.

젠하이저의 프로세스와 연결된 다양한 기능을 가진 온라인 커뮤니티가 만들어졌다. 이 커뮤니티의 특징은 우선, 팀원 누구든 커뮤니티의 지식 기반을 통해 연주자의 장비와 공연 장소의 기술적 특성에 대한 자세한 정보에 언제든 접근할 수 있다. 프로세스가 도움을 제공하는 방향으로 변하면서 새로운 소셜 권한이 부여된 프로세스는 공연 장소 가까이에 있는 직원 명부와 기술 전문가 목록을 제공해 지역 엔지니어들이 문제를 해결하도록 돕는다. 만약 추가적인 지원이 필요할 때는 국제관계관리팀이 전 세계의 젠하이저 무선 주파수 전문가들과 실시간으로 공동회의를 할 수 있다. 또한 젠하이저 사운드 아카데미 (Sennheiser Sound Academy) 역시 장래의 라이브 콘서트에서 발생할 수 있는 문제들을 최대한 없애기 위해 온라인 교육을 시작했다. 웹캠을 가진 강연자가 참가자와 비즈니스 파트너에게 젠하이저 제품의 사용법을 설명하고 모범 사례를 활용하며 발생할 수 있는 많은 문제점을 최대한 미리 제거한다.

|사례연구| 블루 크로스 블루 실드(Blue Cross and Blue Shiled)

블루 크로스 블루 실드는 회원 수백만 명과 직원 3,000명 이상을 거느린 유명 건강 보험 네트워크다. 오늘날 건강보험 제공 업체는 고객 서비스를 개선하고 직원의 생산성을 제고하며 회원 가입률을 늘려야 하는 전에 없었던 압박을 받고 있다. 그러나 이러한 목표의 달성 여부는 커뮤니케이션과 협력, 지식 관리를 위한 효율적인 프로세스와 정보 기술에 달려 있다. 바로 이 보험 회사가 반드시 극적인 개선이 필요하다고 인지한 분야에서 말이다.

보험과 관련된 정보와 전문 지식을 찾느라 한참을 헤매야 하는 판매 직원은 예상 고객과 함께 보낼 시간이 줄어 계약 성사율이 감소했다. 마찬가지로, 자기 부서와 업무 공간에 갇혀 있는 직원들 역시 전문가들과 접촉하는 데 어려움을 겪었다. 게다가 서로 다른 팀에서 같은 프로젝트를 진행하는 등 일이 중복되다 보니 시간과 돈이 낭비되었다. 한 직원은 이렇게 말했다. "우리는 시간이 많이 흐른 뒤에야 비슷한 프로젝트가 진행되고 있다는 사실을 안다." 그리고 다른 많은 조직과 마찬가지로, 직원들은 동일한 자원을 가지고 더 많은 일을 해야 한다는 압박감에 시달렸다. 이러한 현실을 누군가는 이렇게 표현했다. "우리는 고용할 수 없지만 우리의 목표는 더 높아지고만 있다(We can't hire, but our goals are higher)." 조직이 커뮤니케이션과 협력을 위한 복잡한 상호작용과 프로세스를 관리하는 데 있어 지나치게 이메일에만 의존하면서 이러한 어려움은 악화되었다. 한 직원은 이렇게 말했다. "이메일을 통한 대화는 머리를 아프게 한다!"

블루 크로스 블루 실드는 업무 생산성에 직접적으로 영향을 미치는 문제를 해결하기 위해 재정적 결과를 분석하면서 고객 서비스 프로세스에 소셜 권한을 부여하기 시작했다.

더 나은 고객 서비스를 위해 기존의 인트라넷에 팀룸이나 실시간 대화와 같은 커뮤니티 기능을 통합해 동일한 관심을 가진 온라인 커뮤니티와 만남의 장소, FAQ, 파일 공유 등을 통한 검색으로 정보에 쉽게 접근할 수 있도록 했다. 직원 프로필과 프로필 검색은 블로그나 셀프서비스 포럼, 이미 해결된 문제의 이력 검색 외에도 조직 내의 전문가나 전문 지식에 연결될 수 있도록 해주었다. 협력과 메시지 서비스를 통해서는 멀리 떨어진 직원들과 현장을 실시간으로 연결해 팀과 개인 모두 생산성을 향상시킬 수 있었다.

고객 서비스 담당 직원은 특히 많은 혜택을 받았는데 고객 불만과 건강 관련 문제를 지원하는 정보와 전문 지식에 더 빠르고 더 투명하게 접근할 수 있게 된 덕분이었다. 이러한 개선은 입에서 입으로의 추천을 촉진해 고객 유보율을 향상시켰다. 판매 담당 직원 역시 좀 더 역동적이고 적절한 협업 도구로 정보와 전문가에 더욱 쉽게 접근할 수 있어 생산성이 높아졌다. 비생산적인 프로세스와 시대에 뒤떨어진 도구에서 벗어난 이들은 고객과 보낼 시간이 많아져 결과적으로 계약 성사율을 높일 수 있었다.

판매와 고객 서비스, 그리고 여타 부서의 직원들에게 제공된 웹 경험은 3년간 재정적 이득을 가져다준 것으로 추정되고 있다.

- 훈련과 전화사용, 인터넷 화상회의, 출장, 종이 인쇄와 배부에 드는 비용이 줄어들었다.
- 높은 계약률로 회원 가입률이 증가하고 정보를 빠르게 검색하고 효율적으로 협력해 생산성이 향상되면서 비용이 절감되었다.

제품 개발과 혁신

제품 개발과 혁신을 담당하는 부서는 획기적이고 혁신적인 아이디어를 찾아내고 개발하는 효율적인 방법을 찾고 있다. 혁신은 종종 별개의 고립된 장소에서 새로운 아이디어를 창출하고 추구해야 하는 책임을 지는 일부 직원들(디자이너인 경우도, 엔지니어인 경우도, 과학자인 경우도 있다)의 전유물이었다. 하지만 현재 이러한 프로세스는 변화를 겪고 있다. 구글에는 "20 time" 제도가 있다. 이 제도로 구글 직원이라면 누구나 업무 시간의 20%를 본업 이외의 분야에 대해 생각하고 혁신하는 데 쓸 수 있다. 실제로 이 제도를 시행하면서 재충전 IT(RechargeIT) 프로젝트가 나왔고 일반적인 소비자들도 구입할 수 있을 정도로 가격이 적정하고 효율적인 새로운 하이브리드 자동차가 만들어졌다.

MIT 슬로언 매니지먼트 리뷰(Sloan Management Review)에 실린 "혁신에 대한 다섯 가지 미신(The Five Myths of Innovation)"에 의하면, 혁신은 점차 전체 조직의 책임으로 여겨지고 있다고 한다.

MIT의 최근 연구에서 도출된 주요 결과 중 우리는 아래와 같은 두 가지 사항을 알아야 한다.

- 외부의 혁신 포럼은 다양하고 폭넓은 전문지식에 접근할 수 있어 한정된 기술적 문제를 해결하는 데 효과적이다.
- 내부의 혁신 포럼은 외부의 포럼처럼 다양하고 폭넓은 지식에 접근할 수는 없으나 맥락을 더욱 깊게 이해한다.

똑똑한 기업은 외부와 내부의 전문가를 서로 다른 유형의 문제에 활용한다. 우리는 이들의 내외부 프로세스에 소셜 권한을 부여한 방식을 참고할 필요가 있다.

우리가 제품을 관리하는 방식에 대해 생각해보자.

우리는 밖으로 나가 고객의 의견을 듣고 잠시 사라졌다가 몇 달 후 시 제품을 들고 다시 나타나 이렇게 묻는다. "이것이 당신이 원하는 것인가요?" 아니라고 할 경우에는 어떻게 할까? 고객의 요구가 변했다면 어떻게 할까? 고객의 요구에 적합하게 보였던 것이 만들고 보니 그리 적합해보이지 않으면 어떻게 할까?

소셜 비즈니스는 다르다.

소셜 비즈니스는 제품을 고객과 파트너와 함께 만든다. 사실 IBM의 소셜 비즈니스 2011 잼 보고서에서는 참여한 사람 가운데 2,500명 이상이 기업 내에서 혁신이 성장하려면 기업은 전, 현직 직원들의 네트워크 경험과 연결을 이용해야 하고 대중의 지혜를 포용할 수 있어야 하며, 또한 이러한 네트워크에서 도출된 아이디어를 적극적으로 이용한 직원들에게 보상해야 한다는 데 동의했다.

소셜 비즈니스는 제품의 성과를 좀 더 잘 예측할 수 있다. 소셜 비즈니스는 고객이 원하는 것을 만들어낼 수 있는 가능성이 더 크다. 앞서 인용한 McKinsey Quarterly(맥킨지 계간지)에 실린 자크 부긴과 마이클 추이의 "네트워크 기업의 부상"에 따르면, 소셜 권한이 부여된 제품 개발과 혁신 프로세스는 실질적인 이득을 가져온다고 한다.

주요 성과 중 일부는 아래와 같다.

- 외부 전문가로의 접근 속도가 평균 25% 개선
- 성공적인 혁신의 수가 평균 20% 증가
- 신제품이나 새로운 서비스가 시장에 선보이는 데 걸리는 시간이 평균 20% 감소

시장을 주도하는 조직은 제품을 통찰하기 위해 기업의 다른 부서와 파트너, 고객에게 다가간다. 프록터앤드갬블과 같은 시장 주도 기업은 신제품 아이디어를 내거나 기존 제품을 개선하기 위해 가장 뛰어난 다른 제품에 도전할 수 있도록 크라우드소싱을 이용해왔다. 주의할 사항은, 제품을 크라우드소싱한다는 의미는 대중의 지혜를 이용한다는 것으로, 이는 보통 새로운 아이디어를 도출하고 아이디어를 개선하며 최고의 아이디어를 투표로 결정하기 위해 블로고스피어를 이용한다는 점이다. 어떤 사람들은 이를 집단지성이라고 부르기도 한다.

크라우드소싱은 새로운 통찰을 얻고 아이디어를 검증하기 위해 온라인에서 여러 사람으로부터 얻은 가치를 이용하기 때문에 전통적인 제품 개발 및 혁신 프로세스를 강화할 수 있다. 그뿐 아니라 고객의 조언이 실시간으로 반영되는 것을 확인할 수 있고 고객이 아닌 사람으로부터도 조언을 얻어낼 수 있다.

사실 크라우드소싱은 기하급수적으로 성장하고 있다. 유테스트(UTest)의 마케팅 및 커뮤니티 관리 팀장인 맷 존슨(Matt Johnson)은 전체 비즈니스 모델이 크라우드소싱에 기반을 두는 기업에서 일하고 있다. 유테스트는 벤처 펀드의 지원을 받는 소프트웨어 테스트 기업으로 매사추세츠에 본사를 두고 있으며 주요 기업을 위해 크라우드소싱으로

소프트웨어를 테스트한다. 맷 존슨은 이렇게 예견한다.

"느슨하게 연계된 대중과 고도로 숙련되었으며 높은 임금을 받는 전문가들로 구성된 공동 연구 커뮤니티 사이에는 분명한 선이 그어질 것이다. 다시 말해, 훌륭한 전문 지식을 요하는 (예컨대 소프트웨어 테스트나 온라인 광고와 같은 것) 업무 카테고리는 크라우드소싱에서 전문가 소싱으로 발전할 것이다."

많은 기업이 크라우드소싱을 이용하고 있다. 음료 부문의 스내플(Snapple)과 마운틴듀(Mountain Dew)에서부터 사치품 부분의 코치(Coach)와 소프트웨어 부문의 IBM과 유테스트, 스포츠 광고 부문의 북아메리카프로미식축구리그에 이르기까지, 크라우드소싱은 이제 대세가 되어가고 있다.

여기서 핵심은 이 개념을 프로세스에 어떻게 포함시키느냐이다. 모브포하이어(Mob4Hire)의 CEO인 스티븐 킹(Stephen King)은 크라우드소싱으로 경쟁력을 강화했다. 이 회사는 크라우드소싱만 이용하는 기업인데 테스트인단으로 구성된 팀을 활용해 시장조사를 하고 진정한 의미의 모바일 테스트를 제공하고 있다. 스티븐 킹은 이렇게 말했다.

"크라우드소싱은 공짜 혹은 저렴한 출처에서 참여한 시간에 대해 보상을 해야 하는 출처로 변하고 있다. 점점 더 많은 주류 기업들이 크라우드소싱을 받아들이면서 우리는 개선된 프로세스를 통해 더 나은 품질을 보장하는 발전된 시스템이 구축되는 것을 목격하게 될 것이다."

이러한 소셜 기능은 여러 프로젝트와 부서에 폭넓은 투명성을 전달하는 것에 더해 파트너나 고객과 같은 외부인들과 커뮤니케이션하고 협업이 가능하게 했다. 제품을 혁신하기 위해 이들을 대화에 초대함으로써 차이나 텔레콤과 같은 기업은 시장에 더 빨리 새로운 제품을 내놓을 수 있었고 신제품을 판매할 시장이 존재한다는 사실을 알 수 있어 신제품 출시에 따른 위험도가 적었다.

제품 개발과 혁신 프로세스에 소셜 권한을 부여하면 다른 부서나 다른 지역에 있는 직원들의 지식과 창의력을 이용해 지식을 투명하게 공유할 수 있으므로 조직이 좀 더 민첩하고 능숙해질 수 있다. 크라우드소싱을 이용하면 고객이나 파트너로부터 더 많은 아이디어를 얻어낼 수 있고 시장에 경쟁력 있는 제품을 더 빨리 내놓기 위해 다른 기술을 사용할 수도 있다. 그리고 마지막으로 소셜 비즈니스는 빈번한 피드백을 통해 지속적으로 제품을 개선할 수 있다. 즉, 신뢰할 수 있는 조언자들과 대화를 계속 지속함으로써 기존 제품의 경쟁력을 유지하는 것이다.

아래에 미국 외의 국가에서 제품 개발과 혁신 프로세스에서 대담한 발걸음을 내디딘 두 기업의 사례를 실었다. 바로 차이나 텔레콤과 시멕스다.

|사례연구| 차이나 텔레콤(China Telecom)

차이나 텔레콤은 제품 개발과 혁신 프로세스에 소셜 능력을 부여하기 위해 지식을 확장하고 고객과 파트너를 포함하는 외부와 아이디어를 공유하는 데 중점을 두었다. 그 결과 이들은 타깃 소비자들이 제품을 구매할 것이라는 확신과 함께 시장에 제품을 두 배나 더 빠르게 내놓을 수 있었다(제품 아이디어가 타깃 소비자층으로부터 나왔기 때문이다).

이 접근법은 시장에 제품을 내놓는 데에서 오는 위험과 기회비용을 줄여주었다. 이들은 신제품 출시 첫 6개월 동안 제품 개발 프로세스에 554명의 새로운

"목소리"를 허용했고 제품 출시 후 10분도 되지 않아 새로운 아이디어가 제시되었다. 또한 조직이 고객에게서 직접적으로 아이디어를 얻을 수 있었기에 이미 수요가 존재한다는 것을 아는 상태에서 새로운 서비스를 출시할 수 있었다. 게다가 신제품 아이디어를 위해 자료의 출처를 확장함으로써 위험을 줄이기도 했다.

|사례연구| **시멕스**

멕시코에 본사를 둔 건축 자재 부문 선도 기업인 시멕스는 지난 수십 년간 기업 인수를 통해 매우 빠르게 성장했다. 지난해 이 회사는 전 세계에 퍼져 있는 사업부들의 커뮤니케이션과 협업을 늘릴 필요가 있다고 결정했다.

이는 시멕스에게 문화적 도전이자 프로세스의 도전이었다. 이들은 프로젝트 시프트(Project Shift)라는 소셜 네트워크 플랫폼을 출범시켰고, 현재 참가자 수는 1만 7,000명 이상에 전 세계에서 자생적으로 커뮤니티가 400개 이상 만들어졌다. 이 소셜 네트워크 플랫폼은 문화의 변화를 도와 거대 기업이 소규모 기업처럼 운영될 수 있도록 해주었다. 이 회사의 큰 규모를 고려할 때, 커뮤니티는 마치 작은 규모의 한 기업과도 같았다. 따라서 커뮤니티는 새롭고 혁신적인 아이디어를 가진 소규모 "신생 기업"이 되었다.

특히 한 커뮤니티는 제품 아이디어가 대서양을 넘어 공유될 수 있는 장소가 되어 양쪽 시장에 더 빠르게 제품을 내놓을 수 있도록 해주었다. 프로젝트 시프트는 최고의 공동 연구 시스템으로 인정받아 포레스터 2010 그라운드스웰 어워드를 수상했다. 포레스터 그라운드스웰 어워드는 매우 저명한 상으로 수상자가 되기 위해서는 특별한 성과를 달성해야 한다.

지금까지 프로젝트 시프트로 얻은 성과에는 아래와 같은 것들이 있다.

• 프로젝트 시프트가 강력한 테스트인단을 선별하기 위해 출시된 2010년 1월 이후, 그리고 전체 직원에 공개된 4월 이후, 사용자 수는 2만 500명으로 증가해 기업 전체 직원의 95%가 참여하고 있는 것으로 나타났다. 게다가 우리는 매우 흥미로운 결과를 목격할 수 있었다. 바로 광고 개발이나 제품 개선

과 같이 일상적인 업무에서 저탄소친환경 전략(Low Carbon Sustainable)과 같은 전략적 프로젝트에 이르기까지 커뮤니티 500개 이상에서 다양한 주제를 가지고 직원들이 공동으로 연구를 하고 있는 것이었다.

- 블로그 700개 이상에서 모범 사례와 혁신적인 사고에 대해 다루었다.
- "게임 자체를 바꾸는" 새로운 아이디어 9개가 실행되었다. 사실 커뮤니티 중 하나는 기존의 12개월보다 세 배나 더 빠른 4개월 안에 핵심 제품 라인에서 새로운 글로벌 브랜드를 선보여야 하는 책임을 지고 있었다.
- 프로세스 개선과 환경보호 실천, 마케팅, 제품 개발을 포함한 혁신을 주도하기 위해 직원 1,600명이 글로벌 커뮤니티에서 협동하고 있다. 이전에는 지리적 한계에 갇혀 있었던 제품 엔지니어들이 이제는 지역과 시장을 넘어 모범 사례를 공유할 수 있게 되어 지역 내의 제품을 글로벌 시장에 맞게 조정할 수 있도록 돕고 있다. 예컨대 브라질의 엔지니어들은 독일의 엔지니어들과 지식을 공유하고 공동으로 작업을 하고 있다.

소셜 비즈니스의 성숙

소셜 비즈니스의 성숙도는 당신이 소셜 비즈니스로의 여행을 시작하는 방식과 투자에 차이를 만든다. 나는 알티미터 그룹과 함께 많은 일을 한다. 알티미터 그룹은 기업과 산업이 시장의 혼란을 유리하게 이용할 수 있도록 도와주는 시장 조사기관이다. 이 그룹은 2008년 6월에 기술과 산업 전문 분석가이자 베스트셀러인 《그라운드스웰(Groundswell: Living in a World Transformed by Social Technologies)》의 공동 저자 쉘린 리에 의해 창립되었다. 쉘린 리 외에도 알티미터의 파트너인 제레미야 오양은 산업계에서 저명한 소셜 비즈니스 전문가다.

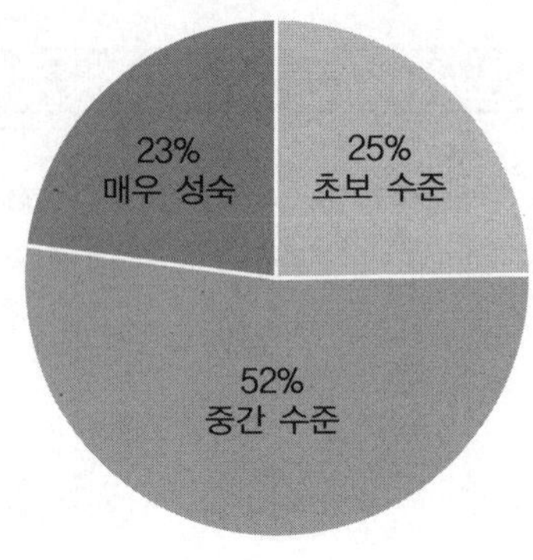

그림 5.5 대부분의 기업은 중간 단계에 있다

알티미터의 2011년 보고서인 〈기업은 소셜 비즈니스 예산을 우선적으로 고려해야 한다(How Corporations Should Prioritize Social Business Budgets)〉는 성숙도에 따른 투자 모델을 제안한다. 기업은 자신이 소셜 비즈니스로 향해 가는 길에서 어디에 위치해 있는지 명확하게 알고 있어야 한다. 소셜 기술에 잘 적응하고 있는지 그리고 소셜 비즈니스 이행 정도가 얼마나 성숙했는지 말이다.

그림 5.5는 알티미터가 글로벌 기업 140개를 대상으로 소셜 전략에 대해 실시한 조사 결과다.

기업들은 자체적으로 소셜 비즈니스 성숙도의 3단계로 자사를 평가했다. 초보 수준인지, 중간 수준인지, 아니면 매우 성숙했는지 말이다. 대부분의 기업은 소셜 비즈니스를 추구하는 자사의 단계가 중간 단계라고 생각했다. 이 보고서에서 가장 흥미로운 결론은 기업이 성숙도에 따라 자신의 조직 모델 내에서 어떻게 앞으로 나아가는지에 대한 것이

초보 수준	중간 수준	매우 성숙
중앙집권(37%) 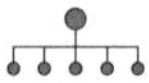	허브 앤드 스포크(49%) 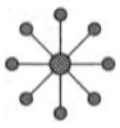	허브 앤드 스포크(44%) 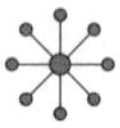
분권화(23%) 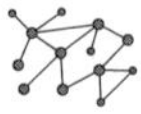	중앙집권(25%) 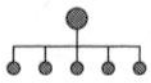	중앙집권(28%) 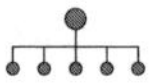
허브 앤드 스포크 (23%) 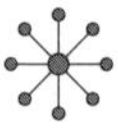	다수의 허브 앤드 스포크 (18%) 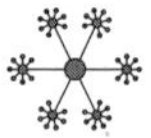	다수의 허브 앤드 스포크 (19%) 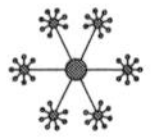

그림 5.6 성숙도에 따라 기업은 소셜 비즈니스를 달리 구조화한다

다(그림 5.6 참조).

보고서를 보면 기업 내에 소셜 비즈니스가 가장 덜 받아들여진 초보 수준에서는 중앙집권적 모델이 가장 일반적(37%)임을 알 수 있다. 23%는 중앙의 통제가 없이 분권화되어 있다. 중앙집권적 모델에서도 소셜의 진입이 가능했던 이유는 직원들이 회사가 공식적으로 소셜 비즈니스를 위해 조직화하기 이전에 이미 소셜을 받아들였기 때문이다. 하지만 고객과 내부 이해 관계자들의 소셜 비즈니스에 대한 요구가 높아지면 기업은 조직을 재구성하고 프로그램을 변경할 필요가 있다. 알티미터는 중간 수준에 속하는 기업의 67%와 매우 성숙한 수준의 기업 63%

가 허브 앤드 스포크(Hub and Spoke, 자전거의 바퀴와 바퀴살을 뜻하는 물류 시스템. 한 곳에 집중시킨 후 각 목적지로 분배한다는 의미) 모델이나 다수의 허브 앤드 스포크 모델로 조직화한다는 사실을 밝혀냈다. 여기서 다수의 허브 앤드 스포크 모델이란 기업 기능 외부에 있는 다수의 부서와 사업부를 포함하는 것이다. 아마도 기업들은 소셜 비즈니스 프로그램이 성숙해질수록 기업이 중앙집권식 혹은 분권화 모델만으로는 늘어만 가는 요청에 대응할 수 없다는 사실을 깨닫게 될 것이다. 그 결과 이 두 모델로의 이동은 계속될 것으로 보인다.

결론은 기업은 자신의 소셜 비즈니스 성숙도를 스스로 평가하고 지출 결정에 우선순위를 두어야 한다는 것이다. 그림 5.7을 보면, 초보 수

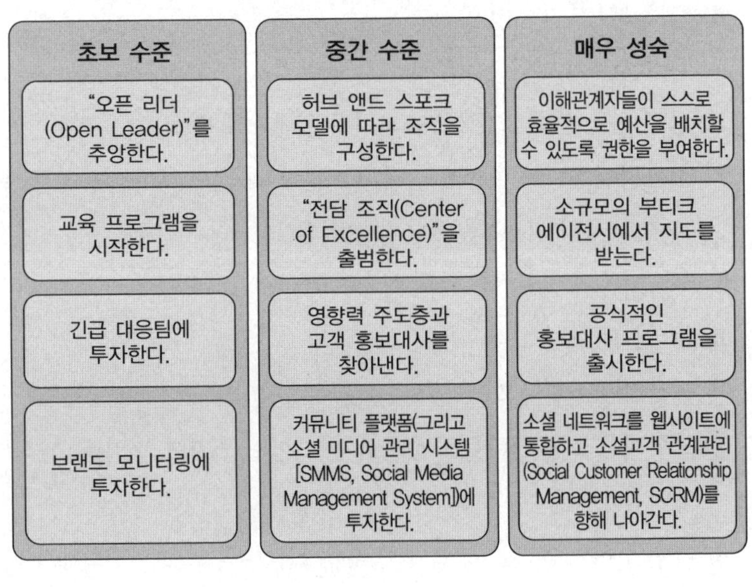

그림 5.7 기업은 성숙도에 따라 예산 지출을 결정해야 한다

준의 기업은 내부 직원들의 훈련에 중점을 두어야 하고 중간 수준의 기업은 고객 응대 계획을 변경해야 하며 매우 성숙한 수준의 기업은 기업 전반의 소셜 비즈니스를 통합해야 한다는 사실을 알 수 있다.

알티미터 그룹에서 제공받은 성숙도 테스트 샘플은 다음과 같다.

당신의 소셜 비즈니스 성숙도를 평가하시오.

각각의 분야에서 당신의 소셜 비즈니스 프로그램을 가장 잘 묘사한 문장을 선택하세요. 1번을 선택하면 1점, 2번을 선택하면 2점, 3번을 선택하면 3점에 해당합니다. 소셜 비즈니스 성숙도를 알고 싶다면 모든 점수를 더해 합계를 내며 됩니다.

A. 프로그램

1. 우리는 소셜 미디어를 주로 실험하고 있다.

2. 전체 소셜 전략의 일부로서 장기적인 계획을 세웠다.

3. 소셜 비즈니스가 기업에 깊게 스며들어, 마케팅 부서는 물론 제품과 고객 지원, R&D 등에 영향을 미친다.

B. 리더십과 조직 모델

1. 공식적인 소셜 전략이나 조직 모델이 없다.

2. 공식적인 소셜 전략을 중심으로 허브 앤드 스포크 모델로 조직을 구성했다.

3. 다수의 허브 앤드 스포크 모델 혹은 전체주의 모델로 진화했으며, 사업부서는 허브의 지도가 없이도 스스로 배치할 수 있다.

C. 프로세스와 정책

1. 내부 감사나 확립된 프로세스, 혹은 지배 구조를 위한 정책을 시행한 적이 없다.

2. 내부 감사와 확립된 프로세스, 그리고 기업 전반에 걸친 정책을 시행하고 있다.

3. 여러 팀에 걸쳐 명확한 프로세스와 업무 흐름도를 만들어냈다.

D. 교육

1. 내부 직원을 위한 공식적인 교육 프로그램이 없다.

2. 교육 프로그램을 출범했으나 아직 기업 전체에서 실시하지는 않았다.

3. 전 직원을 위한 교육원으로서 현재의 교육 프로그램을 공식화했다.

E. 측정

1. 소셜 미디어의 성과를 클릭 수와 팬 수, 팔로워 수, 리트윗 수, 체크인 수 등과 같은 참여와 관련된 지표에 연결시켰다.

2. 소셜 미디어의 성과를 매체 점유율과 반향도, 입소문과 같은 소셜 미디어와 관련된 지표에 연결시켰다.

3. 소셜 미디어의 성과를 수익과 평판, 고객만족도(CSAT)와 같은 사업과 관련된 지표에 연결시켰다.

F. 기술

1. 고객의 목소리에 귀를 기울이고 이해를 높이기 위해 브랜드 모니

터링에 투자하고 있다.

2. 커뮤니티 플랫폼이나 소셜 미디어 관리 시스템(SMMS)와 같은 측정이 가능한 기술에 투자하고 있다.

3. 고객의 전체 수명주기(life cycle)에 걸쳐 기업의 웹사이트나 안내소, 모바일기기 등과 같은 디지털 접점과 함께 소셜 통합에 투자하고 있다.

총계______

0점에서 6점 사이면 초보 수준에 해당합니다.

7점에서 12점 사이면 중간 수준에 해당합니다.

13에서 18점 사이면 매우 성숙한 수준에 해당합니다.

당신의 소셜 비즈니스 성숙도는: ______

결론

소셜 비즈니스는 비즈니스 프로세스를 바꾸고 기존의 비즈니스 프로세스 흐름과 프로세스 각각의 단계에 책임이 있는 사람들의 네트워크가 서로 협업할 수 있도록 한다. 어떤 경우에는 새로운 비즈니스 프로세스가 만들어지기도 한다.

소셜 비즈니스 어젠다의 힘은 대담하면서도 체계적인 방법론에 있다. 전체 회사의 프로세스에 영향을 미치지만, 자신의 위험도에 맞게 받아들일 수 있는 수준의 속도로 영향을 미친다. 마케팅에만 중점을 두는 소셜 미디어와는 달리, 소셜 비즈니스는 판매와 고객 서비스, 제품 개발, 제품 혁신, 인사, 공급망 등을 망라한다. 문화의 변화는 이러한 핵심 글로벌 프로세스를 지지해야 한다. 앞서 인용한 McKinsey Quarterly(맥킨지 계간지)에 실린 자크 부긴과 마이클 추이의 "네트워크 기업의 부상"을 보면 강력한 ROI를 확인할 수 있다.

- HR에 중점을 둔 결과, 지식과 전문가에게 접근하는 데 걸리는 속도가 30% 개선
- 판매와 마케팅에 중점을 둔 결과 매출이 15% 향상
- 제품 혁신에 중점을 둔 결과 제품을 시장에 선보이는 데 걸리는 시간이 20% 개선되고 성공적인 혁신이 가능

네트워킹과 같은 소셜 기술로 프로세스에 권한을 부여하면 원하는 변화가 가능해질 것이다. 다수의 부서와 사업부가 그 혜택을 누릴 수 있고 소셜 업무 흐름을 능률화하고 관리하기 위해서는 기반 시설의 조정이 필요하다.

또한 중점을 둔 분야(인사, 마케팅, 고객 서비스, 제품 개발과 혁신, 공급망 모두)에서의 각각의 프로세스는 전 영역에 걸쳐 광범위하고 적극적인 경청과 참여가 있어야만 한다. 이때 이것이 기술이 아닌 인간이 주도한다는 점을 인지하면 각각의 프로세스를 이끄는 데 도움이 될 것이다. 성숙도는 시작점과 조직 모델, 그리고 중점을 두는 영역에까지 영향을 미칠 것이다.

다음 장에서는 평판과 위기관리를 위한 방법을 살펴볼 것이다.

6

평판과 위기관리를 위해 디자인하라

Design for Reputation and Risk Management

"Your online reputation
is your Social Business
Currency. Manage
it well."
Sandy Carter

"당신의 온라인 평판은 소셜 비즈니스에서 돈과 같다.
그러니 잘 관리하라."

_샌디 카터

"라스베이거스에서 일어난 일은
라스베이거스에 묻을 수 있을지 모르지만
자료화면이 남아있을 수 있다."

_미상

"What happens in Vegas
might stay in Vegas,
but odds are
there's footage."
Unknown

평판과 위기관리에 대한 조사를 시작하면서 많은 조직이 온라인 평판을 보호하기 위해 노력하는 와중에 일종의 위기를 경험했다는 사실을 블로그스피어를 통해 알았다. 예를 들어, 유나이티드 항공은 비행 도중 부서진 데이비드 캐럴(David Carroll; 미국의 영화배우)의 테일러(Taylor: 기타 제조사 브랜드) 기타 때문에 생긴 위기를 처리해야 했다. 항공사로부터 부당한 대우를 받았다고 느낀 캐럴은 유나이티드 항공에서 당한 일에 대한 노래를 만들어 유튜브(www.youtube.com/watch?v=5YGc4zOqozo)에 올렸다. 이 책을 집필하고 있는 현재 조회 수를 1,000만 건 이상 기록하고 있다.

테일러 기타 역시 캐럴을 지지하는 내용과 테일러 기타를 가지고 여행하는 사람들을 위한 조언을 담은 동영상을 만들어 유튜브에 올렸고 조회 수가 50만 건 이상에 달했다. 유나이티드 항공이 캐럴에게 배상하기로 결정했을 때, 그는 그 돈을 기부하라고 요청했다. 결국 유나이티드 항공의 주가는 10%나 급락해 주주들에게 1억 8,000만 달러의 손해를 입혔으며 기타 값으로 1,200달러를 배상해야 했다. 유나이티드 항공만이 이러한 난관에 부딪혔던 것은 아니다. 또 다른 회사들의 사례도 살펴보자.

- 델(Dell)은 "델은 지옥으로 떨어져라(Dell Hell)"라고 하는 블로거로부터 공격을 당한 적이 있다. 델은 이 상황을 잘 처리했으며, 고객에게 귀를 기울이고 아이디어스톰(IdeaStorm)이라는 훌륭한 솔루션

을 만들어냈다.

- AT&T의 아이폰에 대한 형편없는 서비스에 불만을 품은 한 트위터는 AT&T 네트워크를 정지시키려는 시도를 했고 결국 FCC(Federal Communications Commission, 미국 연방 통신위원회)가 개입해 해결해야 했다.

- 말레이시아의 세팡 국제 서킷(Sepang International Circuit)에서 열린 2011 에너자이저 나이트 레이스(Energizer's Night Race)는 준비가 미비했다. 이 레이스의 스폰서는 에너자이저뿐이었지만, 페이스북에 레이스 준비에 관한 부정적인 코멘트들이 올라왔을 때 재빨리 사과하는 태도로 대응하지 않는 바람에 에너자이저 브랜드 자체에 타격을 받았다. 게다가 보이콧 에너자이저 나이트 레이스(Boycott Energizer Night Race)라는 사이트는 에너자이저에 매우 공격적인 태도를 보였다.

- 혼다(Honda)는 페이스북 페이지를 홍보하며 새로운 어코드 크로스투어(Accord Crosstour) 디자인을 삽입하고자 했다. 한 페이스북 팬이 "괜찮은 디자인이다. 당장 이 차를 사고 싶을 정도다"라고 쓰며 좋아하는 것 같았지만 사실 대부분의 사람들은 이 디자인을 좋지 않게 생각했다. 나중에야 이 "팬"이라는 사람이 바로 크로스투어 제품 입안자였다는 사실이 밝혀졌다. 혼다는 사과문을 발표했지만 언론은 이 사건과 혼다의 투명성 부족에 대해 다루었다.

나는 모든 소셜 비즈니스가 최고를 기대할 필요가 있다고 믿지만 최악의 경우에 대비해야 한다고도 생각한다. 온라인 평판에 대비하는 것은 상대적으로 새로운 개념이다. 원래 사람들은 오프라인에서의 평판

관리에만 중점을 두어왔으며 최근에야 온라인 세계를 포함시키기 시작했기 때문이다. 사실 나는 포춘 100대 기업의 여러 HR 담당자들과 이 개념에 대해 얘기했고 현재 이들은 위기관리 담당자보다 평판관리 담당자를 더 많이 고용하고 있다. 위기관리 담당자는 무언가가 잘못되었을 때 어떻게 해야 할지에 중점을 두지만 평판관리 담당자는 적극적인 자세로 브랜드와 제품, 기업을 보호하는 데 중점을 둔다.

평판관리란 무엇인가? 기업이 자신에 대해 어떤 말이 오가는지 알고 긍정적인 행동을 통해 평판을 강화하며 온라인에서의 부정적인 코멘트를 해결할 수 있는 방안을 미리 가지고 있는 것이다. 여기서 평판은 다른 이들이 당신의 회사와 제품, 브랜드에 대해 진실이라고 믿고 있는 것을 말한다. 평판관리는 아래와 같은 행동을 통해 평판을 적절하게 형성해나간다.

- 다른 사람들이 뭐라고 말하는지 알기 위해 경청한다
- 부정적인 의견에 대응한다
- 행동을 통해 긍정적인 의견을 구축한다

오늘날 소셜 코멘트는 급증하고 있다. 많은 소셜 도구와 광범위한 콘텐츠로, 누구나 소셜 코멘트를 남길 수 있고 다른 사람에게 매우 강한 영향력을 미칠 수 있다. 문제는 인터넷이 전통적인 미디어와 동일한 권위 있는 기준을 가지지 못한다는 점이다. 예를 들어, 신문과 뉴스는 기사를 공개하기 전에 종종 사실을 확인하고 조사를 실시한다. 그러나 블로고스피어의 조사는 믿을 수 없기 때문에 그 정보가 타당한 것인지 혹은 어느 한 사람만의 편견이 섞인 의견인지 알기가 어렵다.

이 같은 소셜 네트워크 사이트는 50년 전의 텔레비전과 라디오의 폭발적인 증가와는 그 규모와 속도, 영향력 면에서 매우 다르다. 컴스코어(comScore, 많은 기업에 마케팅 데이터와 서비스를 제공하는 인터넷 마케팅 조사 업체)에 의하면 약 7억 7,000만 명이 소셜 네트워크 사이트에 방문한다. 컴스코어는 사용자들의 온라인 행동을 연구하기 위해 컴퓨터로 모든 인터넷 데이터를 추적한다. 포레스터 리서치(Forrester Research)에 따르면 미국 성인 5명 중 4명이 소셜 미디어를 어느 정도 사용하고 있다고 한다(출처: "2011년을 위한 소셜 마케팅 플랜 벤치마킹(Benchmarking Social Marketing Plans For 2011)," 숀 코코란, 에밀리 라일리, 앤지 폴란코, 2010년 10월 14일). 게다가 글로벌웹인덱스(GlobalWebIndex)에 의하면 영국인의 70%가 소셜 미디어를 이용한다고 한다. 소셜이 소비자 인지도에 강력한 영향을 미칠 수 있는 힘은 바로 이렇게 많은 사람이 소셜 미디어를 이용하면서 생기는 영향력 때문이다. 사실 소비자의 78%는 긍정적이건 부정적이건 다른 소비자의 추천을 신뢰하기 때문이다.

소셜 비즈니스가 평판을 관리하고 브랜드와 제품, 서비스 등에서 발생하는 위기를 관리하는 방법을 바꾼 것은 바로 이 콘텐츠와 분포, 영향력의 규모다.

최근에 나는 아를로 브래디(Arlo Brady)의 논문 〈평판의 요소(Elements of Reputation)〉를 읽어보았다. 그의 연구에 의하면 평판은 아래와 같은 것들로 구축된다고 한다.

1. **지식과 기술**: 직원 한 사람, 한 사람이 기업이나 마찬가지다. 직원은 현재 그리고 미래의 성공을 결정짓는 주요 요소다.

2. **감정적 연결**: 고객은 서비스와 제품에 감정을 부여한다. 이러한 감정적 연결이 없다면 많은 기업이 서로 비슷할 것이다.

3. **리더십과 비전, 욕망**: 주주들은 비전과 욕망을 가진 사람들에 의해 주도된다고 여겨지는 기업에 높은 가치를 부여한다.

4. **품질**: 이는 제품과 서비스의 품질을 의미한다. 즉, 기업이 고객의 요구를 단 한 번이 아닌 지속적으로 만족시키는지가 중요하다.

5. **재정적 신뢰성**: 이는 기업의 성과를 측정하는 전통적인 지표다. 신뢰를 높이기 위해 기업은 주주에게 평균 이상의 수익을 가져다 주었다는 기록을 가지고 있어야 한다.

6. **사회와 커뮤니티에서 기업의 역할**: 사람들은 기업이 이윤 그 이상, 즉 사람들을 돕는 일에 관심을 가지는지 살펴본다.

7. **환경적 신뢰성**: 녹색 운동으로 시민들이 지구를 소중하게 생각함에 따라 환경에 중점을 두는 기업이 더 나은 평판을 얻게 된다. IBM의 스마터플래닛(Smarter Planet)이라는 캠페인은 우리가 이윤뿐 아니라 지구에도 관심을 가진다는 사실을 보여준다.

이 7가지 항목은 무엇을 주의 깊게 지켜보아야 할지에 대한 길라잡이가 된다. 평판에 손상을 입히는 잠재적 위험 요인을 감소시키기 위해서는 주의를 기울여 평판을 관리해야 한다. 사실, 제5장 "비즈니스 프로세스를 네트워크로 만들어라"를 생각하면 이 7가지 평판을 가진 기업은 이미 정해져 있는 셈이다. 내부의 프로세스에 소셜을 가능하게 만들었기 때문이다. 예컨대 HR 프로세스에 소셜을 도입해 인재와 전문 지식을 공유하면 전체 직원들의 지식과 기술에 긍정적인 영향을 미칠 수 있다.

하지만 앞에서 언급한 7가지 요소는 언제나 공격을 당할 수 있다. 사실 경영진으로부터 가장 많이 듣는 질문이 바로 온라인에서 그렇게 많은 것을 공개하면서 오는 "위기"에 관한 것이다. 그러나 온라인에서 적극적으로 대처하지 않더라도 위기는 존재한다. 고객과 영향력 주도층, 경쟁자들이 언제나 당신의 회사에 대한 글을 올릴 수 있기 때문이다. 그래서 이러한 위험을 알면서도 IBM의 CMO인 존 이와타는 온라인에서 적극적으로 활동하면서 오는 장점이 위험보다 크다고 말한 것이다.

"우리는 직원들을 소셜 미디어에 참여하도록 권장하지 않는 데에서 오는 위험과 이들이 필요로 하는 도구와 교육을 제공하지 않는 데에서 오는 위험이 [직원 훈련에서 오는] 위험보다 훨씬 크다는 사실을 알았다. 우리가 실시한 조사에 의하면 직원들을 소셜 미디어에 참여하라고 권장하는 것이 미래의 성공에 매우 중요하다는 증거가 훨씬 많았다."

그렇다면 소셜 세계에서 위험은 어떻게 관리할까? 평판과 관련한 위험을 관리할 때는 문제가 발생했을 때 문제가 있다는 사실을 인지하고 이를 해결하는 데 적합한 사람들과 함께 빠르고 투명하게 처리하는 것이 중요하다. 이 장에서는 온라인 평판을 보호하고 블로고스피어와 관련된 위험을 관리한 모범 사례를 보여줄 것이다.

소셜 비즈니스가 되는 데에서 오는 장점이 위험보다 훨씬 크지만 그렇다 하더라도 주의 깊은 계획과 관리가 필요하다. 사실 내가 생각하는 더 큰 위험은 기업이 온라인에서 활동하지만 아무도 관심을 두지 않는 것이다. 어떤 관계든 강력하게 만들기 위해서는 노력이 필요하다. 이제부터는 위험에서 어떻게 회복할지를 살펴보고 소셜 비즈니스가 되는 데에서 오는 커다란 장점을 살펴보자.

위험을 줄이기 위한 "계획"을 가지고 평판을 관리하라

평판과 위기관리 계획의 목표는 평판이 손상되는 위험을 없애는 것이지만 만약을 대비해 준비해야 한다. 아래의 간단한 1-2-3 단계를 사용하면 최악의 경우에 대비할 수 있지만, 동시에 온라인 평판을 키우고 구축하는 것을 잊어선 안 된다.

1. 경청하라.
2. 브랜드 군단을 만들어라.
3. 대응 계획을 세워라.

1. 경청하라: 문제가 있다는 사실을 알고 있는가?

C. S. 루이스(C. S. Lewis)의 책 《사자, 마녀 그리고 옷장(The Lion, the Witch and the Wardrobe)》을 보면, 숲 속에 홀로 서 있는 가로등 불빛에 이끌린 주인공 루시는 나니아(Narnia)라는 환상의 세계와 통하는 옷장으로 들어간다. 소셜 비즈니스에서는 블로고스피어라는 방대한 마법과 같은 흥미로운 세계로 이끄는 옷장과 같은 안내의 역할을 경청이 담당한다. 경청은 기업이나 브랜드, 제품에 대해 무엇이 쓰여 있는지 (혹은 무슨 말

이 오가는지 또는 무슨 동영상이 올라와 있는지) 추적 관찰하는 것이다. 여기에는 예를 들어 스포츠 드링크나 IT 기업과 같은 당신의 제품이 속한 카테고리도 포함된다.

일이 잘못될 때뿐 아니라 평판을 주도하는 층에 대해 이해하기 위해서도 경청은 반드시 필요하다. 귀를 잘 기울이면 소셜 비즈니스에 재난이 닥치는 것을 피하는 데 도움이 될 수 있다.

적극적인 경청은 앞으로의 전망과 고객, 그리고 경쟁자에 대해서도 이해하도록 돕는다는 데 그 가치가 있다. 즉 적극적인 경청으로 대화를 인지하고 행동하도록 해 당신의 회사가 이에 대응하도록 한다. 더 이상 URL만이 회사의 웹사이트가 아니며 당신이 웹상에 존재하는 모든 곳이 웹사이트가 되므로 많은 사람이 소셜에 참여하는 세상에서 경청은 매우 중요하다. 이미지와 텍스트로 브랜드를 구축하며, 체계적인 접근을 하지 않는다면 매일 목을 "단두대" 위에 올려두고 있는 것과 같다. 비즈니스나 기업과 관련된 이벤트 등 기본적으로 모든 것이 상호 연결되어 있기 때문에 실시간으로 적극적인 경청이 필요한 것이다.

사실 일일이 직접 듣기에는 온라인상에 정보가 너무나 많다. 그래서 자동화된 도구를 사용해볼 것을 조언하는 바이다. 당신의 제품과 브랜드, 팀과 관련된 모든 데이터를 모으는 데 도움을 주는 무료 도구나 유료 도구가 많이 존재한다.

내가 할 수 있는 조언은 당신의 비즈니스와 관련된 키워드를 결정하라는 것이다. 키워드는 당신이 주의를 기울여 경청해야 할 것과 연관된 단어를 말해준다. 키워드는 당신의 회사일 수도 있고, 제품일 수도 있으며 브랜드일 수도 있다. 그저 "하인즈(Heinz)"에 대한 데이터만 듣는 것이 아니라 "케첩"과 같은 카테고리를 포함할 수도 있다. 이 단어는 당신의 성공에 중요한 역할을 할 것이다. 예를 들어, 무선 통신 산업에 종사한다면, "통화 끊김 현상"이나 "3G", "모바일 앱", "스마트폰", "데이터 사용 계획" 등이 키워드가 될 수 있다. 당신에게 중요한 사항이 키워드에 반영되어야 하는 것이다. 이러한 키워드 결정을 도와줄 수 있는 도구 중 하나는 바로 구글 키워드 툴(Google Keyword Tool)이다. 어떤 단어를 입력하면 그 단어를 찾는 사람들이 사용하는 다른 단어도 보여준다. 예컨대 만약 "샌드라 카터"를 입력하면, "샌디 카터"를 보여준다. 내가 "SOA(Service Oriented Architecture, 서비스지향 아키텍처)"를 입력하면 구글 키워드 툴은 "플렉서블 아키텍처(flexible architecture)"를 보여준다.

내가 사용하는 또 다른 무료 도구는 트윗덱(TweetDeck)이다. 나는 이 도구를 브랜드나 카테고리에 대한 키워드를 선택할 때 사용하고 선택한 키워드가 언급된 모든 트윗을 검토한다. 이 도구는 약간의 수작업을 요하지만 경청하고 대응할 수 있는 방안을 제공해준다는 점에서 이용해볼 만하다. 또는 훗스위트(HootSuite)를 사용할 수도 있다. 그리고 트위터 자체에서도 이러한 키워드를 검색하고 경청하는 데 도움을 주는 환경 친화적인 도구를 만들려고 노력하는 것으로 알고 있다. 좀 더 정교한 도구를 원한다면 IBM 코그노스 컨슈머 인사이트(IBM Cognos Consumer Insight)와 같은 도구들이 소셜 비즈니스에 대한 자동화된 정보수집과 강력한 분석을 통해 고객의 감정을 경청하고 볼 수 있도록 해준다.

점점 성장하는 이 소셜 공간에서 사용할 수 있는 도구로는 아래와 같은 것이 있다.

- **IBM 코그노스 컨슈머 인사이트**(IBM Cognos Consumer Insight): 블로그나 포럼, 토론 그룹과 같은 공개 소셜 미디어 사이트에서 고객의 감정을 분석하는 도구다. 자세한 정보는 www-01.ibm.com/software/analytics/cognos/analytic-applications/consumer-insight/에서 알아볼 수 있다.

- **소셜 멘션**(Social Mention): 당신의 브랜드나 회사, CEO, 마케팅 캠페인, 또는 현재 화제가 되는 뉴스, 경쟁자, 혹은 유명인사의 최근 소식 등에 대해 무료로 매일 알림 메일을 보내준다. 자세한 정보를 알고 싶으면 www.socialmention.com을 방문하자.

- **트윗이펙트**(TweetEffect): 당신이 올린 글 중 어떤 트위터 업데이트가 사람들을 팔로우하게 하거나 떠나게 했는지 찾아내도록 도와준다. 자세한 정보는 www.tweeteffect.com에서 알아볼 수 있다.

- **컨버스온**(Converseon): "당신을 위해" 경청해주는 소셜 미디어 경청 대행사다. IBM 역시 이런 종류의 경청을 많이 이용하고 있다. 자세한 정보는 www.converseon.com에서 알아보자.

- **스파이럴16**(Spiral16): 조직과 정확도, 시각화, 분석을 기반으로 소셜 미디어 추적 관찰을 제공하는 새로운 소프트웨어 도구다. 자세한 정보는 www.spiral16.com을 방문하자.

- **구글 알리미**(Google Alert): 선택한 키워드나 주제와 관련된 최신 구글 검색 결과(웹, 뉴스 등)를 배치 혹은 스트리밍 형식으로 보여준다. 자세한 정보는 www.google.com/alerts에서 알아볼 수 있다.

- **인사이트**(Insights): 키워드나 구절을 중심으로 트래픽을 확인할 수 있도록 도와주는 페이스북 담벼락용 검색 도구다. 이 도구에 대한

자세한 정보는 https://developers.facebook.com/docs/insights에서
알아보자.

- 트윗덱(TweetDeck): 카테고리나 브랜드에 대한 키워드를 추적 관
  찰할 수 있도록 해주는 무료 도구다. 자세한 정보를 알고 싶으면
  www.tweetdeck.com를 방문하자.

- 훗스위트(HootSuite): 카테고리나 브랜드에 대한 키워드를 추적 관
  찰할 수 있도록 해주는 무료 도구다. 자세한 정보를 알고 싶으면
  http://hootsuite.com를 방문하자.

- 세임포인트(Samepoint): 소셜 미디어 사이트에서 오간 대화를 추적
  한다. 구글과 같은 주요 검색 엔진에서는 일반적으로 사용자들의
  토론 내용을 포함하지 않는다. 고정된 페이지에 존재하는 것이 아
  니기 때문이다. 세임포인트는 이러한 토론 내용을 웹페이지나 불변
  의 URL(퍼머링크)로 변환하고 태그클라우드(tag cloud; 한눈에 찾아볼
  수 있도록 시각화되어 있는 전체 태그들 – 옮긴이) 내에 정리한다. 자세
  한 정보는 www.samepoint.com에서 알아보자.

- 팔로워 웡크(Follower Wonk): 최대 3개의 서로 다른 트위터 계정에
  서 공통으로 등장하는 단어를 보여주는 벤다이어그램을 만들어내
  는 트위터 응용 프로그램이다. 자세한 정보는 http://followerwonk.
  com에서 알아볼 수 있다.

- 알렉사(Alexa.com/siteinfo): 알렉사 점수를 사용해 웹사이트의 순위
  를 측정해주는 사이트다. 자세한 정보는 www.alexa.com/siteinfo에
  서 알아보자.

당신이 듣고 싶은 것은 당신의 브랜드나 제품을 개선하는 데 도움이 될 것이라고 여겨지는 말과 사실이 아니거나 편견을 가진 부정적인 말이다. 당신의 비즈니스가 중요하게 여겨야 할 주제를 결정했고 이를 잠재적인 키워드라고 인지한다면 그것이 바로 당신 찾아야 하는 단어다. 시간의 흐름에 따른 키워드 트렌드에 주목하며 트렌드가 변화할 때마다 무엇을 경청해야 할지 개선한다면 이를 바탕으로 새로운 키워드를 검색할 수 있을 것이다.

귀를 기울여야 할 것들에는 제품이나 회사를 개선할 수 있는 코멘트나 새로운 트렌드가 포함된다. 또한 경청을 통해 배운 정보를 공유하는 방법은 성공의 핵심이기도 하다. 경청은 전문성의 성장과 관련되어 있다. 회사 내의 모두가 매일 시장에서 무슨 일이 벌어지고 있는지 잘 알아야 한다. 무슨 일이 있는지 알면 직원들의 업무를 향상시키는 데 도움이 된다.

비상사태는 직원들의 잘못된 도구 사용이나, 품질이나 안전 문제처럼 적합한 방식으로 처리되어야 하는 문제 등에서 발생하는 경우가 있기 때문이다. 물론 불만과 우려도 잘 살펴보아야 한다. 하지만 여기에 대해서는 일부는 대응이 필요하지만 일부는 대응할 필요가 없다.

내가 찾아보는 것들은 다음과 같다.

- **브랜드재킹**(Brandjacking): 브랜드 하이재킹은 브랜드를 임의로 도용해 사용하는 것이다. 예를 들어, IBM 경영진 중 한 사람은 누군가가 자신을 가장해 트위터에서 활동하고 있는 것을 발견한 적이 있었다.

- **직원 혹은 계약자/공급자/대행사의 잘못된 사용**: 예컨대 크라이슬러(Chrysler)는 소셜 미디어 대행사가 트위터에서 욕설을 사용한 것을 발견하고 계약을 해지한 바 있다.
- **품질과 안전의 문제**: 수화물 취급과 관련된 유나이티드 항공의 품질 문제를 생각해보라.
- **활동가의 시위**: 부활절 휴가 전 주에 미국의 한 삼림 보호 활동가는 네슬레(Nestlé)가 삼림을 파괴한다고 판단해 네슬레의 삼림 파괴 행동을 담은 동영상을 올렸다. 그 결과 트위터에는 네슬레에 대한 부정적인 글이 급증했다. 부정적인 동영상이 유튜브에 120만 건 이상 올라왔고 페이스북에서는 네슬레 팬 9만 5,000명이 부정적인 메시지를 보냈다.
- **사업 비밀의 공유**: 비밀 정보를 공유하는 것은 큰 문제가 된다. 그래서 IBM의 소셜 비즈니스 가이드라인 중 하나는 이러한 종류의 정보를 공유하지 못하도록 하고 있다.
- **범죄 활동**: 불법적인 활동은 무엇이든 즉시 처리되어야 한다.
- **천박하고 모욕적인 언어**: 위에서 언급한 크라이슬러의 경우가 이에 해당한다.
- **개인에 대한 협박**: 언제든 한 개인이 표적이 되어선 안 된다. 데이비드 캐럴은 유나이티드 항공에 대해 동영상을 올린 후, 직원 한 사람의 이름을 언급한 것에 대해 사과했다.

이 첫 단계에서 중요한 요소는 회사와 브랜드 주변에서 무슨 일이 일어나고 있는지 알고 있도록 하는 것이다. 평판을 구축하거나 개선하거나 위기를 피하기 위해서는, 어떤 말이 오가며, 누가 그 말을 하고, 어디에서 그런 말이 오가는지, 그리고 그 말이 얼마나 영향력이 있는지 이해해야 한다. 홍보팀이나 신문에서 이런 말에 대해 들었다면, 때는 이미 너무 늦었을 수 있다. 아래의 목록은 적극적인 경청에 대한 계획이다.

1. 당신의 소셜 비즈니스에 해당하는 검색어를 만들어라.
2. 경청을 위해 도구를 한 개 이상 선택하라.
3. 무엇에 귀를 기울여야 할지 훈련하라.

제7장, "데이터를 분석하라"에서 경청에 대해 좀 더 깊게 다룰 것이다.

2. 브랜드 군단을 만들어라.

소셜 미디어 그룹(Social Media Group)의 CEO이자 창립자인 매기 폭스(Maggie Fox)는 "브랜드 군단(brand army)"이라는 용어를 만들어냈다. 브랜드 군단이란 당신의 브랜드를 대표해 무보수로, 그리고 보수를 받고 활동하는 홍보대사(즉, 당신의 직원을 말한다!)를 말한다. 브랜드 군단에는 직원과 경영진, 관리직, 그리고 "친구들"이 포함된다. 이때 포함되어야 할 경영진이 반드시 CEO일 필요는 없지만, 한 사업부의 리더이거나 영향력을 주도할 수 있는 사람이어야 한다.

이 브랜드 군단은 당신 브랜드와 관련된 모든 뉴스와 관계, 활동에서 선두에 있어야 한다. 본질적으로 이들이 온라인에서 당신의 브랜드

를 형성한다. 고객과 친구, 팬들과 관계를 맺고 정보를 교환할 때 투명
성을 유지해야 한다. 이들은 "정보에 밝아야" 하며 즉각적으로 반응해
야 한다. 포브스닷컴(Forbes.com)에 글을 기고하는 패트릭 포크트(Patrick
Vogt)는 장기적인 관점으로 봤을 때 이들이 가져오는 가치에 대해 이러
한 훌륭한 말을 했다.

"수면으로 드러나는 화제는 학습조직(learning organization)에게는 매우
중요하며 고위 경영진들은 이를 주기적으로 분류하고 검토해야 한다."

브랜드 군단을 진지하게 받아들여야 한다. 투자자 관리 업무 담당으
로 인턴을 앉힐 것인가? 마찬가지로 온라인 대응 담당자만으로 브랜드
군단이 구성되어선 안 된다. 또한 법무 담당자가 브랜드 군단의 일부가
되도록 해야 한다. 법무 담당자는 브랜드 군단의 팀원이어야 한다.

이들은 정보에 밝아야 한다. 그리고 능률적이기 위해서는 정보를 가
지고 있어야 한다. IBM에서 나는 내 브랜드 군단에 최고의 브랜드 홍
보대사들을 보유하고 있고 이들과 개인 이메일이나 전화로 의사소통한
다. 가끔 긴박한 상황이 닥쳤을 때 이들이 가진 최신 정보를 이용할 수
있기 때문이다. 내 브랜드 홍보대사들은 일반적으로 내가 중점을 두는
분야의 티퍼들(tippers)이다. 숫자는 중요하지 않다. 중요한 것은 당신의
회사와 브랜드, 제품을 사랑하며, 열정을 가지고 임하는 사람들이어야
한다는 점이다. 이러한 의사소통은 주기적으로 일어나야 하며 위기 때
에는 반드시 의사소통해야 한다. 단순해 보이지만, 많은 기업이 잠재적
인 난관 속에 있으면서도 이러한 가치 있는 정보를 공유하는 것을 종종
잊는다.

이 팀은 전반적인 평판 관리와 위기 상황을 위해 콘텐츠 활동 전략을

가져야 한다. 콘텐츠 활동 전략이란 콘텐츠가 만들어지며 배포되고 홍보되며 측정되는 방법에 대한 계획을 말한다. 신제품을 발표할 때 최고의 블로거들과 공유하기 위해 정보를 만드는 사람은 누구인가? 사실 이 사람의 역할은 너무도 중요해서 새로운 직위까지 생겨났다. 바로 최고 콘텐츠 책임자(Chief Content Officer)다. (주: 링크드인에는 이 역할만을 하는 그룹이 있다. http://www.linkedin.com/goups?home=&향=2921919&t가=anet_ug_hm!.)

위기 상황이 아닐 때에는 적합한 사람이 콘텐츠를 다루는지 확인하는 것이 매우 중요하다. 아래와 같은 것들은 중요하게 공유해야 할 것들이다.

커닝 페이퍼:

트위터(ID): @xxx

공식 트위터 해시태그(Hashtag): #xxx

정보를 가잘 잘 보여주는 단축 URL: xxx

이 주의 핫 토픽:

대화를 주도하기 위한 추가 추천: 심오한 콘텐츠

더 많이 배우고 소문을 퍼뜨리자! 교육 관련 토픽

가장 자주 묻는 질문들:

질문 1:

질문 2:

추천할 만한 커뮤니티:

xxx에 가입하라

위기의 한복판에 있을 때 콘텐츠를 만들어내고 배포해야 하는 사람은

급한 불을 끄느라 에너지를 소진한다. 그래서 이 사람의 역할은 책임을 지고 경청하며 조직 내의 정확한 부서로 정보를 전달하는 것에 국한된다. 예를 들어, 소셜 비즈니스 평판과 위기관리 담당자는 제품과 관련한 부정적인 정서를 읽어낼 수 있다. 하지만 여기에 대응하는 것은 이 사람의 책임이 아니다. 이 사람은 상황을 처리할 적합한 브랜드 군단(고객지원 부서 및 홍보대사)에게 이에 관해 알려야 한다. 브랜드 군단과 관계를 구축하고 신뢰를 쌓았다는 확신을 가져야 하며 브랜드 군단에게 강력한 콘텐츠를 제공해 무장시켜야 한다.

마지막으로, 제2장 "조직의 목표와 문화를 정비하라"에서 직원 교육의 중요성을 다룬 바 있다. 이는 위기 상황에서도 매우 중요하다. 첫 단계는 소셜 비즈니스 가이드라인 제작과 교육이다. 슈퍼마켓 체인인 프라이스 차퍼(Price Chopper)를 예로 들어보자. 한 고객이 슈퍼마켓에 대한 불만을 트위터에 올리자, 슈퍼마켓의 홍보팀은 이 고객의 고용주에게 가서 징계 처리를 부탁했다. (이들은 이 사람의 고용주를 어떻게 알았을까? 고객의 트위터 아이디를 통해 그의 프로필에서 회사를 확인했다.) 그런데 이 고객은 탑 블로거의 친구였고 이 블로거는 사건과 슈퍼마켓의 사건 처리 방법에 대해 글을 남겼다 (http://pricechopperfail.tumblr.com/post/1156969465/price-chopper-attacks-customers-job-over-negative-tweet). 이에 대해 더 말할 필요도 없이, 모든 직원은 부정적인 글에 어떻게 대응할지 교육을 받아야 한다.

아래의 목록은 브랜드 군단과 관련해 계획을 세울 때 포함해야 할 핵심 요소다.

1. 브랜드 군단과 브랜드 홍보대사, 법무 담당자, 임원진, 분야별 전

문가, 그리고 성공에 중요한 이들을 확인하라.

2. 디지털 자문위원회와 소셜 비즈니스 평판과 위기관리 담당자, 임
   원진, 브랜드 홍보대사를 정의하라.

3. "경보 시스템"을 계획하라. 적색경보/황색경보/녹색경보 또는 숫
   자를 기반으로 할 수도 있다.

4. 위기 전과 위기 중, 위기 후에는 콘텐츠 활성화 전략을 개선한다.

5. 모두를 교육시킨다.

3. 대응 계획을 만들어라.

대응 계획은 어떤 난관이나 위기가 일어나기 이전에 만들어져야 한다.
이 계획에는 몇 가지 요소가 포함된다. 아래를 살펴보자.

- 누가 문제를 처리할 것인가? 누구에게 문제를 알려야 하는가? 홍
  보 담당자인가, 분석 담당자인가, 아니면 법무 담당자인가?

- 언제 행동이 취해져야 하고 누가 그 행동을 취해야 하는가? 가끔
  은 커뮤니케이션으로 문제가 해결되지는 않을 때도 있다. 이때는
  평가 제도가 도움이 된다. 상황이 악화될수록, 더 큰 대응력을 가
  져야 한다.

- 대응하기 위해 어떤 도구를 사용해야 하는가?

- 대응을 할 때는 어떤 콘텐츠를 사용해야 하고 전반적인 어조가 어
  떠해야 하는가?

- 글을 어떻게 대하는가? 모든 소셜 글을 대할 때에는 고객이나 주

주, 투자자, 경쟁사에게 얘기하듯 해야 한다고 생각한다.

누가?

대응 계획에서 가장 먼저 중점을 두어야 할 부분이 바로 대응이 필요할 때 누가 나설 것인지 역할을 명확히 하는 것이다. 보통 소셜 비즈니스 평판과 위기관리 담당자가 분석 시스템을 기반으로 책임을 지는 사람이 된다(제7장 참조). 이 사람은 이 중요한 업무를 처리하기 위해 교육을 받고 권한을 부여받아야 한다. 또한 브랜드 군단 역시 대응 계획과 계획안에 대해 잘 알고 있어야 한다. 기본적으로 소셜 비즈니스 평판과 위기관리 담당자의 업무 분장에는 경청, 대응 방법과 대응 담당자 결정, 콘텐츠 활성화 전략수립 지원, 그리고 브랜드 군단에 사실을 제공하는 일이 포함된다.

언제?

다음으로는 디지털 자문위원회를 포함한 전체 팀이 공식적으로 커뮤니케이션해야 할 문제를 위해 평가 시스템을 개발해야 한다. 이 역시 소셜 비즈니스 평판과 위기관리 담당자의 업무다. 이 사람은 각각의 소셜 도구에 대한 규정을 잘 알아야 한다. 예컨대 유튜브와 트위터, 페이스북은 모두 용납할 수 없는 행동에 대한 각각의 가이드라인을 가지고 있다. 나는 누군가가 유튜브의 가이드라인을 위반한 글을 한 동영상에 댓글로 남긴 것을 보고 직접 유튜브에 연락을 취한 적이 있다. 이들은 나를 위해 곧장 상황을 처리했다.

나는 내부에 규정을 만들 것을 추천하는 바이다. 적색 혹은 황색경보 제도로 추적 관찰해도 좋다. 가장 최선은 경영진과 소셜 비즈니스 평판과 위기관리 담당자를 위해 계기판을 만드는 것이다.

적색경보는 회사에 중요한 영향을 미치는 문제다. 그리고 이는 회사에 따라 다르긴 하지만 일반적으로 최고 경영자가 적색경보에 해당하는 문제를 처리하고, 대응 시간이 가장 중요하므로 경영진 중 누가 커뮤니케이션의 핵심을 담당할지 미리 정해놓아야 한다. 적색경보에 해당하는 문제는 안전 위반이나 치명적인 품질 결함일 될 수 있다. 하지만 오프라인으로 대화를 해야 할 시기도 알고 있어야 한다. 가끔은 직접 대면이나 전화통화가 최선이다.

황색경보에 해당하는 문제는 관심을 가져야 할 경고성 문제다. 이러한 문제 중 일부는 커뮤니티가 대응하고 처리할 수도 있다. 다시 한 번 말하건대 각각의 기업은 자신만의 용인 수준(tolerance level)을 가지고 있어야 한다. 황색경보에 해당하는 문제로는 특정 고객의 마음에 들지 않는 제품 특징에 대한 언급, 혹은 고객 서비스 문제가 해당한다.

물론 블로고스피어에는 대응할 필요가 없는 글들도 존재한다. 당신의 브랜드와 (아마도 불리하게) 다른 브랜드를 비교한 글이나 제품에 대한 사소한 부정적인 글이 이에 해당한다. 이러한 글도 기준에 따라 자세히 살펴보아야 한다.

대화를 허용하도록 해야 한다. FAQ 위키가 있어야 브랜드 군단에게 제품에 대한 상세한 정보를 전달하고 질문에 대응할 수 있다. 모든 질문에 대한 답을 몰라도 걱정하지 말라. 해당 질문에 대한 정보를 획득하면 충분히 질문에 답할 수 있으니 말이다. 하지만 답을 할 능력과 토론에 대한 허용 없이 외부 공간에 FAQ를 게시해선 안 된다. 블로그나 페이스북 팬 페이지, 커뮤니티 사이트를 이용해 토론을 하도록 하라.

어떤 도구로?

대응 도구의 선택 역시 매우 중요하다. 나는 트위터에 올라온 글을 보고 회사 웹사이트에 대답을 올린 경우를 본 적이 있다. 이는 효과가 없다. "불은 불로 다스려야 한다"는 속담처럼 트위터에 올라온 글에는 트위터에서 대응해야 한다. 위기가 터진 곳에서 그 문제를 해결하는 것이 중요하다. 따라서 유튜브에 올라온 글이면 유튜브에서 해결하고, 트위터에 올라온 글이면 트위터에서 해결하라.

무엇을?

물론 당신이 대응을 위해 올린 콘텐츠도 중요한 차이를 만들어낸다. 모든 정보를 완벽하게 가지고 있지 않더라도 조사를 통해 실시간으로 데이터를 발표하라. 실수를 했다면 사과하면 된다. 모든 관계에서 사과는 대화의 문을 열어준다. 왜 그 문제가 일어났으며 그 문제를 처리하기 위해 무엇을 할지 토론하도록 하라. 예를 들어, 불만을 처리할 담당자로 잘못된 사람을 임명했거나, 적합한 가이드라인을 가지고 있지는 않은가? 만ㅇ 리 적절하다면 커뮤니티에 그들의 생각을 물어도 좋다.

어떻게?

당신의 행동은 빠르고 개인적이며 직접적이어야 한다. 내부의 규정을 사용하면 어떻게 할지 결정할 때 도움을 받을 수 있다. 고위 경영진의 행동을 필요로 하는 적색경보 문제의 경우 적합한 대응을 위해서는 한 사람이 아니라 블로그나 온라인, 회사 웹사이트에의 발표나 페이스북 페이지, 트위터 등을 통해 기업이 대응해야 한다. 황색경보 문제의 경우 적색경보 문제의 수준으로 갈 필요는 없으므로 개인의 직접적인 대응이면 충분할 수 있다.

마지막에는 이 기회를 이용해 무슨 일이 일어났는지 깊이 생각해보라. 장기적으로 이 문제는 어떠한 영향을 미칠까? 크게 추세를 만들어낼 것으로 보이는 문제들을 모아보라. 아래의 목록은 대응 계획에 포함되어야 할 핵심 요소다.

1. 속도: 디지털 자문위원회를 구성해라
2. 문제의 종류에 따라 분류하라.
3. 어떤 문제에 누가 대응할지 명확히 하라.
4. "브랜드 군단"과 의사소통하라.
5. 블로그나 트위터 등을 업데이트해 계획을 활성화하라.
6. 학습을 위해 피드백 루프를 만들어내라.

모범 사례를 통해 배워라

앞에서 설명했듯이, 교훈으로 삼을 수 있는 사례는 많다. 이 사례를 통해 위기에 어떻게 대처했는지, 그리고 어떻게 피했는지를 배울 수 있다. 여기에서는 무엇을 해야 하고 무엇을 하면 안 되는지 보여주는 훌륭한 사례를 실었다. 그러나 여기에서 배운 그 무엇도 형편없는 고객 서비스나 형편없는 제품을 보완할 수는 없다는 사실을 알아야 한다. 사람들은 감정을 표현하기 위해 소셜 도구를 이용하지만 소셜 재난에 닥쳤을 때 정말로 필요한 분야는 적합한 제품과 적합한 고객 서비스 프로세스다. 제5장에서 논의했듯, 조직 전체를 바라볼 수 있어야 하고 개방되고 투명한 문화를 가지도록 해야 한다. 적합한 문화와 제품, 프로세스가 재난을 피할 수 있는 최선의 방법이다.

버진 항공(Virgin Atlantic)의 CEO이자 창립자인 리처드 브랜슨(Richard Brandson)은 런던에서 이렇게 연설했다.

"위대한 제품을 만들어 위대한 브랜드를 걸치면 위대한 성공을 거둘 수 있을 것이다."

버진 항공은 비행 지연이든 서비스와 관련된 것이든 혹은 트위터 상에서의 할인과 같은 아이디어이든, 고객의 모든 의견에 귀를 기울이고 대응한다. 이들은 온라인과 오프라인에서 팀을 이루어 참여하는 기술을 통달했다. 하지만 항상 그랬던 것은 아니었다. 2008년, 직원들이 소셜네트워크에 안전과 관련된 문제에 대한 글을 올렸다. 버진 항공은 당시 다른 기업들과 똑같이 행동했다. 글을 올린 직원을 찾아내 질책하고 글을 삭제해버렸다. 오늘날 버진 항공은 사실인 문제는 고쳐나가며 자신들이 취한 행동을 대중에게 알린다.

노스캐럴라이나에 있는 도미노 피자 가게에서 생긴 일이었다. 직원들이 코에 치즈를 묻혔다가 샌드위치 위에 대고 재채기를 하는 비위생적인 행동을 동영상으로 찍어 유튜브에 올렸다. 이 동영상이 차단되었을 때에는 이미 수백만 명이 본 뒤였다.

도미노의 대응은 느렸고 부적절했다. 동영상에 게시된 지 48시간이 지나 도미노 사장은 유튜브에 사과 대본을 읽는 모습을 올렸다. 빠르지도, 인간적이지도, 직접적이지도 않았다. 이러한 부적절한 대응은 다음과 같은 결과를 초래했다. 재정적인 측면에서 도미노의 주가는 동영상이 게시된 주에 10%나 떨어졌다. HCD 리서치의 후속 연구에 의하면 고객(즉 이전에 도미노에서 피자를 주문한 적이 있는 사람들)의 65%가 도미노에서 피자를 다시 사고 싶지 않다고 했다. 이 소셜 사건은 도미노의 50년 평판에 손상을 입혔다.

실패 요인은 무엇이었을까? 이들은 동영상을 너무 늦게 봤고 이로 인해 너무나 느리게 대응할 수밖에 없었다. 게다가 투명하게 대응하지도 않았다. 결국 도미노는 무슨 일이 일어난 건지 깊이 생각하고 변하기로 했다. 이 사건에서 교훈을 얻은 도미노는 현재 우수한 소셜 기업이 되었다.

왜 나는 도미노가 우수하다고 말할까? 오늘날 도미노는 경청에 대한 전략을 세우고 트위터와 페이스북에서 꾸준히 추적 관찰을 실시한다. 사람들이 무슨 말을 하는지를 기반으로 끊임없이 대응한다. 예컨대 미식축구 시즌에 어떤 사람들은 피자 배달 소요 시간에 대해 불평을 했고 도미노 피자 시카고 지점은 고객들에게 시카고 미식축구 팀의 다음 경기 티켓을 무료로 나누어주었다. 또 어떤 사람은 주문한 피자에 불만을 표출했고 해당 지점의 지점장은 사과의 동영상을 올렸다. 이 동영상은 전 세계로 퍼져나갔고 도미노는 평생의 고객을 얻었다.

또한 도미노는 고객이 브랜드 홍보대사가 되도록 하는 혁신적인 방안을 가지고 있다. 예를 들어 피자 상자 위 메뉴판에 매달 해당 지역 고객들이 올린 최고의 트윗 10개를 인쇄한다. 고객들은 자신이나 이웃이 올린 트윗이 집으로 배달되는 것을 보고 좋아한다. 소셜 도구 사용에도 혁신적이다. 제4장 "경험을 통해 관계를 맺어라"에서 다룬 위치기반 서비스인 포스퀘어(Foursquare)를 이용하며 "시장"을 정성을 다해 대우해준다. 전반적으로 도미노의 전략은 전 세계적인 조언과 지역적인 실행이 조합된 최고의 결과물이다. 시카고 도미노 지점 6개를 관리하는 레이먼 디레온(Ramon DeLeon)은 나에게 이렇게 말했다. "우리의 소셜 전략은 매출과 수익, 그리고 재미라는 세 가지로 측정된다. 그리고 배달한다!"

하지만 또 다른 어려움이 닥쳐오고 있다. 2011년 2분기에 도미노는 트위터에서 해시태그 #DPZChicken으로 캠페인을 시작했고 새로운 치킨 제품에 대한 고객들의 의견을 요청했다. 지금까지 올라온 트윗의 절반 정도는 부정적이다. 예컨대 "절대 다시는……. 전혀 맛있지 않다!"와 "아무리 먹어도 내 반응은 똑같다. 끔찍한 맛이다."와 같은 글이 올라온 것이다. 도미노는 피드백을 올려준 고객에게 감사를 표하고 치킨을 어떻게 바꿀지 설명했지만 사실 메뉴를 바꿔야 하는 것으로 판결은 나왔다. 개방된 투명한 피드백을 원하고 피드백을 받았을 때 적절히 빠르게 대응한 것은 칭찬할 만하다. 앞으로의 이야기를 기대해보자!

|사례연구| 포드 자동차는 스피드를 보여준다

포드 자동차의 소셜 비즈니스 관리자인 스콧 몬티(Scott Monty)는 귀를 기울이고 경계하며 대비하여 소셜 재난을 피한 훌륭한 사례다. 그는 지속적으로 트위터와 블로그, 포럼 등의 소셜 도구에서 포드의 활동에 귀를 기울인다. 포드 변호사가 포드 로고를 바꾼 사용자들에게 "중지 서한"을 보냈을 때, 그는 인간적으로 직접 빠르게 행동했다. 모두 그의 트위터를 읽고 그가 자기들 편임을 알 수 있었다. "사태 해결을 위해 현재 법무팀과 논의 중입니다. #ford로 리트윗해주세요."

스콧 몬티는 결국 문제를 해결했다. 포드에 대한 분노를 표출한 이들 또한 "브랜드 홍보대사"였기 때문에 쉬운 일은 아니었다. 하지만 빠르고 직접적인 행동으로 재난을 피할 수 있었다.

포드는 무엇을 잘 한 것일까? 포드에는 포드의 새로운 움직임에 대해 다른 이들이 어떻게 생각하는지 귀를 기울이는 스콧이 있었다. 또한 스콧은 24시간 이내에 부정적인 글에 대응하고 행동함으로써 신뢰와 긍정적인 반응을 구축했다. 그리고 포드는 유연한 비즈니스 프로세스를 갖추었다. 변화한 것이다!

소셜 비즈니스 어젠다는 최악의 경우를 대비하고 최선의 경우를 기대하는 것이다. 소셜 평판 관리는 상대적으로 새로운 개념으로 온라인상에서 사람들의 행동에 초점을 맞추고 부정적인 기사나 블로그, 뉴스를 긍정적인 것으로 바꾼다. 당신의 평판은 대중의 의견을 긍정적 혹은 부정적으로 바꿀 수 있어 비즈니스의 성공에 결정적인 영향을 미칠 수 있다. 위기관리는 이러한 부정적인 순간에 대비하고 실행할 준비를 하는 것이다. 위기가 닥쳐왔을 때 소셜 세계에서 대응할 시간은 충분하지 않다. 위기는 평판에 금이 가는 것에 대비해 대응 계획을 세워야 하는 최악의 시간이다. 디지털 자문위원회(Digital Council)에 중점을 두면 위기를 헤쳐 나갈 수 있는 통합된 전략을 갖추고 이러한 위기를 피할 수 있다. 일정한 양식과 위기에서 배우는 태도는 소셜 비즈니스에 매우 값지며 주기적으로 경영진들이 검토해보아야 한다.

평판과 위기관리를 위한 액션 시트가 www.ibm-pressbooks.com/title/9780132618311에서 보너스로 제공된다. 계정을 만들어 책을 등록하면 액션 시트를 볼 수 있다. (책을 등록한 후에는 내 페이지의 제품 등록 페이지에 추가 자료로의 링크가 표시된다.)

7

데이터를 분석하라

Analyze Your Data

"Social analytics are, in
fact, the new black."
Sandy Carter

"소셜 분석이 최신 트렌드로 떠오르고 있다."
_샌디 카터

“잘못된 길은 얼마를 갔든 상관없이, 다시 돌아오라.”

_터키 속담

“No matter how far you
have gone on the wrong
road, turn back.”
Turkish Proverb

ROE: 모든 것에 대한 수익률

모든 소셜 비즈니스는 특정 행동이 결과에 미치는 영향을 측정한다. 측정 프로세스는 단순하거나 좀 더 복잡할 수 있다. 그러나 오늘날 모든 사람이 가장 중요하게 생각하는 것은 ROE(Return on Everything), 즉 모든 것에 대한 수익률로, 여기에는 소셜 기술이 포함된다. 조직은 이해 관계자 모두에게 소셜 도구 사용에 대한 권한을 부여해야 "소셜 비즈니스"체계로 변할 수 있다.따라서 이러한 권한 부여의 결과를 측정하는 것은 경쟁 우위 확보를 위해 매우 중요하다.

그런데 어떻게 소셜 업무가 비즈니스 가치를 창출 할 수 있을까? 업무수행의 결과가 비즈니스에 영향을 준다고 판단될 경우에만 업무행동을 측정하기 위한 노력을 기울여야 한다. 영향력이 없는 행동들을 측정하기 위해 노력이나 자원을 낭비할 필요는 없다. 따라서 기업은 행동이 비즈니스 결과로 어떻게 나타나는지 확인할 수 있는 프로세스와 업무 체계를 만들어야 한다.

그런데 소셜 미디어는 이를 더 복잡하게 만들었다. 이전보다 더 많은 것을 측정할 수 있게 되었지만, 행동에 대한 수익률을 추적하는 것은 더욱 복잡해졌다. 무엇을 측정하는가? 팔로워인가, 클릭 수인가? 유명인의 트윗이 당신의 브랜드에 정말 2만 5,000달러의 가치를 더해주는가? (킴 카다시안[Kim Kardashian; 미국의 방송인 - 옮긴이]은 한 브랜드에 대한 트윗을 올리는 대가로 2만 5,000달러를 받았다!) 당신의 제품에 대해 긍정적인 글을 올리는 커뮤니티 회원의 가치는 어떻게 측정하는가? 유형 및 무형의 ROI를 어떻게 측정하는가?

소셜 미디어가 비즈니스 프로세스에 흡수되면서 발생하는 점진적인 ROI 증가분은 어떻게 계산할 것인가? 이 문제는 측정을 더욱 복잡하게 만들었다. 전통적으로 기업은 현금 축적, 혹은 ROI를 선호했다. 예를 들어, 인터넷 회의는 출장비를 줄여주며 인터넷전화는 전화비를 줄여준다. 소셜 미디어 역시 측정이 가능한 ROI를 만들어낼 수 있다. 예컨대 유튜브 동영상은 기존의 인쇄 광고를 위한 마케팅 비용을 줄여준다. 하지만 대개의 경우, 소셜 미디어가 기존의 비즈니스 프로세스에 흡수되면서 ROI는 측정이 더 어려워졌다. 예를 들어, 기존의 이메일 첨부 대신 위키를 사용해 함께 문서 작업을 하면서 발생하는 ROI를 측정하기는 까다롭다. 위키를 사용하면 작업 시간이 줄어들긴 하지만 많은 조직이 이 시간 절약분을 유형의 ROI로 받아들이기 어려워하고 있다. 이메일 대신 위키를 사용하면 손익 비용이 절감된다. 소셜 비즈니스에서는 ROI의 상당 부분이 매출에서 온다. 예를 들어, 소셜 미디어 기술을 통해 공유되는 디지털 쿠폰 클릭률을 통한 추가적인 수익이 이에 해당한다.

이 외에도, 오늘날 소셜 세계에서 어떤 측정 방법을 사용해야 할지에 대한 논란은 점점 더 커지고 있다. 사람들은 모두 서로 다른 것을 가치 있게 생각하는데 이 가치는 지역에 따라 달라진다. 어떤 지역에서는 "사람 수(eyeball)"(혹은 도달률)를 가치 있게 생각하며 어떤 지역에서는 등급에 대한 영향력을 (혹은 고객이 제품에 어떤 등급을 매기는지를) 가치 있게 생각한다. 그러나 어떤 것을 측정하든 간에 기업이 돈을 더 벌거나 더 절약하게 하는 데 어떤 방법이 효율적인지는 해석될 필요가 있다. 다음 몇 년 내에, 도구와 기술이 더 정교해져 측정 방법을 개선할 것으로 믿고 있다. 특정 행동과 그 행동으로 인한 결과의 인과관계는 더 명확해 지고 더 쉽게 측정할 수 있을 것이다.

나는 이 장에서 측정이 왜 중요한지에 대한 기본적 이유를 이야기하고 목표를 재검토할 수 있도록 좀 더 단순하고 복잡한 지표를 제공할 것이다. 데이터에 적용된 분석은 비즈니스에 통찰력을 제공하고 무엇이 효과가 있으며 무엇은 효과가 없는지 알 수 있도록 해준다.

우선, 가장 먼저 분석의 잠재력을 다루고 그 후에 도움이 될 수 있는 지표와 도구로 넘어갈 것이다. 그런 후 계기판 제작, 전담조직 수립, 조직 내 새로운 역할 설정과 같은 행동을 몇 가지 추천할 것이다. 다시 한 번 말하건대 소셜 비즈니스로서 무엇이 목표와 문화에 적합한지 선택하도록 하라.

비즈니스 분석과 소셜 분석

비즈니스 분석은 데이터를 통해 통찰을 얻고 이러한 통찰을 이용해 더 나은 비즈니스 성과를 이끌어내는 분야이다. 비즈니스 분석 프로세스는 당신이 어떻게 활동하고 있으며, 왜 잘하거나 못하고 있는지, 변화하면 어떤 일이 일어날지, 그리고 경쟁력을 좀 더 갖추려면 무엇을 해야 하는지에 대한 질문에 대답을 할 수 있도록 도와준다. 분석을 사용하면 아래와 같은 결과가 나온다.

• 직원들이 데이터를 이용해 의사결정을 내리는 데 더욱 익숙해질 수

있도록 해준다.

- 비즈니스에 대한 시각을 넓혀 좀 더 완벽한 시야를 갖게 한다.
- 정보 공유를 통해 통찰력과 조정 능력을 키울 수 있다.
- 적합한 의사결정을 내릴 수 있는 통찰력에 대한 니즈에 대응할 수 있다.

이제 위와 같은 결과를 통해 그려낸 그림에 기존의 소셜 기술과 도구에서 얻을 수 있는 통찰에 중점을 두는 소셜 분석의 개념을 더해보자. 소셜 분석은 참여와 행동, 전환에 영향을 미치는 소셜 계획의 역할을 수량화한다. "소셜 분석은 무엇인가?"에 대해 IBM과 알티미터 등이 페이스북에서 토론을 한 적이 있다. 그리고 나는 크라우드소싱으로 도출된 소셜 분석에 대한 정의를 좋아한다. 소셜 분석은 특정한 목표와 목적 안에서 무료나 유료, 자사 디지털 채널을 통해 브랜드의 참여와 영향력, 감정(센티먼트, sentiment), 매체점유율 (마인드셰어[mindshare])의 정도를 측정하고 분석하며 해석하는 프로세스다.

- 무료(Earned) 미디어란 금전적 대가 없이 제삼자를 통해 전달되는 미디어와 콘텐츠, 채널이다. 예를 들어, 전통적인 세계에서는 홍보 활동으로 만들어낸 뉴스나 애널리스트가 공급한 정보가 여기에 해당하며 디지털 세계에서는 트윗이나 블로그, 제품 추천 등이 이에 해당한다.
- 유료(Paid) 미디어란 금전적 대가를 받고 제삼자나 중개인을 통해 전달된다. 예컨대 전통적인 세계에서는 TV나 라디오, 인쇄 광고가

여기에 해당하며, 디지털 세계에서는 스폰서 콘텐츠나 디스플레이 광고가 이에 해당한다.

- 자사(Owned) 미디어란 기업이 직접 전달하고 통제하거나 소유한 미디어나 콘텐츠, 채널이다. 예를 들어, 전통적인 세계에서는 다이렉트 메일이나 콜센터, 지점, 혹은 ATM이나 단말기가 여기에 해당하며, 디지털 세계에서는 블로그나 페이스북 페이지, 커뮤니티, 마이크로사이트 등이 이에 해당한다.

결론적으로 소셜 분석이란 목표와 목적 안에서 소셜 계획의 성과를 측정하고 설명할 수 있도록 도와주는 분야이다.

소셜 데이터를 분석하기 위해서는 비즈니스 지표를 핵심성과지표(KPI)와 연계하여 진정한 영향력을 이해할 수 있는 능력을 지녀야 한다. 예를 들어, 비즈니스 목표가 고객 만족도의 증가라면, 서비스 채널 역할을 하는 트위터를 통해 고객 만족도가 증가하고 있음을 보여주면 전반적인 비즈니스 목표에 도움이 된다. 사실 소셜 비즈니스는 과거의 관점뿐 아니라 예측을 통한 트렌드를 기반으로 미래의 관점까지 종합하는 능력이 있다. 이 같은 정보를 통해 행동으로 옮김으로써 소셜 비즈니스는 민첩하게 대응할 수 있는 능력을 지니게 된다. 예컨대 기업은 통찰을 통해 새로운 트렌드가 시장에 나타나고 있다는 데이터를 토대로 신제품을 선보일 수 있다.

행동으로 옮길 수 있다는 의미는 소셜 미디어를 통해 고객에게 메시지를 전달하는 방법이나 인재를 보유하기 위해 직원들의 감정에 영향을 미치는 방법에 새로운 통찰을 포함한다는 뜻이다. 강력한 분석 능력을 통해 시장의 영향에 대해 이해하고 자원과 예산을 어디에 배치할지 전략적인 결정을 할 수 있다. 내부의 소셜 기술을 통한 분석은 기업이 기능을 어떻게 발휘하는지 판단하고 개선할 수 있는 프로세스를 확인할 수 있도록 도와준다.

소셜 분석은 고객이나 비즈니스, 직원의 시야를 넓혀 새로운 트렌드와 기회를 알아볼 수 있는 능력을 제공한다. 효과적인 소셜 분석 이용의 사례는 아래와 같다.

- 제품의 타깃 구매층을 결정한다
- 미래의 트렌드와 신제품에 대한 영향을 이해한다
- 고객 욕구를 잘 이해하도록 만들고 타깃 고객에게 신제품을 효과적으로 제공함으로써, 비즈니스가 성장하게 만든다
- 고객과 이해관계자들에게 평판을 향상시킬 수 있는 메시지를 결정할 수 있게 한다.
- 영향력 주도층 선정과 전달 메시지를 통해 브랜드 선호도와 충성도를 강화한다
- 고객의 요구에 더 빠르게 대응할 수 있도록 해 서비스 수준의 효율성을 개선한다
- 기존 직원의 만족도를 높이고 피드백을 늘리기 위해 소셜 네트워크와 포럼을 이용하여 직원의 감정을 이해한다
- 직원의 이직률을 감소시키기 위해 어떻게 변화해야 할지 살펴본다
- 신입사원을 좀 더 효과적으로 선발하는 방법을 이해한다
- 신제품 아이디어에 대한 혁신 회의를 촉진할 수 있도록 돕는다

- 인재들의 요구에 좀 더 빠르게 대응할 수 있도록 해 그들의 만족도를 높인다

마지막으로, 소셜 비즈니스는 이 정보를 활용해 적합한 결정과 행동을 더 빠르게 이끌어내도록 한다. 경쟁자와 차별화할 수 있도록 하는 것은 바로 비즈니스 모델 전반에 걸쳐 분석을 이용하는 능력이기 때문이다. 나는 대담한 소셜 비즈니스 어젠다의 일부로 아래의 4단계 전략을 소개하고자 한다.

1. 측정하고자 하는 것을 목표와 소셜 성숙도에 맞춘다.
2. 사용하기 쉬운 보고와 질의 방법을 제공한다.
3. 감정과 친밀한 관계, 발전된 주제를 위해 고급 분석과 소셜 계기판을 제공한다.
4. 소셜 분석 전담조직을 만들어낸다. 전담조직은 아래와 같은 것에 중점을 둔다.
   a) 중요한 업데이트와 관리를 위해 실시간 경보와 알림, 활동의 흐름을 제공하는 소셜 계기판에 중점을 둔다. 이 계기판에는 예측적 분석도 포함되어야 한다.
   b) 통찰을 위한 디지털 형태의 정보에 중점을 두는 소셜 분석 관리자가 있어야 한다(이 사람은 비즈니스 인텔리전스 팀[Business Intelligence Team]을 보완한다).
   c) 프로세스 공유와 모범 사례 수집에 중점을 둔다. 측정하고자 하는 것을 목표와 성숙도에 맞춰라.

측정하고자 하는 것을 목표와 성숙도에 맞춰라

분석하는 대상을 소셜 비즈니스의 목표(제2장 "조직의 목표와 문화를 정비하라"에서 다루었다)에 맞게 조정하는 것이 매우 중요하다. 표 7.1에 사례를 하나 실었다. 전반적인 목표를 기반으로 여러 가지 지표가 이러한 목표에 도달하도록 하는 과정을 지원할 것이다. "무엇을 측정하느냐에 따라 결과가 달라진다"는 속담이 있다. 따라서 당신이 선택한 지표가 설정한 목표를 지원하는지 확인하라.

표 7.1 목표와 지표를 맞추어라

전반적인 목표	어떻게?	지표
효과적인 직원 교육	전문가 탐색과 신규 영업사원 선발을 신속하게 진행하기 위해 커뮤니티 사용(바우어, T. N., & 에르도간, B. (2011)의 〈조직의 사회화: 효과적인 신입사원 선발에 대해서〉) 신입사원 선발이란 신입사원이 지식과 기술, 행동을 습득해 효율적인 조직 구성원이자 내부자가 되도록 하는 기제를 의미한다.)	1. 선발 소요 시간 2. 적합한 기술을 찾는데 걸리는 시간 3. 속도 증가로 인한 추가적인 매출
더 나은 고객 서비스	고객에게 무결점 서비스를 제공하기 위해 커뮤니티 사용	1. 전환율의 증가 2. 신뢰와 참여의 강화 3. 충성도 제고를 통한 더 높은 매출

만약 목표가 더 큰 수익 창출을 위한 판매 프로세스 속도의 개선이라면 선택한 소셜 도구와 지표는 특정 목표대비 진척도와 결과를 보여주어야 한다. 기존 고객층에서 충성도를 구축하길 원한다면 브랜드 군단이나 우수 고객이 검토하거나 추천한 특정 분야를 측정해야 한다. 덧붙여 감정의 개선뿐 아니라 고객이 제안한 혁신에서 피드백 결과를 측정

할 수도 있다.

표 7.2는 마케팅 프로세스 개선을 목표로 하는 소셜 비즈니스의 사례를 보여준다. 이들은 소셜 기술을 활용해 효율성을 향상시킴으로써, 마케팅 캠페인을 통한 고객전환율 증가와 캠페인 비용 감소를 달성하고자 하였다. 앞에서 봤듯이 비즈니스에 목표를 세우는 것이 첫 단계다. 그런 후에는 소셜 기술을 사용해 그 목표를 어떻게 도달하느냐에 중점을 두어야 한다. 마지막으로, 소셜 비즈니스의 성과 사례를 이용해 실제 자신의 비즈니스에 적용해볼 수 있도록 도울 것이다.

표 7.2 데이터를 분석하라

비즈니스 목표	도전 분야	소셜 비즈니스 혜택
마케팅 캠페인으로 전환율을 높임	현재의 캠페인은 고객의 조언이나 피드백 없이 "맹목적으로" 강제되고 있다.	커뮤니티와 토론이 제품 개선을 위한 피드백을 제공할 것이다. **잠재고객의 고객 전환율 증가, 매출 증가**
효율성의 증가로 캠페인 비용을 낮춤	현재의 캠페인은 콜센터와 우편에 집중되어 있다. 직접 판매 팀은 새로운 캠페인이 고객과 어떤 관련이 있는지 그 가치를 전달해야 하는 난관에 부딪혀 있다.	**잠재고객 개발 시간 감소, 인력규모 절감** 커뮤니티와 토론 그룹에서의 캠페인은 직접 우편을 보내야 할 필요를 감소시킨다. **직접 비용 절감**

아래의 목록은 가상 콘퍼런스를 통해 수익을 증가시키려는 목표를 가진 소셜 비즈니스의 사례다. 이들은 트위터 계정을 만들어 양질의 팔로워를 타깃으로 삼고 이들을 콘퍼런스에 초대했다. 그리고 콘퍼런스에 참여한 이들로부터 발생한 매출을 확인하고 싶었다. 이 소규모 기업은 "새로운 고객"의 트윗 당 매출을 추적했다.

트윗 수: **8**

팔로워 수: **350**

트윗을 통한 총 #임프레션: **2,800**

트윗에서 랜딩 페이지로의 #클릭 수: **42**

랜딩 페이지에서 등록까지의 #클릭 수: **19**

#완료된 등록 건수: **10**

전체 매출: **$15,000**

트윗 당 매출: **$5.36**

팔로워 당 매출: **$42.86**

목표와 지표를 맞추어야 하는 이유는 명확하다. 무엇을 측정하느냐에 따라 결과가 달라지기 때문이다. 따라서 목표에서 지표까지의 정확한 지도를 만들어야 한다.

소셜 분석에서 기업의 성숙도 역시 무엇을 측정해야 할지를 알고 기업이 목표에 도달하기 위해 필요한 일정을 볼 수 있도록 도움을 준다.

소셜 분석에는 4단계가 있다.

1. 첫 번째 단계는 감시와 참여다. 이 단계는 자신의 KPI(핵심성과지표)를 인지하고 프로세스에 대한 전반적인 의사결정을 개선하기 위해 소셜의 대화에 귀를 기울이고 브랜드의 목표를 지원하는 곳에 참여하는 것이다. 일반적으로, 이 첫 단계는 블로고스피어의 데이터를 사용한다.

2. 두 번째 단계는 분석 방법을 수량화하고 활용할 수 있게 하는 것이다. 이 단계는 ROI 측정을 포함한다. 대인관계나 마케팅, 고객

서비스와 같은 프로세스에의 통찰을 수집하기 시작하며 이 통찰을 적합한 사람에게 전해주어 CRM 시스템의 외부에서뿐 아니라 내부에서도 데이터를 뽑아낼 수 있게 하는 것이다. 이 단계는 질적인 개선의 방법 이상으로 넘어가 소셜이 가능한 프로세스의 전반적인 개선을 위해 좀 더 수량화가 가능한 방법을 말한다. 덧붙여, 대중과 영향력 주도층이나 티퍼들의 통찰 사이의 차이가 이 단계에서부터 나기 시작된다.

3. 세 번째 단계는 예측과 통합이다. 이 단계는 지속적인 피드백을 제공하고 통찰을 이용해 프로세스 전반에서 의사결정을 최적화한다. 소셜 대화와 트렌드를 이해하기 위해 데이터를 분석함으로써 소셜 비즈니스는 행동을 예측하고 다음에 해야 할 최고의 행동을 추천할 수 있다. 감정 혹은 사람들이 느끼는 방식이나 지역에 따라 통찰을 형성하는 지형 공간을 분류해 분석한다. 예컨대 런던에 있는 영향력 주도층은 긍정적이지만 뉴욕에 있는 영향력 주도층은 부정적이라고 결론을 내릴 수 있다. 덧붙여, 이 단계에서 관련성 분석을 더할 수 있다. 관련성 분석이란 구매자 혹은 구매 패턴의 관계에 대한 것이다. 예를 들어, 두 제품이 일반적으로 함께 구매된다는 사실을 발견하거나 제품을 구매하는 사람들의 유형을 알아낼 수 있다. 데이터 출처는 내부 시스템과 블로고스피어, 그리고 파트너 데이터 등 매우 다양하다.

4. 네 번째 단계는 정교한 거버넌스 체계를 가지고 내부와 엑스트라넷, 공공 데이터를 완벽하게 통합하는 것이다. 소셜 분석은 모든 의사결정에 뿌리박혀 있으며 데이터는 기업을 넘어 공급자와 파

트너에 이르기까지 내부와 외부의 완벽한 데이터 집합에서 추출
된다.

| 쉽게 사용할 수 있는 보고와 질의 방법을 제공하라 |

오늘날 시장에는 기본적인 지표를 제공하는 여러 가지 도구가 있다. 이
제 막 시작하는 소셜 비즈니스에서 반드시 측정해야 할 기본적인 요소
들은 아래와 같다.

- 소셜 도달률(reach)과 주제 점유율
- 평판/영향력
- 시간
- 참여

| 소셜 도달률과 주제 점유율 |

소셜 도달률은 친구와 팬, 브랜드 홍보대사의 전체 수를 보여준다. 즉
당신의 전문지식에 잠재적으로 귀를 기울이거나 당신의 기업이나 제
품, 브랜드에 신념을 표시하는 사람이 누구일지를 간단히 측정하는 것
이다. 소셜 도달률은 타깃으로 삼을 지리적 위치와 당신에게 귀를 기울
일 유형의 사람을 결정할 때 매우 유용하다. 즉, 당신에게 귀를 기울이
는 청중을 측정하는 것이다. (일반적으로 전체 인구의 몇 %로 표시된다). 예
컨대 내 브랜드는 18세에서 24세 사이의 남성에게 도달률이 80%이며

내 회사는 영국에서 도달률이 40%다.

주의할 것은 블로그에서 가장 많은 독자를 보유하고 있다고 해서 항상 최고의 지표라고 할 수 있지는 않다는 점이다. 때로는 롱테일 법칙(Long Tail Theory)처럼 독자 수는 적지만 훨씬 더 열정적이고 참여적인 독자들이 있는 무수히 많은 블로그가 당신의 목표를 이루는 데 최고의 전략이 될 수도 있다. 즉, 독자의 질이 더욱 중요한 것이다. 그러니 요소를 측정할 때는 무엇이 비즈니스 성과를 도출하는지를 알아야 한다. 도달률인가 영향력인가?

주제 점유율은 어떤 주제를 다룰 때 당신의 브랜드와 관련된 이야기를 하는 비율을 말한다. 예컨대 나는 x라는 토픽에서 주제 점유율이 20%다. (내 브랜드와 관련된 주제에서 대화의 20%는 내 브랜드와 관련한 이야기이고 80%는 그렇지 않다는 의미다). 만약 소셜 분석 소프트웨어와 관련된 주제를 추적하고 있다면 나는 내 브랜드의 주제 점유율이 높기를 바랄 것이다.

이러한 지표는 반드시 "비즈니스"를 평가하는 것은 아니지만 팬이나 팔로워의 가치는 측정한다. 이는 미묘하지만 중요한 차이다.

소셜 도달률과 주제 점유율 지표의 사례는 아래와 같다.

- **페이스북**: 팬의 수, RSVP(이벤트 참석 여부 확인)의 수, 새로운 팬/탈퇴한 팬, 매월의 활동적인 사용자 수, 미디어 접촉량, 사진과 오디오 조회 수
- **트위터**: 팔로워 수, 트윗 수
- **트위터 계정**: 트위터 계정을 가진 직원의 수

- **유튜브**: 구독자 수, 비구독자 수
- **링크드인**: 콘택트 수와 이벤트에 참가한 사람의 수
- **커뮤니티**: 회원 수
- **웹사이트**: 순방문자 수

위의 사례에서 지표를 측정할 수 있도록 도와주는 도구에는 아래와 같은 것들이 있다.

- **트윗리치**(TweetReach): 트윗을 본 사람이 얼마나 될 것인지 추적해 준다.
- **비틀리**(Bitly): 단축 URL에 내장된 분석을 제공한다. 링크드인이나 트위터를 사용할 때는 분석 도구가 내장된 URL 단축기를 사용하도록 해 클릭 수와 트래픽소스(traffic source: 주로 어디에서 유입되는지를 의미한다 – 옮긴이), 클릭 시간을 추적하도록 해야 한다.
- **피치엔진**(PitchEngine): 주로 소셜 미디어 광고와 조회 수 추적에 사용된다.
- **우프라**(Woopra): 방문자가 어디에서 오는지 (페이스북, 링크드인 등) 알아볼 수 있는, 웹사이트를 위한 실시간 도구로 방문자들을 기업이 원하는 인구통계학이나 마지막 행동, 관습 기준에 따라 분류할 수 있다.
- **튜브모굴**(TubeMogul): 동영상을 보는 사람과 청중들의 위치, 참조 사이트 등과 관련해서 완벽한 지표를 제공한다.

당신의 활동을 지켜보는 사람의 수에 따른 도달률을 고려해보자. 이것만 기억하라. 이 수치는 흥미롭지만 완벽하지 않다. 성공하기 위해서는 이 지표만을 사용해선 안 된다.

| 평판/영향력 |

제5장 "비즈니스 프로세스를 네트워크로 만들어라"에서 평판관리에 관해 다룬 바 있다. 평판이란 당신의 기업이나 제품, 브랜드에 대해 사람들이 사실이라 믿고 있는 것을 의미한다. 아래와 같은 평판관리를 통해 평판을 적절히 형성해나갈 수 있다.

- 다른 사람들이 당신에 대해 어떻게 생각하는지 알기 위해 정확히 경청한다
- 부정적인 의견에 대응한다
- 적극적인 행동으로 긍정적인 의견을 형성한다

온라인 평판은 매우 중요하지만 조회 수나 친구 수에 의해 측정되는 것이 아니라 브랜드나 제품, 기업에서 찾는 가치에 의해 측정된다. 따라서 온라인에서 당신의 영향력과 시장에서의 가치를 측정할 수 있어야 한다. 평판은 기업과 사람 모두에 매우 중요해져서 그 가치의 수량화를 시도하는 도구들이 많이 나와 있다.

평판에 대한 통찰을 제공하는 평판 지표의 사례는 아래와 같다.

- 웹사이트나 페이스북 페이지, 링크드인 등에 올라온 글 (중립적, 긍정적 또는 부정적)
- 팬이나 팔로워, 친구들에게 갖는 영향력의 정도를 이해할 수 있는 영향력 지표 (추천이나 제안이 구매로 이어질 것인가?)
- 주요 경쟁자에 대비해 당신의 평판을 비교하고 대조할 수 있는 경쟁력 있는 통찰력

많은 기업이 전문적으로 평판을 분석하고 있으므로 아래의 도구 중에서 적절한 것을 선택해 사용할 수 있다. 평판을 측정하는 데 도움을 주는 도구에는 아래와 같은 것들이 있다.

- **소크메트릭스**(SocMetrics): 온라인뿐 아니라 "현실세계"의 영향력을 측정한다. 웹사이트에서 소크메트릭스는 사람들이 올린 글을 기반으로 하는 활동(공유, 댓글, 트윗 등)뿐 아니라 그 글의 가치도 평가한다. 소크메트릭스는 시사적인 영향력에 중점을 둔다. 즉 특정 주제나 수직적 시장에 대한 영향력뿐 아니라 해당 주제 내에서 팔로워들이 얼마나 열정적인지를 측정한다. 예컨대 기술을 다루는 당신의 회사가 기술과 관련한 주제에 영향력을 미치는 엄마들에게 접근하고 싶어 한다고 가정해보자. 이런 경우에는 기술에 주도적으로 영향력을 행사하는 사람이면서 동시에 엄마이기도 한 사람들에 대한 보고서를 참고할 수 있다. 나는 텍사스 오스틴에서 열리는 소셜 미디어 페스티벌인 SXSW 2011에서 소크메트릭스를 실험해보았다(그림 7.1 참조).

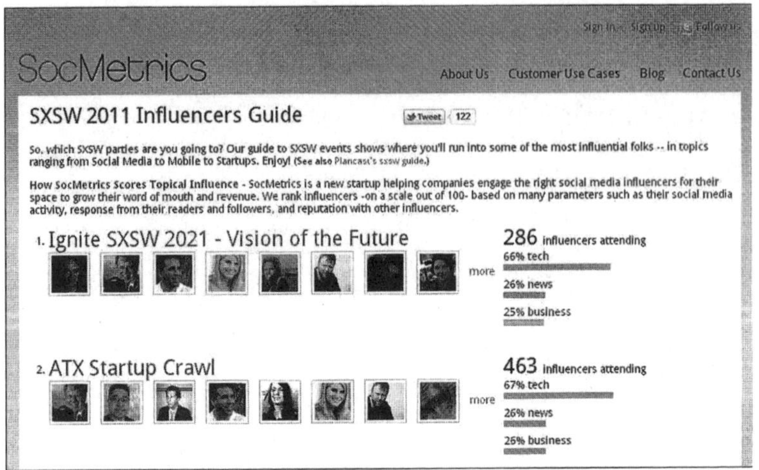

그림 7.1 소크메트릭스(SocMetrics) 예시

- **딥마일스 에이전트 209**(DeepMile's Agent 209™): 디지털 및 소셜 미디어 활동을 아래의 방법을 통해 강화한다.

- **영향력 예측**: 베이지언 모형(Bayesian model)을 사용해 사용자들이 팔로워에게 메시지를 보낼 확률이나 대화를 시작할 확률을 예측한다. 도달 범위보다는 대화의 빈도와 질을 검토한다.

- **영향력 주도층 생성**: 메시지의 흐름을 주도할 커뮤니티의 잠재적 영향력 주도층을 찾아낸다.

- **관련성 강조**: 콘텐츠와 그 의미를 분석하기 위해 사용자 커뮤니케이션을 분석한다. 주제의 관련성을 기반으로 영향력 주도층을 찾아내기 위해서는 영향력 주도층의 프로필 그 이상을 바라보는 능력이 중요하다.

- **시장 내에서의 활동에 대한 영향력 추적**: 일단 영향력 주도층을 찾

아내면 Agent 209팀이 구체적인 시장 내 활동에 착수하고 어떤 메시지나 콘텐츠가 전염성이 가장 강한지 확인하기 위해 메시지의 흐름을 추적한다.

- **무제한적인 데이터 소스**: API(Application Program Interface: 운영체제와 응응프로그램 사이의 통신에 사용되는 언어나 메시지 형식을 말한다 – 옮긴이)를 사용해야 하든 데이터에 공개적으로 접근할 수 있든 모든 가능한 소셜 미디어 플랫폼(트위터, 플리커, 유튜브, 링크드인 등)을 검토한다.

- **전문가로의 접근**: 분석가가 프로세스의 핵심 포인트, 특히 확인 과정에 참여한다. Agent 290 팀은 CIA와 NSA를 위해 테러리스트와 "악당"을 추적하면서 기록을 수십억 건 분석하는 사람들로 구성된다.

- **클라우트**(Klout): 트위터와 페이스북에서 반향을 일으킬 수 있는 사람인지 알아보기 위해 그 영향력을 분석한다. 클라우트는 스스로를 "영향력의 기준"이라고 지칭한다. 클라우트는 클라우트 스코어(Klout Score)로 전반적인 온라인 영향력을 측정하는데 오직 페이스북과 트위터만 분석한다(이것이 이들의 단점이라고 생각한다). 스코어는 1점에서 100점까지이고, 점수가 높을수록 폭넓고 강한 영향력을 미친다는 뜻이다. 클라우트는 정확한 도달률(True Reach)과 확장 확률(Amplification Probability), 네트워크 점수(Network Score)를 측정하기 위해 변수를 35개 이상 사용하고 있다. 도달률(True Reach)은 참여적인 청중의 크기로 적극적으로 당신의 메시지를 듣고 반응하는 팔로워와 친구들에 기반을 둔다. 전파력(Amplification Probability)이란 당신의 메시지가 다른 이의 행동(리트윗, @메시지, 좋아요, 댓글 등)을

유발할 확률로 1점에서 100점까지 점수를 매긴다. 네트워크 점수(Network Score)는 당신과 관계를 맺은 청중들이 얼마나 영향력이 있는지를 나타내며 이 역시 1점에서 100점까지 점수를 매긴다. 이 같은 클라우트 스코어(Klout Score)는 클릭 수와 코멘트 수, 리트윗 수와 높은 상관성이 있다.

- **비저빌러티**(Visibility.com): 당신의 회사(그리고 당신 개인)에 대한 정보가 존재하는 모든 곳을 보여준다.

- **수박스**(Soovox): Soovox는 시장 혹은 최고로 높은 영향을 미치는 영향력 주도층의 네트워크다. 영향력 주도층의 경우, 소셜 IQ를 가지는데, 이것이 바로 소셜 영향력이다. 수박스(Soovox)에 의하면 영향력 주도층은 신뢰 점수(Trust Score)와 연결 점수(Connections Score), 권한 점수(Authority Score)의 세 가지 속성에 따라 등급이 매겨진다. 이때 필요한 데이터는 프로필과 네트워크 규모, 영향력 주도층의 콘텐츠 활동에서 추출한다. 덧붙여 콘텐츠의 질과 버즈(Buzz: 사람들이 제품이나 서비스에 대해 자발적으로 대화를 나누게 만드는 강력한 소재 – 옮긴이) 유발 요소 역시 중요하게 여겨진다. 등급에 따라 해당 브랜드로부터 보상을 받을 수 있다.

- **리스토리어스**(Listorious): 구체적인 수치가 아니라 범위에 의한 영향력을 강조한다. 리스토리어스의 사이트를 방문하면 특정 주제나 지역, 직업에 대해 누가 가장 많은 트윗을 남기는지 알 수 있다.

기업의 평판뿐 아니라 기업 내부와 외부의 특정 개인의 평판을 이해하면 시간과 자원을 어디로 할당해야 할지 더욱 잘 알 수 있다. 특정 고객층 사이에서 강력한 평판을 가진 특정인을 찾았다면 그 사람을 이용하라. 당신이 거의 혹은 전혀 알려지지 않은 특정 핵심 고객층이 있다는 사실을 알았다면 그들이야말로 당신이 시간과 노력을 집중해야 할 대상이다.

혁명을 원한다고 했지…….

이 이야기는 사이버 행동가들 사이에서 이미 전설이 되어버린 이야기다. 2011년 1월 25일, 구글 이집트 지사의 간부급 직원 와엘 고님(Wael Ghonim)은 그날 시작된 시위를 지지하는 트윗 56자를 남겼다. "자유는 싸울만한 가치가 있는 축복이다. #1월 25일." 며칠 후 무바라크(Mubarak) 이집트 대통령은 고님의 체포를 명령하고 자국 내 모든 인터넷 서비스를 폐쇄시켰다. 11일간 경찰의 심문을 받은 고님은 국제 사회의 거대한 압력에 못이긴 이집트 정부에 의해 결국 석방되었다. 석방 후 그의 인터뷰는 이미 진행 중이던 시위에 거센 불을 붙였고 결국 단 2주 반 만에 30년 독재 정권을 무혈 혁명으로 쓰러뜨리는 쾌거를 거두었다. 서양 언론은 고님을 "구글 가이(The Google Guy)"라고 부르며 소셜 미디어를 통해 대중을 움직여 파피루스 혁명(Papyrus Revolution)으로 이끈 촉매 역할 한 그의 능력을 치하했다.

그러나 혁명에 시동을 건 진짜 티퍼가 누구인지, 그리고 그 사람들을 어떻게 찾아냈는지에 대한 이야기는 로버트 러들럼(Robert Ludlum, 미국의 스파이 스릴러물 소설가 – 옮긴이)의 소설과 비슷하다.

딥마일 네트워크(DeepMile Network)는 워싱턴 DC 외곽에 있는 컨설팅 전문 기업이다. 이 회사는 기업 고객뿐 아니라 국가 안보와 관련된 문제로 고심하는 여러 정부에 서비스를 제공한다. 이집트 혁명이 다가오고 있던 시기에 딥마일 직원들은 매우 흥미로운 업무를 하나 맡게 되었다. 이집트에서 현재의 상황을 움직이는 가장 영향력 있는 티퍼가 누구인지 알아내라는 것이었다.

딥마일은 곧바로 업무에 착수했다. 1월 25일 전 주의 모든 트위터 트래픽 수집을 시작으로 특허를 받은 필터링 알고리즘을 사용해 트윗의 옥석을 가려내며, 특허 기술이 아니었으면 처리할 수 없었을 만큼 엄청난 양의 데이터를 분류해 트윗을 2,500개로 추려냈다. 가장 야심찬 분석가마저 기죽게 하는 막대한 양의 메시지였지만 딥마일 팀은 거의 실시간으로 추려낸 데이터 내에서 가장 의미 있는 트윗을 확인할 수 있었다. 가장 부지런한 콘텐츠 프로그래머조차 동일한 양의 정보를 처리하려면 100년이 넘게 걸린다는 사실을 고려할 때, 특히나 대단한 성취였다.

하지만 관련성 있는 대화를 추려낸 것은 이제 막 시작 단계에 불과했다. 딥마일 팀은 커뮤니티와 서브커뮤니티, 그리고 실제 활동에 가장 관련이 있는 대화에 참여한 영향력 주도층을 가려냈다. 이 일은 이집트 상황이 한창 진행되고 있던 외중에 실시간으로 진행된 것이었다. 이들의 목표는 무슨 얘기가 오가는지 알아내는 것뿐이 아니었다. 대화에서 가장 중요한 역할을 할 뿐만 아니라 가장 직접적으로 사람들의 참여를 이끌어내는 실제 인물, 즉 티퍼를 찾아내는 것이었다.

이들의 업무 프로세스를 자세히 살펴보기 위해 비유를 이용해보겠다. 커다란 카페가 있다. 수십억 가지의 주제로 토론을 하는 1억 5,000만 명이 들어갈 수 있는 카페라고 하자. 이제 이 수많은 사람이 대화를 거의 상상조차 할 수 없는 불협화음을 내며 하고 있다고 생각해보자. 한쪽에 서 있는 한 부부는 아이들에게 소리를 지르고, 다른 쪽에 있는 몇몇 사람들은 스포츠에 대해 이야기를 하며, 이런저런 그룹들은 이집트 혁명의 사회 경제적인 영향력에 대해 토론을 한다. 이번에는 한 번에 이 모든 대화를 들을 수 있는 능력이 있다고 가정해보자. 딥마일 프로세스는 비슷한 대화를 나누는 사람들을 한꺼번에 집어서 모두 한 테이블에 앉힌다. 딥마일 프로세스는 현실 세계에서든 사이버 세계에서든 개개인에게는 특정한 인간 역학(human dynamics)이 있어 사람들의 신분을 확인하고 수량화할 수 있음을 알아낸다. 이렇게 분석된 모든 대화에 구조적 분석을 사용하는 것을 시작으로 수학과 그래프 이론, 비선형역학에 근거를 둔 계산으로 메시지의 시작과 전파, 증폭에서 가장 중심적인 역할을 하는 전문가와 연결자, 티퍼들을 수량화할 수 있다. 이 정보를 이용해 딥마일 팀은 각각의 대화에서 가장 큰 영향력을 미치는 실제 인물을 알아낸다. 메시지의 흐름을 유발하고 입소문을 내게 하는 사람들 말이다.

10년 이상을 국가 안보 분야에서 일한 딥마일의 창시자이자 CEO인 에릭 말라워(Eric Malawer)는 이 "혁명의 숨겨진 손"을 찾아낸 것에 대해 여전히 놀라움을 금치 못한다. 방위 산업에서 가장 최신 기술과 능력을 선보이는 2011 국방부 정보시스템(Department of Defense Intelligence Information Systems) 콘퍼런스에서 딥마일의 프레젠테이션을 본 사람 역시 마찬가지다. "소셜 미디어 세계에서 귀를 기울여 다음에 일어날 중대한 사건을 일으킨 사람이 누구인지 알아내거나 당신의 메시지, 혹은 새로운 제품이 인기가 있을지 여부를 결정할 수 있는 사람들의 실제 이름을 알아낼 수 있다고 상상해보라. 우리의 솔루션은 지금까지 상상조차 할 수 없었던 통찰을 고객들에게 제공한다. 실시간으로 대규모로 큰 영향력을 미치는 주도층의 영향력을 확인하고 측정할 수 있는 능력을 제공하는 것이다." 딥마일이 최초로 개발한 이 접근법을 이용하면 거의 실시간으로 수백만 개의 대화를 분석하고 걸러 가장 관련성이 있는 대화를 가려낼 수 있다. 또한, 그 대화에서 가장 중요한 역할을 하며 실제 행동으로 이끄는 사람이 누구인지를 알아낼 수 있다.

딥마일 팀은 이집트 혁명의 경우 이러한 방법으로 중심인물을 찾은 것이다. 이들은 트윗을 분석해 와엘 고님이 무바라크 대통령을 사퇴로 이끄는 데 영향력을 미친 중심인물이라는 사실을 확인했으며, 이외에도 다른 영향력 주도층, 즉 다른 이들을 행동하게 만들었던 일단의 평범한 사람들을 확인할 수 있었다. 가장 놀라웠던 것은 이 소수의 사람들로부터 영향을 받은 사람들의 수였다. 이를 케빈 베이컨 법칙의 반대라고 생각해보라. 한 사람으로부터 시작해서 모든 사람으로 이어지는 6단계가 아니라, 6단계 연결의 중심축이 되는 인물을 찾아내는 것이다. 작동 방식은 다음과 같다. 당신과 가깝게 연결된 사람들이 100명이라고 가정해보자. 그중 43명은 당신의 말에 귀를 기울이고 당신의 말대로 행동을 한다. 또 이 43명 각각이 당신과 그들의 관계처럼 다른 사람과 비슷하게 연결되어 있다고 생각해보자. 간단한 곱셈만으로도 6단계만 지나면 지구 상의 모든 사람과 연결될 수 있다는 사실을 알 수 있을 것이다. 대화의 중심이 되는 사람들은 중요하다. 하지만 그들과 연결된 사람들이 또 다른 이들과 연결되면서, 사람 수는 기하급수적으로 늘어나는 경향이 있다. 아무도 모든 이들과 연결되어 있지 않지만, 딥마일 팀이 찾아낸 티퍼들이 모이면 수십만의 사람들과 연결되고 그들을 행동하게 만들 수 있었다.

딥마일이 찾아낸 티퍼들은 물리적 위치에 구애받지 않았다. 이들은 우리가 전에는 거의 들어보지 못했던 사람들로 불시에 어디에서든 나타난다. 이집트 혁명에 영향을 미친 영향력 주도층 8명 중 5명은 테헤란과 수단, 아랍 에미리트, 프랑스, 미국 시민이었으며, 단 3명만이 이집트인이었다. 게다가 전통적이고 가부장적인 이집트 사회에 가장 큰 영향력을 미친 티퍼 절반이 여성이라는 점도 눈여겨볼 만하다. 이는 사이버 공간이 모두에게 평등하다는 증거이니 말이다. 또한 컴퓨터나 사이버 공간에 익숙한 고님과 달리, 이집트 혁명의 점화 장치 역할을 한 티퍼들 가운데는 상대적으로 신기술에 익숙하지 못한 사람들이 많았다. 활동가나 엔지니어, 알 자지라 기자, 그리고 20대 여학생들이 그러했다. 이들이 겉으로는 평범해 보이는 배경을 가지고 있을지 몰라도 그 영향력은 매우 커서 고님이나 이집트 전역에서 매우 잘 알려진 유명인들에 대한 지지 정도는 사소해보일 정도였다. 이들은 공식적인 지위는 없었지만 이들이 말하면 사람들은 듣고 반응했다. 이들은 다른 이들의 말을 인용하고 리트윗했으며 대화의 중심으로 이동해 궁극적으로 이집트라는 국가가 스스로 다시 태어나도록 만들었다. 이들의 메시지는 수백만 사람들에게 닿았다. 그리고 무력이나 유형의 자산, 또는 어떤 공식적인 지위도 없이 이 사람들은 소셜 미디어라는 사이버 세계에서 포효하는 마우스는 사자가 될 수 있으며 혁명에 불을 붙일 수 있다는 점을 분명히 증명했다.

시간

소셜 비즈니스에서 시간은 매우 중요하다. 자원을 찾는 데 걸리는 시간이든, 문제를 해결하는 데 걸리는 시간이든, 혹은 신제품을 시장에 출시하는 데 걸리는 시간이든, 속도는 경쟁우위가 된다. 커뮤니티나 트위터와 같은 소셜 기술은 이 부분에서 도움을 줄 수 있다. 예를 들어 트윗을 추적 관찰하면 즉각적인 행동을 요하는 상황에 대해 바로 알 수 있다. 제3장 "소셜 신뢰를 획득하라"에서는 신뢰를 구축하는 요인 중 하나가 바로 즉각적으로 반응하는 능력이라고 했다.

다음은 시간과 관련된 지표의 몇 가지 예다.

- 트위터에 올라온 관심사에 대응하는 데 걸리는 시간
- 자원 (내부에서 전문가를 찾는 데 걸리는 시간)
- 신입사원을 선발하고 이들에게 직무 교육을 시키는 데 걸리는 시간
- 신제품이나 서비스를 시장에 출시하는 데 걸리는 시간의 감소

NOTE

이 내부 지표를 계산하는 데 기업 내부 메카니즘만큼 정확하게 측정해내는 도구는 아직 시장에 없다. 그러나 나와 함께 일하고 있는 여러 기업이 SLA, 즉 서비스 수준 협약(Service Level Agreement, 대응에 걸리는 시간에 대한 당신의 회사와 친구, 팬, 브랜드 홍보대사 사이의 협약)을 개발하고 있다. 앞으로는 전략에 SLA를 포함시키는 것도 고려해보라.

| 참여 |

참여는 성공에서 매우 중요하다. 참여는 고객이나 직원과의 감정적 연결로, 통합적이고 상호적이며 개별적이면서도 이례적인 경험에 의해 만들어진다. 이 지표는 사람들이 당신의 제품이나 회사, 브랜드에 어떻게 연결되어 있는지 알 수 있게 해준다. 참여는 당신의 글을 리트윗하는 사람(리트윗이란 당신의 트윗을 복사해 트위터에 다시 올리는 것을 말한다)이나 당신이 디그에 올린 기사에 투표를 하는 사람들을 나타낼 수도 있다. (디그란 소셜 뉴스 사이트로, 사용자들이 콘텐츠를 게시하며 그 콘텐츠의 가치에 따라 다른 사용자들이 투표를 한다.) 결국 참여는 당신과의 상호작용, 즉 당신에 대한 콘텐츠를 공유하는 것과 관련이 있다. 모든 관계 활동이 동일하지는 않지만, 사람들이 당신의 회사나 브랜드, 제품과 맺은 관계의 종류를 살펴보는 것은 중요하다. 뒤에서 감정과 같은 좀 더 고급 지표를 살펴보긴 하겠지만, 당신의 참여 점수를 확인하기 위한 시작점으로 삼을 수 있는 단순한 방법이 있다. 서로 다른 종류의 참여는 서로 다른 비즈니스 가치를 가지고 있기 때문에 다른 참여보다 더 가치가 있거나 중요한 참여도 있다. 예컨대 고객 충성도나 유보율은 특히 가치 있는 참여의 지표다. 몇 가지 사례를 들어보자.

- **페이스북**: 코멘트, 좋아요
- **트위터**: 브랜드에 대한 언급 건수, 리트윗 수
- **유튜브**: 코멘트, 바이러스처럼 퍼지는 링크
- **링크드인**: 추천 수, 대답 수

- **커뮤니티**: 회원 수
- **블로그**: 사이트에서 머무는 시간, 코멘트
- **웹사이트**: 순 방문자 수, RSS 구독자 수와 재방문 트래픽 수 (충성도를 나타낸다)
- **설문조사**: 답장을 보내고 참여한 사람의 수

앞에서 언급한 채널에서 비즈니스와 고객의 관계를 측정할 수 있도록 도와주는 도구에는 아래와 같은 것들이 있다.

- **구글 애널리틱스**(Google Analytics): 모바일을 포함한 사이트의 관계 목표를 측정한다.
- **페이스북 인사이트**(Facebook Insights): 일일 실사용자와 새로 '좋아요'를 표시하거나 추천을 한 사람을 추적하고 코멘트가 급증하면 왜 그런 일이 벌어졌는지 알려준다.
- **소셜투**(SocialToo): 소셜 조사를 하고 소셜 통계를 추적하는 종합적인 도구다. 트위터상의 팔로우와 언팔로우를 보여주는 메일을 매일 보내준다.
- **유튜브 인사이트**(Youtube Insights): 조회 수와 인기도, 클릭된 콘텐츠, 커뮤니티 참여도를 제공한다.
- **인게이지먼트db**(ENGAGEMENTdb): 알티미터는 관계에 대해 연구를 했으며 100대 브랜드를 살펴보고 이들이 여러 소셜 미디어에서 맺은 관계를 등급으로 매겨 총 11단계로 나누었다. 연구 결과 브랜드가 다양한 소셜 네트워크에 열심히 참여를 맺은 경우 성

과에 영향이 미친다고 했는데 이는 단지 서막에 불과하다. 이들의 연구 결과에 주목하라! http://www.scribd.com/doc/17666696/Engagement-Ranking-Of-The-Worlds-Most-Valuable-Brands.

현재는 아직 참여를 측정할 기준이 되는 방법이 존재하지 않는다. 관계의 정성적 측면은 고급 능력인 감정 분석으로 추정할 수 있다.

|사례연구| 시튼홀 대학교(Seton Hall University)

시튼홀 대학교(SHU)는 뉴저지 주, 사우스오렌지에 위치한 가톨릭 대학교다. 이 학교는 다양하고 상호협력적인 환경에서 학문과 윤리의 발전에 중점을 두고 있다.

사립 교육 기관인 시튼홀 대학교는 등록금이 주된 수입원이다. 예비 대학생들은 대학을 선택하기 위해 "쇼핑"을 할 때 학위 프로그램이나 대학의 평판, 위치, 그리고 여러 다른 요소들을 고려한다. 하지만 대학 교육은 이와 같은 유형의 것 이상을 포함한다. 대학에서의 경험은 대부분 캠퍼스, 즉 강의실이나 기숙사, 그리고 캠퍼스에서 열리는 이벤트와 조직에 참여하면서 다른 학생들과 쌓은 관계에서 온다.

시튼홀 대학교는 관계의 측면에 중점을 두어 매출을 늘리기로 결정하고 페이스북을 관계의 공간으로 이용하기로 했다. 시튼홀 대학교 마케팅 담당자들은 다음 학기 등록자 수를 증가시키고자 하는 계획에서 소셜 도구를 사용했다. 이 프로젝트에는 클래스 오브 2014(Class of 2014, 2014년도 졸업 예정자) 페이스북 페이지의 출범도 포함되었다. 목표는 대학 지망생들에까지 일대일 관계를 확장해, 커뮤니티 정신과 집과 같은 느낌, 다양한 경험, 그리고 가끔은 간단한 재미까지 주는 것이었다.

직원들은 Class of 2014에 태그를 달아 www.shu.edu 방문자이면서 동시에 페이스북과도 상호작용하는 사람들을 확인할 수 있었다. 마케팅 담당자들은 소셜 분석과 보고를 이용해 이 방문자들의 행동을 실험했다. 그리고 시튼홀 대학교 직원들은 오리엔테이션에서 등록금 보증금, 배치 고사, 그리고 기숙사 공급 문제까지 예비 대학생들의 질문에 응답하기 시작했다. 그러자 "신고의 글" (예비 학생들이 전공이나 오리엔테이션 일자, 클럽이나 스포츠에 대한 관심사와 같은 결정을 알리는 게시물)이 전체 게시물에서 차지하는 비중이 47%까지 치솟았다. 데이터에 의하면 Class of 2014와 깊이 상호작용하는 방문자가 대학 공식 웹사이트에서도 높은 수준으로 대학과 관계를 맺었다. 예컨대 이들은 다른 방문자들보다 정보를 더 많이 요청했고 지원서를 제출할 가능성도 더 높았다. 수집된 데이터에 의하면 페이스북은 시튼홀 대학교에 단지 중요하기만 한 것만이 아니라 매우 필수적이었다.

예비 대학생들은 페이스북 페이지를 이용해 재학생 혹은 다른 예비 대학생들과 연결되었고 전공이나 공통 관심사, 지리적 위치, 혹은 기숙사 방 번호를 기반으로 자체적으로 그룹을 결성했다. "페이스북 효과"는 기대 이상이었지만 시튼홀 대학교의 역사적 강점과 자연스레 맞아떨어졌고 의사결정 과정에서 실질적인 영향력을 미쳤음을 알 수 있었다. 사실 관망적인 태도를 보이던 학생들도 다른 신입생들의 영향을 받아 시튼홀 대학교에 입학하기로 결정한 것이다.

여름 중반이 되자(학기 시작 두 달 전이 되자), 2014년도 졸업 예정자들의 등록금 보증금 입금 비율은 전년도 같은 기간에 비해 25%나 더 높았다. 게다가 등록 비율은 전년도보다 13%나 앞섰다. 등록 기간이 끝나고 나자, 시튼홀 대학교에는 30년 만에 가장 많은 신입생이 입학했으며 순현재가치(Net Present Value)는 2,900만 달러로 이전에 비해 18% 증가했다. 이는 많은 고등 교육 기관에서 낮은 등록률이 추세인 것을 고려할 때 특히 놀라운 결과였다. 시튼홀 대학교가 페이스북 상호작용을 통해 데이터를 수집하고 깊이 있는 분석을 할 수 있도록 도와준 소셜 분석은 이 대학이 마케팅에 투자할 때 좀 더 현명한 결정을 내릴 수 있도록 일조했다.

페이스북의 가치에 의구심을 품던 회의론자들도 사라졌다. 이 대학은 페이스북을 대단히 중요한 신입생 모집 경로로 받아들였다. 이제 시튼홀 대학교는 이 새로운 경로의 힘을 이용하기 위한 새로운 방안을 찾고 있다. 이를 위해 온라인 마케팅 담당 직원들은 페이스북 사용과 입학이나 기숙사처럼 학교를 선택하는 데 핵심이 되는 요소의 영향력에 대한 정보를 주기적으로 공유하고 있다.

| 감정과 친밀한 관계, 주제의 발전을 위해 고급 분석과 계기판을 제공하라 |

소셜 비즈니스는 소셜 기술에 익숙해지면서 결과를 검토할 수 있는 고급 수단이 필요해졌다. 예컨대 앞에서 언급한 도구 목록도 중요하지만 이들 도구는 종합적으로 사용될 수도 없고 각 요소들 간의 상관관계를 보여주지도 않는다. 따라서 고급 수단을 사용하는 이들을 위해 나는 데이터를 종합하고 틀을 잡을 수 있는 도구를 살펴보고 예측적 분석과 콘텐츠 분석과 같은 기술을 사용해 종합적으로 분석하기를 추천한다.

그림 7.2에서 볼 수 있듯, 데이터는 다양한 출처에서 수집되어야 한다. 앞에서 언급한 도구 중 일부는 두세 개의 출처만을 사용하지만, 소셜 비즈니스 세계에서는 가능한 모든 출처에서 실시간으로 데이터를 수집하는 도구가 필요하다.

다음 4가지 요소는 반드시 검토되어야 한다.

1. 포괄적 분석
2. 토론의 주제
3. 관련성
4. 감정

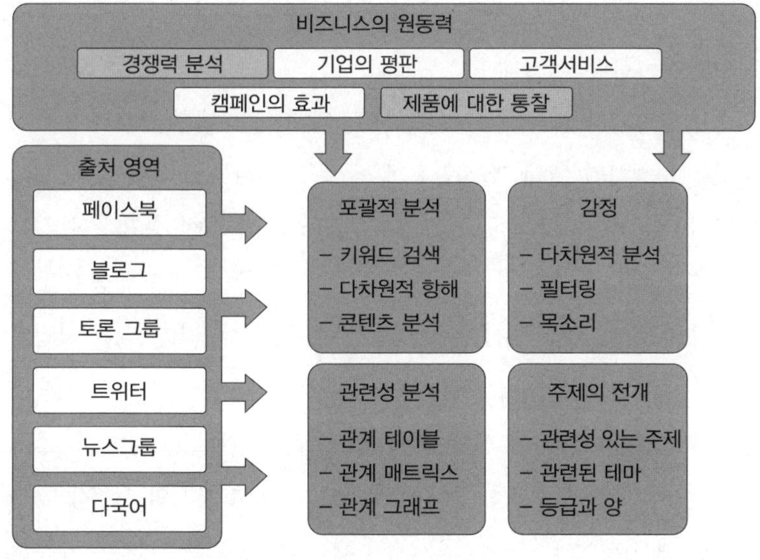

그림 7.2 데이터 분석

이 4가지 요소는 소셜 비즈니스에 경쟁우위를 제공한다. 이제부터는 이 4가지 요소에 대해 더 자세히 살펴보자.

| 포괄적 분석 |

가장 먼저 중점을 두어야 할 부분이 바로 시장에 귀를 기울이거나 내부 직원들을 더욱 잘 이해하는 것이다. 여기서 핵심은 사업에서 중요한 분야에 포괄적인 관점을 갖는 것이다. 포괄적 분석은 당신이 선택한 키워드나 기업, 브랜드, 제품에 대해 블로고스피어에 쓰여 있는 모든 것을 바라보는 관점이다. 트렌드 확인을 위해 지속적으로 검토하고 싶은 핵

심 주제와 지역, 기간, 브랜드나 제품 분야에 대해 정의를 내리는 것에서부터 시작하라.

소셜 영향력의 효과성, 그리고 브랜드와 회사에 대한 고객의 의견과 감정을 측정하기 위해 "실시간으로" 블로그 게시물 수십억 개와 웹사이트에 존재하는 포럼과 토론 그룹 수십만 개를 분석할 수 있는 능력은 큰 도움이 된다. 다만, 한 가지 알아둘 것은 기업들은 대중에 공개된 데이터나 사내 포럼에서 나온 데이터에는 접근할 수 있지만 다른 사적인 포럼에는 접근할 수 없다는 점이다. 따라서 기업들이 전체 데이터를 측정했다고 말할 때에는 그 말을 곧이곧대로 받아들여선 안 된다.

데이터에 대한 포괄적인 분석은 트렌드, 그리고 당신의 결정에 따라 선택된 핵심 영역과 관련이 있는 주제에 대한 전반적인 시각을 제공해 준다.

| 토론의 주제 |

블로고스피어와 내부 인트라넷에 올라온 새로운 주제를 살펴보는 것이 중요하다. 토론을 수집해 시간에 상관없이 공통된 주제가 있는지 확인해야 한다.

토론 주제를 살펴보면 미래의 제품과 서비스에 대한 훌륭한 통찰력을 얻을 수 있다. 여러 웹사이트에서 크라우드소싱으로 추출한 데이터를 바탕으로 콘텐츠를 분석해 키워드를 추출하고 토론의 주제를 알아낼 수 있다. 예컨대 홈엔터테인먼트 장비를 파는 경우 고객들로부터 "설치"와 "고객 서비스"와 관련된 주제가 논의되는지 찾아볼 수 있다. 소셜 비즈니스는 이를 홈엔터테인먼트 시스템을 팔 때마다 더 나은 설치 서비스를 제공할 수 있는 기회로 해석하는 능력을 갖추어야 한다.

이렇게 토론 주제를 분석하면 기업의 평판과 마케팅, 제품 혁신, 고객 서비스와 관련된 주제에서 위기와 기회를 포착할 수 있도록 도움을 받을 수 있다.

토론의 주제를 분석하면 좀 더 효율적으로 제품과 서비스, 기업 메시지를 연결할 수 있으며, 캠페인을 본격적으로 시작하기 전에 여러 캠페인의 관련성과 적용 가능성에 우선순위를 부여하고 등급을 매길 수 있다. 덧붙여 상위 검색어에 담긴 감정과 관련된 주제의 전개를 분석하고 다른 소셜 미디어 커뮤니티나 커뮤니티 채널을 타깃으로 삼음으로써 다른 주제를 중심으로 하는 토론을 포함시킬 수 있는 통찰을 제공한다.

| 관련성 분석 |

소셜 비즈니스는 다양한 분야의 분석 사이에 있는 관계를 이해해야 한다. 또한 제품 또는 브랜드의 영향력을 측정하고 미래의 메시지나 주요 청중들 사이의 혁신을 확인하기 위해 연관된 정보를 확인할 수 있어야 한다. 관련성 분석은 데이터를 수집해 제품 구매와 관련된 감정 혹은 관계를 확인하는 프로세스다. 예를 들어, 누군가가 제품 하나를 구입했다고 해서 그 사람이 또 다른 제품을 살 가능성이 크다고 할 수 있을까? 또는 누군가가 제품 하나를 구입했다고 해서 그 사람이 다른 제품을 사지 않을 가능성이 커졌다고 할 수 있을까? 이러한 수준의 분석은 메시지를 좀 더 빠르고 정확하게 수정하기 위해 순간 검색어를 이용해 마케

팅에서 감정 분석에 대한 통찰을 얻을 수 있도록 도와준다. 덧붙여, 관련성 분석은 새로운 청중을 끌어들일 수 있는 기회를 포착할 수 있도록 돕는다. 이 정보에 입각해 소셜 비즈니스는 자신들의 관심사와 관점에 한정된 메시지만 존재하는 구체적인 주제로 청중들을 끌어들인다.

마지막으로 소셜 비즈니스는 평판과 고객 서비스, 기업의 소셜 책임 활동에 대한 반응을 확인하기 위해 감정의 맥락과 기업이나 브랜드 가치와의 연관성을 분석함으로써 메시지를 더욱 잘 평가할 수 있다. 예를 들어, 소셜 비즈니스는 특정 제품이 유튜브에서보다 트위터에서 더욱 많이 토론되고 있는지 확인하기 위해 자신들이 제공하고 이해하는 제품 카테고리로 걸러낼 수 있다.

| 감정 분석 |

감정이란 긍정적, 혹은 부정적으로 사람들이 당신이 하고 있는 일을 바라보는 방식이다. 사람들이 쓰는 글을 기반으로 회사나 브랜드, 카테고리에 대한 사람들의 감정을 이해할 수 있다. 감정은 소셜 데이터를 긍정적 혹은 부정적, 또는 중립적이나 확실하지 않다는 것으로 정의한다. 소셜 분석을 이용하면 데이터는 감정과 정서의 연결에 대한 통찰력을 얻는 데 도움을 줄 수 있다. 소셜 비즈니스는 긍정적, 부정적, 중립적, 혹은 양면적인 감정을 비교해 완벽하게 비교 분석하기 위해서 감정을 분석하고 콘셉트와 순간 인기 검색어, 미디어를 찾아낼 수 있어야 한다.

감정 분석은 소셜 비즈니스가 소비자와 이해당사자의 감정을 분석해 의사결정을 내릴 수 있도록 돕는다. 이를 통해 정확한 트렌드를 가늠할 수 있도록 분석 결과에 가치를 부가하고 기업의 평판에 대한 인식과 캠페인에 대한 반응을 변화시킨다.

덧붙여 감정 분석은 이를 기반으로 핵심 영향력 주도층과 함께 제품과 서비스에 대한 큰 지지를 이끌어내기 위해 새로운 경로를 확인하고 타깃으로 삼을 수 있도록 돕는다. 캠페인 메시지의 효율성과 고객의 구매 결정에 대한 영향력뿐 아니라 메시지가 전하는 약속에 대한 고객의 지지와 신뢰는 귀중한 정보가 된다. 이뿐만 아니라 감정 분석은 예컨대 내부적으로 새로운 출장 정책이나 CRM 솔루션 사용, 원거리에서 일하는 직원들에게 지원해야 하는 모바일 기기의 종류를 선택할 때 직원들이 어떠한 감정을 느끼는지 더욱 잘 알 수 있도록 해준다.

| 소셜 분석 전담조직을 만들어라 |

소셜 비즈니스에는 소셜 분석 도구와 기술이 필요하다. 이를 위해서는 주기적으로 검토되고 개선되는 종합 계기판과 함께 숙련된 전문가를 고용하는 것이 최고의 방법이다. 소셜 분석 전담조직의 임무는 기업의 변화를 확대해 개인, 조직, 기업의 수준에서 분석을 이용하는 것이다. 기업 전반에서 리더와 협력할 때의 주된 목표는 사업과 고객의 가치를 이끌어내 분석 도구와 데이터 분석을 효율적이고 효과적으로 사용하는 것이다. 이 전담조직은 제2장에서 설명한 소셜 비즈니스 디지털 자문위원회와 연결되어 있어야 한다.

전담조직은 상근직원들로 구성되거나 순환보직제도로 운영할 수 있다. 또 외부 업체를 이용할 수도 있다. IBM은 시장동향 분석 조직

(Market Insights), 사업부별 소셜 비즈니스 관리자들, 외부업체들을 묶어 전담조직을 만든다. 이런 방식으로 전담조직을 운영하면 한정된 기간 동안 팀에 실용적인 경험을 제공하고 폭넓은 경험을 쌓은 후 인재들이 원래의 자리로 돌아갈 수 있도록 한다.

예를 들어, 펩시 코퍼레이션(Pepsi Corporation)의 브랜드 중 하나인 게토레이(Gatorade)는 고객을 분석하고 고객과 좀 더 깊은 관계를 맺기 위해 미션 컨트롤 센터(Mission Control Center)를 만들었다. 이 디지털 허브는 고객의 트렌드를 기반으로 만들어진 행동 지향적 변화와 통찰력 분석의 결합이었다. 게토레이는 적절한 도구와 상근 직원 4명으로 마케팅 캠페인에 변화를 주고자 실시간으로 데이터를 수집하고 분석했다. 그 결과 고객과의 일대일 접촉 비율을 35%에서 60%로 높였다. 그뿐만 아니라 게토레이는 온라인 토론과 스포츠, 미디어, 봉사 활동, 브랜드 품질, 브랜드에 대한 소문 등을 추적한다. 이는 해당 카테고리 내에서 감정과 관련성, 주제의 전개라는 모든 핵심 영역을 포함한다.

소셜 비즈니스에 전담조직이 생기면 내부와 외부 모두에서 소셜 비즈니스를 전담하게 된다. 덧붙여 통찰력을 얻고 싶다면 디지털 형식으로 된 정보에 중점을 두는 소셜 분석 관리자를 선택해야 한다. 이 사람은 기업의 정보 수집 팀을 보완하는 역할을 한다. 또한 누가 분석에 접근 권한을 가지며 프로세스를 통해 어떤 콘텐츠가 공개되어야 하는지를 결정하는 데 도움을 준다.

소셜 분석 관리자는 분석과 소셜 도구, 그리고 감정과 관련성, 예측 모델이라는 고급 분석 영역에 대해 잘 알고 있어야 한다.

그림 7.3을 통해 나는 최고 기관을 위한 주요 솔루션 영역을 공유하고

싶다. 그림에서 볼 수 있듯, 핵심 영역에는 아래와 같은 것들이 있다.

- 고객 획득과 성장, 유지
- 운영 관리와 기반 시설 및 보안
- 의심 행동 탐지와 위기 완화, 사기 예방

다음으로는 고객 서비스와 마케팅, 인사관리라는 핵심 영역을 포함하는 세 가지 프로세스에서의 가치와 소셜 분석을 사용한 사례를 세 가지 살펴볼 것이다.

고객을 획득하라	운영체계를 관리하라	의심 행동을 탐지하라
• 최고의 고객이 누구인지 알아내라 • 이들을 적합한 방식으로 연결하라 • 이들에게 판매하는 것을 극대화하기 위한 최고의 행동을 취하라	• 자산의 활용을 극대화하라 • 자산이 정확한 시간에 정확한 장소에 있는지 확인하라 • 투자가 다양한 영역의 자산에 어떤 영향을 미치는지 확인하라	• 사기 행위의 패턴을 확인하라 • 잘못된 긍정 오류(false positive)를 줄여라 • 미리 결탁해 사기를 치려는 거래처와 직원을 확인하라 • 예상 밖의 거래 패턴을 확인하라
고객을 성장시켜라	**기반시설을 유지하라**	**위험요소를 완화하라**
• 고객과 채널에 필요한 최고의 배합을 알아내라 • 고객과 채널에서 받는 매출을 극대화하라 • 상호작용을 위해 항상 최고의 행동을 취하라	• 무엇이 자산 활용에 실패를 초래하는지 알아내라 • 자산의 가동 시간을 극대화하라 • 유지비용을 절감하라	• 비밀의 유출을 확인하라 • 규정을 준수하도록 만들어라 • 핵심 비즈니스 기능에서 인사이트를 이용하라
고객을 유지하라	**운영체계에 보안 장치를 하라**	**사기를 예방하라**
• 고객을 떠나게 하거나 머무르게 하는 것이 무엇인지 알아내라 • 최고의 고객을 행복하게 만들어라 • 이들이 떠나는 것을 방지하기 위한 행동을 취하라	• 자산의 보안을 개선하라 • 자산에 대한 예상 밖의 공격 패턴을 확인하라 • 보안이 제대로 발휘하지 못할 때는 최고의 행동으로 빠르게 대응하라	• 남용을 예방하기 위해 실시간으로 행동을 취하라 • 불만 처리 시간을 줄여라 • 거래에서 사기를 당할 수 있는 위험성에 대해 고객에게 알려라

그림 7.3 주요 솔루션 영역

콜센터에 소셜 분석이 적용된 사례를 하나 살펴보도록 하자. 콜센터는 고객이 행복하도록 하는 1차적 책임을 진다. 만약 콜센터에서 무엇이 "행복"을 만드는지 이해한다면 더 많은 매출을 낼 수 있을 것이다. 제5 장에서 우리는 기업이 고객 서비스 프로세스에 소셜 네트워크를 어떻게 포함시키는지 살펴보았다. 이제 효율성을 증진하기 위해 적합한 소셜 도구를 결정하도록 하자.

콜센터의 목표는 바쁜 시기에 온라인에서 적극적으로 고객과 관계를 맺어 생산성을 늘리는 것이다.

이 사례에서 고객 서비스 관리자는 고객의 문제를 더 빠르고 효율적으로 해결하기 위해 불만의 원천을 정확히 여과해야 한다. 덧붙여 고객 서비스 관리자는 고객의 불만과 관련된 주제를 분석해 미래에 맞닥뜨릴지도 모를 문제에 대해 관리자들에게 예측과 피드백을 제공할 수 있다. 소셜 비즈니스에서 콜센터의 리더는 아래와 같은 행동을 통해 콜센터로 들어오는 문제를 적극적으로 해결하고 피드백을 제공해 가벼운 불만과 관련된 전화와 이메일의 양을 줄여야 한다.

- 온라인으로 불만의 원천을 정확히 밝혀낸다
- 고객의 감정을 알아내고 여과해 구체화한다
- 미래의 불만을 평가하고 예측한다
- 불만을 초래하는 비즈니스 분야에 생기는 문제가 무엇인지 인지하도록 한다

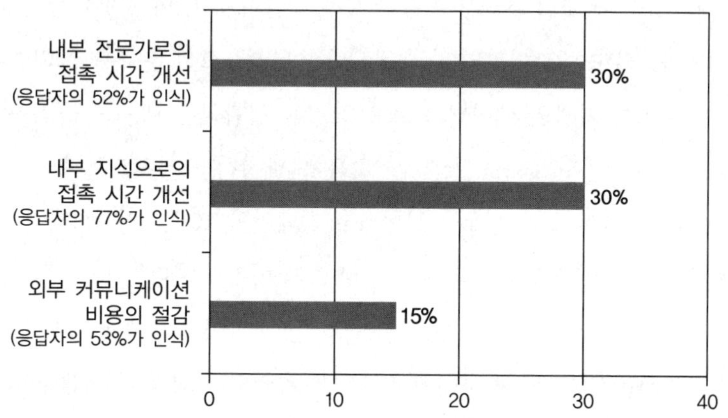

그림 7.4 고객 서비스를 위한 소셜 비즈니스의 가치

소셜 비즈니스 분석은 감정의 검토를 필요로 한다. 고객 토론방과 블로그에 걸친 구체적인 감정 분석은 고객의 불만이 나온 온라인 출처를 분석해 비즈니스의 목표에 도달할 수 있도록 도와준다.

덧붙여, 토론 주제의 분석은 일이 너무 커지기 전에 해결할 수 있는 다른 문제가 있는지 확인할 수 있도록 돕는다. 이때 부정적이거나 긍정적인 피드백을 분석하고 콜센터 통계와 함께 검토하면 제5장에서 설명한 것처럼 미리 문제를 확인하도록 도울 수 있다.

그림 7.4는 고객 서비스 분야에서 소셜 비즈니스를 위해 맥킨지(McKinsey)가 발견한 지표를 정리한 것이다.

　| 샘플: IBM의 마케팅을 위한 소셜 분석 |

마케팅 조직에 소셜 분석을 적용한 사례를 살펴보자. 마케팅에 소셜 분석을 제공하면 매출의 기회가 확장된다. 예컨대 소셜 분석은 사고방식과 설문조사 기반의 데이터와 소셜 감정을 결합하는 데 도움을 주어, 새로운 세그먼트(segment, 세분화된 고객)를 예상하고 타깃으로 삼을 수 있게 한다. 혹은 고객 행동을 분할하고 캠페인의 ROI를 최적화하기 위해 소셜 경로로 고객 감정을 예측할 수 있게 하기도 한다.

　마케팅에서 소셜 분석의 목표는 프로그램 전략이나 실행에 적절한 변화를 가하는 것이다. 이 사례에서 IBM은 기업의 사회적 책임 캠페인의 영향력을 측정하고 커뮤니티에서 기업의 평판이 개선되었는지 확인하고 싶었다. 이 회사는 캠페인의 영향뿐만 아니라 현재의 평판이 어떤지도 이해해 캠페인을 수정하거나 유지해야 한다.

　마케팅 팀은 캠페인의 효과를 측정하기 위해 포럼과 토론 그룹 10만 개, 그리고 고객의 감정을 검토해야 한다. 게다가 캠페인 메시지를 좀 더 빠르고 정확하게 수정하기 위해 순간 인기 검색어를 알아내 관련성에 대한 통찰도 얻어내야 한다. 또한 커뮤니티 내의 이해당사자 사이에서 기업의 평판의 기준을 평가하고 캠페인 후 평판의 변화에 대해서도 알아내야 한다.

　이 사례에서 사용한 소셜 비즈니스 분석은 커뮤니티 기반의 블로그와 토론 그룹에서의 평판에 대한 감정 분석이다. 그림 7.5에서 감정을 유도하는 가장 평범한 변수에 대한 확인은 긍정적인 감정을 극대화하기 위한 마케팅 캠페인 개발에 도움을 준다.

　소셜 분석은 기업의 커뮤니티에서 특정 이해당사자들과의 관계를 정

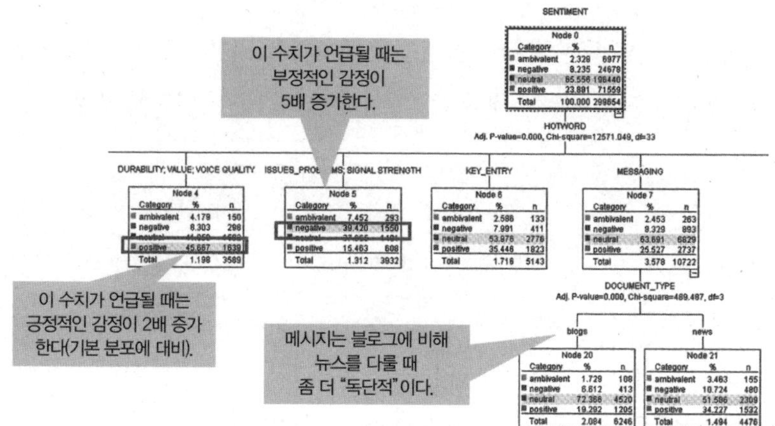

그림 7.5 마케팅 캠페인에서 긍정적인 감정을 유도하기 위한 예측 모델

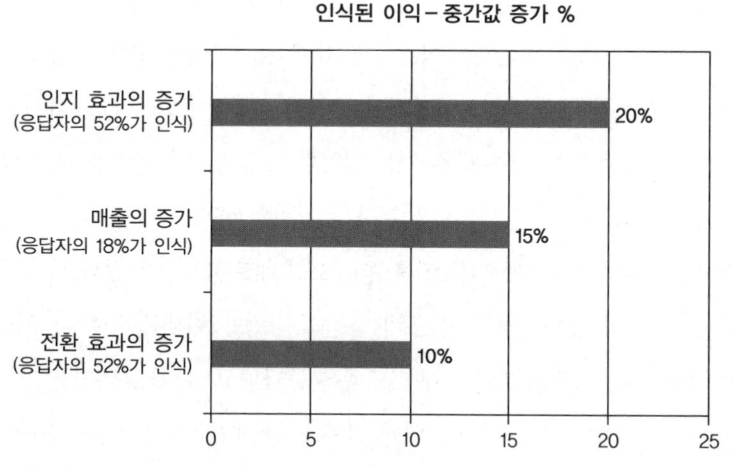

출처: "네트워크 기업의 부상", 맥킨지, 2010년.

그림 7.6 마케팅 관리를 위한 소셜 비즈니스의 가치

당화하기 위한 중요 기준을 제공한다.

예컨대 기업 평판과 관련된 감정을 평가하기 위한 역량과 함께 문제에 대한 대중의 반응에 대해 좀 더 명확한 그림을 경영진에 제공할 수 있다.

그림 7.6은 마케팅 프로세스에서 소셜 비즈니스를 위해 맥킨지(McKinsey)가 발견한 지표를 정리한 것이다.

| 샘플: IBM의 인사관리를 위한 소셜 분석 |

인사관리 프로세스에 소셜 분석이 적용된 사례를 하나 살펴보자. 모든 기업에 인재 관리는 경쟁우위가 된다. 소셜 분석을 통해 좀 더 유능한 인재를 유지할 수 있다면, 회사는 비용을 절약할 수 있다. 실제로 갤럽(Gallup)은 직원 이직률을 1%만 개선해도 1백만 달러를 절약할 수 있다고 했다(직원 수가 5,000명인 기업 기준). 제5장에서는 기업이 고객 서비스 프로세스에 소셜 네트워크를 어떻게 포함시키는지 살펴보았다. 이제는 효율성을 높여주는 데 사용될 수 있는 적합한 소셜 분석을 알아보자.

인재 관리를 위한 인사부서의 목표는 기업의 핵심 인재를 더 많이 유지하는 것이다. 소셜에 귀를 기울이고 소셜 네트워크나 포럼과 같은 내부 및 외부의 정보 출처를 이용해 직원의 감정을 이해해야 한다. 이렇게 하면 기존 직원의 만족도와 피드백은 증가되고, 손에 들어왔을 때는 이미 낡은 정보가 되어버리는 연례 설문조사에 대한 필요가 없어진다.

이 사례에서 인재 관리는 IBM의 제품과 서비스, 고객, 그리고 IBM의 정책과 프로그램에 대한 직원들의 감정을 이해해 회사에서 일하는 것에 대한 직원의 감정을 이해할 필요가 있다. 게다가 신입사원 선발 과정에서의 지원자의 경험을 평가하고 선발된 직원들이 기업에 쉽게 동화되고 통합될 수 있도록 추적 관찰하며 직원의 불만, 특히 핵심 직무를 담당한 직원들의 불만을 처리하기 위해 개입이 필요한지 여부를 인사부서가 결정할 수 있도록 해주는 데이터와 트렌드를 확인해야 한다.

이 통찰은 인사부서의 인재 관리 전반에 개선을 가져온다. 예컨대 아래와 같은 것들이 가능해진다.

- 새롭거나 추가할 교육 기회를 확인한다 (예컨대 판매/납품 팀)
- 직원의 욕구에 대한 통찰을 획득한다
- 특정 프로그램과 관련된 교정 행동이 필요한지를 확인한다 (예컨대 영업 직원 축소를 위한 인센티브 계획 평가)

소셜 비즈니스 분석은 감정에 대한 검토가 필요하다. 특정 직원 커뮤니티와 블로그에 걸친 감정 분석은 고객의 우려를 인지할 수 있는 온라인 출처를 여과하고 타깃을 분석해 목표에 도달할 수 있도록 도울 것이다.

덧붙여 주제 분석은 중점 영역에서 다른 문제가 있는지 확인하도록 도와준다. 예컨대 지리와 사업부, 직무 및 재임 기간에 따른 불만을 분석하면 인재 관리가 적합한 영역을 중점으로 즉각적인 영향력을 행사할 수 있도록 도와준다.

그림 7.7은 인사관리 영역에서 소셜 비즈니스를 위해 맥킨지(McKinsey)가 발견한 지표를 정리한 것이다.

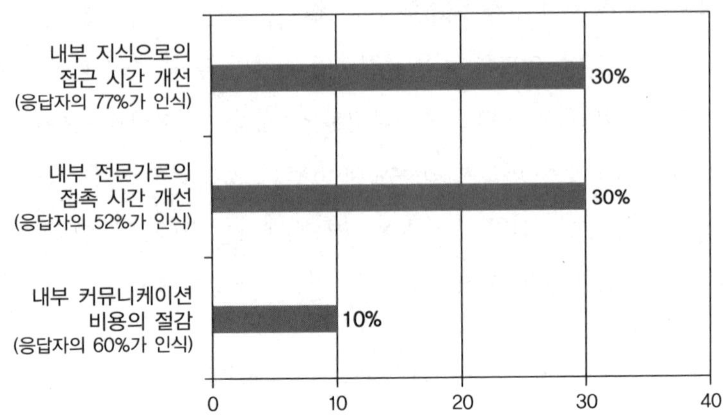

그림 7.7 인사관리를 위한 소셜 비즈니스의 가치

결론

소셜 분석이 최신 트렌드로 떠오르고 있다. 소셜 분석 지표들은 기업들에게 고객니즈를 파악하게 도와주고 적합한 제품을 타깃 고객에게 제공할 수 있도록 하기 때문에 소셜 분석은 기업들 사이에 점점 더 최신 유행이 되고 있다.

소셜 분석은 기업 평판에 대한 평가를 제공하며 적절한 시점에 적합한 의사결정을 내릴 수 있는 근거를 제공해 준다. 게다가 고객의 반응을 예측해 미리 대비할 수 있게 하므로 대응 시간을 줄여준다. 이처럼 소셜 기술과 미디어를 적절히 사용하고 서비스 효과성 평가 및 비용 절

감을 위해서는, 선진화된 지표를 관리하는 전담 조직 (Enter of Excellence)
가 필요하다. 기업의 크기와 상관없이, 소셜 미디어 전략 측정을 비즈
니스와 운영 프로세스에 통합해야 성공할 수 있다.

8

경쟁력을 위한 요소로서의 기술

Technology as a Competitive Ingredient

"The focus of Social Business is on the business—but new social technologies are the transformative ingredient."

Charlie Hill, IBM distinguished Engineer, and Chief Technology Officer, Collaboration Solutions

"소셜 비즈니스는 비즈니스에 중점을 둔다. 새로운 소셜 기술이 변화를 촉발할 뿐이다."

_찰리 힐(Charlie Hill), IBM 수석 엔지니어이자 협업 솔루션 부문의 최고 기술 책임자

그렇다, 기술이 중요하다

비즈니스 리더인 당신은 소셜 비즈니스가 기술에 의존한다는 사실을 알게 될 것이다. 기술은 기업이 스스로 소셜 비즈니스로 탈바꿈하고 경쟁자보다 앞서나가기 위해서 사용하는 핵심 요소다. 사실 관계에 대한 많은 전통적인 장벽을 부수고 오늘날의 소셜 비즈니스가 가능하도록 새로운 기술을 위한 토대를 마련한 것은 분명 인터넷 기술이다. 그러나 인터넷이 사람들이 협동하는 새로운 미지의 방법으로의 촉매제 역할을 한 것은 사실이지만, 이러한 기능을 비즈니스에 맞게 최적화한 것은 새로운 소셜 기술이다.

예를 들어, 커뮤니티와 포럼 기능은 지리와 문화라는 장벽을 넘어 관계가 생성되고 키워지며 이용되도록 한다. 블로그와 기업에 의해 관리되는 활동 영역은 조직과 계층의 장벽을 더욱더 붕괴시킨다. 파일 공유는 공동 의사 결정을 지원하며 즉석 e-회의와 채팅은 시의 적절한 협업을 통해 효율성과 프로세스의 속도를 증가시킨다. 간단히 말해, 이러한 새로운 소셜 기술은 사람들이 항상 원하던 방식대로 운영하고 거래하고 공유하며 개발하고 평가하며 토론하는 등, 생산적인 비즈니스 관계에 방해가 되던 제한과 장벽을 없애버렸다.

비즈니스 리더인 당신은 CIO나 IT 부서와 협력하여 적합한 소셜 비즈니스 플랫폼을 선택하거나 구축할 수 있다. 따라서 소셜 비즈니스에 필수적인 핵심 기술과 친밀해져야 한다. 그림 8.1은 소셜 비즈니스에 매우 중요한 핵심 기술 능력을 나타낸다. 이 그림을 보면 사람 중심의 소셜 비즈니스 플랫폼이 필요하다는 것을 알 수 있다.

제5장 "비즈니스 프로세스를 네트워크로 만들어라"에서 언급했듯이, 나는 여러 비즈니스 리더로부터 소셜 비즈니스를 어디에서부터 어떻게 시작할 수 있을지에 대해 많은 질문을 받을 때면 HR과 마케팅, 고객 서비스, 제품 개발 및 혁신, 공급 사슬과 같은 분야를 언급한다. 어디에서부터 시작해야 할지와 같은 질문은 IT 부서에서도 흔하게 나온다.

좋은 소식이 있다면 소셜 기술을 가지고 시작하는 것은 전통적인 기술이나 응용 프로그램, 플랫폼을 가지고 시작하는 것과 별다를 바가 없다는 점이다. 대부분의 경우 전략과 계획, 설계, 그리고 소셜 비즈니스에 챔피언인 경영진이 시작에 매우 중요하다.

하지만 몇 가지 차이점이 있다. 소셜 기술은 내재적으로 최종 사용자에게로 향하기 때문에 기업의 전략에는 빠른 변화와 예측 불가능한 수요, 그리고 예측하지 못한 요구라는 현실이 포함되어야 한다. 제5장 시

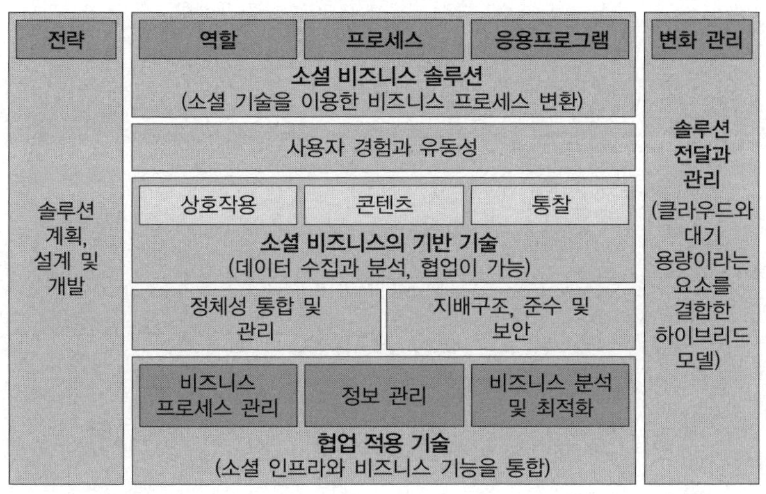

그림 8.1 소셜 비즈니스 능력 표

멕스의 사례에서 살펴보았듯이, 일단 소셜 플랫폼이 만들어지면 기업 내에서 엄청나게 활용되어 네트워크와 저장 용량에 부담을 준다. 이러한 시스템을 위한 전략과 계획, 설계는 유연성과 확장성을 갖춰야만 400개가 넘는 커뮤니티 참가자 1만 7,000명의 수요를 감당할 수 있다.

최종 사용자의 수요는 예측이 불가능하기 때문에 이에 역동적으로 대응해야 하며, 이는 IT 환경의 솔루션 전달과 관리 능력을 필요로 한다. 이는 그림 8.1에서 "변화 관리"라고 표현되고 있다. 전부는 아니지만 대부분의 기업들이 이론상으로 가능한 사용 시나리오를 기반으로 소셜 비즈니스에 대한 지출을 주저하고 있다. 대신 이들은 역동적인 융통성을 제공하는 다양한 가상현실 기술을 고려하고 있다. 많은 기업들이 클라우드와 대기 용량을 결합한 하이브리드 모델의 클라우드 옵션을 활용하고 있으며 이는 점점 더 인기를 얻고 있다. 이것은 무슨 의미일까? 바로 IT팀이 소셜 비즈니스 실행 초기부터 전달과 변화 관리를 고려해야 한다는 뜻이다. 유연성은 처음부터 설계에 포함되어야 하는 것이다.

당신 회사의 IT팀의 기술 전략은 무엇이며 그 전략은 전반적인 소셜 비즈니스 전략을 담고 있는가? 그 전략은 예측하지 못한 변화를 처리하는 데 필요한 유연성을 완벽하게 대비하고 있는가?

소셜 기술은 기존의 시스템을 확장한다

소셜 비즈니스의 대담한 어젠다(AGENDA)가 기업 내 외부의 비즈니스 운영에 대변혁을 일으킬 잠재력을 가지고 있는 반면 소셜 비즈니스 기술의 채택은 현재의 운영 시스템의 맥락 안에서 이루어져야 한다. 소셜 비즈니스 기술은 협업 적용 기술을 소셜이 가능한 운영 프로그램과 데이터로 확장한다. 다시 말해, 이 기술은 점진적이며 이미 사용 중인 도구에 통합되는 것이다. 또한 소셜 비즈니스는 최용 사용자들이 최대한으로 협업을 하고 이를 통해 목표를 달성할 수 있도록 확장하는 것이다.

소셜 비즈니스 기술은……

- 점진적이다
- 기존의 응용프로그램과 프로세스를 소셜 능력과 통합한다
- 최종 사용자의 능력을 확장한다

많은 소셜 전략은 특정 응용프로그램이나 비즈니스 프로세스에 기술적으로 연관되거나 통합되지 않은 플랫폼의 실행을 전제로 한다. 대신 이 플랫폼은 토론 포럼이나 블로그, 위키, 커뮤니티와 같은 일반적인 기능을 제공한다. 주어진 응용프로그램이나 비즈니스 프로세스와의 관련성은 최종 사용자의 소셜 기능사용에 의해 결정된다. 이는 매우 좋은 소식이라고 할 수 있다. 일반적으로 소셜 비즈니스 전략을 지원하기 위해 필요한 기술 작업은 상대적으로 단순하다. 물론 어느 정도의 기술적 통합이 좀 더 광범위하게 필요한 상황은 있지만 사람과 프로세스, 정보를 더욱 잘 연결하기 위해 소셜 기능을 제공한다는 최종 목표는 동일하다.

애로우 엔터프라이즈 컴퓨팅 솔루션(Arrow Enterprise Computing Solutions, Arrow ECS)은 기업의 파트너 커뮤니티 내에서 협업을 증진시키는 데 도움을 줄 커뮤니티 기반의 솔루션을 찾고 있었다. 이를 위해 이들은 파

트너 커뮤니티가 회원들의 능력과 고객의 요구를 결합해 협업하게끔 하는 소셜 협업 응용프로그램을 만들어냈다. 프로필을 이용해 특정 프로젝트나 문제를 해결하는데 요구되는 기술을 갖춘 파트너를 쉽게 검색하고 찾아낼 수 있는데다가 자신들이 원하는 것을 게시할 수 있다. 다시 말해 커뮤니티가 자원 확인과 참여의 양방향 모두에 사용된다는 의미다. 여기에 사용된 응용 프로그램은 광범위한 기술적 통합을 필요로 하지 않았다. 커뮤니티와 프로필 등 일반적인 소셜 기능을 사용해 실행되었다.

또 다른 사례를 들어보자. 카디프 대학교는 연구와 강의, 행정적 프로세스에 소셜 기능을 완벽하게 통합하는 접근법을 선택했다. 이들의 목표는 학생들과 직원, 연구원들을 유치하고 보유할 수 있도록 이례적인 경험을 통해 협동과 학습을 자극하는 것이었다. 그래서 이들은 인스턴트 메시지와 협업 공간과 같은 소셜 기능을 포함한 일련의 기능들을 포털 환경에 통합하는 기술적 접근법을 택했다. 이 방법에 따르면 사용자들은 포털 사이트의 다양한 서비스와 콘텐츠 중에서 자신들의 특정 흥미와 요구에 맞는 내용들을 선택한다. 그리고 사용자들은 소셜 커뮤니티를 통해 동료나 학생, 강사들과 협력할 뿐 아니라 기존의 일반적인 포털 사이트를 사용하며 원했던 새로운 서비스와 콘텐츠가 무엇이었는지를 대학에 피드백("크라우드소싱")한다.

물론, 이 두 사례는 소셜 비즈니스 전략을 지원하기 위해서는 다양한 기술적 통합이 필요할 수 있다는 사실을 보여준다.

당신의 솔루션을 위해서는 어느 정도 수준의 기술적 통합이 필요한가? 다행한 일은 많은 소셜 비즈니스 솔루션이 기본적인 소셜 기능(블로그, 위키, 커뮤니티 등) 플랫폼만으로도 빠르게 시작될 수 있으며 시간의 흐름에 따라 구체적인 프로세스로 좀 더 깊게 통합되도록 발전할 수 있다는 것이다. 따라서 소셜 기술의 실행은 일련의 핵심 기능을 사용하며 이는 기술 통합의 수준과는 상관이 없다.

소셜 기술의 핵심 역량

이제 소셜 기술의 기본적인 능력에 대해 좀 더 깊게 파고들어보자. 바로 그림 8.2에서 볼 수 있듯 상호작용과 콘텐츠, 통찰이 이에 해당한다. 많은 사례 중 앞에서 소개한 소제티(Sogeti)와 프랙티싱 로 인스티튜트(Practicing Law Institute), 티치 포 아메리카(Teach for America)는 이러한 기본적인 소셜 기술을 기반으로 하고 있었다.

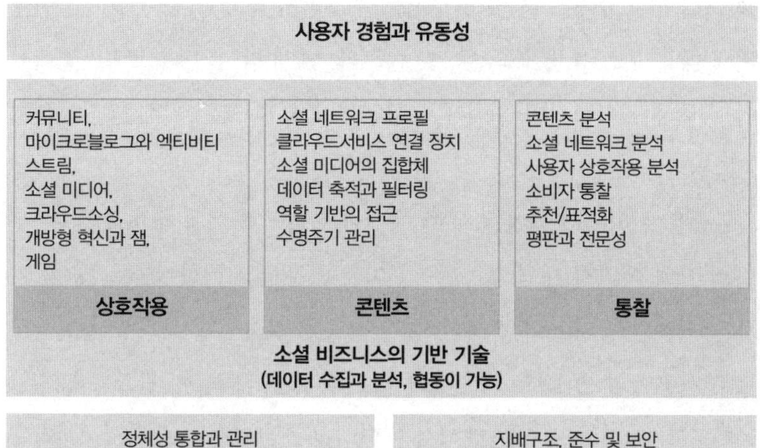

그림 8.2 사용자 경험과 유동성

상호작용 능력은 소셜 기술의 핵심이다. 상호작용 능력이야말로 소셜 기술을 소셜로 만드는 것이라고 말할 수도 있다. 사람들이 관계를 맺고 의사결정이나 행동, 프로세스에 다른 사람들을 참여시키는 것은 소셜 상호작용을 통해서다. 물론, 사람들은 항상 이런 방식으로 일해왔는데 이는 대부분 대면접촉을 통해서였다. 즉 비즈니스는 항상 소셜 활동을 해왔던 것이다. 하지만 소셜 기술이 있으면 상호작용은 직접적, 혹은 간접적으로 더 쉽고 빠르게 일어난다.

소셜 상호작용 능력은 직원과 고객, 비즈니스 파트너들로 이루어진 네트워크 상의 커뮤니케이션과 협업을 가속화해 공정 시간을 줄이고 노동자 생산성을 증가시키며 좀 더 구조화되고 투명하게 협업 프로세스를 관리할 수 있도록 한다. 전통적으로 이메일이 비즈니스에서 소셜 상호작용을 위한 주된 기제로 사용되어왔다. 그러나 블로그와 토론 포럼, 위키, 커뮤니티, 공동 프로젝트 활동 공간이라는 새로운 기술로 인해 소셜 상호작용은 더 이상 편지를 주고받지 않게 되었다. 즉, 참여를 위해 메일 주소 목록에 의존하지 않는다. 이제 참여의 대상에는 공식적인 직무나 조직에서의 위치에 상관없이 폭넓게 모든 이해 당사자들이 포함된다.

요즘은 소셜 상호작용을 위한 옵션이 폭발적으로 증가하고 있다. 우리는 이에 어떻게 대처해야 할까? 이것이 문제의 핵심이다. 기술적 기능은 최종 사용자들이 방대한 양의 정보를 정리하고 여과하며 효과적으로 사용할 수 있도록 하기 위해 필요하다. 그 결과 이 필요를 충족시키기 위해 많은 협업 시스템에서 액티비티 스트림(activity streams)이라는 새로운 기능이 생겨나고 있다. 액티비티 스트림은 개인에 의해 수행된 최근 활동의 목록을 말한다. 이 액티비티 스트림은 최종 사용자들이 블로그와 위키, 비즈니스 응용 프로그램 등을 포함한 내부 및 외부 출처로부터 얻은 정보를 혼합할 수 있도록 해 정보를 매일의 업무에 효율적으로 사용할 수 있을뿐더러 광범위한 네트워크에서 효율적으로 협업할 수 있도록 한다. 액티비티 스트림을 통해 많은 사람이 이메일 중심의 상호작용 모델에서 더 개방적이고 역동적이며 최종 사용자의 구체적인 요구에 맞춘 과업 중심의 모델로 옮겨갈 가능성이 커진다.

물론 일대일, 혹은 일대 다수, 또는 다수 대 다수의 많은 사람 사이의 직접적이고 즉각적인 상호작용을 요하는 상황도 있다. 소셜 상호작용 능력은 이러한 상호작용 역시 좀 더 효과적일 수 있도록 해준다. 통합 인스턴트 메시지 서비스와 "클릭투챗(click to chat)", 즉석 e-회의 등을 사용해 개별 토론은 양측이 어디에 있든, 심지어는 모바일 기기를 사용하는 환경에서도 열릴 수 있게 되었다. 게다가 쉽게 사용할 수 있는 화상 기능이 출현하면서 직접적이지만 가상 상호작용인 e-회의가 더욱 많이 열릴 수 있게 되었다.

최근 나에게 일어난 일을 사례로 들어보자. 나는 허리를 다쳐 8주간 비행기를 탈 수 없었다. 그 모든 회의와 약속을 어떻게 해야 했을까? 다행히도 나는 화상 e-회의를 이용할 수 있어 IBM의 내부와 외부 청중들에게 성공적으로 프레젠테이션을 할 수 있었다. 사실, 이러한 회의를 하면서 흥미로운 교훈을 몇 가지 얻었다.

- 외부 프레젠테이션의 경우, 청중들이 나와 커뮤니케이션할 수 있는 도구로 트위터에 해시태그를 설정해 청중의 관심사에 응답하고 다

양한 주제를 다룰 수 있었다.

- 나는 IBM 직원들에게 청중들이 흥미를 갖는 부분에서 나에게 인스턴트 메시지를 보내라고 요청했고 프레젠테이션 중 청중의 관심사에 맞게 진행을 조정할 수 있었다. 물론 이 방법이 직접 청중의 관심을 감지하는 것을 완벽히 대신할 수는 없었지만 직원들의 도움이 없었다면 불가능했을 귀중한 통찰을 제공해주었다.
- 비디오 기술은 여전히 발전 중이기 때문에 회의 전에는 반드시 테스트해보아야 한다.

> **상호작용 능력은 소셜 네트워크와 비즈니스 시스템 및 프로세스를 통합하고 전문가들 사이의 커뮤니케이션을 가속화하며 직원과 파트너, 고객 사이의 협업을 조성한다.**

소셜 상호작용의 힘은 명백하다. 그렇다면 콘텐츠는 어떠한가? 소셜 콘텐츠는 소셜 데이터가 수집되고 관리되도록 해 상호작용과 통찰을 위해 효과적으로 사용될 수 있도록 한다. 예를 들어, 액티비티 스트림에 대한 토론에서 나는 최종 사용자들이 너무 많은 정보를 전달받아 감당을 못할 정도가 되지 않도록 액티비티 스트림으로의 흐름을 여과해야 한다는 사실을 보여주었다. 이때, 여과 즉 필터링은 어떻게 해야 할까? 프로필 정보를 사용하면 된다. 예컨대 블로그는 스트림에 포함되거나 포함되지 않을 수 있다. 프로필 정보는 소셜 데이터의 한 가지 형태이기 때문이다. 그런데 더 넓게 볼 때 소셜 데이터란 무엇인가?

소셜 데이터란 적절한 네트워크와 프로세스, 상호작용에 참여하는 중요한 사람(위치, 관계, 전문성 등)에 대한 정보다. 이를 분석하면 사람들의 선호도와 소속, 관계 등을 알 수 있는 데이터가 되어 기업이 직원이나 파트너, 고객들을 이해하고 이들을 위해 개선된 서비스를 전달하는 데 사용될 수 있다. 방금 언급했듯, 이 데이터는 종종 프로필 정보로 여겨지기도 한다. 그런데 데이터는 내부와 외부 시스템 모두에서 얻을 수 있다. 따라서 소셜 비즈니스는 이 데이터를 수집하고 관리해 거래나 프로세스 정보와 통합할 수 있어야 한다. 물론 소셜 데이터는 오늘날 많은 비즈니스 프로세스에서 이미 수집되고 관리되는 고객 데이터나 파트너 데이터로의 확장일 수 있다. 하지만 이는 개인이 기업이나 네트워크와 맺는 관계라는 폭넓은 소셜 맥락을 감안하고 더 나은 통찰과 향상된 상호작용을 위한 기본을 제공한다는 의미의 확장이다.

이를 설명하기 위해서 소매 산업에서 소셜 미디어 집합(소셜 미디어로부터 소셜 데이터를 수집)의 필요성을 사례로 들어보자. 모든 소매업자들은 고객과 인구 통계, 거래 기록, 지불 기록 등에 대한 전통적인 정보를 가지고 있다. 이로 인해 소매업자들은 고객이 누구이며 그들이 무엇을 했는지 알려주는 프로필을 가질 수 있다.

그런데 소매업자들이 관계에 있어서 좀 더 적극적이기 위해 어떤 부가 정보가 필요할까? 고객은 기업에 대해 정말로 어떻게 생각하며 어떻게 거래를 할까? 이것이 바로 고객의 기업에 대한 태도를 알려주는 소셜 데이터다. 그렇다면 데이터는 어디에 있을까? 페이스북이나 트위터와 같은 소셜 미디어에 올린 글에 포함되어 있다. 소매업자들은 소셜 미디어에서 고객들이 올린 이 정보를 "언드(earned)" 평판에 대한 암시로 보고 수집한 후 예측 분석을 하면 그 결과를 이용해 개별 고객을 더욱 잘 표적화하며 소셜 미디어 네트워크에서 새로운 고객들을 찾아낸다.

또한 소셜 콘텐츠 능력은 기업의 특정 목표를 달성하기 위해 점점 늘어만 가는 비구조화된 정보의 관리와 사용을 용이하게 한다. 예를 들어보자. 직원 교육의 경우 커뮤니티 기반의 방법론을 사용해 완전히 바뀔 수 있다. "현장에 있는" 전문가로부터 얻은 디지털 콘텐츠를 종합하고 그 가치와 다른 사용자들에의 연관성을 확립하기 위해 이 콘텐츠를 평가하고 표시하며 궁극적으로는 누구든 필요로 하는 사람에게 콘텐츠를 전달할 수 있는 것이다. 다시 말해, 주어진 주제를 다루는 최고의 강사는 본사가 아닌 현장에 있는 현역 직원일 수 있는 것이다. 이 사람들은 동영상을 빠르고 쉽게 제작해 기업 내의 다른 이들을 교육하며, 소셜 콘텐츠 능력을 활용하여 이러한 동영상들을 필요로 하는 사람들이 바로 이용할 수 있도록 제공할 수 있다.

> **소셜 콘텐츠 능력은 소셜 데이터를 수집하고 관리해 상호작용과 통찰에 효과적으로 사용될 수 있도록 한다.**

소셜 통찰 능력은 소셜 분석뿐 아니라 비즈니스 분석과 소셜 의사결정을 하나로 묶는 기능이다. 나는 IBM에서 일하며 전 세계적으로 통합된 기업에서 이러한 조합의 힘을 목격할 기회를 가질 수 있었다. 나는 소프트웨어 제품 판매와 관련해 전 세계 비즈니스 리더들이 참여하는 의사결정 과정에 매일 참여한다. 거대한 조직인 만큼 우리는 빠른 속도로 경영을 해야 하며 이를 위한 권한을 부여받는다. 리더인 우리는 일반적인 비즈니스 분석을 이용해 개방적이고 상호적인 방식으로 이 데이터를 집합적으로 평가해 사업과 관련한 의사결정을 할 수 있기 때문이다.

2011년 5월, 내가 관리하는 포트폴리오 내에 있는 소프트웨어 제품 하나가 진행이 잘 되지 않고 있다는 사실을 나뿐만 아니라 내 동료들까지도 알아차렸다. 과거 기록과 실시간 판매 데이터에 기반을 둔 CRM 시스템의 예측 분석이 위험 신호를 보냈다. IBM의 소셜 분석 계기판 덕분에 나와 내 팀 역시 이 위험 신호를 검토해 문제를 바로잡고 판매 할당량을 채울 수 있었다. 이는 문제를 발견한 지 4시간도 되지 않아 예측 분석으로 권고 사항을 만들었기 때문이다. 내 팀은 문제가 발생한 지 8시간 내에 데이터와 상황을 검토하고 평가하기 위해 회의를 했다. 우리는 문제 발생 24시간 내에 솔루션에 합의했고 48시간 내에 전세계의 소프트웨어 판매사원들에게 새로운 판매 홍보 제안을 보내 거래를 성사시켜 판매 할당량을 채울 수 있었다.

또한 소셜 통찰 능력은 소셜 데이터를 이용해 예측 분석을 수행한다. 앞에서 언급한 소매업체 사례에서 살펴보았듯, 소매업자들은 소셜 미디어 사이트에서 획득한 데이터와 타깃 마케팅 또는 고객 지원활동을 위한 고객 웹사이트 내비게이션에서 획득한 데이터를 이용한다. 이때 다양한 사람들이 제품에 예상치 못한 흥미를 보이는 것을 발견하면 마케팅 캠페인은 더욱 빨리 조정될 수 있다.

소셜 데이터와 네트워크를 분석해 거래, 그리고 프로세스 분석 결과와 통합하는 통찰 능력은 기업의 인식과 의사결정 수준을 향상시킨다. 예컨대 구조화되거나 비구조화된 데이터를 탐험하는 콘텐츠 분석은 기업이 패턴을 확인하고 트렌드를 가시화하며 미래의 패턴과 트렌드를 예측할 수 있게 한다. 이것이 소셜 네트워크 분석과 결합하면 관계의 영향력이나 조직 관계, 또는 다른 소셜 요소들을 패턴과 트렌드로 결정할 수 있다. 이는 매우 강력한 도구가 되어 타깃 마케팅이나 시장 창출, 또는 신규 시장 진입을 위한 새로운 아이디어를 떠올릴 수 있다.

최근 나는 우리가 도달할 수 있는 통찰력의 수준에 대한 사례를 목격했다. 나는 영국의 한 거대 금융 기관과 함께 일하며 이들이 어떻게 하면 더욱 효과적으로 분석하고 경쟁력 있는 데이터를 이용할 수 있을지 알아냈다. 이들은 다양한 출처에서 비롯된 경쟁력 있는 정보와 효과적인 도구를 결합해 비즈니스 리더들이 특정 대응과 행동에 대해 협동할 수 있게 만드는 효율적인 대시보드를 원했다. 소셜 미디어 종합 기능과 데이터 분석, 커뮤니티를 사용해 이러한 소셜 분석 대시보드를 위한 원형이 실제로 만들어졌고 몇 주 만에 구축되었다.

이 대시보드는 웹사이트 검색을 통해 도식화된 트렌드와 검색이 가능한 키워드나 주제를 포함하는 소셜 미디어 게시글(트위터) 목록, 센티멘트와 소속(키워드/기업)을 나타내는 차트와 선형 그래프, 그리고 키워드에 의한 상승 주제어("부", "주식", "아프리카" 등)를 결합한 것이었다. 다양한 옵션을 선택해 도식적 표현을 수정할 수 있었고 그 결과 최종 사용자들이 특정 주제 영역에 매우 빠르게 집중할 수 있도록 했다. 그리고 대시보드에 커뮤니티를 통합함으로써 팀은 특정 행동을 완료하고 블로그에 글을 게시하며 토론을 하는 등의 활동을 할 수 있었다. 다시 말해, 평판과 센티멘트, 트렌드 등을 제공하는 대시 보드를 가지고 효과적으로 협업하고 문제에 대한 조치를 취할 수 있는 경쟁력 있는 팀이 만들어진 것이다.

통찰 능력과 소셜 분석은 전통적인 비즈니스 데이터와 함께 소셜 데이터를 통합하고 분석함으로써 비즈니스 정보를 얻고 비즈니스 의사 결정을 향상시킬 수 있다.

여기에서 살펴보았듯, 소셜 비즈니스 전략을 위한 기술 접근법을 사용할 때는 반드시 고려해야 할 핵심 기술이 몇 가지 있다. 이때 정렬이 매우 중요하다. 소셜 비즈니스 전략을 위한 타이밍과 수요와 함께 IT 그룹의 전략과 실행 계획의 정렬 말이다. 소셜 상호작용이 어느 정도나 필요한 것일까? 소셜 데이터는 어떻게 종합되고 관리되는 것일까? 어떤 능력이 비즈니스 목표를 달성하는 데 필요한 통찰력을 지원할까? 이러한 질문을 통해 IT 그룹을 소셜 비즈니스 전략에 맞춰 효과적으로 정비할 수 있을 것이다.

하지만 사실 아직 끝난 것이 아니다.

기본적인 인프라를 위한 의미

소셜 비즈니스 기술에 대해 논의할 때에는 기본적인 인프라 능력의 의미를 무시할 수 없다. 소셜 네트워크와 소셜 기능 사용이 증가하면서 민감한 기업 정보를 보호해야 할 필요가 커지고, 이와 관련된 위험과 도전 역시 증가했다. 한때 엄격하게 통제되던 기업 정보에 적용되던 규제와 기업의 규칙은 이제 기업 내부와 외부로 쉽게 이동할 수 있는 정보에 적용되어야 한다. 그렇다면 법적 근거를 충족시키려면 문서 보관과 저장은 어떻게 해야 할까? 어떤 소셜 데이터가 포함되어야 할까?

분명한 것은 인지되고 평가되며 소셜 솔루션에 포함되어야 하는 위험 요소가 매우 많다는 점이다. 또한 이 위험 요소는 지배구조와 규정준수, 보안에 초점을 맞출 필요가 있음을 암시한다. 게다가 나라마다 매우 다른 개인정보 보호법 역시 중요하게 고려되어야 한다.

이러한 기초적인 인프라 문제를 어떻게 다루어야 할지에 대한 질문을 받으면 우리는 건축가들이 가장 자주 하는 말을 한다. "상황에 따라 다르다." IT 그룹은 근본적인 인프라에 대한 필요와 의미를 결정하기 위해 타깃 서비스에 대한 고객의 사용 정도와 사용자, 데이터 등을 이해해야 한다. 이 장의 처음에서 언급했듯, 소셜 비즈니스 능력은 아직 진화 중이다. 어떤 경우에는 기술팀에 의해 아주 단순하고 사소하게 처리될 수 있다. 하지만 어떤 경우에는 좀 더 복잡할 수 있다.

마지막으로 모든 사람들이 알고 있다시피 오늘날 모바일은 폭발적으로 증가하고 있다는 사실을 말하고 싶다. 물론 이 자체만으로도 하나의 챕터를 이룰 수 있지만 여기에서는 살짝 맛만 보기로 한다. 모바일 컴퓨팅으로의 이동은 분명 소셜 비즈니스 기술의 핵심 요소다. 프로세스, 거래, 그리고 협업 기능은 모두 이해관계자가 원할 때라면 언제 어디서든 접근이 가능해야 한다. 또한 기업의 포털 사이트와 내부 시스템으로의 모바일 접근이 이미 가능하기 때문에, 소셜 비즈니스로의 이동은 모바일 기능의 필요를 더욱 가속화시킬 것이다.

결론

소셜 비즈니스는 소셜 기술의 이행에 달려있다. 비즈니스의 목표를 달성하기 위해 비즈니스와 IT는 함께 결합해 고객과 직원의 관계를 깊게 하고 시장 진출 시간을 단축하며 시장의 변화에 유연하게 적응할 수 있는 플랫폼을 만들어야 한다. 이 장에서는 당신의 기업이 탐색을 시작해야 할 기능을 소개했다. 당신이 기술자가 아니더라도 기술은 기업의 성공에 핵심이므로 소셜 비즈니스 임무를 맡은 CIO와 함께 협력해야 한다. 아래에는 이 장에서 살펴본 반드시 해결해야 할 질문들이다.

1. 당신 회사의 IT 그룹의 전략은 무엇이며 그 전략은 전체적인 소셜 비즈니스 전략을 담고 있는가?
2. 예측하지 못한 변화를 처리하기 위해 필요한 유연성을 당신의 전략은 완벽하게 예측하는가?
3. 솔루션은 소셜 분석의 필요를 고려하고 있는가? 모바일은 어떠한가?
4. 기술은 당신의 회사와 산업의 규제와 법률 정책을 지원하는가?
1. 어떤 기능이 비즈니스 목표를 달성하는 데 필요한 통찰을 지원하는가?

이제는 소셜 비즈니스 어젠다(AGENDA)를 만들어보자.

이 장을 완성하는 데 큰 도움을 준 빌 하셀(Bill Hassell)에게 특별히 고마움을 전한다.

9

자신만의 어젠다를 만들어라

Draw Up Your AGENDA

"The magic innovation
occurs when companies
go outside their four
walls for ideas, help,
and advocacy.
The Social Business
AGENDA enables
you to do just that."
Sandy Carter

"1루에 발을 붙인 채로 2루를 도루할 수는 없다."

_리키 헨더슨(Ricky Henderson), 뉴욕 양키스

"You can't steal second
base with your foot
still on first."

Ricky Henderson,
NY Yankees

미래에도 경쟁력을 갖춘 비즈니스를 만들어라

10년 전 인터넷이 중요한 비즈니스 도구가 되었을 때, 나는 인터넷이 비즈니스에서 어떻게 사용될 수 있을지에 대해 비즈니스 리더들에게 이야기하던 것을 기억한다. 여러 CEO들이 인터넷은 취미와 게임 외에는 절대로 사용되지 않을 것이라고 말했다. 한 경영진은 나에게 아무도 온라인 뱅킹은 하지 않을 것이라고 말했다. 그는 이렇게 말했다. "절대로 그런 일은 일어나지 않을 것입니다. 내 자리를 걸고 말할 수 있어요."

하지만 인터넷은 비즈니스의 가치를 다시 정의하고 확장시켰다. 뒤돌아보면 e-비즈니스는 너무도 분명하고 불가피해보인다. 하지만 그때 당시에는 e-비즈니스를 채택하는 것은 대담한 한 걸음이었기 때문에 많은 비즈니스 리더들이 그 걸음을 내디딜 준비가 되지 못한 상태였다.

사실 어떤 면에서는 인터넷에 완벽하게 준비한 사람은 아무도 없었다. 사람들이 새로운 모델의 영향에 대해 예측할 때 자주 일어나듯, 변화의 규모는 종종 과소평가된다. 인터넷으로 가능한 모든 창조적인 사용을 예측한 사람은 아무도 없었다. 청사진이나 의제도 없었다. 기업들은 자기만의 페이스로 인터넷에 올라탔고 시행착오를 종종 겪었다. 이처럼 사용하는 와중에도 학습해야 할 최초의 기술들이 존재한다.

오늘날 또 다른 세계를 떠들썩하게 할만한 변화가 일어나고 있고 나는 당신의 성공 가능성을 높여줄 방법을 알고 있다. 바로 소셜 비즈니스다. 기존의 비즈니스 기술은 소비자 세계에서 성장한 소셜 네트워크 모델과 결합하면서 놀라운 비즈니스 가치를 만들어내고 있다. 게다가 이 소셜 모델로의 변화는 전례 없이 빠르게 일어나고 있다.

내가 일하는 회사인 IBM은 생방송으로 시청자 1,000만 명 앞에서 당대 최고의 제퍼디 챔피언과 겨룬 인공지능 기계인 왓슨으로 세상을 뒤흔들었을 때 이 변화를 경험했다. 제퍼디는 참가자들이 정답을 가지고 질문을 찾아야 하는 게임 쇼다. IBM은 왓슨 창조자를 위한 헌정 소셜 사이트와 함께 왓슨을 위해 페이스북 계정(www.facebook.com/ibmwatson)과 트위터 계정(@ibmwatsonbot)을 만들었고 유튜브에 동영상을 게재해 새로운 소셜 비즈니스 프로세스와 기존의 마케팅 세계를 모두 이용했다. 테드닷컴(Ted.com)과 IBM 직원들이 왓슨과 제퍼디 등에 대한 질문에 대답할 수 있는 소셜 뉴스 사이트인 레딧(Reddit)도 지속적으로 사용했다. "소셜"이란 페이스북이나 유튜브, 트위터의 사용만을 의미하는 것이 아니다. 스마트 시스템에 연결된 사람들은 보다 나은 의사결정을 내릴 수 있고, 이는 비즈니스 가치를 향상시킨다. 최근 제퍼디를 시청한 사람들이라면 복잡한 분석 능력을 다양한 주제에 적용한 IBM의 왓슨이 얼마나 똑똑한지 보았을 것이다. 이 변화는 IBM과 IBM의 고객들에게 모든 방면에서 영향을 미치고 있다.

이 변화는 대기업만을 위한 것이 아니다. 뉴욕 주 웨스트체스터 카운티에 위치한 리처드 스콧 살롱 앤드 스파를 생각해보자. 이 회사의 소유주인 리처드 스콧은 이 작지만 성장하는 기업을 소셜 기계로 탈바꿈시켰다. 그는 페이스북과 링크드인, 트위터, 포스퀘어를 통해 자신의 서비스를 적극적으로 홍보했다. 전반적인 통합 마케팅 프로세스에의 변화와 함께 그는 모든 단계에 신뢰의 요소를 적용했다. 그는 소셜에 중점을 둔 채, 1년 반 이상 인쇄 광고를 하지 않았지만 신규 고객 수는 엄청나게 증가했다. 디지털 이주민(Digital Immigrant: 태어나면서부터 디지털 기기를 접하지 않았지만 꽤 자연스럽게 적응한 세대 - 옮긴이)인 그는 가까이에서 일어나는 변화를 이용해 자신의 소규모 사업을 차세대 비즈니스로 탈바꿈시켰다.

세계는 소셜 모델로 변화할 준비를 갖추었다. 이미 디지털 원주민(digital native: 디지털 기기를 태어나면서부터 자연스럽게 접해 자유자재로 사용하는 세대 - 옮긴이) 혹은 디지털 이주민인 사람들은 디지털과 함께 성장했거나 디지털에 잘 적응했기 때문이다. 소셜 방식으로 생각하고 느끼고 행동하고 존재하는 것은 우리 세계가 거대한 새로운 변화에 직면했음을 보여준다. 소비자 측면에서 보여지는 일은 단지 시작에 불과하다. 변화를 위한 진짜 대규모의 힘은 비즈니스 측면에 있다. 소셜 비즈니스가 되어가는 과정은 수년 전 인터넷이 비즈니스에 사용되던 상황과 비슷하다. 리더십이 있는 기업들은 이미 행동으로 옮겼지만 모든 기업이 행동으로 옮긴 것은 아니다. 하지만 소셜 비즈니스는 인터넷과는 달리 시간이 훨씬 더 중요하며 일찍 시작한 이에게 모든 것이 유리할 것이라 생각한다.

왜 그럴까?

인터넷 시대는 사람보다는 기술에 대한 것이었다. 온라인으로 향한 기업들은 선발자들을 따라잡기 위해 더 많은 돈을 쏟아 붓고 더 높은 기술을 적용하며 잃어버린 시간을 만회할 수 있었다. 반면 소셜 비즈니스는 기술보다는 사람과 관계에 관한 것이다. 굳게 닫힌 문을 열어야만 하는 것이다.

관계에는 시간이 필요하다. 기술만 필요한 것이 아니다. 따라서나는 소셜 비즈니스를 더 빠르게 도입하고 이를 대담하게 사용하여 가치를 창출한다면 미래 비즈니스에 대한 경쟁력을 갖출 수 있다고 믿는다. 나는 소셜 비즈니스가 이에 빨리 적응해 미래에도 경쟁력을 갖출 수 있도록 대담하게 가치를 창조하고 있다는 것을 믿는다. 미래에도 경쟁력을 갖추게 한다는 것은 기회를 잡기 위해 미래를 예측하도록 한다는 뜻이다. 이 책에서 지금까지 살펴보았듯, 소셜 비즈니스의 핵심은 다음과 같다.

- 연결: 소셜 비즈니스는 사람과 전문성을 연결한다. 개인(고객이든 파트너든 직원이든)을 네트워크와 연결해 새로운 혁신의 원천을 만들어내고 창의성을 조성하며 새로운 비즈니스의 기회로 다가갈 수 있도록 한다. 또한 비즈니스 네트워크 전반에 기본적인 신뢰 수준을 확립해 정보를 공개해 공유하고 직원들과 고객들 사이에 깊은 충성심을 불러일으킨다. 그리고 상호 네트워크로 연결되기 위해 필요한 협동 및 게임, 분석 도구를 제공하고 비즈니스 문제들을 창의적으로 해결한다.
- 투명성: 소셜 비즈니스는 항상 학습하기 때문에 기업 내부와 외부의 전문가 사이에 아무런 경계가 없어야 한다고 믿는다. 다양한 출처에서 지식을 습득하고 통찰력을 얻을 수 있는 도구와 리더십 모델을 포함하며 고객의 분위기나 직원들의 감정, 또는 프로세스의 효율성에 있어서의 변화를 재빨리 감지할 수 있도록 한다. 비즈니스의 문제를 해결하고 새로운 비즈니스 기회를 포착하기 위해 기업 내부와 외부의 분석과 소셜을 활용한다.
- 민첩성: 소셜 비즈니스는 이러한 소셜 네트워크를 이용해 비즈니스

의 속도를 높이며 더 빠르고 더 나은 결정을 위해 실시간으로 통찰을 쌓는다. 또한 새롭고 더 빠른 방식으로 고객과 파트너에게 정보를 전달한다. 게다가 소셜 비즈니스는 새로운 방식의 연결과 협업을 위한 모바일 기기를 이용해 언제 어디서나 접근할 수 있어 시간과 장소라는 제약을 장점으로 바꾸어놓는다. 그 결과 언제 어디서나 최고의 가치를 전달할 수 있고 변화하는 시장에 빠르게 적응할 수 있도록 한다.

이 책 하나만으로도 소셜 비즈니스가 부상하고 있다는 여러 사례를 볼 수 있다. 예를 들어 IBM은 통역 엔진을 미세 조정하기 위해 전 세계 직원들의 미묘하게 차이가 나는 지식을 크라우드소싱했다(크라우드소싱은 많은 사람의 집단 지성을 이용해 문제를 해결하거나 새로운 아이디어를 창출한다. 크라우드소싱은 "대중의 지혜"라고도 불린다). 벨기에의 은행인 KBC는 기업 문화를 완전히 새롭게 바꾸었으며, 현재 여기에 참여한 조직들로부터 큰 가치를 얻고 있다. IT 컨설팅 및 관리 서비스 업체인 컴퓨터 사이언스 코퍼레이션(Computer Science Corporation)은 소셜에서 고객들과 관계를 맺고 서비스를 제공하면서 스스로를 고객 중심의 팀으로 탈바꿈시켰다. 또한 블루 크로스 블루 실드는 환자들의 의료 기관에 대한 평가를 수집하고 공유하며 소비자가 더 많은 정보를 가지고 선택을 할 수 있도록 한다.

이러한 사례는 정부에도 적용된다. 2011년 말, 세계 인구는 70억 명에 도달할 것으로 예상되었다. 이에 유엔은 과감한 아이디어를 떠올렸다. 이들은 소셜 도구와 소셜 분석을 사용해 겉으로 드러나는 숫자의 이면에 숨겨진 사람들의 상호 연결을 설명하고 글로벌 대화를 시작했다. 지역적 그리고 가끔은 개인적인 의사결정이 어떻게 광범위한 영향력을 미칠 수 있는지에 대한 공동의 합의를 진행시키기 위한 글로벌 대화 말이다. 아이디어는 단순하다. 대화를 진행하기 위해 세계의 여러 소셜 네트워크를 사용하고, 공통의 해시태그 #7b가 달린 토론을 수집해 트윗 70억 개 이상을 목록으로 만들어 분석하고 행동으로 옮길 수 있는 통찰을 만들어낸다.

이렇게 소셜 비즈니스가 디지털에서 존재감을 만들어내면 인지도를 높이고 궁극적으로 새로운 비즈니스의 기회를 획득할 수 있다.

그러나 사람들은 종종 명확한 계획과 방향이 없이는 쉽게 실패할 수 있다는 점을 간과한다. 소셜 비즈니스(또는 정부)는 새로운 물길을 찾아 항해할 대담한 어젠다가 필요하다.

대담한 어젠다(AGENDA)

소셜 비즈니스 어젠다(기업의 목표와 문화를 정비하라, 소셜 신뢰를 획득하라, 경험을 통해 관계를 맺어라, 프로세스를 네트워크하라, 평판과 위기관리를 위해 디자인하라, 데이터를 분석하라)는 가치를 포착하고 비즈니스 성과를 내기 위해 비즈니스 계획의 윤곽을 보여주는 방식을 말한다. 이미 어젠다에 대한 테스트는 끝났고 소셜 비즈니스에 효과적으로 접근할 수 있는 방법을 만들도록 돕는다는 사실도 증명되었다. 소셜 비즈니스는 성숙의 초기 단계에 있다는 점에서 대담하다. 대담하다는 것은 위험을 감수하고 그 위험을 관리하며 결과에 확신을 가질 수 있는 능력이 있다는 뜻이다.

이 책을 다 읽고 나면 당신의 목표와 문화, 원하는 성과에 맞춘 당신만의 어젠다를 만들어야 한다. 내 경험으로는 자신만의 어젠다를 만드는 일은 최소 이틀에서 최대 2주 정도가 걸린다. 이렇게 어젠다를 만들어도 시간이 흐르면 바뀌어야 한다는 점을 명심하라. 시간의 흐름에 따라 변화에 적응하고 수정하려면 규칙도 필요하지만 무엇보다 민첩해야 한다. 이 여정은 여행과 같으며 소셜 비즈니스 어젠다는 당신의 목표와 문화, 원하는 결과가 변화하면 따라서 변화하는 끊임없는, 살아있는 전략이라는 사실을 열린 마음으로 받아들여야 한다.

이 책 전반에서 나는 소셜 도구와 기술을 사용한 전 세계 고객들이 경험한 사례 수백 개를 다루었다. 하지만 나는 어젠다의 특정 과정을 강조하기 위해 이들의 여정의 특정 부분만을 보여주었을 뿐이다. 아래에 전체적인 소셜 비즈니스 어젠다를 설명하기 위해 IBM의 완전한 어젠다 사례를 실었다. 이를 통해 어젠다 전체를 볼 수 있을 뿐만 아니라 지금까지의 성과를 확인할 수 있을 것이다.

|사례연구| IBM의 내부 프로세스에 대한 글로벌 포커스

조직의 목표와 문화를 정비하라: 재택근무와 매트릭스 조직 체계와 같은 IBM HR 체계의 많은 부분은 일련의 새로운 협업을 필요로 한다. 6년 동안 기업 인수를 86건이나 이루어내며 각기 다른 시간대의 170개국에서 일하는 분산된 노동력을 갖게 된 IBM은 혁신을 주도하기 위해 지식을 획득하고 혁신을 추진하는 문화로 변화시킬 새로운 모델이 필요했다. IBM은 더 이상 소수의 연구 센터 인력만으로 경쟁력을 유지할 수 없었다. 세계 최대의 IT 기업으로서 리더십을 키우면서 동시에 운영 비용을 감축하기 위해서는 여러 프로젝트와 사람들에 걸쳐 "집단 지성"을 가져야 했다. 협업과 기술의 한계는 여기에 아무런 방해도 될 수 없었다.

IBM의 경영진은 사람과 정보를 연결하는 협업의 동인으로 소셜 기술의 잠재력을 보았다. 2007년 IBM은 대담하게 한 걸음을 내디뎌 연구에서 사용되던 소셜 네트워킹 도구를 통합하고 전사 차원의 소셜 네트워킹 솔루션을 배치하였다. 경영진의 재정적 지원으로 기술은 수개월 내에 조직 곳곳에 배치되었다. 하지만 지원된 자금의 대부분은 소프트웨어나 하드웨어, 또는 인프라 및 운영 비용을 위한 것이 아니었다. 대부분이 지식 공유를 향한 문화적 변화를 겨냥한 이벤트와 프로그램으로 흘러들어갔다. IBM은 도입 프로그램, 가이드라인, 교육, 보상 프로그램, 지배구조 프로세스, 위원회 등을 확립해 소셜 비즈니스가 되고자 하는 이 여행을 성공으로 이끌었다.

소셜 컴퓨팅 가이드라인 및 성숙한 지배구조 프로세스(제2장 "조직의 목표와 문화를 정비하라"에서 다루었다)와 함께, IBM의 목표와 문화는 성공에서 매우 중요한 역할을 했다.

소셜 신뢰를 획득하라: 소셜 신뢰를 만들어내는 데 가장 큰 걸림돌이 되는 두 가지는 바로 틀에 갇힌 사고와 전통적인 수직적 조직이었다. 그렇다보니 의사결정은 반드시 조직의 하부에서 이루어져야 했다. 예컨대 각 국가 단위의 지사에서 자체적으로 의사결정을 내리도록 하는 데 중점을 둔 것이다. 이를 통해 비즈니스가 전보다 훨씬 더 빠르게 이루어지도록 하며 IBM의 직원에 대한 신뢰를 보여주었다. 일단 조직이 수평적으로 변하자 IBM 직원들은 더 빠르게 상호작용할 수 있었고 업무를 할 때 권한을 부여받았다고 느꼈다.

소셜 신뢰의 또 다른 사례는 지식 공헌 시 승인 프로세스를 없애는 것이었다. 소셜 기술과 관련해 IBM이 실시한 초기 실험에서 IBM은 커뮤니티 사이트와 콘텐츠를 만들 때 승인을 통해야 하는 것이 제약으로 작용한다는 사실을 알았다. IBM은 게시 전에 승인을 받아야 할 경우 콘텐츠와 지식을 공헌할 가능성이 낮아진다는 사실을 밝혀냈다. 그래서 IBM은 2005년 소셜 컴퓨팅 가이드라인을 개발했을 때 승인과 관련된 모든 요건을 없애버렸다. IBM은 이제 모든 IBM 직원들에게 권한을 넘겨줄 때 적용되는 적절한 이용 약관을 가지고 있으며 직원들이 이 가이드라인을 따를 것이라고 신뢰하고 있다.

경험을 통해 관계를 맺어라: "소셜 에브리플레이스(Social Everyplace)" 철학은 직원들이 매일 사용하는 기존의 도구에 핵심 소셜 서비스를 통합함으로써 소셜 소프트웨어를 적용할 수 있도록 하고 성공을 이끌어낸다. 이 새로운 모델로 IBM은 핵심 비즈니스 전략을 성공적으로 수행할 수 있었다.

- 인간관계: 다른 직원들에게 즉각적인 보상을 제공할 수 있도록 직원들에게 권한을 부여하는 블루땡스(BlueThx) 상과 직원들이 더 나은 관리자가 될 수 있도록 하는 월드와이드 퍼스트라인 매니저(World Wide First Line Manager)를 위한 커뮤니티.
- 판매: 판매 담당 직원들이 최신 판매 경향과 모범 사례에 대해 최신 정보를 알 수 있도록 전 세계 판매 팀을 위해 만들어진 베스트 프랙티스 커뮤니티(Best Practice Community).
- 마케팅: 모든 핵심 프레젠테이션과 마케팅 자료에 대한 접근.
- 신입사원 정착 프로그램: 회원 2만 3,000명을 거느린 유럽 여성(Women in Europe) 커뮤니티와 같은 다국적 커뮤니티를 통해 많은 신입 사원들이 연결되어 있다는 느낌을 받는다. 특히 한 팀이 여러 국가에 걸쳐있을 때 더욱 유용하다.

프로세스를 (소셜) 네트워크하라: IBM의 수석 부사장인 스티브 밀스(Steve Mills)에 의하면, 프로세스에 소셜을 내재하면 "우리의 집단 지성을 IBM 전반에 활용해 궁극적으로는 우리의 전체 생태계로 확산될 수 있도록" 돕는다고 한다. IBM의 전 세계 판매 부서에는 소셜이 내재된 프로세스가 널리 퍼져 있다. IBM의 판매부서는 산업에 맞게 조직화되어 있다. 이에 IBM은 2008에 인더스트리스페이스(IndustrySpace) 커뮤니티를 출범해 하드웨어와 소프트웨어, 서비스 담당 직원들이 함께 모여 산업과 관련된 솔루션과 트렌드에 대해 열린 대화를 나눌 수 있도록 했다.

2009년 IBM은 판매자들을 위해 클라우드 상의 소셜 네트워크 플랫폼을 출범해 고객과 더 잘 커뮤니케이션하고 협동할 수 있도록 했다. 이메일에 파일을 첨부해 송부하던 방식은 파일 공유와 웹 회의, 인스턴트 메시지 등을 이용해 사적으로 커뮤니케이션할 수 있는 클라우드 상의 보안 커뮤니티로 대체되었다. 가장 좋은 점은 IBM 판매자들이 아무런 추가 비용 없이 고객을 초대해 클라우드 상에서 협동할 수 있다는 것이다.

평판과 위기관리를 위해 디자인하라: IBM이 기억하고 있는 것들은 성공뿐만 아니라 100주년을 맞이한 IBM의 역사를 위해서도 매우 중요하다. 2010년 IBM은 2011년 6월에 있을 100주년 기념행사를 준비하고 있었다. 이를 담당한 팀은 이 역사적 행사를 어떻게 하면 가장 잘 홍보할지 검토하고 있었다. 이들은 40만 명이 넘는 IBM 직원들을 이용해 소식을 전파하고 IBM 브랜드와 지난 100년간의 성과를 홍보하도록 하기로 했다. 이를 위한 가장 효과적인 방법은 소셜 미디어와 소셜 네트워크를 이용하는 것이었다. 물론 전체 IBM 직원들이 브랜드 홍보대사가 되어 트위터나 페이스북, 유튜브와 같은 외부 소셜 미디어 사이트에서 자유롭게 활동하도록 하는 것에 의구심을 가진 사람들도 있었다. 그래서 IBM은 직원들과 회사, 브랜드를 보호하기 위해 일부 프로세스를 업데이트하고 이 외부 도구에 대해 적절한 권한을 보장할 필요가 있었다. IBM은 Social Business@IBM이라는 웹사이트를 만들어 직원들이 외부 소셜 미디어 사이트에서 계정을 만들고 효과적으로 사용하는 방법을 배우도록 했다.

또한 IBM은 마케팅과 커뮤니케이션, 홍보 부서에 있는 직원들이 이러한 외부 사이트에서 IBM과 관련된 모든 소셜 미디어를 관찰할 수 있도록 컨슈머 인사이트 툴(Consumer Insights Tool)을 만들었다. 이로 인해 특정 주제나 사람들을 지정해두고 긍정적인 콘텐츠를 홍보하도록 하거나 부정적인 콘텐츠의 확대를 통제할 수 있는 계획을 수행할 수 있었다.

데이터를 분석하라: IBM의 직원들은 매일 사내 위키를 백만 건 이상 조회하고 인스턴트 메시지를 4,000만~5,000만 건 보낸다. 또한 사내 블로그와 위키는 7만 3,000건 이상이 존재한다. 매일 아침 4명 중 3명의 직원이 소셜 기능이 있는 IBM 인트라넷인 w3.ibm을 열어본다. 그리고 IBM은 인트라넷 사용 현황을 관찰하기 위해 모든 웹 분석과 소셜 지표를 활용한다. IBM과 타사를 차별화하는 요소는 더 나은 통찰을 위해 거의 실시간으로 정보를 카테고리로 나누는 깊이 있는 콘텐츠 분석 능력이다. 여기에는 센티멘트와 지역 및 부서별 소셜 사용 패턴, 최신 토픽, 그리고 가장 많이 링크된 페이지를 분석하고 사람들이 네트워크를 어떻게 형성하며 정보가 IBM 전반에서 어떻게 흐르는지 시간의 흐름에 따라 시각화하는 것이 포함된다.

조직의 목표와 문화를 정렬하라.

전략적 계획은 기업의 목표와 함께 시작한다. 확실한 비즈니스 성과를
얻기 위해서는 처음부터 마지막을 염두에 두고 시작하라. 경쟁자 또는
선망하는 기업과 비교하여 자신의 참여와 민첩성, 투명성의 수준을 확
인하라.

여기서 핵심은 사업의 필요에 기반을 두어 목표를 형성하는 것이다.
목표는 측정이 가능하고 간결해야 한다. 이러한 목표는 사업부와 기업
전반에 걸친 사업적 필요에 집중해야 한다. 예를 들면 아래와 같다.

- 신규 시장에서 성장하기 위해서는 고객과 잠재 고객들 사이에서 평
  판을 강화한다.
- 고객 서비스를 위해 고객의 질의에 빠르게 대응할 수 있도록 한다.
- 직원의 참여를 도모해 직원 이직률을 낮춘다.

기업 문화가 중요하다. 여기에는 교육과 소셜 비즈니스 정책과 경영
진들로부터의 지원, 변화관리 부서, 그리고 성공에 대한 축하 행사 계
획 등이 포함되어야 한다. 기업이나 산업, 목표의 규모에 따라 직원들

이 우선 사내 네트워크라는 방화벽 내부에서 소셜을 실험해보도록 할 수 있다.

제5장 "비즈니스 프로세스를 (소셜) 네트워크하라"에서 논했듯, 직원들이 방화벽 외부에서 소셜을 이용하면 위험이 발생할 수 있다. 소셜 비즈니스 디지털 자문 위원회는 이 위험이 기업 평판에 미치는 영향을 분석하도록 설립된 지배구조 조직이다. 조직 전반에 적절한 수준의 관심이 스며들도록 하려면 디지털 자문위원회를 형성하는 것이 중요하다. 디지털 자문위원회는 여러 부분의 우수 사례와 계획, 팀의 방향성을 찾기 위해 가상 조직의 형태로 구성하거나 상근 직원들로 구성될 수 있다.

기업의 목표와 문화 정비 계획의 중요 요소는 다음과 같다.

- 측정 가능한 목표: 당신의 어젠다를 안내하고 방향을 제시할 목표.
- 소셜 비즈니스 가이드라인: 직원들이 방화벽 외부의 소셜 도구를 사용할 때 참고할 수 있는 가이드라인.
- 교육, 실험: 직원들을 교육해 소셜 도구와 기술로 실험을 할 준비를 해야 한다. 이 교육은 직원들이 사내에서 먼저 소셜을 실험하고 그 후에 방화벽 바깥으로 나갈 수 있도록 한다.
- 소셜 비즈니스 챔피언: 소셜 비즈니스 챔피언은 기업에서 영향력 있는 이해당사자로 비즈니스와 프로세스 전반에서 소셜 도구와 기술의 사용을 옹호하고 지원한다. 일반적으로 이들은 디지털 자문위원회의 의장이다.
- 소셜 비즈니스 디지털 자문위원회를 중심으로 둔 지배구조 모델:

지배구조는 관계의 구조이며 기업의 목표 달성을 위해 소셜 기술의 사용을 지휘하고 안내하는 프로세스다. 지배구조 모델은 목표 달성을 위해 무엇을 해야 하며 어떻게 해야 하고 누가 권한을 가지고 있으며 성공에 대한 지표는 무엇인지를 정의한다. 적절한 지배구조가 없으면 소셜 비즈니스 모범 사례는 부서 내에서만 수행되고 기업 전체에서 공유되지 못한다. 소셜 비즈니스 디지털 자문위원회는 방화벽 외부에서 직원들이 소셜을 이용하는 것과 관련된 리스크와 그에 따른 평판에 대한 영향력을 분석하도록 설립된 지배구조 체계의 일부이다.

소셜 신뢰를 획득하라

소셜 비즈니스는 관계가 가장 중요한 역할을 하는 비즈니스다. 이 단계에서는 누가 당신의 친구이고 누구와 친구를 맺고 싶은지 회사를 위해 체계적으로 결정할 필요가 있다. 이렇게 친구라 불리는 브랜드 홍보대사들은 방화벽 외부에서 중요한 역할을 하기 때문이다.

친구가 누구인지 알아낸다는 것은 공통의 관심사와 지식, 그리고 비즈니스를 위한 다른 핵심 요소에 대해 귀를 기울이고 선택한다는 의미다. 친구 찾기에 덧붙여 베스트프렌드, 또는 티퍼(Tipper)를 찾아내는 것이 중요하다. 이들은 온라인에서 당신의 제품에 대해 의견을 제시함으로써 다른 이들이 제품에 관심을 갖게 하고 브랜드에 영향을 미치기 때문이다. 이 핵심 영향력 주도층은 몇 가지 특징이 있다. 일반적으로 이들은 다른 이들과 강력한 관계를 맺고 특정 주제에 전문성 혹은 권위가 있는 사람이다. 가끔은 주목을 받거나 특이한 관점을 가지고 있거나 그저 시끄러운 사람이 영향력 주도층이 될 때도 있다. 최근 나는 가상 회의에 참가했고 한 연설자가 영향력 주도층이란 정직하고 신뢰할 수 있으며 지식이 풍부한 사람이라고 말하는 것을 들었다. 영향력 주도층은 객관적이며 일관된 의견을 가지고 있고 돈을 지불하는 사람에게 영향을 받지 않는다. 이러한 점은 소셜 신뢰를 만들어내고 이 신뢰가 다른 이들을 행동하도록 설득한다.

마지막으로 소셜 신뢰의 발전은 관심과 가치를 보여주는 것이다. 귀를 기울이고 필요한 곳에서 변화하라. 언제나 정직하고 당신이 고객과 산업에 가치를 제공한다는 사실을 보여주어라. 웨스트체스터 카운티에는 엘레강스 II(Elegance II)라는 작은 기업이 있다. 이 기업은 신뢰의 가치를 잘 이해하고 있다. 이 기업의 소유주는 각각의 고객과 개인적으로 신뢰를 쌓았고 그녀의 딸은 이를 페이스북과 같은 소셜 도구로 옮겼다. 이처럼 대기업이 아닌 소기업도 소셜 비즈니스 요소를 충분히 받아들일 수 있다.

소셜 신뢰를 통해 친구와 팬을 모으기 위한 계획의 핵심 요소는 아래와 같다.

- 현재의 친구 또는 브랜드 홍보대사를 확인: 친구는 고객일 수도 있고 잠재적 고객일 수도 있으며 당신의 브랜드나 기업, 제품을 너무나 좋아해 추천하는 영향력 주도층일 수도 있다. 누가 당신의 친구이고 브랜드 홍보대사인지 알아내는 것은 전반적인 소셜 신뢰 계획

을 위해 매우 중요하다.

- "베스트프렌드" 또는 티퍼를 확인: 이들은 온라인과 오프라인에서 고객과 잠재 고객들에게 영향을 미치는 사람들로, 보통 당신 제품이나 카테고리의 인구 중 5%에서 10%를 차지한다. 이 티퍼들은 전반적인 전략에 중요한 역할을 하며 기업은 이들에게 더 큰 관심을 쏟아야 한다.

- 브랜드 군단 (지지자) 전략: 브랜드 군단 (지지자) 전략은 브랜드 홍보대사, 또는 당신의 브랜드에 대해 열정을 가지고 추천하는 사람들을 구축하기 위해 필요한 행동을 알아내는 계획이다. 이 전략의 일부는 당신이 공유하는 콘텐츠나 시장에서 당신이 공유하는 관점, 또는 지구를 더 살기 좋은 곳으로 만들자는 것과 같이 이익 창출이라는 주된 목표를 벗어난 공동의 목적일 수 있다.

- 콘텐츠 활성화 계획: 이는 콘텐츠를 창출하고 배포하며 홍보하고 그 성공을 측정하는 계획이다. 이 콘텐츠 활성화 계획은 보통 소셜 비즈니스 디지털 자문위원회에 의해 결정된다. 콘텐츠의 목표는 기업의 특정 주제에 대한 전문성 또는 관점을 보여주는 것이다. 이는 커뮤니티를 시작하고 평판을 지키는 데 중요하다.

- 소셜 신뢰를 확립하기 위한 핵심 방법론의 확인: 기업의 목표에 기반을 둔 신뢰 계획은 온라인 경험과 기업이나 제품, 브랜드와의 대화를 통해 신뢰를 창출하고 보호하기 위해 만들어진다.

경험을 통해 관계를 맺어라

참여는 투명성을 강제하고 격려하며 주도하는 방식으로 청중에게 다가가는 것이다. 연구에 따르면 참여도가 가장 높을 때는 상호적이며 특별하거나 개인적으로 연결되는 경험을 할 때라고 한다. 고객에게 항상 일관된 태도를 보이려면 통합 접근법 또한 필수적이다. 예를 들어, IBM에는 특정 카테고리 또는 브랜드를 위한 소셜 비즈니스 관리자가 있어 일관된 브랜드 이미지를 조성하고자 다양한 채널과 메시지를 조직한다. 소셜 비즈니스 관리자는 기업의 변화 계획을 주도해 직원들이 소셜 웹을 통해 자신들의 전문성을 공유함으로써 비즈니스 가치를 전달할 수 있도록 권한을 부여한다. 소셜 비즈니스 관리자는 커뮤니티 내에서 적극적인 역할을 수행하며 항상 모든 청중과 관계를 맺고 네트워크를 지속적으로 키워 고객의 경험을 개선하기 위해 일한다.

이들의 핵심 임무에는 아래와 같은 사항이 포함된다.

- 네트워크(온라인 및 오프라인)를 육성하고 키운다
- 네트워크 대화를 지원한다
- 발언과 짧은 대화의 흐름을 찾아낸다
- 중요한 콘텐츠와 경험을 제공해 대화를 자극하고 입소문을 낸다
- 브랜드 또는 박식한 네트워크 전문가로서 관점을 제공한다
- 조언이나 피드백이 적절한 내부 기능 집단 또는 전문가에게 전해지도록 한다
- 관련된 플랫폼과 콘텐츠를 관리한다

- 네트워크에 우선적인 책임을 진다
- 네트워크의 상태를 감시한다
- 소셜 미디어 모범 사례를 전파한다

상호작용을 위한 가장 참여적인 기술에는 모바일과 게임, 가상 선물, 기타 상호작용과 관련된 최신 콘셉트, 동영상, 위치기반 서비스, 커뮤니티, 마이크로블로그 등이 있다. 이 기술은 목표와 문화, 브랜드뿐 아니라 브랜드 홍보대사와 친구, 티퍼들의 요구에도 적합해야 한다. 또한 신뢰를 강화할 수 있어야 한다.

경험을 통한 참여 촉진 계획에는 아래와 같은 핵심 요소가 포함되어야 한다.

- 참여 계획과 방법 조성: 참여란 고객이나 직원과의 감정적 연결이기 때문에 통합적이고 상호적이며 특별한 이례적인 경험을 통해서 강화될 수 있다. 사람들을 전문성에 연결시키는 것은 새로운 혁신을 창출하고 창의력을 조성하며 새로운 비즈니스로의 기회에 더 많이 접근할 수 있도록 해준다. 또한 비즈니스 네트워크 전반에 기본적인 신뢰 수준과 열린 마음으로 정보를 공유하고자 하는 의지를 확립하며 고객과 직원들 사이에서 브랜드에 대한 더욱 깊은 충성도를 키워준다. 고객과 직원을 네트워크로 연결시키기 위해서는 협동과 게임, 분석 도구들이 필요하며, 이를 통해 비즈니스에 닥친 문제를 창의적으로 해결할 수 있다. 이 계획은 브랜드 홍보대사뿐 아니라 소셜 비즈니스 관리자와 커뮤니티 관리자를 포함한 팀의 도움으

로 구축되어야 한다. 당신이 선택한 참여 방법에 대한 적절한 지표를 확보하는 것은 당신의 성공 여부를 아는 데 매우 중요하다.

- 소셜 비즈니스 관리자와 커뮤니티 관리자의 선택: 참여 계획을 평가하기 위해서는 적합한 팀을 선택하라. 소셜 비즈니스 관리자는 직원들이 소셜 웹을 통해 전문 지식을 공유해 가치를 전달할 수 있도록 힘을 실어주는 기업의 변화 계획을 주도한다. 이들은 소셜 도구와 기술을 이해하며 소셜 비즈니스 디지털 자문위원회에 선택권을 제공할 수 있어야 한다. 커뮤니티 관리자는 온라인 커뮤니티를 관리하는 사람이다. 이 사람의 역할은 전략을 설정하고 회원들의 신뢰를 얻으며 적합한 콘텐츠 활성화 방안을 수립하여 커뮤니티 회원들이 적극적으로 참여할 수 있도록 하는 것이다. 커뮤니티에 대해 가장 잘 아는 사람이 바로 이 커뮤니티 관리자이므로 브랜드 홍보대사를 대신해 발언권을 갖고 적합한 참여 방법을 테스트하고 평가하는 데 가장 적합하다.

- 내부와 외부 사용을 위한 소셜 도구 평가: 기술은 이례적인 경험을 가능하게 만든다. 모바일과 게임, 동영상, 가상 선물, 위치기반 서비스, 그리고 새로운 소셜 도구를 적절히 사용한 당신은 좀 더 경쟁력이 생길 것이며 고객에게 더욱 큰 가치를 가질 수 있다.

프로세스를 (소셜) 네트워크하라

소셜 비즈니스에 소셜 기술을 익숙하게 사용할 수 있게 되었다면 다음으로는 전반적인 프로세스 효율성을 바라볼 수 있는 좀 더 발전된 시선을 가져야 한다. 오늘날 소셜을 포함하는 가장 일반적인 프로세스가 마케팅이다. 또 다른 프로세스로는 인사 관리와 고객 서비스와 지원, 제품 혁신, 그리고 공급 체인이 있다.

소셜 비즈니스 어젠다에서 소셜 기술을 포함하는 방법을 탐험하는 것은 당신의 프로세스를 개선하거나 당신이 신규 시장을 탐험해 새로운 프로세스를 창출할 수 있도록 한다. IBM의 2011년 CIO 연구에 따르면 CIO 4명 중 거의 3명이 조직의 높은 수준의 변화 잠재력과 함께 내부 협업 프로세스에의 변화를 기대한다고 한다. 예컨대 우리는 재택근무를 하든 고속도로에 있든 공항에 있든 상관없이 인터넷으로 연결된 글로벌 팀으로 함께 일을 한다. IBM에서는 직원 40만 명이 170개국 이상에서 일을 하고 있다. 지난 10년간 기업 인수를 70건 이상 성공하게 되면서 회사에 지속적으로 새로운 직원을 받아들이게 되었다. 직원들 대부분은 전통적인 의미의 사무실에서 멀리 떨어져 일하며 관리자 중 73%는 원거리에서 일하는 직원을 관리하고 있다. 우리의 "태양을 따르라"는 업무 환경은 1년 365일 연중무휴로 하루 24시간 작동되고 있다. IBM 내부에서 우리는 더 똑똑하게 일하고 혁신을 일으키며 사내 네트워크에서 동일한 소셜 도구를 사용해 관계를 구축한다. 이를 통해 개인과 팀의 생산성이 향상되고 적절한 수준의 자신감을 유지할 수 있다.

프로세스를 개선한 방법으로는 아래와 같은 사례가 있다.

- 고객 서비스 프로세스의 경우, 기업의 커뮤니티와 블로그에 소셜 셀프 서비스를 추가했다.
- 홍보 프로세스의 경우, 상호작용이 가능한 시연과 함께 가상 기자실을 사용하도록 했다.

프로세스를 (소셜) 네트워크하기 위한 계획에 포함되어야 할 핵심 요소에는 아래와 같은 것들이 있다.

- 핵심 프로세스 포커스를 정의하라: 소셜 기술을 추가할 최우선 비즈니스 프로세스를 선택하면 소셜 비즈니스가 되고자 하는 데 있어 기업 전반의 지지를 얻어낼 수 있다. 우선 인적자원 관리와 제품 혁신, 마케팅 또는 홍보부터 살펴보아야 하지만 고객 서비스와 다른 경영 프로세스에도 단계적으로 도입할 준비를 해야 한다.
- 챔피언과 팀을 선택하라: 주어진 임무에 가장 적합한 IT와 비즈니스 인재를 주의 깊게 선택해야 한다. 예컨대 HR부터 시작하기로 결정했다면 HR 리더가 그 노력에 참여하고 챔피언이 되도록 해야 한다.
- 지표를 설정하라: 프로세스 진행 상황을 측정하지 않는다면 성공했는지 여부를 알 수 없다. ROI를 사용하건 또는 새로운 혁신이나 매출, 전문가로의 접근성을 사용하건, 합의를 통해 적절한 지표를 사용하도록 해야 한다.
- 다른 회사를 벤치마크 하라: "네트워크 기업의 부상 - 웹 2.0은 대세(McKinsey Global Survey Results, 2010)"에 따르면, HR과 인재 관리

프로세스에 소셜을 적용한 기업의 평균 30%에서 지식과 전문가로의 접근 속도가 개선되었으며, 제품 혁신 프로세스에 소셜을 적용한 기업의 평균 20%에서 신제품 시장 출시 시간과 성공적인 혁신에 걸리는 시간이 개선되었다고 한다. 다른 대담한 기업들과 자신을 비교해보도록 하라.

평판과 위기관리를 위해 디자인하라

위기관리는 올해 내가 함께 대화한 모든 기업 관리 팀의 최우선 과제다. 최근 한 CEO는 내게 브랜드 보호를 위해 비즈니스에 소셜을 이용하지 않기로 결정했다고 말했다. 나는 그에게 브랜드와 직원의 참여 허용 여부와 상관없이 브랜드는 이미 외부에 노출되어 있다는 사실을 보여주었다. 오늘날 소셜 세계에서 고객과 티퍼, 영향력 주도층은 새로운 마케팅 부서나 다름없기 때문에 평판과 위기를 관리하는 것이 기업의 최우선 과제가 되었다. 위기관리 계획을 가져야 똑똑하게 비즈니스를 할 수 있다.

우선 작은 사건이나 재난이 터지기 전에 평판과 위기관리를 위한 "실행" 팀을 정의하고 계획을 세워야 한다. 여기서 재난이란 누군가가 당신의 제품에 대해 부정적인 트윗을 올리는 사소한 문제일 수도 있고 당신의 공급 체인 프로세스에 대한 어떤 단체의 디지털 총공격이라는 심각한 문제일 수도 있다. 준비된 자가 성공을 거둔다. 속도와 적극성은 성공을 위한 열쇠이므로 민첩성을 갖추도록 하라. 적합한 팀과 계획이 있으면 당신이 선택한 도구가 문제 발생 시 알려줄 것이다. 이때 당신은 투명하게 대응해야 한다.

나는 이 "실행" 팀이 다양한 비즈니스 영역에 서비스를 제공하는 것을 종종 목격한다. 하지만 모든 문제가 동일하지 않으므로 문제에 적합한 대응을 하기 위해서는 상황의 심각성에 대한 평가 시스템을 갖추는 것이 필요하다. 일단 문제가 제기되면 "실행" 팀이 적합한 사람 또는 이해당사자에게 행동을 취하도록 할 수 있다. 예컨대 경청을 담당하는 팀은 문제가 발생했을 때 어떤 문제는 마케팅이나 커뮤니케이션 담당 팀으로 보내고, 또 다른 문제는 HR이나 법무팀으로 보낸다.

평판과 위기관리를 위한 계획에 포함되어야 할 핵심 요소에는 아래와 같은 것이 있다.

- 프리모템(Premortem: 실패이유 미리 찾기) 실시: 나는 하버드 비즈니스 스쿨을 다녔고 그곳에서 교수님들은 우리에게 "예기적 사후가정(prospective hindsight)", 또는 어떤 사건이 이미 터졌다고 가정하는 방법을 가르쳤다. 이 사후가정은 미래에 발생할 일의 원인을 옳게 규명할 가능성을 30% 증가시킨다. 소셜 비즈니스 계획에서 당신의 회사나 브랜드, 제품에 일어날 최악의 사건에 대해 프리모템을 실시하면 처음부터 위기를 예측할 수 있다. 이 프리모템은 성공에도 대비할 수 있도록 하니 진지하게 받아들여야 한다. 가이 가와사키는 그의 책 《마법의 힘:Enchantment》에서 프리모템을 강조했다.

- 적합한 경청의 도구 선택: 경청은 당신의 회사와 브랜드, 제품에 대한 대화를 수집하고 분석할 수 있도록 해준다. 당신의 브랜드에

대한 대화는 실시간으로 진행 중이기 때문에 자동으로 정보를 수집할 수 있는 방법을 가지고 있어야 한다. 또한 정보의 수집도 중요하지만, 평판을 구축하고 보호하기 위한 분석 역시 똑같이 중요하다. 블로고스피어에 존재하는 데이터의 양을 고려할 때 이를 도와줄 도구가 필요하다.

- 대응을 요하는 문제의 종류와 각각의 상황에 필요한 속도에 대한 분류: 경고를 위한 시스템 확정이 중요하다. 이는 문제를 카테고리별로 분류할 수 있도록 한다. 예컨대 평판에 더 큰 손상이 가지 않도록 빠르게 해결해야 할 필요가 있는 짧은 트윗 하나와 회사 전체를 겨냥해 온라인에서 조직적으로 공격하는 것은 서로 다른 문제다. 이 카테고리의 분류는 적색경보, 황색경보, 녹색경보와 같이 단순할 수도 있다. 하지만 어떤 시스템이 되었건 하나는 반드시 선택해야 하며 선택된 카테고리에 기반을 두고 얼마나 빠르게 대응해야 할 지를 숙지해야 한다.

- 소셜 비즈니스 평판과 위기관리 담당자 선택: 이 사람의 역할은 소셜의 목소리를 잘 듣고 정보를 조직 내의 적합한 부서로 보내는 것이다. 예컨대 소셜 평판과 위기관리 담당자는 제품에 대한 부정적인 감정을 감지할 수 있다. 하지만 관리자가 여기에 대응할 필요는 없다. 상황을 해결할 적합한 브랜드 군단(고객 지원 또는 옹호)에 알리는 것이 이 사람의 책임이다.

- 평판과 위기관리 계획 설정: 이 계획은 대응 방법을 조직하고 위기를 위한 활동 계획을 세우며 위기가 터지기 전에 상황을 처리할 적합한 팀을 어떻게 선택할지 정의해야 한다. 덧붙여 브랜드의 평판

요소를 정의하고 회사와 브랜드, 제품의 평판을 적극적으로 구축하고 보호한다.

- 포스터모텀(Postmortem: 사후처리)을 통한 개선: 포스트모텀은 당신의 회사가 배우고 더 나아질 수 있도록 해준다. 포춘 100대 기업 중 대부분은 한때 위기를 겪은 적이 있다. 이때 이들은 포스트모텀을 통해 적극적으로 스스로를 개선해 실수를 통해 배우고 미래에 발생할 문제에 더 잘 대응하며 회피할 수 있게 되었다.

데이터를 분석하라

데이터를 통찰로 바꾸는 것은 모든 소셜 비즈니스에 필수적이다. 기업은 의사결정을 하고 예측 도구를 사용해 다음에 올 트렌드를 포착해 성공하며 고객을 더욱 만족시키려 한다. 이때 분석이 사용된다. 즉, 소셜 분석은 고객을 더 잘 파악할 수 있도록 하고 새로운 트렌드와 기회를 잡을 수 있는 능력을 제공한다.

소셜 분석은 집중 조명을 받는 새로운 분야다. 하지만 나는 고객들에게 먼저 다른 기업의 모범 사례에서 배우고 지표를 설정하라고 충고한다. 예컨대 모닝 리포트(Morning Report)는 IBM의 연구 프로젝트로 분석에 대한 단순하지만 귀중한 사용법을 보여준다.

이 솔루션은 아침에 일어나 당신과 관련이 있는 최신 뉴스를 즉시 파악하고 참가해야 할 회의를 숙지하며 비즈니스 진행 상황이 어떠한지 알아내는 데 초점을 두고 있다. 모닝 리포트는 그저 단순히 콘텐츠를 담은 계기판 그 이상이다. 분석을 사용해 어떤 콘텐츠가 리포트에서 드러나야 할지를 알도록 해준다.

시간이 어느 정도 흐르면 최초로 선택한 지표를 개선해야 하며 성공을 위한 최고의 예측 장치가 무엇인지 알게 될 것이다. 예컨대 각각의 사업부서의 목표는 아래와 같을 수 있다.

- 브랜드 옹호, 커뮤니티 참여 – 마케팅과 PR
- 평판 관리 – 고객 서비스와 PR
- 혁신 – 제품 개발
- 수요 창출 – 마케팅과 판매
- 직원 격려 – HR

아래는 데이터 분석 계획 포함되어야 할 핵심 요소다.

- 지휘본부를 구축: 지휘본부는 가상 세계에 존재할 수도 있지만 실시간으로 데이터를 수집하고 소셜 네트워크에 연결되어 피드백을 수집하고 이를 토대로 통찰력을 창출해내는 대시보드가 있어야 한다.
- 키워드나 주제, 카테고리, 세그먼트 선택: 검색과 경청을 위해 적합한 단어를 선택해야 한다. 키워드는 중점을 두고 귀를 기울일 분야와 연관되어 있어야 한다. 이는 당신의 회사나 제품 혹은 브랜드일 수도 있다. 하인즈(Heinz)에 대해서만 듣는 것이 아니라 케첩이라는 카테고리 전체를 포함할 수도 있다. 시장에서의 성공에 핵심적 역할을 할 단어를 선택해야 한다.

- 핵심 지표 정의: 전반적으로 지표에는 참여와 영향력 있는 감정, 그리고 소비자의 브랜드 인지도가 포함된다. 하지만 더 깊이 파고들 필요가 있다. 이 책에서 우리는 아래와 같은 주제에 대해서도 다루었다.

- 선택한 키워드를 기반으로 한 종합적 분석: 이 지표는 당신의 회사와 브랜드, 제품, 또는 키워드에 대한 전반적인 통계를 포함한다.

- 친밀감 분석: 여기에는 사람들 사이의 연결이 포함된다. 이 지표는 기업에 대한 팔로워나 친구의 관계를 탐구한다.

- 센티멘트: 이 지표는 사람들이 작성한 내용을 기반으로 당신의 회사나 브랜드, 카테고리에 대해 사람들이 느끼는 감정을 이해하는 데 도움을 준다. 감정은 소셜 데이터의 정보를 긍정적, 부정적, 또는 중립적/확실하지 않음으로 정의한다. 소셜 분석은 데이터를 감정에 대한 통찰로 변환한다.

- 트렌드가 되는 주제: 이 지표는 당신의 회사나 브랜드, 제품, 키워드에 영향을 미치는 블로고스피어에서 일어나는 트렌드를 예측하는 것이다. 이는 당신이 행동 예측 모델을 구축하는 데 도움을 주고 다음에 취해야 할 최선의 행동을 추천해준다.

- 언드(Earned): 이 지표는 아무런 금전적 대가 없이 제삼자로부터 전달되는 미디어와 콘텐츠, 채널을 포함한다. 예컨대 전통적인 형태(홍보를 통해 만들어진 뉴스, 애널리스트의 보도, 또는 디지털), 트위터, 블로그, 제품 리뷰가 여기에 포함된다.

- 분석하고자 하는 데이터와 사이트를 결정: 직원 만족도 측정을 위한 방법으로 직원들이 활동하는 커뮤니티의 센티멘트를 검토할 수

도 있으며 또는 블로고스피어에 존재하는 모든 출처를 추적해 전반적으로 바라볼 수 있는 폭넓은 관점을 가질 수도 있다. 어떤 데이터 출처를 이용하고 싶은지 결정하라.

- 고급 분석을 위한 도구 선택: 시장에는 무료와 유료 도구가 존재하므로 적합한 것을 고르기 위해서는 선택 프로세스를 거쳐야 한다. 데이터의 양이 어마어마하므로 자동화는 필수적이다.

- 변화를 위한 피드백 루프 설정: 이는 새로운 분야이기 때문에 무엇이 효과가 있는지 결정하고 앞으로 나아가면서 수정할 수 있는 체계화된 방법이 필요하다. 수집과 학습을 위해 피드백 루프를 갖도록 하라.

- 다른 기업을 벤치마크: 다른 기업으로부터 배우는 것은 성공에 있어 항상 중요하다. 항상 다른 기업으로부터 소셜 분석의 모범 사례를 배우도록 하라.

전 세계의 어젠다 사례

소셜 비즈니스로의 여행은 절대로 끝나지 않는다. 배움을 위한 최고의 방법 중 하나는 다른 이들의 경험을 토대로 삼는 것이다. 또한 소셜 비즈니스는 북미에서만 일어나는 현상이 아니다. 이는 진정으로 전 세계적 현상이며 경쟁적 이점을 위해 더 많은 문을 열어두고 있다. 글로벌 시장에 접근할 때에는 해당 분야에서 소셜 비즈니스를 채택한 세계 다른 기업의 사례를 통해 배우도록 하자.

　여기에서 나는 전 세계 기업의 어젠다 사례를 실어 참고할 수 있도록
했다.

|샘플 어젠다 | 에이버리 데니슨(Avery Dennison)

에이버리 데니슨은 사실상 세계 거의 모든 주요 산업에서 생산하는 제품에 첨
단 기술을 제공하는 소비재 제조 기업이다. 60개국에서 직원을 3만 명 이상 고
용하고 있는 에이버리 데니슨은 2009년 가을, 사내 소셜 네트워크를 소개했
다. 그 직후 직원용 인트라넷 포털을 출시하고 2010년 1월에는 확장된 사내 소
셜 도구를 소개했다.

조직의 목표와 문화를 정비하라: 2010년 초, 에이버리 데니슨은 회사를 위한
새로운 비전을 발표했다. 바로 모든 브랜드를 좀 더 감동적으로 만들고 세상을
더 똑똑하게 만들자는 것이었다. 이 비전을 현실화하기 위해 전 세계 직원들은
정보와 아이디어를 더 잘 공유하고 지역과 사업부, 기능 조직 간의 제약을 뛰
어넘어 좀 더 쉽게 협업할 수 있는 방법이 필요했다. 이를 위해 에이버리 데니
슨은 포털과 소셜 도구에 투자하기로 결정했다.

소셜의 신뢰를 얻어라: 출시 전, 소셜 네트워크 지지자들로 이루어진 한 팀은
기업의 가치에 맞게 도구를 사용하는 방법에 대한 사내 소셜 네트워크 가이드
라인을 개발했다. 이 가이드라인은 전문용어가 아닌 쉬운 언어로 작성되어 직
원들이 "규칙"을 이해하기 쉽게 만들었다. 이 회사는 직원들에게 가이드라인을
제공하고 그들이 올바른 행동을 할 것이라고 신뢰했다.
에이버리 데니슨은 여러 가지 방법으로 계속 소셜 신뢰를 구축했다. 우선, 직
원들은 거의 아무런 제한없이 소셜 도구에 콘텐츠를 올릴 수 있도록 스스로를
통제한다. 누구든 커뮤니티나 블로그를 시작하고 콘텐츠에 댓글을 올리며 정
보를 업로드하거나 다운로드하고 공유할 수 있다. 직원들이 스스로 책임자의
입장에 서는 것이다. 둘째, 소셜 네트워크 가이드라인은 직원들이 업무와 관련
된 활동에만 참여하도록 제한하지 않는다. 이로 인해 직원들은 가이드라인과
정책을 준수하는 한 사적인 방식으로 서로를 잘 알게 되어 좀 더 협업적인 업
무 관계를 쌓을 수 있다.

에이버리 데니슨의 직원들에게 소셜은 단지 소셜이 아니다. 소셜 도구는 이들이 일을 하는 방식의 일부가 되고 있다. 이들은 온라인 협업 도구로 가상 업무 공간을 만들어 언제 어디서든 동료들과 연결되어 정보를 주고받을 수 있다.
에이버리 데니슨의 최고 정보 정보관리 책임자(Chief Information Officer)인 리치 호프맨(Rich Hoffman)은 소셜의 강력한 지지자다. "직원들은 서로 대화를 나눕니다. 이들은 서로 다른 시간대와 기능 조직, 사업부라는 걸림돌을 넘어 아이디어를 공유하고 제안하며 토론합니다. 이들이 '업무와 관련 없는' 주제에 대해 이야기를 할 때는 보통 건강에 관한 주제가 대부분입니다. 건강은 일과 큰 관련이 있기 때문이지요."

경험을 통해 관계를 맺어라: 직원들이 이 새로운 도구를 사용하도록 하기 위해 에이버리 데니슨은 직원들이 반드시 해야 하는 업무와 관련된 개인적인 경험을 구축하는 데 초점을 맞추었다. 사내 소셜 네트워크 출시 당시 전자 커뮤니케이션과 전통적인 인쇄 방법, 그리고 소셜 네트워크 지지자들이 모인 글로벌 팀을 이용해 직원들이 특정 이벤트를 구축하는 데 이 도구를 사용할 수 있도록 했다. 이를 위해 소셜 네트워크에 익숙한 직원들이 그렇지 않은 직원들을 일대일로 격려했으며 소셜 네트워크에 로그인할 수 있도록 지원을 제공했다.
많은 직원은 새로운 도구에 두려움을 느끼며 어떻게, 왜, 또는 언제 그 도구를 사용해야 하는지 확신하지 못했다. 초기에 느낄 수 있는 이 같은 두려움을 없애기 위해 에이버리 데니슨은 핵심 사용자 그룹(실무자, 프로젝트 팀, 리더 등)을 대상으로 심층 교육을 실시하고 현실에서의 이용 사례와 모범 사례가 담긴 학습 및 마케팅 자료를 만들었다. 직원들은 지속적으로 온라인에서 정보와 성공 스토리를 공유하고 질문을 던지며 소셜 네트워크로의 이행을 더욱 쉽게 만들고 귀중한 피드백을 제공해 사용하기 편하게 개선하는 데 큰 도움을 주고 있다. 에이버리 데니슨은 사내 소셜 네트워크 출시 초기부터 콘텐츠를 제공하고 이전부터 소셜 도구를 사용하고자 하는 의욕이 컸던 직원들에게 격려와 가이드를 제공하고 있다. 이로 인해 소셜 도구 사용은 지속적으로 증가하고 있다.

비즈니스 프로세스를 네트워크로 만들어라: 사내 소셜 도구 사용을 증가시키기 위한 한 가지 핵심요소는 직원들이 귀중한 정보를 찾고 의사소통하도록 하는 것이었다. 모든 사내 문서와 프로세스는 소셜 요소를 가지고 있어 가장 최신의 정보와 아이디어가 업데이트되고 공유되며 직원들은 여기에 언제나 접근할 수 있다.

예컨대 프로필 도구는 직원 연락망에 그치지 않고 직원들이 태그 기능을 이용해 특정 전문 지식을 갖춘 다른 사람을 찾을 수 있도록 돕는다. 위키는 정책 매뉴얼을 업데이트하고 검색하기 쉽게 만들어주었다. 축약어와 두문자어 사전(The Dictionary of Abbreviations and Acronyms) 위키는 회사의 "독특한 언어"에서 오는 난해함을 없애버렸다.

가장 인기가 많은 커뮤니티 중 하나는 직원들에게 린 생산방식(LEAN manufacturing)과 식스시그마(Six Sigma)의 모범 사례와 성공 스토리에 대한 공유 장소를 제공한다. 이곳에서 직원들은 질문을 하고 토론 포럼을 이용해 주요 주제에 대해 토론할 수 있다.

평판과 위기관리를 위해 디자인하라: 에이버리 데니슨은 사내 소셜 도구 사용에 대한 명확한 가이드라인을 가지고 있으며 직원들이 소셜 도구를 사용하기 전에 이 가이드라인과 관련 정책을 읽고 숙지하도록 한다. 피드백과 "적절하지 못한 콘텐츠" 옵션은 직원들이 문제가 되는 콘텐츠를 표시할 수 있도록 하고 회사는 그것이 어떤 문제든 처리할 수 있는 프로세스를 갖추고 있다. 현재 인트라넷 포털과 소셜 도구는 직원들에게만 개방되어 있어 회사 기밀 정보가 새어나갈 위험을 최소화하고 있다.

데이터를 분석하라: 에이버리 데니슨의 직원들에게 소셜 도구는 너무도 새로운 것이다. 그래서 주간 이메일을 보내 최신 뉴스를 요약해서 알려주고 있다. 이로 인해 중요한 이야기를 읽는 직원의 수가 급증했다. 직접적인 사용자 피드백과 포커스 그룹, 정기적인 설문조사 또한 소셜 도구가 조직에 얼마나 유용한 도구가 되었는지 명확한 그림을 보여주는 데 공헌한다. 이를 통해 개선 영역에 대해 보다 집중할 수 있게 되었다.

덧붙여 에이버리 데니슨은 소셜 도구 도입이 성공적인지를 측정하기 위해 기본적인 사용 현황 통계 너머에 있는 중요한 정보를 감지한다. 소셜 도구 그 자체는 블로그와 글, 여러 활동을 추적하며 직원들이 어떤 생각을 하고 있는지를 쉽게 알 수 있도록 할 뿐만 아니라 트렌드를 감지할 수 있는 통찰력을 제공하고 내부의 브랜드 홍보대사를 찾아낼 수 있도록 돕는다. 또한 커뮤니케이션의 성과를 측정할 수 있도록 한다.

지금까지의 성과: 매우 짧은 시간 동안 에이버리 데니슨은 직원들과 커뮤니케이션하는 방법을 완전히 바꿔버렸다. 포털을 통해 직원들과 좀 더 지속적이고 명확하게 메시지를 공유하게 되었고 동시에 소셜 도구를 사용해 직원들의 목소리를 키우고 협업과 우수성, 혁신을 가능하도록 했다. 일방적 혹은 기껏해야 쌍방향이었던 커뮤니케이션은 이제 모두를 연결한 네트워크로 변화했다.

사내 소셜 네트워크 출시 12개월 동안 PC를 가진 직원 중 90%가 포털에 접속했고 사용자의 3분의 2 이상이 하나 이상의 소셜 도구를 사용하고 있다. 가장 인상 깊은 통계는 블로그 수가 500개에 커뮤니티 수는 850개나 되고 즐겨찾기 된 사이트의 경우는 수천 개나 된다는 점이다. 이는 소셜 활동이 지속적으로 강력해지고 있다는 증거다.

직원의 피드백은 열정적이고 강력해 소셜 도구 사용을 지속적으로 높이며 사용을 제한하는 모든 걸림돌을 최소화한다. 에이버리 데니슨의 회장이자 CEO인 딘 스카보로(Dean Scarborough)는 이렇게 말했다.

"이 도구는 진정으로 직원들에게 힘을 부여합니다. 새로운 비전과 전략, 그리고 이 도구의 결합으로 우리는 직원들의 Engagement(참여)가 더욱 높아진 것을 볼 수 있습니다. 우리는 직원들에게 권한을 부여하고 창의력을 촉발시키며 고객을 위해 변화하고자 하는 그들의 열정을 지지합니다."

|샘플 어젠다 | 독일 바스프사(BASF Germany)

조직의 목표와 문화를 정비하라: 바스프는 세계적인 화학 회사다. 바스프는 직원 10만 9,000명과 페어분트 생산시설(Verbund: 일관생산시설. 공장을 집결시켜 물류비와 원가를 줄이는 바스프 특유의 생산기법이다 — 옮긴이) 6곳, 그리고 세계 곳곳에 있는 생산 공장 약 385개로 세계 거의 모든 나라에서 고객과 파트너에게 상품을 제공하고 있다. 2010년 바스프의 매출액은 6,300만 유로를 넘어섰다.

소셜의 신뢰를 얻어라: 바스프의 목표와 문화는 가치를 높이는 성장을 달성하는 것이다. 4가지 전략적 목표(그림 9.1 참조)는 이 목표를 위한 토대가 된다.

- 우리는 자본비용으로 이익을 창출한다
- 우리는 고객이 더 큰 성공을 거둘 수 있도록 돕는다
- 우리는 산업 내에서 최고의 팀을 결성한다
- 우리는 지속 가능한 개발을 보장한다

목표:

우리는 자본비용으로 이익을 창출한다	우리는 고객이 더 큰 성공을 거둘 수 있도록 돕는다	우리는 산업 내에서 최고의 팀을 결성한다	우리는 지속 가능한 개발을 보장한다

문화적 접근:

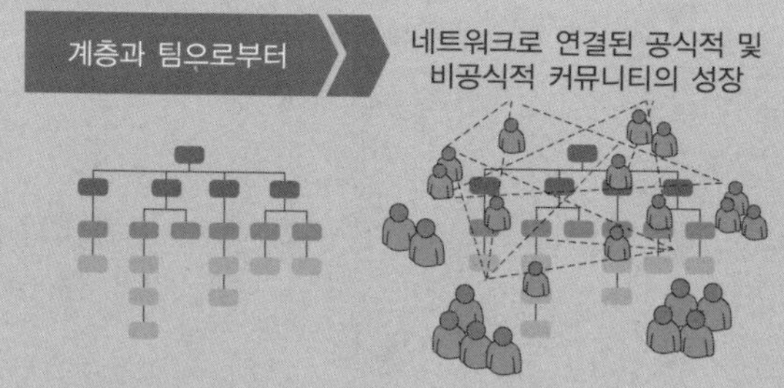

C. C. 리우와 팀(바스프) K. 토르츠 & T. 디슈프터(바스프 IT 서비스), 2010년 9월 10일, 암스테르담

그림 9.1 **바스프의 목표와 문화적 변화**

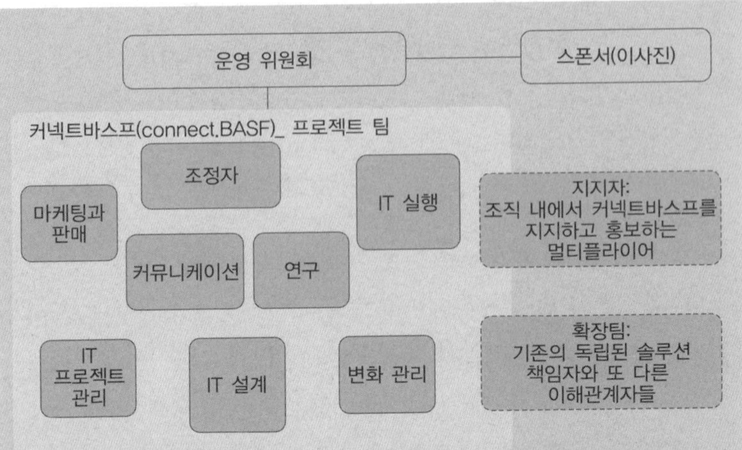

그림 9.2 바스프의 소셜 비즈니스 지배구조

바스프는 소셜 비즈니스 지배구조 모델(그림 9.2 참조)과 함께 시작된 변화 속에서 이러한 목표 달성이 가능하도록 하기 위해 문화에 집중했다.

소셜의 신뢰를 얻어라: 바스프는 목표를 더욱 효과적으로 달성하기 위해 직원들의 신뢰를 기반으로 삼아야만 했다. 서로에 대한 신뢰는 이러한 목표를 달성하는 데 있어 핵심 동인이 될 것이 분명했기 때문이다. 결국 바스프는 기존의 전통적인 수직적 팀에서 벗어나 공식적, 그리고 비공식적 커뮤니티의 네트워크가 지속적으로 성장하는 모델로 옮겨감으로써 완전히 연결된 기업을 향해 나아갔다. 2010년 5월, 사업부나 지역을 넘어 직원들을 네트워크로 연결하기 위해 IBM 기술을 기반으로 커넥트바스프(connect.BASF)라 불리는 사내 소셜 플랫폼을 출시했다.

경험을 통해 관계를 맺어라: 지식의 공유와 협업을 증진하는 동시에 직원들의 참여를 높이기 위해 커넥트바스프는 아래와 같이 사용하기 쉬운 여러 가지 소셜 기능을 제공했다.

• 프로필: 직원들은 스스로를 소개해 다른 직원들이 찾아내기 쉽도록 할 수 있다.

- 커뮤니티: 직원들은 네트워크를 통해 서로 연결되고 관계를 강화할 수 있다.
- 태그와 검색: 직원들은 전문가와 정보를 찾을 수 있다.
- 블로그와 즐겨찾기, 포럼: 직원들은 지식과 경험을 공유할 수 있다.
- 파일: 직원들은 사업부를 넘어 서로 함께 일할 수 있다.
- 위키: 직원들은 협동하고 집단 지식에 접근할 수 있다.

비즈니스 프로세스를 네트워크로 만들어라: 커넥트바스프의 출시를 위해서는 일련의 프로세스가 구축되고 필요에 따라 업데이트되어야 했다. 반드시 검토되어야 할 3가지 주요 프로세스는 법률과 노동자 협의회, 그리고 기존의 업무 흐름이었다. 바스프는 직원들이 사용약관에 동의해야 하는 등록 프로세스를 구축했고 프로필을 만들도록 요청했다. 자신의 정보를 삭제하고자 하는 사용자들을 위해서 등록 취소 프로세스를 만들기도 했다.

평판과 위기관리를 위해 디자인하라: 바스프는 출시 전에 마케팅과 판매, 커뮤니케이션, 연구, IT 실행, IT 프로젝트 관리, IT 설계, 변화 관리 출신의 직원들로 이루어진 운영 위원회를 만들었다. 그리고 커넥트바스프를 지원하는 사운딩 보드(Sounding Board)라는 팀을 현재까지 유지하고 있다. 사운딩 보드는 글로벌 커뮤니티 이슈 관리자와 북아메리카 커뮤니티 관리자, 아시아 태평양 커뮤니티 관리자, 남아메리카 커뮤니티 관리자, 지배구조 관리자, 애플리케이션 책임자, 글로벌 커뮤니티 콘텐츠 관리자로 이루어져 있다.

데이터를 분석하라: 커넥트바스프는 사용자들에게 소셜 플랫폼에 접근을 위해 등록을 요청했기 때문에 가장 좋은 측정법은 사용자 수를 추적하는 것이었다. 처음 2개월 동안, 커넥트바스프에는 8,000명 이상이 사용자로 등록했고 그 중 약 2,000명은 이미 사진을 업로드한 상태였다. 단 8개월 만에 등록된 사용자 수는 1만 8,000명을 넘어섰다. 사용자 비중은 북아메리카가 약 30%로 가장 높았고 루트비히스하펜(Ludwigshafen: 바스프의 본사가 위치한 독일의 도시 — 옮긴이)이 22%로 그 뒤를 이었다. 첫 8개월 동안 만들어진 커뮤니티의 총 수는 1,200개가 넘었다(그림 9.3 참조).

지금까지의 성과: BASF는 기업의 목표를 달성하는 데 커넥트바스프가 차지하는 가치를 이해하고자 직원들을 대상으로 인터뷰를 수행하고 사내의 사례를

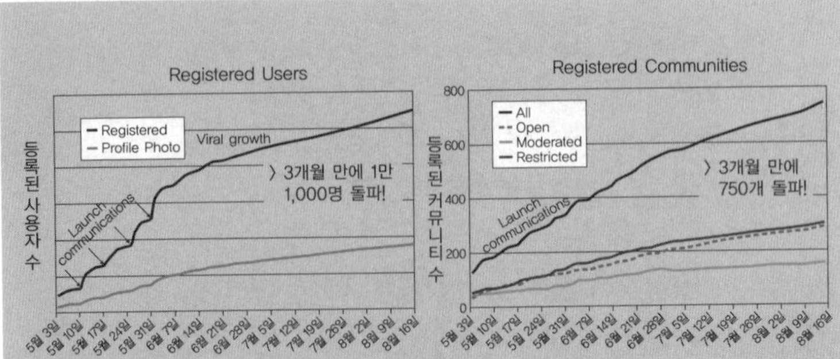

그림 9.3 바스프의 성과

수집하고 있다. 수집된 사례 가운데 하나를 보면, 마케팅 관리자는 자신의 프로필에 "세제에 대한 시장 정보를 결산하고 있다"라고 자신의 상태를 업데이트했다. 한 정보 전문가가 이를 보고 마케팅 관리자의 게시판에 관련 연구에 대한 글을 게시했고 마케팅 관리자는 이 연구를 유용하게 사용했다.

사람들을 연결하고 정보를 공유하는 것과 관련한 커넥트바스프의 성공에 대한 또 다른 사례로는 BASF의 파키스탄 홍수 구호를 위한 기부 캠페인과 관련한 커뮤니케이션을 보완한 블로그다. 이 블로그는 직원들이 총 기부 금액을 확인할 수 있도록 했다. 파키스탄 BASF 총 책임자는 블로그에 글을 남겼고 압도적으로 많은 댓글이 달렸다. 그 결과, BASF는 유엔의 중앙긴급대응기금(Central Emergency Response Fund)에 세계에서 두 번째로 많은 구호금을 지원하는 기업이 되었다.

카스닷컴은 자동차 매매 사이트로 종합적인 도구와 정보를 제공함으로써 구매자들에게는 어떤 차를 어디에서 그리고 얼마를 지불하고 사야할 지에 대한 의견을 형성하도록 도와준다. 또한 판매자들에게는 자동차를 구매하려 하는 사람들과 연결될 수 있도록 돕는다. 카스닷컴의 매출액은 4억 달러로 몇 년 전부터 소셜 비즈니스로의 여행을 시작했다.

조직의 목표와 문화를 정비하라: 카스닷컴은 직원들이 카스닷컴 브랜드를 위한 홍보대사가 되도록 하기 위해 소셜 미디어 가이드라인을 개발했다. 이들의 자유로운 소셜 비즈니스 정책은 직원들의 참여를 격려하도록 설계되었다. 카스닷컴은 자동차 쇼핑 콘텐츠와 주제별 분류를 위해 만들어진 인터넷 사이트였기 때문에 카스닷컴에게 소셜 비즈니스 어젠다는 매우 간단하고 자연스러운 일처럼 느껴졌으며 이들의 태도와 문화는 조직의 신념을 반영한다.

소셜의 신뢰를 얻어라: 카스닷컴에서는 여러 가지 방법으로 소셜 신뢰에 중점을 두었다. 이들은 고객과 팬들을 이해하는 데 집중했고 구매자들이 믿을 수 있는 전문가와 기 구매자들의 의견을 바탕으로 무엇을 살지에 대해 조언을 얻고자 한다는 사실을 알았다. 이러한 이해를 바탕으로 전문가 리뷰와 블로그, 독자들의 대화, 그리고 소비자 리뷰에 집중할 수 있었다. 이들의 목표는 자동차 구매 결정에 가장 큰 영향을 미치는 요인 중 하나인 입소문 확산에 참여하는 것이었기에 카스닷컴은 홍보보다는 고객들이 카스닷컴을 사용하면서 동시에 소셜 네트워크를 사용할 수 있도록 하는 것을 신뢰 전략으로 삼았다(그림 9.4 참조).

경험을 통해 관계를 맺어라: 카스닷컴에는 여러 가지 상호적인 참여 기술이 있다. 이들의 목표와 소셜 신뢰 초점에 맞는 한 가지 사례는 바로 딜러들을 참여시키는 것이었다. 이들은 고객이 사이트에 딜러와의 경험에 대한 글을 올릴 수 있도록 했다. 사실 딜러들이 사이트의 광고 수익 대부분을 차지하기 때문에 위험이 수반되는 일이었다. 하지만 자동차 구매자들에게는 분명히 이득이었으므로 카스닷컴은 딜러들에게도 이것이 기회가 될 수 있음을 설명할 수 있었다.

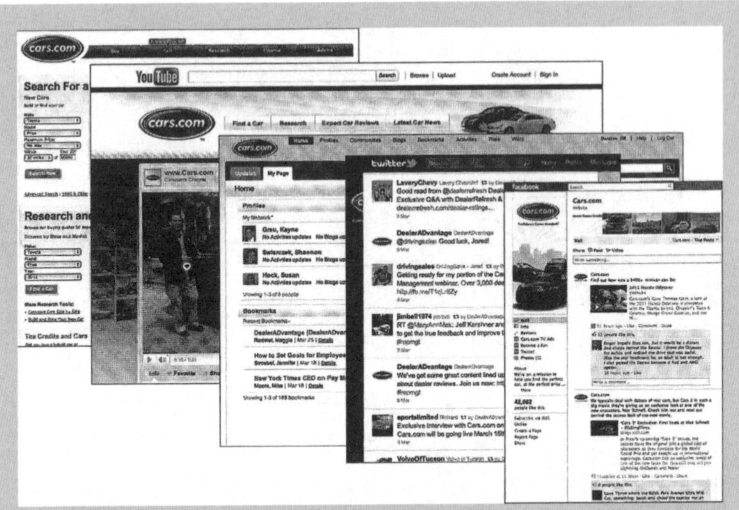

그림 9.4 카스닷컴은 소셜 네트워크를 이용해 자사 사이트를 홍보한다

상호적인 딜러 리뷰 시스템은 사이트를 이용해 온라인 평판을 좌지우지하는 고객들이 딜러들과 관계를 맺도록 격려한다. 고객이 딜러를 찾도록 도와줄 뿐 아니라 카스닷컴 딜러들이 판매 프로세스에서 나타나는 잠재적 문제점을 해결하는 데 고객의 리뷰에서 도움을 얻기도 한다.

현재 카스닷컴은 페이스북 응용 프로그램과 기능을 가지고 실험을 하며 그 결과를 지켜보고 있다. 하지만 지금까지 성과는 미미하다. 사실 자동차 구매에 있어 커뮤니티는 제한된 역할을 할 수밖에 없기 때문이다. 자동차 구매자들은 보통 3년에 한 번 정도 있는 구매 프로세스에서 지속적인 관계를 찾고 있지 않다. 하지만 카스닷컴의 문화는 새로운 실험을 격려하고 학습의 기회를 포착하도록 하고 있다.

카스닷컴의 CIO이자 제품 부문 수석 부사장인 빌 스위슬로(Bill Swislow)에 따르면 이들은 아직도 소셜 비즈니스에 통합적 접근을 시도하고 있다. 오늘날 카스닷컴은 특정 목적과 청중들에 매우 적합한 전략과 전술을 가지고 있지만 이것이 모든 목적과 청중에 적용되는 것은 아니다. 이것이 바로 여행이다.

비즈니스 프로세스를 네트워크로 만들어라: 카스닷컴은 혁신을 위한 협업을 위해 내부적으로 소셜을 이용하고 있다. 이들은 사내에서 소셜 연결을 활성화하는 블로그와 위키, 커뮤니티로 구성된 플랫폼인 카스 커넥션(Cars Connections)을 가지고 있다. 이 중 가장 인기 있는 것은 비즈니스 정보 수집과 민첩한 개발, 판매의 성공과 관련된 커뮤니티다. 팀들은 매일 이 협업 도구에 의존해 프로젝트를 관리하고 모범 사례를 공유한다.

평판과 위기관리를 위해 디자인하라: 카스닷컴은 자신의 평판을 관리하고 블로고스피어에서 일어날 수 있는 문제에 대비한다.

데이터를 분석하라: 카스닷컴은 기존의 분석에 소셜 분석을 포함시켰다. 사용자들의 관심과 행동에 대한 통찰력을 얻음으로써 이들의 포트폴리오에 새로운 도구를 도입시켰고 옴니추어(Omniture: 시장조사 전문업체)와 독점 로깅(proprietary logging), 순수추천고객조사(Net Promoter surveys), 온라인 사용자 테스팅, 검색엔진최적화(SEO), 내부 검색 분석 등 기존의 플랫폼을 이용해 관심사와 종합 물품목록 키워드를 이해하는데 도움을 얻었다.

지금까지의 성과: 카스닷컴은 소셜 적용과 추적에 있어 아직 초기 단계에 있지만 탐색적 접근과 소셜 콘텐츠, 협업을 수용하고자 하는 의지로 긍정적인 성과를 내고 있다. 내부적으로 직원들은 의견을 공유하고 지식을 구축할 수 있게 되었다. 즉 카스 커넥션은 지리적으로 멀리 떨어져 있거나 서로 다른 팀에 있는 직원들이 효율적으로 지식을 공유할 수 있도록 하고 모든 직원이 목소리를 내고 지식과 전문성을 공유할 수 있는 플랫폼이 있는 문화를 구축하도록 한다. 자동차와 딜러 리뷰와 같이 고객이 만든 콘텐츠 역시 수용한다. 딜러 리뷰의 경우 카스닷컴 딜러의 30% 이상이 제품 테스트 기간에 참여하고, 사이트는 지속적으로 리뷰를 업데이트하고 있으며, 고객 리뷰의 조회수는 증가하고 있다. 이 사이트는 또한 적극적으로 소셜을 이용하고 있다. 페이스북 팬 4만 명과 트위터 팔로워 1만 명을 자랑하는 이 사이트는 관련 업종 내에서 최대의 소셜 팔로잉을 기록하고 있다. 이러한 경로를 통해 카스닷컴은 핵심 영향력 주도층의 의견을 효과적으로 주도하고 자동차 팬과 브랜드 홍보대사들과 더 많은 관계를 맺고 있다.

셀레스티카는 캐나다 토론토에 본사를 둔 글로벌 전자제품 생산업체이자 제품 수명주기 서비스 제공자로 매출액 65억 달러에 전 세계에 근로자 3만 5,000명을 고용하고 있다. 기업 컴퓨팅과 커뮤니케이션, 항공과 방위, 산업과 녹색 기술, 의료 서비스에 이르기까지 다양한 고객들에게 디자인과 제조, 물류, 공급망, 그리고 애프터마켓 서비스를 제공한다. 셀레스티카는 2009년에 소셜 비즈니스를 시작했다.

내가 캐나다에 있는 이들의 본사를 방문했을 때 맨 처음 눈에 띈 것은 회사 곳곳에 걸려있는 새로운 소셜 비즈니스 플랫폼과 함께 소셜을 향해가자는 현수막이었다.

조직의 목표와 문화를 정비하라: 셀레스티카는 기술과 공급 체인의 탁월함으로 큰 존경을 받는 기업이며, 이들의 비즈니스 전략은 전자제품 생산과 서비스 산업에서 모두가 인정하는 리더가 되자는 것이다. 이 목표를 달성하기 위해 셀레스티카는 30곳이 넘는 현장에서 발생한 모범 사례와 혁신을 효과적으로 이용하고 방대한 글로벌 네트워크에서 이를 공유해야 했다. 이를 위해, 셀레스티카는 직원들에게 서로 커뮤니케이션할 수 있는 적절한 도구를 제공하고 다양한 지역과, 기능, 사업부에 걸쳐 혁신을 끌어내야한다는 사실을 깨달았다.

이 목표를 지원하기 위해 셀레스티카는 2009년, 현장 직원들이 아이디어를 교환하고 전문가들과의 연계를 통해 솔루션을 공유하여 셀프 서비스 능력을 확보할 수 있도록 오퍼레이션 센트럴(Operations Central)을 출범시켰다. 2010년 초, 셀레스티카는 조직 전반에서 더 많은 협업을 이끌어내기 위해 협업 위원회(Collaboration Council)를 설립했다. 그리고 효과적인 협업 도구는 프로세스에 의해 지원되어야 하며 협업의 문화를 권장해야 한다는 사실을 깨달았다. 오퍼레이션 센트럴의 성공에 자극을 받은 셀레스티카는 2011년, 직원들의 사내 협업을 위해 조직 전반에 걸쳐 직원들을 연결하는 커넥션(Connections)을 출범시켰다.

간혹 사내에서 "비즈니스를 위한 페이스북"이라고도 불리는 커넥션은 14개국, 30곳이 넘는 현장의 직원들이 서로 좀 더 쉽게 연결될 수 있는 협업 도구다. 직원들은 커넥션에서 필요 사항과 프로젝트 계획을 공유할 수 있는 위키를 사용해 글로벌 프로젝트를 함께 수행할 수 있고, 이는 서로 다른 시간대를 극복하고 오랜 시간 전화회의를 해야 하는 필요를 크게 줄여주었다. 커넥션은 또한 제품 개발 사이클 속도를 높이고 제품 출시 빈도를 증가시켰다.

소셜의 신뢰를 얻어라: 셀레스티카는 비즈니스 환경에서 소셜 미디어 모멘텀의 핵심이 바로 신뢰를 구축하는 것이라는 사실을 알았다. 사내에서의 우수 사례 공유를 위해서도, 공통의 관심사를 가진 사람들을 위한 커뮤니티 생성을 위해서도 그렇다.

경험을 통해 관계를 맺어라: 오퍼레이션 센트럴은 엔지니어와 생산 라인 운영 책임자들이 모범 사례를 공유하고 서로에게서 교훈을 얻는 지식 저장소다. 이는 직원들에게 빠르게 받아들여져 출범한 지 몇 주가 지나지 않아 모범 사례가 이미 100개나 공유되고 있었다.

커넥션의 경우, 참여는 매일의 업무를 넘어선다. 예컨대 2011년 3월 일본 북부 지방을 휩쓴 대지진과 쓰나미는 셀레스티카의 사업에 영향을 미쳤다. 커넥션에는 전 세계 셀레스티카 직원들이 피해를 입은 동료들에게 격려의 글을 남기고 지원을 보낼 수 있도록 하는 "일본에 도움의 손길을 주재(Lending a Hand to Japan)"라는 커뮤니티가 만들어졌다. 모든 계층의 직원들이 이 커뮤니티에 자주 방문했다. 재난이 발생한 지 10일이 지난 후, 한 직원이 포럼에 이런 글을 남겼다. "오늘, 모든 직원이 현장에 나올 수 있었다. 여러분의 지지에 많은 감사를 올리는 바이다." 셀레스티카의 CEO는 곧바로 이런 댓글을 남겼다. "오늘은 함께 하는 여행이 새롭게 시작되는, 기념적인 날이다."

비즈니스 프로세스를 네트워크로 만들어라: 셀레스티카는 우선 여러 사업 부문과 지역에 걸친 협업 프로세스에 중점을 두었다. 이 아이디어 프로세스, 또는 아이디어 창출이 바로 소셜이 사내 업무에 수용된 첫 번째 영역이다.

평판과 위기관리를 위해 디자인하라: 사내 감사팀뿐 아니라 셀레스티카의 협업 위원회 회원들은 주기적으로 커넥션과 오퍼레이션 센트럴을 관찰해 비즈니스 목적으로 사용되는지 그리고 회사의 정책 내에서 활용되고 있는지를 확인한다.

데이터를 분석하라: 셀레스티카는 어떤 주제와 행동이 가장 많은 활동을 불러일으키는지 알기 위해 활동이 가장 왕성한 지역과 커뮤니티를 추적한다.

지금까지의 성과: 셀레스티카는 오퍼레이션 센트럴의 출범 이후 2만 명이 넘는 생산직 직원 대부분을 연결하고 있다. 커넥션 역시 조직 전반의 직원들이 개인 프로필을 올리고 동료들과 아이디어와 솔루션을 공유할 수 있도록 한다. 이 두 가지 협업 도구를 통해 모범 사례 수천 개가 공유되고 채택되어 의미 있는 경제적 효과를 내고 있다.

|샘플 어젠다| 글로벌 기업 – 인도 IBM

2014년에는 인도의 소셜 네트워크 사용자가 중국과 미국, 브라질에 이어 4번째로 많을 것으로 예상된다(출처: Datamonitor). 2009년, 온라인 사용자 중 79%가 블로그를 구독하며 78%는 소셜 네트워크에 프로필을 올리고 관리하고 있다. 게다가 온라인 검색과 구매가 가장 많은 3가지 제품 모두 기술 관련 제품이다(출처: eMarketer.com). 일반적으로 세계 블로거들은 평균 1주일에 3번 새로운 자료를 게시하는 데 반해 인도의 블로거들은 가장 활동적으로, 평균 1주일에 5번 이상 새로운 자료를 게시한다(출처: Pulse Group).

조직의 목표와 문화를 정비하라: 인도 및 남아시아 지역의 IBM 소프트웨어 그룹은 이러한 트렌드와 인도 소프트웨어 랩 엑스퍼트(India Software Lab Experts)를 활용해 상품 인지도와 IBM 소프트웨어에 대한 대화를 증진시킬 수 있는 디지털 영향력 프로그램을 출시하기로 결심했다. 이 목표는 3단계로 이루어져 있다.

1. 소프트웨어와 관련해 행동으로 옮길 수 있는 통찰을 얻기 위해 온라인 소셜 미디어 커뮤니티에서 일어나는 관련 대화를 관찰하고 수집하며 분석한다
2. "더 똑똑한 지구를 위한 더 똑똑한 소프트웨어(Smarter Software for a Smarter Planet)"라는 캠페인 메시지가 인도인들에게 더 큰 의미를 가지고 더 큰 영향력을 줄 수 있도록 한다

3. 지속 가능한 디지털 영향력 전략을 도출하기 위해 주제와 영역, 영향력 주도 층, 이벤트에 대한 증거와 분석, 통찰을 수집한다

소셜의 신뢰를 얻어라: 이를 일회성 전술로 대하는 대신, 우리는 아래의 단계 와 함께 "항상 열려있는(always-on)" 디지털 경청과 영향력을 위한 프레임워 크를 제시했다.

1. 타깃 소비자층 사이에서의 IBM 소프트웨어 브랜드에 대한 브랜드 인지도를 이해하기 위해 30일간 브랜드 평가 및 경청을 실시한다.
2. IBM 소프트웨어 랩 엑스퍼트 팀과 경청에서 얻은 결과물을 공유하고, IBM 소프트웨어와 브랜드에 대한 공통의 의견 도출을 위해 관련 포럼이나 미디 어에 참여해 공헌을 하도록 교육받고 동기를 부여받은 사람을 대상으로 랩 에서 주제 전문가(SME)를 발견한다.
3. 브랜드 "대사"와 평판 관리자로서의 역할을 하는 랩 SME를 "촉발"시킨다. 이들 중 일부는 궁극적으로 미디어와 상호작용하고 기사를 쓰는 등의 역할 을 하는 "모두가 찾는 전문가"가 될 것이다.
4. 브랜드 평가와 경청에 대한 후속조치를 통해 브랜드를 지속적으로 추적 관 찰한다.

대부분의 대화가 IBM에 중립적이었고 개별 소프트웨어 브랜드에 중점을 두 고 있었기 때문에 경청은 우리에게 두 눈을 뜨게 해준 놀라운 경험이었다. 특 정 대중이 특정 브랜드에 관련되어 있었을 뿐 IBM 소프트웨어 전반과는 관계 가 없었기 때문이다. 이러한 브랜드와 관련된 대화는 전반적인 브랜드 편익과 기능, 특징보다는 주로 제품의 기술적 측면, 모의 테스트 또는 시험, 자격증, 그 리고 직업과 연관되어 있었다. IBM 소프트웨어의 최대 서브 브랜드 중 두 개에 대해서는 놀랍게도 거의 아무런 대화가 일어나지 않았다. 영향력 주도층과 콘 텐츠에 대한 심층적 분석을 통해 IT 관리자와 CIO, 고위급 개발자 및 설계자가 게시한 글이 없다는 사실이 밝혀졌다. 마지막으로 인도 내에서는 많은 이들이 따르는 기술 관련 블로거가 소수에 불과했다.

경험을 통해 관계를 맺어라: 우리는 "블로그퍼런스(blogferences)"를 통해 디 지털 브랜드 대사가 생겨나고 권한을 가지며 관계를 맺을 수 있도록 준비했다.

블로그퍼런스는 참가자들이 행동을 통해 배우는 콘퍼런스다. 이 경우에는 블로그 행위를 통해 배우는 것을 뜻한다. 우리는 이들을 특정 키워드로 무장시켜 우리가 필요한 곳에서 새로운 블로그를 통해 사고의 리더십을 발휘하도록 하고 이들의 전문 분야에 관한 대화가 일어나고 있는 특정 포럼에 참가하도록 했다. 우리는 얼마나 자주 글을 게시하는지 확인하고 가장 활동적인 블로거를 위한 표창을 분기에 한 번씩 실시했다.

비즈니스 프로세스를 네트워크로 만들어라: 인도 IBM의 이 사례는 마케팅 프로세스에 소셜을 가능하게 하는 것과 관련이 있다. IBM은 기존에 전문성을 보여주던 방식, 지역 내 이벤트에서 이러한 커뮤니티를 이용해 새로운 잠재고객을 창출하던 방식. 그리고 IBM 제품에 대한 신뢰와 인도 시장에의 적용 가능성을 키우기 위해 입소문을 활용해 잠재고객을 발굴하던 방식을 바꾸었다. 다음 단계는 링크드인에 이미 존재하는 파일럿 프로그램과 함께 판매 프로세스를 소셜로 가능하게 하는 것이 될 것이다.

평판과 위기관리를 위해 디자인하라: 인도 IBM의 마케팅 부문 부사장인 버지니아 샤마(Virginia Sharma)는 이렇게 말했다. "인도의 고객들이 이제 마케팅 부서의 역할을 대신한다는 것을 알고 나는 첫날부터 그들을 '내 팀으로' 끌어들이기로 결심했다. 그리고 그들을 내 전략과 실행에 포함시켰다." 그녀는 IBM의 평판에 초점을 맞추었다. 랩의 주제 전문가를 "촉발"시키는 설계는 지역 내에서 IBM의 평판을 끌어올리기 위한 것이었다. 이 SME들은 브랜드 대사이자 평판 관리자로서의 역할을 했다. 이러한 평판 관리에 대한 집중은 팀이 "모두가 찾는 전문가"가 되어 미디어와 상호작용하고 기사를 작성하는 등의 활동을 하도록 만들었다.
게다가 IBM의 평판을 위협하는 문제가 발생할 것에 대비해 미리 계획을 세웠다. 이 적극적인 계획으로 이들은 민첩하게 대응할 수 있었다.

데이터를 분석하라: 우리는 소셜 미디어에 참여하기 위해 IBM 소프트웨어 그룹에서 SME를 60명 이상 모집했다. 이들은 2010년에만 블로그 페이지를 200개 이상 만들었다. 이 SME들은 인도 IBM을 도와 디지털 소셜 공간 안에서 소프트웨어와 관련된 대화 중 점유율을 0%에서 14%까지 끌어올렸다. 우리는 이

SME들을 관리하는 전 세계적인 모범 사례를 만들고 이들의 공헌에 대해 인정을 하고 보상을 한다.

- 브랜드(또는 서브 브랜드)에 대한 글이 평균 84개에서 2010년 6월에서 12월 사이에만 평균 약 2,010개로 증가.
- 소셜 공간에서 인도에 한정된 콘텐츠와 언급되거나 토론된 브랜드 중 IBM이 3위에서 2위로 승격.
- 소셜 미디어 전반에서 인도에 한정된 커뮤니티가 전혀 없다에서 10개로 증가.
- 업무 사원 수 0에서(오직 IT 사원만 있었다) 300명 이상으로 증가.
- 커뮤니티에 경영진 회원이 전혀 없다가 300명 이상으로 증가.

|샘플 어젠다| 글로벌 기업 – 프랑스 소제티(Sogeti)

소제티는 15개 국가에서 직원들을 2만 명 이상 고용하고 있는 프랑스 국적의 IT 서비스 업체다. 이 회사는 1990년대 후반부터 지역 단위로 추진한 정책을 통해 많은 작은 단계에서 소셜 비즈니스를 수용했다.

조직의 목표와 문화를 정비하라: 2007년, 소제티 이사회는 하명상달식 혁신과 아이디어 교환, 그리고 직원들 사이의 유대 관계 향상을 촉진하기 위해 광범위한 정책을 도입했다. 고객의 사무실에서 종일 시간을 보내는 직원이 대부분인 서비스 업체 소제티에 직원들 간의 유대관계와 지식 교환은 모두 중요하고도 어려운 과제였다. 고객의 요구에 빠르게 대응하는 것이 소제티의 주력 사업이기 때문이다.

전략적인 회의로 시작한 뒤 이노베이션 잼(Innovation Jam)이 열렸다. 이노베이션 잼은 전 직원이 아이디어와 의견을 공유하도록 하는 대규모 브레인스토밍이다. 많은 아이디어가 소제티 내부에 소셜 미디어를 적용하는 주제가 중심이었다. 이노베이션 잼은 문화와 혁신, 그리고 상명하달식과 하명상달식 계획 사이의 균형에 대한 더 큰 논의를 불러일으켰다. 또한 소제티 내부 소셜 협업 공간이 출범했다.

소셜의 신뢰를 얻어라: 모든 계획은 투명하게 진행되었다. 모든 워크숍과 활동, 진행 과정을 누구나 볼 수 있도록 개방해 토론하게 했다. 이 작업 공간은 팀파크(TeamPark)라 불렸다.

일단 소셜 협업 공간에 팀파크가 만들어지자 이미 외부의 소셜 미디어에서 가장 적극적으로 활동하던 사람들이 VIP 얼리어답터로 초대되었다(그림 9.5 참조). 이들은 변화를 위한 촉매의 역할을 했으며 콘텐츠와 아이디어를 공헌하고 네트워크 형성을 통해 소셜이 광범위하게 도입될 수 있도록 도왔다.

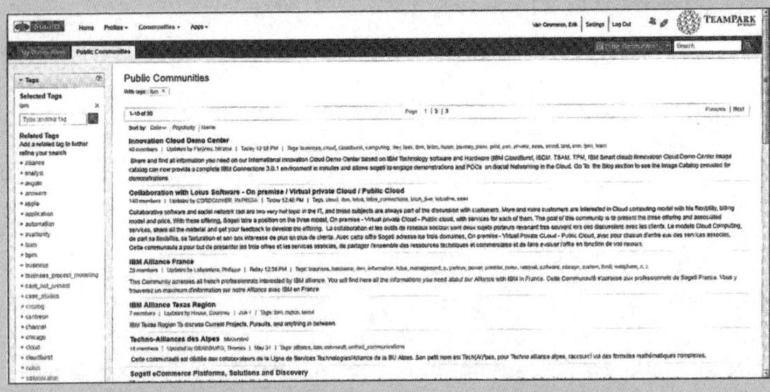

그림 9.5 공공 커뮤니티의 샘플: 팀파크

사내 소셜 공간에서는 개인적인 주제도 허용되었다. 콘텐츠는 제한되거나 통제되지 않았고 그것이 어떤 콘텐츠이든 상관없이 누구나 만들 수 있었다. 비즈니스 커뮤니티 이외에 "일본어"나 "다이빙", "휴가"와 같은 주제의 좀 더 개인적인 커뮤니티도 만들어졌다.

경험을 통해 관계를 맺어라: 이러한 새로운 도구를 가르치는 직접적인 교육은 거의 없었지만 "라이프 해킹"과 같은 워크숍이 열려 참가자들이 하루 일과를 최적화할 수 있는 방법을 찾도록 했다. 이메일에서 벗어나 좀 더 생산적이고 참여적인 환경에서 활동하도록 하는 방법이나 적합한 자원이나 사람을 빨리 찾아내 시간을 절약하는 방법, 그리고 고객에게 무언가를 전달할 때 사용할 수 있는 새로운 방법은 무엇인지도 다루어졌다. 많은 실험이 권장되었다. 지원팀은 잠재력이 있는 계획을 강조하고 조직적으로 만들어지지 않은 곳에서는 연결을 만들어낼 수 있도록 도왔다.

비즈니스 프로세스를 네트워크로 만들어라: 회사 전체 사람들은 제안서 작업을 하기 위해서 또는 문제에 대한 솔루션을 찾기 위해 네트워크를 사용해 서로를 찾고 있다. 더욱 흥미로운 것은 비슷한 혁신에 관심을 가진 동료들 또한 처음에는 가볍게 연결을 시작하지만 시간이 흐르면 진정한 솔루션 개발 팀으로 진화해 회사를 위한 새로운 상업적 솔루션을 만들어낸다는 점이다. 미국이나 프랑스, 네덜란드, 스웨덴 등지에서 온 사람들이 같은 공간에서 처음으로 협동할 수 있다는 사실은 그 자체만으로도 뛰어난 가치가 있다. 초기에는 망설임도 있었지만 HR이나 재무, 법무, 판매와 같이 독립적으로 일하던 부서가 이제는 (전 세계의) 동료들과 연결되는 것이 회사 전체와 개인의 능률을 위해 의미가 있다는 사실을 알기 시작했다.

평판과 위기관리를 위해 디자인하라: 법무팀은 국제적인 범위의 소셜 미디어 프로세스에 초기부터 관여했다(유럽과 미국, 아시아 전체에서 효과를 발휘하는 개인정보 보호를 위한 법적 틀을 만들기 위해 노력했다). 또한 기업 윤리팀은 소셜 미디어의 단계적 확대를 위한 검토 위원회로서의 역할을 하기 위해 관여했다. 누군가가 소셜 공간에서 일어나는 일을 보고할 때마다 이는 행동 수칙에 맞는지 검토되었다. 이 행동 수칙은 많은 것을 허용하지만 사람들에게 "똑똑하게 행동하라"고 말한다.

데이터를 분석하라: 소제티는 많은 단계에서 진척 상황을 추적하고 있다. 모든 단계에서 비판적인 팔로워들이 진척 상황을 검토하고 기대되는 가치를 위해 모든 새로운 투자에 대해 지속적으로 질문을 던진다. 주로 수용(사용자 수 및 종류)과 활동(어떤 종류의 콘텐츠가 만들어지는가), 그리고 트렌드를 중심으로 측정을 한다. 그런 다음에는 정성적 평가(qualitative review)를 실시해 성공 사례를 추적한다. 새롭게 정의된 서비스나 빠르게 처리된 고객의 요청, 또는 필요할 때 빨리 찾을 수 있는 전문가 등과 같은 성공 사례들이다. 마지막으로 조

금 더 시간이 흐르면 직원 대상의 연간 설문조사는 직원들이 소제티 문화를 어떻게 경험하고 있는지에 대한 진척상황을 보여주어야 할 것이다. 투명성과 직원 참여율 증가, 그리고 직원 퇴직률 하락과 같은 희망적인 결과가 나타나길 바란다.

지금까지의 성과: 새로운 서비스가 정의되고 만들어지며, 실용적인 커뮤니티로 인해 이메일 사용은 감소되고 정보 교환은 개선되었다. 그리고 블로그를 통해 전문가들의 수집하기 어려운 지식을 공유하기 시작했다. 의심의 여지없이, 결과는 긍정적이다. 많은 토론이 이루어졌지만 여전히 이러한 결과를 금전적으로 환산하기는 극도로 어려운 일이다. 하명상달식 혁신과 지식 교환의 문화가 갖는 가치는 얼마나 될까? 값을 매길 수 없다!

소셜 비즈니스에 의해 창조된 새로운 역할

이 모든 변화와 함께, 소셜 비즈니스는 이제 새로운 유형의 직업을 만들어내고 있다. 마치 기업이 중점을 두는 영역을 변화시키고 그와 함께 새로운 직업을 탄생시킨 인터넷처럼, 소셜 비즈니스 역시 같은 영향력을 가질 것으로 기대된다. 인터넷 시대가 진행되는 동안 새로운 유형의 직업이 다량 만들어졌다. 사실 맥킨지 글로벌 인스티튜트(McKinsey Global Institute)의 보고서인 〈인터넷의 광범위한 영향력(The Net's Sweeping Impact)〉에 따르면 인터넷은 경제에 중요한 성장의 영향력과 번영을 가져왔으며 사라진 직업 1개당 직업을 2개 이상 새로 만들어냈다고 한다(예컨대 소매 기업이 온라인으로 이동한 것이 이에 해당한다). 소셜 비즈니스 역시 같은 일을 하고 있다.

소셜 시대가 만들어낼 새로운 유형의 직업에는 무엇이 있을까? 우리는 이에 대해 책 전반에서 다루었지만 이해를 쉽게 하기 위해 여기에서 모두 정리하고자 한다.

- **커뮤니티 관리자**: 특정 주제와 관련해 온라인에서 회원을 모집하고 관리하며 적극적으로 활동하도록 만드는 책임을 진 사람이다. 이 역할을 위한 핵심 기술에는 회원들 간의 공유를 주도하며 대화를 듣고 만들어가는 능력이 포함된다. 이 역할은 매우 중요해 이를 기념하는 날도 만들어졌다.

- **소셜 비즈니스 위기관리 담당자**: 온라인에서 브랜드 가치를 조정하는 것과 관련된 위험을 관리하는 사람이다. 이 사람의 역할은 위기관리 계획을 구축하고 위기 수준을 확인하기 위해 경청의 도구를 선택하며 위기를 처리하는 담당자들을 지원하는 것이다. 핵심 기술에는 새로운 소셜 비즈니스 도구와 기술을 이해하고 홍보에 대한 지식을 갖추며 위기가 닥쳤을 때 여유롭게 대응할 수 있는 능력이 포함된다.

- **소셜 비즈니스 평판관리 담당자**: 기업의 평판을 구축하고 유지하며 보호하는 역할을 한다. 평판이란 고객이나 잠재적 고객이 당신의 회사에 대해 진실이라고 믿는 것을 의미한다. 핵심 기술에는 새로운 소셜 비즈니스 도구와 기술을 이해하고 마케팅에 정통하며 긍정적인 쪽으로 브랜드와 기업, 제품을 위치시킬 수 있는 능력이 포함된다. 이 역할은 위기관리 담당자의 역할을 앞질러, 산업이 훨씬 더 적극적인 대응의 방향으로 이동했다는 사실을 보여준다.

- **소셜 분석 관리자**: 센티먼트(또는 온라인에서 사람들의 느낌)를 관찰하고 경청하며 분석하고, 방대한 양의 데이터를 통찰로 바꾸는 사람이다. 자동화된 분석 도구가 시장에 더 많이 등장하면서 이 역할은 점점 더 중요해질 것이다. 핵심 기술에는 새로운 소셜 비즈니스 도구와 기술을 이해하고 경영 정보에 정통하며 불완전한 데이터로 권고 사항을 만들어내는 능력이 포함된다.

- **소셜 큐레이터**: 정보의 양과 질에 책임을 지는 사람이다. 박물관의 큐레이터가 정보를 배치하고 진열하는 책임을 지듯, 이 사람은 콘텐츠 활성화 계획에 책임을 진다. 콘텐츠 활성화 계획은 콘텐츠를 만들어내고 배포하며 홍보하고 그 성공을 측정하는 계획이다.

- **소셜 고객지원 관리자**: 고객의 우려와 통찰, 표현을 위해 블로고스피어를 샅샅이 뒤지는 책임을 지는 사람이다. 이 사람의 역할은 다양한 경로를 통해 확대될 것이다. 여기에는 전화기와 같은 전통적인 경로뿐 아니라 이제는 데이터가 통찰로 바뀌고 경청이 가장 많이 일어나는 장소 중 하나가 된 트위터와 페이스북과 같은 소셜 도구가 포함된다. 이 역할을 위한 핵심 기술에는 새로운 소셜 비즈니스 도구와 기술을 이해하고 고객 서비스 및 CRM에 정통한 능력이 포함된다.

- **소셜 제품혁신 관리자**: 아이디어를 만들어내고 정제하며 실제 고객이 구매할 최고의 아이디어를 위해 "투표"를 요청하는 사람이다. 크라우드소싱 혹은 신제품 콘셉트를 만들고 투표하기 위해 블로고스피어에서 대중을 이용하는 능력을 가져 기업의 혁신을 위한 엔진에 매우 중요한 인물이 되었다. 핵심 기술에는 새로운 소셜 비즈니

스 도구와 기술을 이해하고 제품 관리와 제품 개발에 정통한 능력
이 포함된다.

전 세계적으로 소셜 비즈니스가 성장하면서 이러한 새로운 직업 유형
을 탐험하는 기업들이 미래에 가장 큰 성공을 거둘 것이다.

조언을 하나 하겠다. 소셜 비즈니스가 되기 위한 여행을 시작할 때는
오늘날의 경쟁적인 환경에서 성공을 거둘 수 있도록 도울 새로운 직업
유형뿐 아니라 기존의 직원들에게 제공할 필요가 있는 교육이 무엇이
있는지 검토하도록 해야 한다.

결론

오늘날 20억 명 이상이 인터넷을 사용한다. 올해 말이 되면, Y세대가 베
이비붐 세대보다 더 많아질 것이며 이미 이들 중 96%는 소셜 네트워크
에 참여하고 있다. 사실, 디지털 세계 측정의 선두 업체인 컴스코어의
보고서 〈인터넷의 현재 상태(The State of the Internet)〉에 의하면 사람들이
온라인에서 보내는 시간 중 22% 이상을 소셜 네트워크에 참여하며 보
낸다고 한다.

이러한 수치의 의미를 분석하면서 세상이 매우 빠른 속도로 변화하고
있다는 사실을 알았다. 소셜 네트워크의 수용은 믿을 수 없을 정도로
빠른 속도로 일어나고 있다. 라디오나 TV가 사용자 수 5,000만 명에 도
달하기까지에는 오랜 시간이 걸렸지만(라디오의 경우 약 40년이 걸렸고 TV

는 14년이 소요되었다), 인터넷은 이 속도를 훨씬 능가해 단 4년 만에 사용자 수 5,000만 명을 이루어냈다. 또한 이러한 수치로 생각해보면 페이스북은 9개월도 되지 않아 사용자 수가 1억 명에 도달했고, 아이폰 애플리케이션의 다운로드 수는 9개월 만에 1억 건을 기록했다.

우리가 현재 혁명의 한가운데에 있다는 사실은 자명하다. 또한 기업들은 여기에서 빠지지 않는다. 맥킨지가 경영진 약 1,700명을 대상으로 실시한 조사 결과에 의하면,

- 74%가 웹 2.0을 고객과의 상호작용에 통합하고 있다.
- 75%가 웹 2.0을 직원들의 일상적인 활동에 통합하고 있다.

그리고 이러한 기업들은 성과를 내고 있다. 69%는 측정이 가능한 성과를 이루었다고 보고한다. 소셜 비즈니스 어젠다는 혁신적이고 획기적인 접근법으로 이러한 협동의 세계에서 자신만의 접근법을 정의하도록 이끌어준다. 샘플 어젠다와 참고 문헌, 안내를 위한 본보기는 당신이 소셜 비즈니스를 빠르게 시작할 수 있도록 하는 방법을 제공한다. 대담해져라. 지금 당장 소셜 비즈니스로의 여행을 시작하라.

나는 이 책을 직접 경험했거나 다른 유수의 기업이 경험한 우수 사례를 공유하기 위해 집필하였다. 여러분이 이 사례를 통해 자신만의 경쟁적 이점을 찾아내고 훌륭한 고객 가치를 창출하기를 바란다. 나는 시간이 지나면 더 많은 소셜 경로가 탄생할 것이라는 것을 확신한다. 여러분이 내 블로그(http://socialmediasandy.wordpress.com/)와 트위터 계정(http://twitter.com/sandy_carter)을 통해 나와 함께 계속 배우길 희망한다.

소셜 비즈니스가 되고자 하는 노력이 큰 성공을 거두길 바란다.

소셜 비즈니스 용어 설명

능동적인 참여자(Active Participant) 지식과 정보를 획득하는 한편 가끔 자신의 견해를 밝히기도 하는 사람을 뜻한다. 이들을 당신의 브랜드에 어떻게 더 능동적으로 참여하도록 할지에 따라 능동적인 참여자와의 관계가 달라진다. 능동적인 참여자는 주기적으로 소셜 네트워크 사이트에 자신의 의견을 올리고 평가하며 콘텐츠를 작성한다.

액티비티 스트림(Activity Streams) 액티비티 스트림은 한 개인의 최근 활동에 대한 목록이다. 이는 최종 사용자가 블로그와 위키, 비즈니스 애플리케이션 등을 포함한 내부 및 외부 출처에서 얻은 정보를 혼합할 수 있도록 해, 정보가 일상적인 업무에서 효과적으로 사용되며 광범위한 네트워크 전반에서 효율적으로 협업할 수 있도록 해준다.

친밀감 분석(Affinity Analysis) 데이터를 취합해 제품 구매에서의 친밀감 혹은 관계를 본다. 예컨대 어떤 한 사람이 한 제품을 구매한다면, 이 사람은 또 다른 제품을 구매할 가능성이 큰 것일까? 또는 한 제품을 구매한다는 것이 다른 제품을 구매하지 않을 가능성을 높인다는 의미일까?

진실됨(Authentic) 진심. 소셜 비즈니스에서의 관계에서 온라인에서의 행동과 말에 숨김이 없고 솔직한 것을 의미한다.

블로그(Blog) 기업 내에서의 커뮤니케이션과 문화를 강화하기 위해, 또는 외부적으로는 마케팅과 브랜딩, 홍보의 목적을 강화하기 위해 사용되는 웹사이트의 일종이다. 블로그는 조직 내의 사람들과 정보를 공유하기 위해 사용할 수 있는 온라인 잡지다. 효율적이고 역동적인 방법으로 최신 뉴스와 관점을 커뮤니케이션할 수 있는 훌륭한 방법이다. 특정 주제 혹은 테마에 대한 글을 주기적으로 올림으로써 사람들이 특정 영역의 최신 내용들을 알게 할 수 있다.

블로고스피어(Blogosphere) 마이크로블로그와 링크드인, 페이스북 등을 포함해 모든 블로그와 상호 접속 경로가 이어진 커뮤니티다. 기본적으로 온라인상의 모든 소셜 도구가 포함된다.

대담함(Bold) 위험을 감수하고 관리하며 그 결과에 확신을 가질 수 있는 능력.

브랜드 홍보대사(Brand Advocate) 항상 당신의 브랜드에 열정을 가지고 추천을 하는 사람.

브랜드 군단(Brand Army) 당신의 브랜드를 대표해서 관계를 맺는 무급 및 유급(즉, 당신의 직원을 말한다!) 홍보대사들을 말한다.

브랜드 하이재킹(Brand Hijacking) 브랜드를 임의로 도용해 제 맘대로 사용하는 것을 말한다.

비즈니스 분석(Business Analytics) 데이터를 통찰로 바꾸고 이러한 통찰을 이용해 더 나은 비즈니스 의사결정을 이끌어내는 분야다.

클라우드 컴퓨팅(Cloud Computing) 온라인 컴퓨터 네트워크를 통해 제공되는 소프트웨어 및 하드웨어 서비스를 의미한다.

커뮤니티(Communities) 공통의 관심사나 주제, 자료에 대해 온라인 공간에서 상호작용하는 일단의 사람들을 말한다. 이들은 위계질서나 어떤 권위 때문이 아니라 공통의 관심사를 공유했기 때문에 모인다. 커뮤니티는 회원들을 연결시키는 탁월한 방법을 제공하고 이들이 서로 연락을 지속하며 정보를 공유하도록 돕는다. 커뮤니티는 공개되거나 제한적일 수 있으며, 커뮤니티 소유자가 커뮤니티에 가입할 수 있고 콘텐츠에 접근할 수 있는 사람을 통제한다.

커뮤니티 관리자(Community Manager) 온라인 커뮤니티를 관리하는 사람으로 역할은 전략을 설정하고 회원들의 신뢰를 얻으며 적절한 콘텐츠 활성화 방안을 따르도록 해 커뮤니티 회원들이 적극적으로 참여하도록 하는 것이다.

종합적 분석(Comprehensive Analysis) 당신이 선택한 키워드나 회사, 브랜드, 제품에 대해 블로그스피어에 쓰여 있는 모든 것에 대한 관점을 말한다.

콘텐츠 활성화 전략(Content Activation Strategy) 콘텐츠를 생성하고 배포하며 홍보하고 그 성공 여부를 측정하는 계획을 말한다.

크라우드소싱(Crowdsourcing) 새로운 아이디어를 창출하고 기존의 아이디어를 개선할 뿐 아니라 "최고의" 아이디어를 선별하기 위해 대중의 지혜를 이용하는 방식을 뜻한다. 크라우드소싱은 많은 사람의 집단 지성을 이용해 문제를 해결하거나 새로운 아이디어를 창출하기 위해 노력한다. 크라우드소싱은 "대중의 지혜" 또는 "집단 지성"이라고도 일컬어진다.

문화(Culture) 학습을 통해 얻어진 행동하고 느끼며 생각하는 방식으로 구성된다.

디그(Digg) 사용자들이 콘텐츠를 게시하고 그 가치에 대해 투표하는 소셜 뉴스 사이트.

디지털 시민(Digital Citizen) 일상적으로 소셜 도구를 사용하는 사람.

디지털 자문위원회(Digital Council) 조직 전반에 걸친 기구(마케팅, HR, 제품 개발, 공급 체인, 고객 서비스 등). 가장 성공적인 경우, 사업부와 IT에서 공동의장을 맡는다. 이 기구의 임무는 최선의 우수 사례를 찾아 공유하고 모방하는 것이다. 덧붙여 이 자문위원회는 소셜 컴퓨팅 가이드라인 작성을 돕고 콘텐츠 활성화 전략을 세우고 위기관리와 평판 관리 계획과 가이드를 제공해야 한다. 소셜 도구와 기술의 사용을 가로막기 위해 만들어진 기구가 아니라 경쟁적 이점을 차지하기 위해 소셜 비즈니스의 사용을 홍보하도록 만들어진 기구다.

디지털 이주민(Digital Immigrant) 태어나면서부터 디지털 기기를 접하지 않았지만 꽤 자연스럽게 적응한 사람.

디지털 원주민(Digital Native) 태어나면서부터 디지털 기기와 기술을 접한 사람.

e-비즈니스(e-Business) 인터넷을 통해 제품과 서비스를 판매하는 완전한 인터넷 비즈니스 또는 부분적인 인터넷 비즈니스.

언드(Earned) 금전적 대가 없이 제삼자를 통해 전달되는 미디어와 콘텐츠, 채널을 일컫는다. 예컨대 전통적인 세계에서 이는 관계에 의해 만들어진 뉴스와 애널리스트의 보도와 같은 것을 말한다. 디지털 세계에서는 트위터와 블로그, 제품 추천과 같은 것을 말한다.

참여하는 고객(Engaged Clients) 당신의 브랜드나 제품, 회사를 지지하는 데 있어 주의를 기울이고 관심을 가지는 적극적인 고객을 말한다. 온라인에서 이들의 대화의 깊이를 보면 이들의 지식과 관심을 알 수 있다. 이들은 블로고스피어에서 당신을 대신해 추천하고 열정적으로 변호한다.

참여하는 직원(Engaged Employees) 기업의 가치를 알고 이러한 가치를 파트너나 고객이 이용할 수 있도록 권한을 부여받는 사람이다. 이들은 자신의 역할을 알고 어떻게 하면 적합한 전문가에게 도달할 수 있는지를 이해한다. 이 새로운 소셜 직원은 헌신과 성공에 관심을 가진다.

참여(Engagement) 주로 통합적이고 상호적이며 특별한 이례적인 경험에 의해 만들어진 고객이나 직원과의 감정적 연결을 말한다. 소셜 비즈니스는 사람들을 전문지식과 연결한다. 고객이든 파트너든 직원이든 상관없이 개인을 네트워크로 연결해 새로운 혁신을 창출하고 창의성을 조성하며 새로운 비즈니스 기회에 더 크게 노출될 수 있도록 한다. 이러한 비즈니스 네트워크 전반에 기본적인 신뢰 수준을 확립해 정보를 공개적으로 공유하고자 하는 의지를 확고히 하고 고객과 직원들의 충성도를 더 깊게 발전시킨다. 이러한 네트워크에 서로 연결하기 위해 필요한 협동적이고 게임이 포함된 분석도구로 권한을 부여하며 비즈니스 난관을 창의적으로 해결한다.

전문가 소싱(Expert Sourcing) 전문가의 지혜를 이용하는 것을 말한다. 크라우드 소싱과 비슷하지만 지식 수준의 차이로 인해 전문가를 반드시 이용해야 한다.

피드(Feed) 아톰(Atom)이나 RSS와 같은 피드 혹은 뉴스 피드는 사용자들이 웹페이지나 웹페이지의 일부에서 콘텐츠를 구독할 수 있게 한다.

파이어스톰(Firestorm) 소셜 미디어에서 파이어스톰은 많은 사람이 무언가에 대해 강력한 견해를 가지고 트위터나 블로그에 글을 올리는 것을 말한다. 예컨대 2011년 넷플릭스(Netflix)가 가격 인상을 발표했을 때, 많은 고객이 이 문제에 대해 트위터와 블로그에 엄청난 양의 글을 올렸다.

친구/팬(Friend/Fan) 당신의 브랜드나 회사, 제품을 너무나 좋아해 그에 대해 이야기하며 추천하는 고객 혹은 잠재적 고객을 말한다. 소셜 네트워크 사이트에서 공개적으로 당신의 브랜드나 제품, 회사를 추천하는 사람이다.

퓨처 프루핑(Future Proofing) 기회를 잡기 위해 미래를 예측하도록 하는 것.

게임 개념 활용(Gamification) 인간의 행동에 대한 연구에 의하면 사람들은 도전할만한 가치가 있다고 느끼는 것에 동기를 부여받는다고 한다. 게임에 대한 학문적 연구와 게임 설계자의 현실에서의 경험 모두, 사람들은 경험 그 자체만으로도 보상이 될 때는 상당히 낮은 가치의 포상이나 전혀 아무런 포상 없이도 경쟁한다는 사실을 보여준다. 기업과 정부는 직원과 고객, 커뮤니티에 동기를 부여하기 위해 게임과 경쟁의 요소를 이용하기 시작했다. 이 현상이 바로 게임 개념 활용이다.

Y 세대(Generation Y) 1980년대에 태어난 사람들로 인터넷이나 전자 기기에 친숙하며 어떤 경우엔 의존하기까지 한다. 밀레니얼(millennial)이라고도 부른다.

공간분석(Geo-spatial Analysis) 소셜 분석의 한 부분으로, 지리적 범위에 의해 통찰이 형성되도록 한다. 예컨대 런던에 있는 영향력 주도층은 긍정적이지만 뉴욕에 있는 영향력 주도층은 부정적이라는 결론을 내릴 수 있다.

해시태그(Hashtag) 특정 주제를 표시하기 위해 트윗에 표시된 #표를 말한다. 예를 들어 #ls11은 2011년 IBM의 로터스피어(Lotusphere) 콘퍼런스를 표시하기 위해 사용되었다.

아이데이션(Ideation)　새로운 아이디어를 만들어내는 프로세스를 말한다. 즉 아이디어 창출이라는 의미다.

식별(Identification)　고객이나 직원과 관계를 맺는 동시에 이들과의 경험을 개인화하는 것을 말한다.

상호작용(Interact)　한 차례의 경험으로 온라인과 오프라인에서 자신의 존재를 나타내는 행위를 말한다.

통합(Integrate)　고객이나 직원이 방관자가 아니라 능동적인 참여자가 되도록 하는 행위를 말한다.

잼(Jam)　브레인스토밍을 통해 대화를 이끌어내는 인터넷 기반의 플랫폼을 말한다. 다양한 개인을 연결해 특정 문제에 대한 새로운 관점을 갖도록 하고 비즈니스와 관련된 문제에 대해 행동으로 옮길 수 있는 아이디어를 개발하도록 한다.

키워드(Keywords)　당신이 집중해서 귀 기울이는 단어를 말한다. 이는 당신의 회사, 제품 혹은 브랜드일 수도 있다. 단지 하인즈(Heinz)에 대해서만 듣는 것이 아니라 케첩과 같이 카테고리 전체를 포함할 수 있다. 시장에서의 성공에서 핵심이 되는 단어다.

KPI　핵심 성과 지표를 말한다. 성과를 측정하는 지표다.

위치기반 서비스(Location Based Servies, LBS)　모바일 기기의 GPS(Global Positioning System) 기능을 이용해 지리적 위치에서 참여하도록 하는 서비스다. 고객이나 친구가 어디에 있는지, 도시나 상가 내에서 이들이 가장 좋아하는 장소가 어디인지, 또 같은 장소에 다른 누가 있는지를 알 수 있도록 해준다. 잘 알려진 LBS 서비스로는 포스퀘어(Foursquare)와 고왈라(Gowalla), 지에팡(Jiepang)이 있다.

마이크로블로그(Micro–blog)　더 짧은 형태의 블로그를 말한다. 일반적으로 140자 이상 작성할 수 없다.

모바일 컴퓨팅(Mobile Computing)　모바일 기기에 맞춘 소프트웨어 설계와 실행을 말한다.

멀티미디어(Multimedia)　동영상과 오디오, 애니메이션 이미지와 관련이 있다.

신입사원 정착 프로그램(Onboard): 기업에 신입사원이 적응하도록 하는 프로세스를 말한다. 바우어, T. N., & 에르도간, B. (2011)의 〈조직의 사회화: 효과적인 신입사원 적응에 대해서〉에 의하면, 신입사원 적응이란 신입사원이 지식과 기술, 행동을 습득해 효율적인 조직 구성원이자 내부자가 되도록 하는 기제를 의미한다.

오운드(Owned) 기업이 직접 전달하고 통제권을 가지거나 소유한 미디어와 콘텐츠, 채널을 의미한다. 예를 들어 전통적인 세계에서 이는 다이렉트 메일이나 콜센터, 지점, 또는 ATM 등이 포함된다. 디지털 세계에서는 블로그나 페이스북 페이지, 커뮤니티, 마이크로사이트 등이 포함된다.

P2P 사람 대 사람을 말한다. 시장은 더 이상 기업 대 기업(B2B)나 기업 대 고객(B2C)로 움직이지 않는다. 사람이 사람에 대해 이야기하는 것이 중요하다.

유료 미디어(Paid Media) 금전적 대가를 받고 제삼자나 중개인이 전달하는 미디어를 말한다. 예를 들어 전통적인 세계에서는 TV, 라디오, 인쇄물 광고가 여기에 해당한다. 디지털 세계에서는 스폰서 콘텐츠나 디스플레이 광고가 포함된다.

수동적인 참여자(Passive Participant) 지식과 정보를 얻기 위해서만 소셜 도구를 사용하는 사람을 말한다. 이들은 자신의 견해를 남기거나 자신의 생각과 의견을 공유하지 않는다. 어떤 사람은 이들을 "잠복자(lurker)"라고 부른다. 이들은 정보 주변에 숨어 있지만 적극적으로 참여하지는 않는다.

개인화(Personalization) 개인화란 서비스를 개인의 관심에 맞게 표적화하는 것을 말한다. 이는 개인의 관심에 기반을 둔다. 구매된 아이템이나 조회된 페이지와 같이 암시적인 데이터를 기반으로 변화한다.

팟캐스트(Podcast) 미리 녹음된 오디오 재생을 말한다.

도달률(Reach) 친구와 팬, 브랜드 홍보대사들의 총 숫자, 또는 당신의 기업이나 제품, 브랜드를 지켜보는 사람의 숫자를 말한다.

평판 관리(Reputation Management) 당신의 회사나 제품, 브랜드에 대해 사람들이 진실이라고 믿고 있는 것을 말한다. 평판 관리는 아래와 같은 행동을 통해 적절하게 평판을 형성할 수 있다.

• 다른 이들이 당신에 대해 어떻게 생각하는지 알기 위해 적절히 귀기울인다
• 부정적인 의견에는 반박한다

• 행동을 통해 긍정적인 의견을 구축한다

리트윗(Retweet) 트윗을 가져와 트위터에 다시 전달하는 행위를 말한다.

위기관리(Risk Management) 블로고스피어에 브랜드나 제품, 기업이 존재함으로써 생기는 위험을 관리하기 위한 계획을 말한다. 오늘날 브랜드가 블로고스피어에 존재하는 것은 피할 수 없으므로 브랜드를 어떻게 관리하느냐가 주요한 문제다.

ROE 모든 것에 대한 수익(Return on Everything)을 말한다. 소셜 기술을 포함해 당신이 하는 모든 것에 대한 수익이다.

ROI 투자 수익(Return on Investment)을 말한다. 운영비 대비 수익을 평가하는 일반적인 측정 지표다.

센티먼트(Sentiment) 사람들이 작성한 내용을 기반으로 당신의 회사나 브랜드, 카테고리에 대해 어떤 감정을 느끼는지 이해한다. 센티먼트는 소셜 데이터 정보를 긍정적, 부정적, 또는 중립적/확실하지 않음으로 정의한다. 소셜 분석은 데이터를 감정이나 감정적 연결에 대한 통찰로 변환한다.

서비스 수준 협약(Service Level Agreement) 반응에 걸리는 시간에 대해 당신의 친구나 팬, 브랜드 홍보대사들과 맺은 협약을 말하며 SLA로 불린다.

매체 점유율(Share of Voice) 매체 점유율은 어떤 주제를 다룰 때 당신의 브랜드와 관련된 이야기를 하는 비율을 말한다. 예컨대 나는 x라는 토픽에서 매체 점유율이 20%다(내 브랜드와 관련된 주제에서 대화의 20%는 내 브랜드와 관련한 이야기이고 80%는 그렇지 않다는 의미다).

소셜 분석(Social Analytics) 소셜 웹에서 획득한 데이터를 사용해 고객을 이해하고 트렌드를 예측하는 행위를 말한다. 소셜 분석은 비즈니스의 목표 및 목적 하에서 무료, 유료, 및 자사 디지털 채널 전반에서 브랜드의 참여와 영향력, 감정 수준 및 매체점유율(마인드셰어)를 측정하고 분석하며 해석하는 프로세스다.

소셜 분석 관리자(Social Analytics Manager) 조직 내에서 소셜 분석에 집중하는 사람이다. 센티먼트(또는 온라인에서 사람들의 느낌)를 관찰하고 경청하며 분석하고, 방대한 양의 데이터를 통찰로 바꾸는 사람이다. 자동화된 도구가 시장에 선을 보이면서 이 역할은 점점 더 중요해질 것이다. 핵심 기술에는 새로운 소셜 비즈니스 도구와 기술을 이해하고 비즈니스 지성에 정통하며 불완전한 데이터로 권고 사항을 만들어내는 능력이 포함된다.

소셜 비즈니스(Social Business) 모든 프로세스에 "소셜"을 포함하고 사람과 사람, 사람과 정보, 데이터와 통찰을 연결하는 비즈니스다. 소셜 도구를 사용해 쌍방향 대화에 직원과 고객을 참여시키고 방화벽을 넘어 전문 지식을 투명하게 공유하며 즉각적인 변화를 위해 통찰을 민첩하게 사용하는 기업이다. 소셜 비즈니스는 소셜 미디어와 다르다. 소셜 미디어는 주로 마케팅이나 홍보에 중점을 두기 때문이다(바로 여기에서 미디어가 유래했다).

소셜 비즈니스 어젠다(Social Business AGENDA) 소셜 비즈니스 여행을 안내하기 위한 일련의 업무 흐름에서 다른 기업의 경험을 토대로 만들어진 틀을 말하며, Align(정비하라), Gain(획득하라), Engage(참여하라), Network(네트워크하라), Design(설계하라), Analyze(분석하라)라는 AGENDA로 구성된다.

소셜 비즈니스 챔피언(Social Business Champion) 비즈니스와 프로세스 전반에서 소셜 도구와 기술의 사용을 옹호하고 지지하는 영향력 있는 이해당사자다. 보통 디지털 자문위원회의 회장을 말한다.

소셜 비즈니스 지배구조(Social Business Governance) 기업의 목표 달성을 위해 소셜 기술의 사용을 지휘하고 안내하는 프로세스와 관계의 구조를 말한다. 지배구조 모델은 목표 달성을 위해 무엇을 해야 하고, 어떻게 해야 하며, 누가 권한을 가지고 있고, 어떤 성공 지표가 사용되어야 하는지에 따라 정의된다. 적절한 지배구조가 없다면 소셜 비즈니스 모범 사례는 각 부서의 벽에 갇혀 전체 조직에서 공유될 수 있는 기회를 제한받게 된다.

소셜 비즈니스 가이드라인 또는 소셜 컴퓨팅 가이드라인(Social Business Guidelines or Social Computing Guidelines) 직원들이 방화벽 외부의 소셜 도구를 사용할 때 참고할 수 있는 가이드라인을 말한다.

소셜 비즈니스 관리자(Social Business Manager) 직원들이 소셜 웹을 통해 전문 지식을 공유해 가치를 전달할 수 있도록 힘을 실어주는 기업의 변화 계획을 주도한다. 소셜 비즈니스 관리자는 커뮤니티에서 적극적인 역할을 하며 모든 청중과 관계를 맺어 네트워크를 키우고 경험을 개선하기 위해 노력한다.

소셜 비즈니스 플랫폼(Social Business Platform) 소셜 비즈니스를 뒷받침하고 그 경쟁력을 이끌어내는 기술 플랫폼을 말한다.

소셜 비즈니스 평판과 위기관리 담당자(Social Business Reputation and Risk Manager) 경청에 대한 책임을 지고 조직 내 적합한 부서에 그 정보를 보내주는 역할을 한다. 예를 들어, 소셜 평판과 위기관리 담당자는 제품에 대한 부정적인 센티먼트를 감지할 수 있다. 여기에 대응하는 것은 이 사람의 책임이 아니다. 상황을 처리할 적합한 브랜드 군단(고객의 지원과 홍보)에게 알려주는 것이 이 사람의 책임이다.

소셜 비즈니스 기술(Social Business Technologies) 협동을 위한 애플리케이션 기술을 "소셜이 가능하도록" 확장하는 것이다. 다시 말해, 소셜 비즈니스 기술은 점진적이다. 이미 사용 중인 도구를 통합해 최종 사용자의 능력을 확장해 더 충분히 협동해 목표를 달성하도록 한다.

소셜 자본(Social Capital) 사람들이 다른 사람이나 기업, 사회와 가진 관계의 결합이자 이러한 관계가 개인에게 가져다주는 이득을 말한다.

소셜 CEO(Social CEO) 블로고스피어에서 적극적으로 활동하는 CEO. 2015년 포레스터 연구에 의하면 기업의 50%가 소셜 CEO만을 고용할 것이라고 한다.

소셜 고객(Social Client) 게임과 휴대전화, 동영상과 함께 디지털 세계에서 자라난 고객을 말한다. 소셜 고객은 고객 서비스팀이 고객 친화적이고 고객의 트윗에 대해 잘 알고 있기를 기대한다. 훌륭한 평판을 가지고 있지 못하다면 이들은 당신의 브랜드를 전혀 고려하지 않을 것이다. 또한 이들이 당신의 제품이나 서비스를 구매하기로 결심한다면 언제나 모든 경로를 통해 이들과 접촉할 수 있도록 해야 한다. 또한 이들은 당신의 회사가 다른 누구와도 다른 경험을 제공하기를 기대한다. 무엇보다 이들은 자신들이 요구하기 전에 당신이 그 요구를 예측할 수 있기를 기대한다.

소셜 큐레이터(Social Curator) 기업 내에서 정보의 양과 질에 책임을 지는 사람.

소셜 데이터(Social Data) 적절한 네트워크와 프로세스, 상호작용에 참여시키기 위해 중요한 사람에 대한 정보(위치, 관계, 전문 지식 등).

소셜 직원(Social Employee) 게임과 휴대전화, 동영상과 함께 디지털 세계에서 자라난 직원을 말한다. 소셜 직원은 소셜과 온라인을 기대한다. 또한 이들은 의사결정에 있어서 개방적이고 자신들을 포함하는 리더십 팀을 원한다. 이런 새로운 유형의 직원이 회사에 남아있도록 하기 위해서는 주요 문제 해결을 위한 브레인스토밍과 즉석 팀 결성이 필요하다. 1977년에서 1997년 사이에 태어난 밀레니얼들은 당신이 새로운 소셜 도구를 사용하길 기대한다. 온라인 채용과 밀레니얼에 대한 선도 기업인 이랜스(Elance)의 연구에 의하면 2011년 이들 중 94%는 구직을 위해 링크드인, 페이스북 같은 온라인을 사용할 것이라고 한다. 이 새로운 직원들은 365일 24시간 네트워크에 연결되어 있으며 회사가 소셜 네트워크를 통한 연결과 협동적 업무 방식을 수용할 것을 기대한다.

소셜이 가능한 프로세스(Social Enabled Process) 프로세스에 공헌하고 영향을 미치는 사람들을 통해 참여적이고 투명하게 되는 비즈니스 프로세스를 말한다. 이 사람들의 집단행동은 프로세스의 성공에 영향을 미친다. 예컨대 브레인스토밍과 새로운 아이디어 개선을 위해 제품 혁신 프로세스에 커뮤니티의 목소리를 집어넣는 것이다.

소셜 도달률(Social Reach) 당신의 소셜 도달률은 당신의 친구와 팬, 브랜드 홍보대사의 숫자를 결정한다. 이는 누가 당신의 전문 지식에 잠재적으로 귀를 기울이고 당신의 회사나 제품, 브랜드에 신념을 표현하는지 측정하는 간단한 지표이다 (일반적으로 전체 인구 중 몇 %라고 표시된다). 예를 들어, 내 브랜드는 18세에서 24세 사이의 남성들에게 80%의 도달률을 가진다.

소셜 기술(Social Techniques) 소셜 상호작용을 용이하게 하기 위해 사용되는 기술을 말한다. 예컨대 투표나 잼, 토론 게시물이 소셜 기술의 사례다.

소셜 도구(Social Tool) 소셜 상호작용을 용이하게 하기 위해 사용되는 기술 도구를 말한다. 예컨대 페이스북이나 싱(Sing), 마이스페이스(MySpace), 링크드인, 트위터 등이 이에 해당한다.

소셜 트로프(Social Tropes) 사고와 감정, 행동, 존재의 소셜 방식을 말한다.

소셜 신뢰(Social Trust) 기업이나 제품, 브랜드와의 온라인 경험과 대화를 통해 형성되는 신뢰를 말한다.

특정 주제 전문가(Subject Matter Expert, SME) 지식 리더십을 지니고 특정 주제에 대해 전문가 수준으로 이해하고 있는 사람을 말한다. 이 능력은 오늘날 디지털 세계에서 매우 가치 있게 여겨진다.

스웜(Swarm) 위치기반 서비스인 포스퀘어에서 사용되는 용어로, 한 위치에 50명 이상이 있으며 모바일 기기를 통해 "체크인"했음을 의미한다.

태그(Tag)　정보에 주어진 키워드나 용어로, 특정 항목을 묘사하고 검색이나 브라우징을 통해 찾는데 도움을 준다.

태그 클라우드(Tag Cloud)　시각적으로 표시된 여러 태그의 집합체를 말한다. 태그가 크고 굵게 강조되어 있을수록 더 많이 사용된다.

티퍼(Tipper)　다른 고객과 잠재 고객들에게 영향을 미치는 사람이다. 일반적으로 당신 제품 또는 당신 제품이 속한 카테고리의 고객 중 5-10%를 차지한다.

투명성(Transparent)　개방적으로 자유롭게 기술과 지식, 재능을 공유하는 경향을 가지며 항상 학습하는 것을 의미한다. 따라서 투명한 사람은 기업 내부와 외부의 전문가 사이에 아무런 경계가 없다고 믿는다. 투명성은 다양한 곳에서 지식과 통찰을 수집하는 것을 지원하는 도구와 리더십 모델을 받아들여 고객의 분위기나 직원의 감정, 또는 프로세스 능률의 변화를 빠르게 감지할 수 있도록 해 준다. 기업 내부와 외부에서 분석과 소셜 연결을 활용하여 비즈니스 문제를 해결하고 새로운 비즈니스 기회를 포착할 수 있도록 한다.

트렌딩(Trending)　당신의 회사나 브랜드, 제품, 키워드에 영향을 미치며 블로고스피어에서 발생하는 예측되는 트렌드를 말한다. 도구를 통해 행동을 예측할 수 있는 모델을 구축하고 다음에 취해야 할 최선의 행동을 추천할 수 있다.

트윗(Tweet)　트위터에 140자 이하로 작성된 글 혹은 상태 업데이트를 말한다.

트위터(Twitter)　소셜 네트워크와 마이크로블로깅 서비스를 제공하는 웹사이트.

사용자 경험(User Experience)　사용자가 애플리케이션이나 웹사이트를 항해하는 방식에 영향을 미치는 소프트웨어 디자인 요소다.

가상 선물(Virtual Gift)　당신의 회사나 직원이 누군가에게 줄 수 있는 온라인 이미지 혹은 사물의 그림을 말한다. 실제 물건이나 사물은 아니지만 가상 세계에서만 존재한다.

위키(Wiki)　특정 주제에 대한 웹페이지의 집합체를 말한다. 위키는 정보를 공유하고 프로젝트 팀 내에서의 협동을 고무할 수 있는 훌륭한 방법이다. 위키 회원들은 자신의 페이지를 덧붙이고 기존의 페이지를 편집하거나 글을 남길 수 있어 정보가 항상 최신 상태를 유지하도록 한다.

새로운 변화, 소셜 비즈니스

이 책은 많은 이들의 도움 덕분에 완성될 수 있었다.

우선, 나에게 창의력을 심어주고 모든 것을 소설화하는 것을 즐기도록 해준 신에게 감사드린다.

둘째, 가족에게 감사한다. 주말마다 책을 쓰는 나를 지원해준 남편 토드와 두 딸 캐시, 마리아에게 감사하며 내게 대담한 아이디어의 영감을 불어넣어 주신 부모님께 감사드린다. 또 오빠인 개리의 사랑과 지원, 그리고 늘 내 응원군이 되어주는 시댁 식구들에게도 감사의 말을 올리고 싶다.

셋째, 이 책의 각 단계마다 깊이 관여해준 검토 팀 핵심 멤버들에게 감사하다. 각 멤버의 이름은 리즈 마키에비츠와 캐시 화이트, 테드 스탠튼, 제니퍼 더보, 주디스 허위츠, 로이 영, 패트리샤 산타마리아다.

넷째, 나에게 가르침을 주고 자신들의 경험을 기꺼이 공유한 나의 멘토들, 제프리 지토머와 쉘린 리, 어빙 블라도스키버거, 가이 가와사키에게 감사를 표한다.

다섯째, 자신들이 배운 것을 공유해준 내 고객들에게 감사를 표한다. 이 고객들에는 1-800-FLOWERS, 아마존닷컴, 아메리칸 이글 아웃피터스, 애플, 애로우 ECS, 어센던트 테크놀로지, AT&T, 호주오픈테니스선수권대회, 에이버리 데니슨, BASF, 블렌텍, BCBS 건강보험, 보스턴 메디컬 센터, 카스닷컴, 캐터필러, 셀레스티카, 시멕스, 중국 농아인협회, 차이나텔레콤, 코치, 코카콜라 컴퍼니, 콜게이트파몰리브, 딥마일, 델, 루프트한자, 도미노피자, 닥터페퍼스내플 그룹, 엘레강스 II 에너자이저, 파베르제, 파머스인슈런스, 파머스인슈런스대학, 포드자동차, 포레스터 리서치, 갭, 게토레이/펩시코, 지다이어퍼, 고디바, 고미드젯, 할리데이비슨, 히스토리채널, 홈데포, 혼다, 인디엄 코퍼레이션, 제리포즈니악 더드라이클리너, 케네스콜, 키낵시스, 크래프트푸드, 매뉴라이프, 미티어 솔루션, 몹4하이어, 무스조, 마운틴듀/펩시코, 북아메리카 프로미식축구연맹, 뉴웰 러버메이드, 프랙티싱로인스티튜트, 프랫앤위트니, 프라이스초퍼, 칠레무역진흥공사, 프록터&갬블, 퀀텀스토리지시스템, 리처드스콧 살롱앤드데이스파, 구세군, 센하이저 일렉트로닉, 소제티, 서던캘리포니아에디슨, 사우스웨스트에어라인, 스타벅스, 테일러기타, 티치포아메리카유나이티드에어라인, US오픈테니스선수권대회, 유테스트, 버진아틀란틱, 비자, 폭스바겐, 볼보, 월트디즈니, 자포스닷컴 등이 해당한다.

여섯째, 이 책을 쓰는 데 도움을 준 모든 IBM 직원들에게 감사하고 싶다. 테드 스탠튼, 크리스 크러미, 스콧 J 스미스, 빌 하셀, 찰리 힐, 그레이엄 맥킨토시, 마크 하이드, 마이클 로딘, 앨리스테어 레니, 크리스틴 로리아, 더그 콕스, 바트 로텐바크, 매트 카터, 던 헌돈, 서지오 로자, 카밀로 에스테반 로하스 로페즈, 제프 쉬크, 래리 보든, 톰 하겐, 가이 P. 파치티, 밥 맥도날드, 카를로스 벨락, 니겔 벡, 모두 감사하다.

마지막으로, 피어슨에듀케이션의 새로운 친구들인 매리 베스 레이, 크리스 클리블랜드, 벳시 해리스에게도 감사한다. 이들의 훌륭한 충고와 지원에 진심으로 감사하는 바이다.

| 옮긴이 | **최선영**

이화여대에서 행정학을 전공하였으며, 영국 맨체스터대학(University of Manchester)에서 Development Finance 전공으로 석사학위를 취득하였다. 포스코 및 NGO단체를 거쳐, 현재 번역 에이전시 엔터스코리아에서 출판기획 및 전문번역가로도 활동 중이다. 역서로는 『나는 앱으로 백만장자가 되었다』 『SNS 마케팅 구멍가게 마인드가 정답이다』 『불완전한 미래』 등이 있다.

겟 볼드

초판 1쇄 | 2013년 3월 29일

지은이 | 샌디카터
옮긴이 | 최선영
펴낸이 | 김성희
펴낸곳 | 맛있는책

출판등록 | 2006년 10월 4일 (제25100-2009-000049호)
주소 | 서울 광진구 중곡동 639-9 동명빌딩 7층
전화번호 | 02-466-1207
팩스번호 | 02-466-1301
전자우편 | candybookbest@gmail.com

| 한국IBM 감수자 |

박승렬 상무

서울대학교를 졸업하고 PWC Consulting을 거쳐 현재 IBM GBS의 Organization & People 컨설팅 서비스 리더로 활동 중이다. 국내 주요 기업 및 글로벌 선진 기업을 대상으로 전사 혁신 및 조직/인사/교육 컨설팅과 협업/소통/공유를 통한 소셜 비즈니스 컨설팅을 리딩하고 있다.

손일상 시니어 매니징 컨설턴트

중앙대학교 경영학과를 졸업하고 동 대학원에서 박사학위를 받았다. 현재 IBM GBS 실장으로서 인사와 마케팅 분야에서 컨설팅을 수행하고 있다. 삼성, LG 등 글로벌 선진기업을 대상으로 컨설팅 및 자문을 수행하였으며, 주요 영역으로는 B2B Marketing & Sales Strategy, Social Marketing, Business Analytics 등이 있다.

김덕중 시니어 매니징 컨설턴트

주로 국내 그룹사와 대기업을 대상으로 한 인사 컨설팅 및 관련 시스템 기획 업무를 수행하고 있으며, 기업들이 변화하는 환경을 앞서 나갈 수 있는 새로운 아젠다를 발굴하고 기업에 적용시키는 일을 하고 있다.

김준범 매니징 컨설턴트

Indiana 대학교 스포츠 마케팅 및 경영학과를 졸업하였다. 현재 IBM GBS에서 전략과 마케팅, 소셜 비즈니스 영역의 매니징 컨설턴트로 활동하고 있다. 삼성전자, 롯데백화점 등 국내 유수의 기업들을 대상으로 컨설팅을 수행했으며, 주요 컨설팅 영역으로는 마케팅 전략, 마케팅 프로세스 혁신 등이 있다.

이지영 매니징 컨설턴트

성균관대학교 산업심리학과를 졸업하고 동 대학원에서 석사학위를 받았다. 신세계 등 기업체를 거쳐 현재 IBM GBS에서 전략과 인사, 소셜 비즈니스 영역의 매니징 컨설턴트로 활동하고 있다. SK그룹, 삼성전자, 현대자동차 등 국내 유수의 기업들을 대상으로 컨설팅을 수행했으며, 주요 컨설팅 영역으로는 Enterprise Portal, Informal learning Strategy 등이 있다.